临桂年鉴 2018

LINGUI NIANJIAN

桂林市临桂区地方志编纂委员会 编

方志出版社
Publishing House of Local Records

图书在版编目（CIP）数据

临桂年鉴．2018 / 桂林市临桂区地方志编纂委员会编．-- 北京 ：方志出版社，2018.12
ISBN 978-7-5144-3534-4

Ⅰ．①临… Ⅱ．①桂… Ⅲ．①区（城市）—桂林—2018—年鉴 Ⅳ．①Z526.73

中国版本图书馆 CIP 数据核字(2019)第 013329 号

临桂年鉴（2018）

编　　者：桂林市临桂区地方志编纂委员会
责任编辑：黄　彦

出 版 人：冀祥德
出 版 者：方志出版社
地址　北京市朝阳区潘家园东里 9 号（国家方志馆 4 层）
邮编　100021
网址　http://www.fzph.org
发　　行：方志出版社发行中心
电话（010）67110500
经　　销：各地新华书店
装帧设计：南宁市佳彩广告设计有限公司
印　　刷：深圳市精一瑞兰印刷有限公司

开　　本：889 × 1194　1/16
印　　张：21
字　　数：534 千字
版　　次：2018 年 12 月第 1 版　2018 年 12 月第 1 次印刷
印　　数：001 ～ 600 册

ISBN 978-7-5144-3534-4　定价：258.00 元

编 辑 说 明

一、《临桂年鉴》以马克思列宁主义、毛泽东思想、邓小平理论、“三个代表”重要思想、科学发展观、习近平新时代中国特色社会主义思想为指导，坚持辩证唯物主义和历史唯物主义的立场、观点和方法。

二、《临桂年鉴》旨在记录桂林市临桂区经济和社会发展的基本情况，为各级领导机关决策、指导工作提供区情依据，是社会各界了解、研究临桂的最新信息载体，并为临桂区的发展积累史料。

三、《临桂年鉴》主体内容设类目、分目、条目 3 个层次，除特载、大事记等类目采用综合性文章外，其余内容均以条目为表现内容的基本形式。条目的标题统一用黑体加“【 】”，少数资料性内容用楷体。年鉴内容采用科学分类和社会分工相结合的原则设置类目，机构、企事业单位的排序一般不表示其地位和规模。

四、《临桂年鉴 2018》着重记载 2017 年临桂区经济和社会发展的基本情况及大事、要事、新事，个别重要内容有上溯和下延。本卷年鉴设特载、大事记、临桂区概况、中国共产党桂林市临桂区委员会、临桂区人民代表大会、临桂区人民政府、中国人民政治协商会议临桂区委员会、纪检·监察、社会团体、民主党派·工商联、军事、政法、旅游、城乡建设·环境保护、交通运输、信息产业、工业·商业、农业·水利、财政·税务、金融、行政管理、教育、科学技术、文化·体育·卫生、社会事务、乡镇等 26 个类目，132 个分目。另设有附录。

五、本卷年鉴稿件由各行业主管部门和各乡（镇）提供，并经撰稿单位领导审核。主要统计数据由撰稿单位提供，因统计口径不同等原因，可能与统计部门公布的数据有出入，引用时请加以区别。统计数据采用法定计量单位。

六、本卷年鉴为便于读者查阅，配备双重检索系统，卷首设中文目录，卷末有索引。索引采用内容分析法，并按汉语拼音字母顺序排列。

桂林市临桂区地方志编纂委员会

名誉主任：何新明　易立林　李先赠

主　　任：李绍政

副 主 任：郑建忠　粟皎敏　周　波　欧翠兰　李燕青

执行副主任：王玉才

委　　员：张国林　龙龚赐　石祥云　江家经　龙林群　梁楗林
赵秋岚　谢富明　李玉春　谭利华　粟　林　诸葛明高
李基日　黄　杰　张国安　林　华

《临桂年鉴2018》编辑人员

主　　编：王玉才

副 主 编：林　华　姚运秀

编　　辑：张　凯　李华荣　阳树柱　董　媛　婉　娟

工作人员：银定杰　王林东

目　　录

特　　载

Special Publication

大 事 记

Memorabilia

临桂区概况

Outline of Lingui District

中国共产党桂林市临桂区委员会

Lingui District Committee of Guilin of Communist Party of China

临桂区人民代表大会

Lingui District People's Congress

临桂区人民政府

Lingui District People's Government

中国人民政治协商会议临桂区委员会

Lingui District Committee of Chinese People's Political Consultative Conference

纪检·监察

Discipline Inspection & Supervision

民主党派·工商联

Democratic Party & Federation of Industry & Commerce

社会团体

Mass Organizations

政 法

Political Law

军 事

Armed Forces

旅　游

Tourism

城乡建设·环境保护

Urban & Rural Construction & Environmental Protection

交通运输

Transportation

信息产业

IT Industry

工业・商业

Industry & Commerce

农业·水利

Agriculture & Water Conservancy

财政·税务

Finance & Taxation

金　　融

Finance

行政管理

Administrative Management

教　育

Education

科学技术

Science & Technology

文化·体育·卫生

Culture, Sports & Health

社会事务

Social Affairs

乡　镇

Towns & Villages

附　　录

Appendix

索　　引

Indexes

临桂区地图

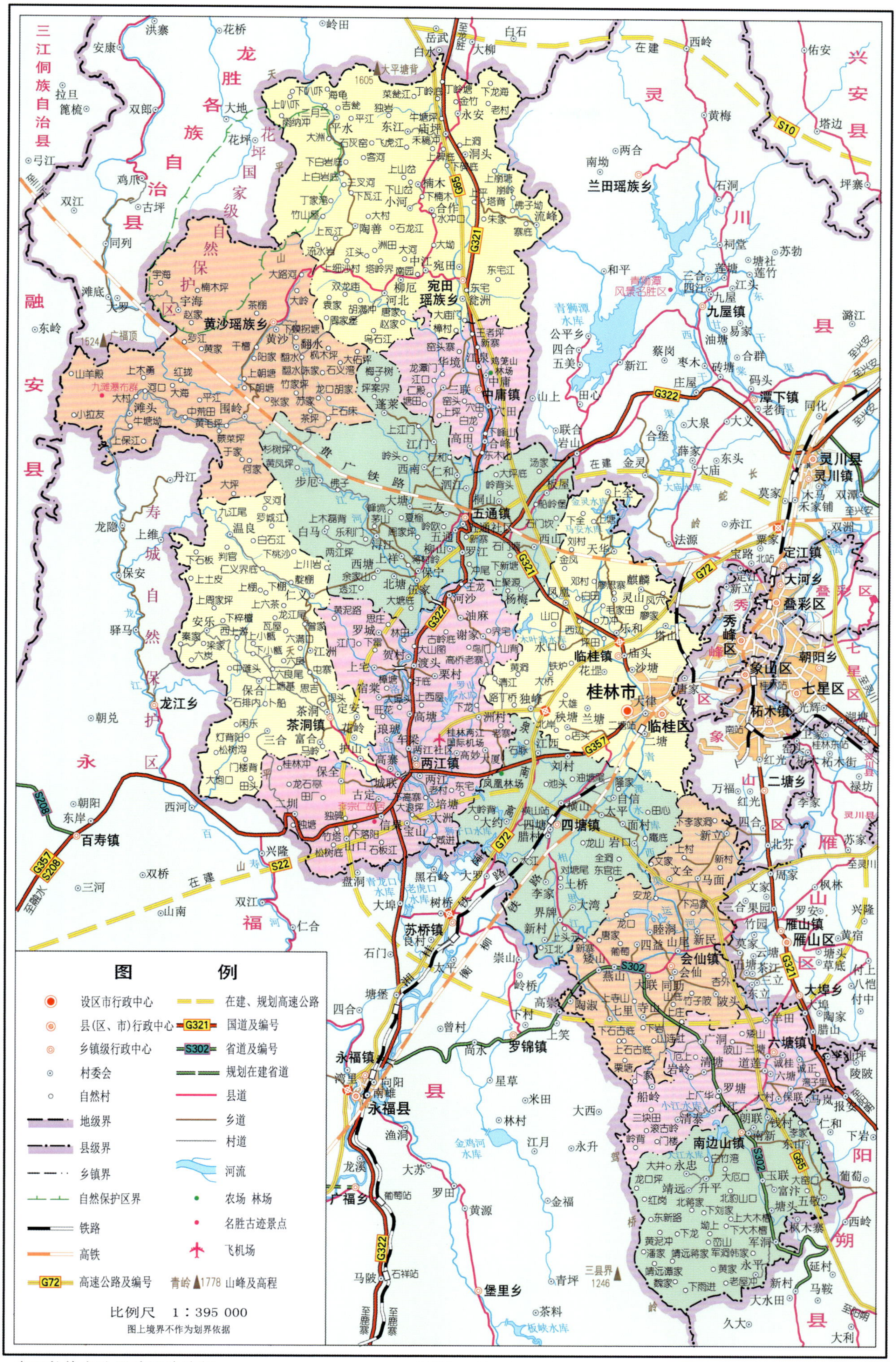

广西壮族自治区地图院编制
审图号：桂S（2017）84号
2017年10月

数字临桂 2017

SHUZI LINGUI 2017

- 行政区域面积：2202 平方千米
- 乡镇：11 个（民族乡 2 个）
- 村民委员会：161 个
- 居民委员会：10 个
- 常住人口：513424 人
- 地区生产总值：178.05 亿元
- 财政收入：30.79 亿元
- 全社会固定资产投资：250.01 亿元
- 社会消费品零售总额：45.72 亿元
- 三次产业比重：22.8 ∶ 44.3 ∶ 32.9
- 工业总产值：201.33 亿元
- 农林牧渔业总产值：68.23 亿元
- 粮食收获面积：4.69 万公顷
- 粮食总产量：24.68 万吨
- 年末金融机构各项存款余额：238.06 亿元
- 城镇居民人均可支配收入：36003 元
- 农村居民人均纯收入：15907 元
- 耕地面积：4.76 万公顷
- 森林面积：13.31 万公顷
- 森林覆盖率：63%
- 草地面积：0.66 万公顷
- 地表水储量：34.95 亿立方米
- 地下水储量：9.44 亿立方米
- 年平均气温：19.9℃
- 年日照总时数：1428.6 小时
- 年总雨量：2218.6 毫米
- 城镇登记失业率：4.5%
- 新增农村劳动力转移就业人数：6759 人
- 万元地区生产总值能耗比上年增长：0.30 %
- 在校小学生：37932 人
- 在校初中生：15760 人
- 在校高中生：7224 人
- 各类卫生医疗机构：422 所
- 电视人口覆盖率：98.5%
- 互联网宽带接入用户：86321 户

学习宣传中国共产党第十九次全国代表大会精神

2017 年 6 月 16 日，临桂区举办“童心向党”歌咏活动　　杨 浩 摄

2017 年 9 月 26 日，临桂区举办“树正气、扬清风、颂祖国，喜迎十九大”廉政文艺晚会　　李 璇 摄

2017 年 12 月 6 日，临桂区在城区枫林美食街举行宣传贯彻中共十九大精神文艺宣讲演出　　杨　浩　摄

2017 年 10 月 18 日，宛田瑶族乡瑶族群众表演盘王舞，迎接中共十九大召开　　杨　浩　摄

创建文明城市

2017 年 7 月 27 日，临桂区委、区人民政府召开创建全国文明城市工作推进会　　　　《今日临桂》报社　供稿

2017 年 7 月 20 日，区创城督查组到各单位进行督查　　　　《今日临桂》报社　供稿

2017 年 8 月 15 日，社区居民在创文明城市倡议书墙上签名　　阳行权　摄

2017 年 7 月 29 日，志愿者向群众宣传创文明城市知识

《今日临桂》报社　供稿

2017 年 7 月 29 日，志愿者参与“文明礼让斑马线”活动　　《今日临桂》报社　供稿

2017 年 7 月 21 日，执法人员对交通违法行为进行现场教育
《今日临桂》报社　供稿

2017 年 7 月 24 日，临桂区执法人员拆除人民路延长线违章搭建的铁皮棚　　《今日临桂》报社　供稿

2017 年 9 月 6 日，城区单位清运建筑垃圾和渣土
《今日临桂》报社　供稿

2017 年 1 月 20 日，临桂区在会仙镇举行文化、科技、卫生“三下乡”文艺演出　　李　璇　摄

2017 年 1 月 28 日，临桂区举行新春广场文化活动　　秦小珍　摄

2017 年 2 月 4 日，中庸镇泗林村举行广场舞比赛　　　　中庸镇人民政府　供稿

2017 年 9 月 15 日，临桂区“戏曲进校园”活动启动仪式在临桂中学举行　　　　李辉朝　摄

2017 年 10 月 24 日，环广西公路自行车世界巡回赛临桂赛段比赛场景　　莫喜生　摄

2017 年 4 月 22 日—25 日，临桂区总工会举办男女混合气排球赛　　陈康宇　银玉琪　摄

城乡新貌

美国飞虎队桂林遗址公园全景　　周家斌　摄

高标准新农村五通镇新寨村　　李　璇　摄

宛田瑶族乡翁洲村　　　　区委宣传部　供稿

中庸公园　　　　中庸镇人民政府　供稿

会仙镇区一角　　秦小珍　摄

创业大厦　　周子杰　摄

土特产品

四塘豆腐乳　　区委宣传部　供稿

会仙板鸭　　区委宣传部　供稿

五通青蔗　　周荣华　摄

临桂罗汉果　　黄志华　摄

临桂马蹄　　骆志华　摄

特　　载

2017 年 7 月 7 日，临桂区召开农村基层党建工作暨推进村(社区)"两委"换届选举工作动员、培训会议　　秦小珍　摄

不忘初心　牢记使命
再掀“桂林新中心”建设高潮

——在中共桂林市临桂区委二届三次全会上的讲话

中共桂林市临桂区委书记　何新明

（2018年1月8日）

中共桂林市临桂区委二届三次全会，是在全国上下深入学习贯彻党的十九大精神、决胜全面建成小康社会的关键时期召开的一次会议。这次会议的主要任务是：深入学习贯彻党的十九大、自治区党委十一届三次全会、市委五届四次全会，以及中央、自治区经济工作会议精神，总结回顾2017年工作，研究部署2018年工作任务，团结带领全区各级党组织和各族人民，不忘初心，牢记使命，再掀“桂林新中心”建设高潮，全面开启新时代美好临桂新征程，为决胜我区“两个建成”[1]不懈奋斗！

党的十九大报告指出：“不忘初心，方得始终。中国共产党人的初心和使命，就是为中国人民谋幸福，为中华民族谋复兴”。对于临桂而言，我们的初心和使命，就是加快打造“桂林新中心”，为临桂谋发展，为临桂人民谋幸福。从2007年自治区提出“保护漓江，发展临桂，再造一个新桂林”到现在，十年时间过去，临桂新区从无到有，临桂产业由弱变强，临桂一步步从城区边缘到城市新中心，我们亲身经历并见证了临桂波澜壮阔的发展历程，几届班子和广大干部群众为此做出了巨大贡献。此时此刻，我们无比自豪，站在新时代的起点上，我们更应不忘初心，牢记使命，以永不懈怠的精神状态和一往无前的战斗姿态，再掀“桂林新中心”建设高潮，全面开启新时代美好临桂新征程，努力创造无愧于时代、无愧于人民、无愧于历史的崭新业绩！

一、2017年工作回顾

区委二届二次全会以来，面对复杂的经济形势和特大洪涝灾害挑战，我们在市委、市政府的坚强领导下，团结带领全区各级党组织及各族人民，深入贯彻落实党的十八大和十八届三中、四中、五中、六中全会，以及党的十九大精神，围绕打造“桂林新中心”，突出抓好城市和新区、实体经济、重大项目、生态保护、民生维稳等各项工作，坚定不移推进全面从严治党，全区经济社会各项事业取得了新进步。全年预计完成地区生产总值175.76亿元，下降7.8%；组织财政收入30.2亿元，增长6%；固定资产投资266亿元，下降14.5%；规模以上工业总产值197.46亿元，下降32.1%；城镇居民人均可支配收入36505元，增长9%；农村居民人均可支配收入15935元，增长10%。

（一）旗帜鲜明讲政治，“四个意识”更加牢固。我们以高度的政治自觉和政治责任做好喜迎十九大和学习贯彻十九大各项工作，并作为主线贯穿全年工作。组织开展系列宣传活动，以良好健康的发展态势、安定和谐的社会环境、昂扬向上的精神风貌、隆重热烈的舆论氛围喜迎党的十九大。十九大胜利闭幕后，通过召开传达会、学习会、报告会，组织开展宣讲宣传等系列活动，迅速在全区兴起学习宣传贯彻热潮，使党的十九大精神在临桂家喻户晓、深入人心，成为推动各项事业不断发展的强大动力。

我们始终高度重视理论武装，牢牢抓住领导干部这个“关键少数”，抓好党委中心组和乡科级以上领导干部理论学习，先后开展了10次大型专题学习活动和中心组学习，把学习贯彻十九大精神和习总书记视察广西重要讲话精神紧密结合，不断增强贯彻落实中央、自治区党委和市委决策部署的思想自觉、政治自觉和行动自觉。党员干部"四个意识""四个自信"进一步增强，更加紧密地团结在以习近平同志为核心的党中央周围，更加坚定地维护以习近平同志为核心的党中央权威和集中统一领导，更加自觉在思想上政治上行动上同以习近平同志为核心的党中央保持高度一致。坚持"学懂、弄通、做实"，将十九大精神与临桂发展实际紧密结合，不折不扣贯彻落实中央、自治区党委、市委的各项决策部署，各项工作均取得新突破，保持了临桂发展的良好态势。

（二）全力推进新区建设，城市配套功能更加完善。我们坚持以新区建设为核心，统筹推进老城改造，着力加强城市管理，城市和新区形象有效提升。新区15个道路桥梁等市政项目加快推进，环西路二号桥等5个市政项目竣工验收；西城大道、创业大厦、市民公园、山水公园、景观水系等五大重点项目建设基本完成，市民公园和山水公园向市民开放，21千米的中心区景观水系即将全线贯通。全力推进学校、医院、市场、停车场及水电气等配套项目建设，复兴小学、汇荣小学建成使用，桂林师范高等专科学校临桂校区实现部分搬迁，桂林中学临桂校区、桂林旅游综合医院、枫林农贸市场、新城商务酒店等项目进展顺利。千方百计破解新区征地拆迁拆违等瓶颈难题，完成农房先行拆迁2.68万平方米，拆除各类违法违章建筑16万平方米。新区承载力、吸引力不断增强，各类生产生活要素加速聚集，建成面积达30平方千米，常住人口超过20万人，人气景气进一步聚集。以创建全国文明城市为契机，全力推进老城区路网管网建设，实施了三元路、新龙路等16个市政道路工程，以及人民路延长线等3个美化绿化亮化工程。切实加强城市管理，持续集中整治夜市摊、乱搭乱建、车辆乱停乱放行为，进一步规范渣土运输秩序，城乡文明程度和公民素质有效提升。全力推进第三批四塘、中庸、南边山示范镇以及两江、五通两个高标准中心城镇建设，完成投资2.23亿元。

（三）大力振兴实体经济，产业发展更加坚实。我们坚持把产业做强升级作为稳增长的关键举措，强力推进新型工业、旅游服务业、现代农业融合发展，产业发展质量和竞争力不断提升。新型工业化加快发展。始终把发展工业摆在关键位置，培育壮大秧塘、会仙、乐和等几个重点工业园，加强园区基础设施建设，园区发展集聚能力进一步增强。实施"抓大壮小扶微"工程，开展"一人一企"对口服务和金融服务下企业活动，召开工业企业表彰大会，拿出822万元兑现了2015、2016年对企业的奖励，有效鼓舞了企业家投资工业的信心。福达"曲轴数字化车间试点示范"成为广西唯一入围全国智能制造试点示范项目。现代农业稳步发展。持续抓好优粮、优果和"菜篮子"工程，粮食作物良种覆盖率达90%以上；建立常年蔬菜基地490公顷，建成会仙、六塘、茶洞、中庸4个常年蔬菜冷链配送基地；打造了三条特色柑橘产业带，面积达13333.3公顷。建成8个现代特色农业示范区，90%实现标准化生产；建成生猪、家禽、种鸭、蛋鸡和名优水产品五大规模养殖

临桂新区鸟瞰　　　　雷金息　摄

基地。农村土地确权工作完成95%以上，信息平台建设稳步推进。第三产业快速发展。重点打造国道321线临桂段和良永路会仙段2条生态休闲旅游精品线路，成功举办“六月六·义水情”全域旅游宣传活动，红溪景区、罗山湖民族风情岛相继营业，旅游产品不断丰富。预计全年接待游客人数和收入同比分别增长49.5%、42.3%。住宿、餐饮等服务业快速发展，希尔顿欢朋酒店正式营业，新城商务酒店即将投入使用。现代物流服务体系加快建设，中辰物流园建成并投入运营，申通快递物流园即将投入使用，通达物流园建设顺利推进。预计全年第三产业增加值完成58.4亿元，同比增长10.5%。

（四）狠抓重大项目建设，发展势头更加强劲。我们坚定不移实施项目带动战略，实行重大项目动态管理，确保项目早开工、快建设、早投产。区四家班子领导分别牵头负责74个重大项目，带头深入项目一线解决实际问题，全力以赴加快推进项目建设。着力营造项目建设良好环境，简化审批程序，提高审批效率，继续深化“飓风行动”和项目推进“110”活动，严厉打击强揽工程、强行定价、强行阻工等违法犯罪行为，维护项目正常施工秩序。华能分布式能源、桂南500千伏输变电、桂三高速、莱茵生物植物资源产业化工程等11个项目竣工，桂林至柳城高速、比亚迪云轨等项目相继开工建设，华为、中兴、浪潮、恒大、碧桂园、新城控股等知名企业、上市公司纷纷落户临桂并开工建设，为临桂发展注入强劲动力。

（五）扎实推进生态保护，临桂大地更加美丽。我们践行“绿水青山就是金山银山”理念，大力推进生态文明建设，实现天更蓝、水更绿、山更青、城乡更美丽。加大污染整治力度，全年开展现场监察1120次，重点检查饮用水源上游企业、工业园、重点排污单位等，主要工业污染物排放强度进一步降低。完成中央环保督察反馈的24个环境问题整改工作。厚植绿色生态优势，培育壮大生态经济，桂林之花特色林业（核心）示范区获自治区级现代特色林业（核心）示范区认定；会仙湿地通过国家试点湿地公园验收。积极开展生态县（区）、生态乡镇创建工作，荣获首批“自治区级生态县（市区）”称号，8个乡镇获自治区级生态乡镇命名，茶洞褚村被评为“全国生态文化村”。坚持宜居乡村建设力度不减，率先试行农村保洁市场化运行，创建宜居示范村19个，建设完善农村休闲小广场132个，为163个自然村安装了太阳能路灯，改厨改厕改圈完成率均达100%。

（六）全力保障和改善民生，人民群众得到更多实惠。我们坚持以人民为中心的发展理念，全力保障和改善民生，人民获得感不断增强。坚决打好脱贫攻坚战，各级财政投入6300万元继续抓好村集体经济发展、产业扶贫、基础设施建设、结对帮扶、教育扶贫等工作，完成贫困村基础设施建设项目47个，惠及4055户、1.5万人；对30个贫困村每村投入54万元建设村级集体经济项目；共有6个贫困村、3394贫困人口顺利脱贫摘帽。积极应对“7.1”特大洪涝灾害，紧急拨付应急物资开展抗灾救灾和灾后重建工作。深入推进水利、饮水安全、交通等基础设施建设，全面推行河长制工作，建设农村饮水安全巩固提升工程9个，行政村通水泥路、自然村巷道硬化率均达100%。义务教育均衡发展顺利通过自治区、桂林市验收，建成1所城区小学并投入使用，进一步缓解了城区学校大班额问题。深入推进医药卫生体制改革，六塘、五通中心卫生院改造基本完成，南边山、茶洞卫生院改造工程启动，卫生计生服务保障能力得到新提高。完善就业和社会保障体系，新增城镇就业人数4533人，顺利完成“五险合一”。精神文明创建成效明显，文化体育、广播电视等社会事业全面发展，圆满完成环广西公路自行车世界巡回赛临桂段赛事。

（七）着力加强民主法治建设，社会和谐稳定大局更加巩固。我们切实加强社会主义民主法治建设，不断创新社会治理，努力促进社会和谐稳定。做好环桂自行车赛安保工作和党的十九大期间信访维稳工作，深入开展信访积案和“三大纠纷”化解工作，成功调解矛盾纠纷1300起，重复举报数和业务外信访量均同步下降；依法打击违法上访，进京非访人数降幅达66.7%。按照

"快破大案、多破小案、严控发案"要求,从严打击各类违法犯罪活动。深入开展打击传销专项行动,成功摘掉传销重点关注地区的帽子。法治政府建设持续推进,司法体制改革取得突破,全社会法治意识和司法公信力不断提升。安全生产、食品药品监管力度不断加大,全年没有发生一起重特大安全事故。大力支持人大、政协依法履行职权职能,创新开展统一战线工作,坚持党管武装,大力推进群团改革,工、青、妇等群团组织工作不断加强。

(八)坚持全面从严治党,政治生态更加风清气正。我们坚决落实全面从严治党主体责任,认真学习领会新时代党的建设总要求,全面推进党的思想、组织、作风和反腐倡廉建设,切实提高党的执政能力和领导水平。

理想信念更加坚定。坚持用党的十九大精神及习近平新时代中国特色社会主义思想武装头脑,扎实开展"两学一做"学习教育,切实加强和规范党内政治生活,广大党员干部受到深刻的思想洗礼,理想信念、宗旨意识和党性修养得到增强。牢牢掌握意识形态工作的领导权和话语权,社会主义核心价值观深入人心,全区社会凝聚力向心力不断增强。

基层党建不断夯实。成立临桂区社会事务管理中心,推动社区管理和城市党建工作逐步走上规范化轨道。推行社区"大党委"和"双报到"[2]机制,建成社区"大党委"7个。打造了福达集团、信和信、红溪景区等7个非公有制党建示范点和1个自治区级党代表工作室。以"三美四有六栏"[3]标准规范村级组织活动场所,全区169个村级组织活动场所基本实现标准化、规范化、配套化、数字化。提升党建信息化水平,构建了区级微信总平台、乡镇综合平台、村级微信群的"临桂红色驿站"指尖党建体系。村干部视频实时管理试点工作成效明显,村干部值班坐班情况实现实时监督考核。

队伍建设不断加强。进一步规范选拔任用程序,选优配强乡镇领导班子,圆满完成村(社区)"两委"换届选举工作,调整优化了7名贫困村党组织"第一书记"。整合培训资源,构建多渠道、多形式独具临桂特色的干部教育培训模式,开展村支书能力提升班6期。强化党员队伍管理,抓实基层党组织"三会一课",并纳入年终绩效考核。以开展贯彻落实中央八项规定精神"回头看"为契机,加大日常督查力度,严防"四风"反弹。全年查处违反中央八项规定精神问题96件,处理67人,通报典型案例8期41起,释放出越往后执纪越严的强烈信号。

反腐败压倒性态势进一步巩固。积极推进纪律检查体制改革,成立了区委巡察办,完成了派驻纪检组改革,实现对区一级党和国家机关监督全覆盖;研究落实了国家监察体制试点改革各项工作。聚焦扶贫领域监督执纪问责以及群众身边的"四风"和腐败问题,全年查处扶贫领域案件110件。保持惩治腐败节奏不变、力度不减,坚决减少腐败存量,重点遏制腐败增量,把正风反腐不断引向深入。全年立案213件,结案206件,给予党政纪处分206人;运用第一种形态处理问题192件,不敢腐的震慑作用充分发挥,不能腐、不想腐的效应初步显现,反腐败压倒性态势已经形成并进一步巩固。

这一年来的工作成绩,是市委、市政府坚强领导、亲切关怀的结果,是全区上下同心同德、奋力拼搏的结果,也是社会各界各方面热情关心、大力支持的结果。在此,我代表区委常委会,向全区各级党组织和广大干部群众,向所有关心、支持、参与临桂建设的各界人士,致以崇高的敬意和衷心的感谢!

在充分肯定成绩的同时,我们也要清醒地看到问题和不足,主要是:经济下行压力大,稳增长任务艰巨;重大项目推进缓慢,新的工业项目为数不多且落地缓慢,发展动力不足;干部队伍中思想保守、不敢担当、懒政怠政的现象仍然存在,个别领导干部带头攻坚克难、以上率下的表率作用发挥不够,碰到难题绕道走,也有个别领导干部作风不实,工作停留在表面,遇到问题搞批发,当甩手掌柜。对此,我们必须清醒头脑、振奋精神、积极应对。

二、2018 年目标任务和工作重点

2018 年是全面贯彻党的十九大精神的开局之年，是改革开放 40 周年、自治区成立 60 周年，也是决胜我区“两个建成”的关键之年。我区工作的总体要求是：以邓小平理论、“三个代表”重要思想、科学发展观、习近平新时代中国特色社会主义思想为指导，深入贯彻党的十九大精神，全面落实中央、自治区、市各项决策部署，按照“五位一体”总体布局和“四个全面”战略布局，坚持稳中求进工作总基调，坚持新发展理念，坚持高质量发展要求，紧扣社会主要矛盾变化，以推进供给侧结构性改革为主线，以城市和新区建设为重点，狠抓产业发展和重大项目建设，大力实施乡村振兴战略，统筹推进稳增长、促改革、调结构、惠民生、防风险各项工作，团结带领全区各级党组织和各族人民，不忘初心，牢记使命，再掀“桂林新中心”建设高潮，全面开启新时代美好临桂新征程，为决胜我区“两个建成”而奋斗。

根据发展的总体要求，今年我区经济社会主要预期目标是：地区生产总值增长 7%–7.5%，财政收入增长 6%，固定资产投资增长 10%，规模工业增加值增长 3%，城镇居民人均可支配收入增长 9%，农民人均纯收入增长 10%，社会消费品零售总额增长 11%，城镇登记失业率控制在 3.2% 以内。

实现上述目标，我们要重点抓好以下五个方面工作：

（一）以国际标准加快城市和新区建设，全力打造“桂林新中心”。临桂作为“桂林新中心”、市政府所在地、桂林国际旅游胜地的重要核心区，新区建设标准要高，格局要大，要对标国际旅游胜地，高标准建设，精细化管理，全方位提升城市功能品质。

要持续掀起新区建设高潮。一是加快建成一批路网、桥梁等基础设施。加快人民路二号桥、万福路二号桥等水系范围内桥梁建设，除新龙路桥外，其余桥梁春节前均要达到通航要求，确保核心区水系在 5 月 1 日前实现全线通航游览、10 月 1 日前完成亮化。加快推进沙塘大道一期、秧九路、食尚港路等道路建设，全力打通万平路、凤凰西路、环西路等断头路，启动翻山底路、山水南路、临江东路等一批道路建设，确保路网全面畅通。二是继续拉开城市框架。大力推进机场路以北、万平路以南片区建设，重点抓好北区水系及西城大道南延长线、凤凰西路延长线两条道路建设，不断拓展城市发展空间，拉大城市框架。三是围绕“入居入驻”抓配套。加快市场、学校、医院、公园等配套项目建设，带动新区人气、景气、商气进一步聚集，让“桂林新中心”称号名副其实。加快旅游综合医院建设和医学院二附院提升扩建，支持高端医疗桂林生命汇、福济医院建设，力争旅游综合医院年底建成投入使用，福济医院年内开工建设；加快桂林中学临桂校区、桂林师范高等专科学校临桂校区、宝湖书院、宏谋中学等一批中小学校建设，确保桂林中学临桂校区今年秋季正式招生、桂林师范高等专科学校临桂校区今年 9 月全部搬迁，崇文小学、欢乐颂小学、新城中学年内完成主体施工；抓好各类市场设施配套、商业服务配套建设，加快建设枫林、翻山底、宏谋 3 大市场。四是着力提升新区品质。加强城市品牌建设，大力引进一批国际品牌酒店、商业中心，加快旅游专线试验线、兴桂园、新城吾悦广场、凤凰体育运动休闲旅游度假区、海吉星食尚港等项目建设，力争国际会展中心上半年开工建设；大力引进并推进一批高端商住小区建设，进一步提升新区品质。

要全力抓好老城区改造。继续加大投入，抓好老城区重要节点、街道、城中村、私人住房规划改造，全面完成榕山路、人民路、虎山路、金山路、金水路临街改造工程，加快完成天下桂林步行街特色街区改造，加快推进小律、翻山底、时代枫林特色街区基础设施改造。大力推进新老城区亮化、绿化、美化工程，完善城市排水、排污管道设施，高品位、高标准布局建设公厕、治安岗亭、社区办公等市政设施，全面提升城市品位。

要着力加强城市精细管理。巩固全国文明城市创建成果，按照创建文明城市标准，全面推进市容保洁、交通执法、拆违禁违等城市管理工作，建

立完善长效化城市管理机制，促进城市管理标准优化升级。加快建设城市管理数字化平台，提高工作效率和执法准确率，形成“大城管”模式。持续开展市容市貌整治，重点整治市场、广场、夜市摊点等路段场所，做好一院两馆、创业大厦等重点区域、重点路段路面专项清洗工作，彻底解决乱搭乱建、乱堆乱放、乱摆乱卖、乱撒乱漏等突出问题，着力打造高品质的文明新城区，在桂林城市管理中树样板、做表率。

（二）狠抓产业和重大项目建设，为稳增长强支撑添动力。产业是一个地区经济社会发展的根本支撑，投资是当前稳增长的关键举措，改革是经济发展的内生动力。受经济下行压力加大和国家统计检查，我区规模以上工业产值、固定资产投资等部分主要经济指标出现严重下滑，面对严峻的形势，我们必须要有强烈的危机感、紧迫感和责任感，坚定信心，真抓实干，迎难而上，下大力气做大做强第二产业，培育壮大第三产业，全力推进重大项目建设，大力推进改革创新，为稳增长强后劲、添动力、增活力。

要始终强化工业第一支撑。工业是临桂经济发展的重要引擎，当前经济动力不足，主要原因是工业增长乏力。推动高质量发展，实现稳中求进，必须强工业，着力推动工业做强升级。一要全力配合经开区建设。围绕桂林工业“两翼齐飞、双轮驱动”发展新格局，做大做强秧塘、宝山工业园，全力配合经开区做好征地拆迁、土地招拍挂等工作；加快推进华为信息生态产业合作区、中兴通讯产业园、浪潮双创科技园等信息工业园建设，推动形成云计算和大数据产业集群。二要加快启动建设新园区。在经开区规划范围外开辟“新战场”，规划建设自己的新园区，启动镇规、土规调整及融资等工作，重点发展生物医药、中药产业化、新材料等产业。三要谋划好“自留地”。对会仙、乐和两个老工业园区，要牢牢抓在手上，持续优化园区发展环境，增强园区集聚能力，加快培育一批骨干企业，把它们建成主导产业突出、特色鲜明的工业园区。四要强化政策支持。开展政策大兑现活动，全面梳理国家、自治区、市出台的工业政策，打好政策组合拳。出台我区扶持产业发展的政策措施，建立产业引导基金，对入规企业给予奖励，用好用活中小企业贴息贷款；做好配套服务，在市场准入、要素保障、金融服务等方面，帮助企业解决实际困难。

要加快培育壮大第三产业。第三产业是我们的短板，也是我们的希望和潜力所在。必须立足自身优势，做大做强第三产业，为临桂发展培育新引擎。要抢抓桂林建设国家健康旅游示范基地机遇，加快推进高端养生、高端医疗、高端康复与旅游相结合的“旅居模式”，持续抓好信和信、义江国际康雅小镇、会仙湿地公园、桂林世外人间等一批休闲养生项目建设，努力把临桂打造成全国知名的高端旅游养生养老基地。围绕国际旅游胜地配套国际化服务体系，加大对“批零住餐”[4]的扶持力度，积极引进一批国际品牌酒店、国际品牌休闲产品、国际品牌旅游商品、国际品牌的会展运营商；深入实施“旅游+”战略，推动旅游与相关产业融合发展，围绕“吃、住、行、游、购、商业、会展”等要素，按照国际化标准，健全旅游产业体系，大幅提升旅游品质，吸引更多的国际赛事、论坛、博览会、跨国公司年会等在临桂举办。围绕把临桂建设成为大西南物流中心的目标，引进一批跨区域大型物流企业，建设一批专业市场，抓好通达、申通快递物流园及海吉星农批物流项目建设，规划启动建设北区建材专业市场，逐步把物流业培育成临桂经济新的增长点。

要狠抓重大项目强后劲。项目是经济的主要载体，抓经济就是抓项目，抓项目就是抓发展。必须始终坚持投资拉动和项目带动，把项目建设作为稳增长、扩投资、强后劲的重要抓手，以更实举措促重大项目发力见效。要加大项目服务保障力度。继续实行区领导联系重点项目制度，牢固树立服务意识，建立健全服务企业工作联系机制，积极帮助企业解决项目推进和生产中的实际问题。强化项目管理，以项目看担当、以项目论英雄，特别对列入固定资产投资的项目，要做到年初有清单、年中有记录、年末有结果，并纳入领导干部年度绩效考核，激发干部抓项目的积极性。要持续掀起项目建设高潮。有序推进福达年产40万件曲轴、溢达纺织新建棉纺厂、熊虎山庄搬迁扩建等一批在建和新开工重大项目，抓好桂柳高速临桂段、金山大道及云轨临桂段建设，尤其确保机场扩建项目按期完工，向自治区60周年大庆献礼。要加快引进一批大项目、好项目。对上要吃透国家政策，对外要继续紧盯国字号、央字号、行业龙头企业，多一些时间、精力、感情投入，力争引进一批大企业、大项目入驻临桂。要加强项目储备、包装和策划。围绕产业发展、城镇建设、基础设施和民生事业等领域，加大项目包装策划力度，拓宽项目包装策划覆盖面，争取更多大项目进入国家、自治区、市项目库。

要深化改革增动力。推动高质量发展，根本靠改革，必须聚焦关键领域和重点环节，大力推进改革创新，着力营造有利于高质量发展的体制机制环境。要深入推进供给侧结构性改革，坚定不移推进“三去一降一补”[5]，促进发展质量变革、效率变革、动力变革，不断增强经济创新力和竞争力。要以改革的实际行动庆祝改革开放40周年，深入推进“放管服”[6]改革，以清单式管理推动简政放权，破解办证多、办证难、办事难问题。加快推进财税体制、投融资体制、农村综合改革等中央、自治区、市部署的重点改革任务，以改革创新争创发展新优势。

（三）大力实施乡村振兴战略，加快推进农业农村现代化。实施乡村振兴战略是党的十九大作出的重大部署。要按照“产业兴旺、生态宜居、乡风文明、治理有效、生活富裕”的总要求，科学制定乡村振兴战略规划，建立健全城乡融合发展体制机制和政策体系，加快促进农业农村现代化，最终达到城乡共同繁荣发展。

要大力发展现代特色农业。扎实抓好现代特色农业示范区增点扩面提质升级三年活动，加大现代特色农业（核心）示范区创建力度，打造一批大规模、上星级的品牌示范区，实现每个乡镇都有1个现代特色农业示范区。开展粮食高产创建活动，推进粮食生产全程机械化服务，全力抓好15个百亩粮食高产示范基地建设；全力打造13333.3公顷无公害蔬菜基地，重点发展会仙宝山、燕山两个千亩老基地，新增茶洞褚村、会仙安龙两千亩新基地；积极发展优良水果种植，抓好水果管护，加强农产品采后处理及交易平台建设。大力推进“三权分置”[7]，完成农村土地承包经营权确权登记颁证工作；引导农村土地经营权有序流转，支持种养大户、农民专业合作社、家庭农场、龙头企业等多元融合发展，进一步提升规模经营水平。持续推进农村电商、休闲农业和民宿旅游发展，努力构建现代农业产业体系、生产体系、经营体系，让农民分享二、三产业增值收益，强化农业供给侧结构性改革驱动力，为乡村振兴提供重要支撑。

要持续推进美丽乡村建设。巩固前三批示范镇建设成果，抓好第四批五通示范镇建设，支持两江、六塘、会仙等中心城镇做大做强。深入开展“美丽临桂·宜居乡村”建设，全力推进产业富民、服务惠民、基础便民专项活动，加快提升群众生活品质。加强乡村环境综合整治，健全长效机制，着力补齐公共卫生保洁、农村垃圾和农药残留物处理、农村养殖污染治理、公共设施维护等短板，不断改善农村人居环境。

要加快完善农村基础设施。大力推进水利、交通、饮水安全、通讯等基础设施建设，加快岩塘至大山图旅游通道建设，完成五黄路建设并确保通车；继续实施一批农村通畅工程、危桥改造、渡改桥项目，提高路网畅通率和通达率。完成义江流域五通、两江、茶洞北江河等治理项目，实施义江宛田北至翁州段整治工程，落实四级“河长”制[8]，有效保护水资源。继续安排5000万元专项资金用于“三清洁”、农村改厨改厕和新农村太阳能路灯、示范村创建维护工作，努力使乡村设施更完备、生产更高效、生活更舒心。

（四）加强生态文明建设，推动人与自然和谐发展。良好的生态环境是临桂最大的品牌优势，也是临桂经济社会可持续发展的重要动力。要牢固树立“绿水青山就是金山银山”“绿水青山就是最大政绩”的理念，坚定不移实施生态立区战略，珍惜首批“自治区级生态县（市区）”荣誉，保护临桂良好的生态环境，将生态优势转化为发展优势。

一要强力推进生态环境治理。严格划定生态红线和用途管制，坚决落实中央关于打好污染防治攻坚战的决策部署，努力建设国家生态文明示范区。切实加大对义江、桃花江、相思江、北江河和会仙湿地的保护力度，严厉打击电鱼、炸鱼、地笼、采沙以及乱砍滥伐、烧山毁林等违法行为。继续推进古桂柳运河生态修复保护项目，进一步保护会仙湿地生态系统，恢复湿地生态功能。二要严格落实环境保护责任。严格实行环境保护"党政同责、一岗双责"，健全完善环保目标责任制，把资源消耗、环境损害、生态效益纳入经济社会发展评价体系，加大环境监管执法力度，启动企业环境信用评价机制，实施违法行为举报奖励办法，畅通群众环境权益诉求渠道，引导全社会共同保护好临桂的绿水青山。三要大力发展生态经济。坚持产业生态化、生态产业化、生活低碳化，加快产业绿色转型，构建科技含量高、资源消耗低、环境污染少的生态经济体系。推动工业生态化改造，大力发展生态高效农业，加快发展生态服务业，支持低碳旅游发展，重点抓好生态产业园和循环产业园区、生态旅游示范区、循环农业示范乡镇和示范村建设，把生态经济培育成主导经济。

（五）全力抓好民生维稳，推动和谐共享发展。让人民群众共享改革发展成果，是我们一切工作的出发点和落脚点。必须顺应人民日益增长的美好生活需要，坚决打好脱贫攻坚战，全力保障和改善民生，不断创新社会治理，让人民在共建共享中有更多获得感。

要坚决打好精准扶贫攻坚战。坚持把脱贫攻坚作为最大的政治责任、最大的民生工程、最大的发展机遇，围绕"七个一批"[9]"十大行动"[10]认真落实精准扶贫精准脱贫方略，着力推进产业扶贫、教育扶贫、廉洁扶贫，抓好易地扶贫搬迁工作，促进贫困人口就业创业、增收致富，确保2018年7个贫困村、4000贫困人口如期脱贫，决不让一个贫困群众在全面小康路上掉队。

要统筹推进各项社会事业。继续实施教育优先发展工程，加大教育投入，抓好义务教育薄弱学校改造，加快城区新建学校进度，努力解决外来务工人员子女"入学难"和群众关注的"大班额"问题，推进义务教育均衡发展，确保2018年通过国家级评估验收；抓好刘村、秧塘、沙塘、二塘、临桂镇中心小学等5所小学的提升扩建，并纳入城区管理范畴。继续深化医药卫生体制改革，建立优质高效的医疗卫生服务体系，切实提升医疗服务能力水平。加快建设覆盖城乡的社会保障、社会救助体系。完善住房供给和保障体系，加快构建多主体供给、多渠道保障、租购并举的住房制度。大力开展精神文明创建活动，加快文化惠民工程建设，完善覆盖城乡的公共文化服务体系；发挥"名人之乡"优势，抓好宏谋公园、李宗仁故居、李天佑故居等一批文化项目建设，打造名人文化旅游名片。

要不断创新社会治理。深化平安临桂建设，完善党委领导、政府主导、社会协同、公众参与、法治保障的社会治理体系，打造共治共享的社会治理格局。强力推进"雪亮工程"[11]建设，努力实现视频监控"三个全覆盖"[12]，加大城区管控和侵财类案件的侦破力度，重点打击整治"两抢一盗"、黄赌毒、传销等违法犯罪，以良好的治安形势保障于民。加快推进综治中心建设，进一步提升社会治理水平，扎实开展群众安全感和政法机关满意度"双提升"大会战工作，打赢群众安全感满意度翻身战。加大信访问题源头治理，化解一批信访积案，努力将矛盾纠纷化解在基层和萌芽状态。加强党对人民法院、人民检察院工作的领导，高度重视和支持"两院"依法履职，促进各项司法改革措施落地。强化质量监督和食品药品安全监管，大力开展安全生产大排查、大管控、大整治，确保安全生产平稳可控。

三、坚定不移深入推进全面从严治党，营造风清气正的政治生态

深入贯彻落实党的十九大对全面从严治党的新部署新要求，切实担负起管党治党政治责任，推动全面从严治党向纵深发展，为临桂发展提供坚强政治保障。

（一）始终把党的政治建设摆在首位。围绕全

面从严治党要求，加强思想政治建设，强化理论武装。坚持“学懂、弄通、做实”，深入学习宣传贯彻习近平新时代中国特色社会主义思想和党的十九大精神，进一步坚定理想信念，提高政治站位，自觉做到在讲政治上有更高标准，在“四个意识”上有更高要求，时刻保持对党的绝对忠诚，自觉维护党中央权威。坚持党管意识形态不动摇，管好导向、管好阵地、管好队伍。健全网络及社会舆情引导机制，发挥新兴媒体优势和作用，在大是大非问题面前敢于发声、敢于亮剑，讲好临桂故事，唱响主旋律，提振广大干部群众的精气神。

（二）加强干部队伍建设。坚持正确选人用人导向，按照习近平总书记“二十字”好干部标准，大力选拔任用谋划发展有思路、开拓创新有实效、推进项目有业绩、稳定安全有办法、忠职担当有勇气、攻坚克难有突破、务实干事有激情、扎根基层有耐心、不事张扬有贡献、团结协作有胸怀的“十类干部”。严格落实“三个区分开来”[13]，建立“鼓励干事、宽容失误”的容错机制，加大正向激励，旗帜鲜明地为担当者担当、为负责者负责，让有为者有位。加强对非领导职务干部的管理，有效激发工作活力。关心爱护基层干部，完善党管人才工作格局，努力营造人才工作良好氛围。

（三）加强基层组织建设。坚持提升组织阵地建设、强化党员队伍建设和推进特色党建品牌同向高质发展，夯实基层党组织基础。以产业发展和规范建设为重点，发挥“一区两路”[14]精品党建示范带蝴蝶效应，在每个乡镇打造出1–2个党建示范点或特色党建品牌；全面铺开党代表工作室，力争每个乡镇有1个以上的党代表工作室示范点。探索“一化双联三服务”[15]的区域化党建工作模式；深化拓展农村基层党组织“星级化”管理，完善农村党员积分制，通过量化考核，加强和改进农村党员教育管理。扎实开展“不忘初心、牢记使命”主题教育，提高党性修养和加强党性锻炼。加强基层党组织书记的教育、培训和管理，抓好“三会一课”等党内组织生活制度落实；依托“临桂红色驿站”指尖党建平台，推进“两学一做”学习教育常态化制度化。

（四）持之以恒正风肃纪。发扬钉钉子精神，坚持抓常、抓细、抓长，把落实中央八项规定精神常态化、长效化、制度化。加强党性教育和纪律教育，让党员、干部知敬畏、存戒惧、守底线，习惯在受监督和约束的环境中工作生活。强化监督问责和纪律执行，继续整治“四风”问题，重点强化政治纪律、政治规矩和组织纪律，带动形成良好廉洁纪律、群众纪律、工作纪律、生活纪律。以贯彻《中共中央政治局贯彻落实中央八项规定的实施细则》为契机，进一步完善作风建设的各项制度，为管党治党正风肃纪提供坚实支撑。强化督查和绩效考评，充分发挥绩效考核“指挥棒”作用，推动各项工作高效落实。

（五）巩固反腐败斗争压倒性态势。坚持反腐败无禁区、全覆盖、零容忍，把握“三个重要时间节点”[16]，紧盯“三类重点人”[17]，特别是严厉打击征地拆迁、扶贫帮困、项目建设等工作中的违纪违规行为，以最坚决的态度减少腐败存量，以最果断的措施遏制增量。深化扶贫领域监督执纪问责工作，严肃查处扶贫领域腐败和作风问题，以监督执纪问责的成效保障全区年度脱贫攻坚任务的完成，使改革发展成果更多更公平惠及人民。自觉提高政治站位，真正发挥巡察利剑作用，注重发挥派驻监督的“探头”作用，切实提高执纪问责工作水平。推进国家监察体制改革，实现对所有行使公权力的公职人员监察全覆盖。

（六）凝聚加快发展的强大合力。加强党对人大、政府、政协工作的领导，始终高度重视和支持人大、政府、政协依法履职。进一步巩固和发展壮大爱国统一战线，加强同民主党派、工商联和无党派人士的团结合作，做好党外知识分子、民族、宗教、非公有制经济领域统战工作，构建完善大统战工作格局，为临桂发展凝聚更为广泛的社会力量。坚持党管武装，深入开展双拥共建活动。加强和改进党对群团工作的领导，扎实推进群团改革，充分发挥“工青妇”等人民团体联系、组织、引导、服务群众的作用。

新使命催人奋进，新征程任重道远。让我们更加紧密地团结在以习近平同志为核心的党中央周围，在市委、市政府的坚强领导下，团结带领全区广大干部群众，高举中国特色社会主义伟大旗帜，不忘初心，牢记使命，再掀“桂林新中心”建设高潮，在全面建成小康社会决胜阶段再立新功，为决胜我区“两个建成”努力奋斗！

注释

［1］“两个建成”：区委一届二次全会提出力争“十三五”末实现“两个建成”目标，即与全国同步全面建成小康社会，基本建成全市新的政治、经济、商务中心，全市现代工业、现代物流新基地，桂林国际旅游胜地核心区。

［2］“双报到”：机关党组织和在职党员限时到包联社区或居住地社区党组织报到。

［3］“三美四有六栏”：“三美”即布局协调美观、环境洁净美观、标志规范美观；“四有”即有办公室、多功能活动室、图书阅览室、便民服务场所；“六栏”即室外设立党务公开栏、村务公开栏、政策宣传栏、纠风惠民政策公开栏、动态宣传栏、科普宣传栏。

［4］“批零住餐”：批发和零售业、住宿和餐饮业。

［5］“三去一降一补”：去产能、去库存、去杠杆，降成本、补短板。

［6］“放管服”：“放”即简政放权，降低准入门槛。“管”即公正监管，促进公平竞争。“服”即高效服务，营造便利环境。

［7］“三权分置”：农村的土地集体所有权、农户的承包权、土地的经营权这“三权”分置并行。

［8］“四级‘河长’制”：指区、乡镇、村委、村屯四级河长体系。

［9］“七个一批”：扶持生产发展一批，转移就业扶持一批，移民搬迁安置一批，生态补偿脱贫一批，教育扶智帮助一批，医疗救助解困一批，低保政策兜底一批。

［10］“十大行动”：特色农业富民行动，特色旅游扶贫行动，基础设施建设行动，扶贫移民搬迁行动，农村电商扶贫和农民工培训创业行动，金融扶贫行动，贫困户资产收益扶贫行动，科技文化扶贫行动，社会扶贫行动，农村留守儿童、妇女、老人和残疾人关爱服务行动。

［11］“雪亮工程”：以区、乡、村三级综治中心为指挥平台、以综治信息化为支撑、以网格化管理为基础、以公共安全视频监控联网应用为重点的“群众性治安防控工程”。

［12］“三个全覆盖”：中心城区全覆盖、乡镇政府所在地全覆盖、30户以上的村屯全覆盖。

［13］“三个区分开来”：把干部在推进改革中因缺乏经验、先行先试出现的失误和错误，同明知故犯的违纪违法行为区分开来；把上级尚无明确限制的探索性实验中的失误和错误，同上级明令禁止后依然我行我素的违纪违法行为区分开来；把为推动改革的无意过失与为谋取私利的故意行为区分开来。

［14］“一区两路”：以临桂新区为核心，依托321国道义江路段和桂阳公路发展特色精品党建示范带。

［15］“一化双联三服务”：实施区域化党建工作，促进辖区单位党组织联社区、在职党员联群众，实现服务党员群众、服务社区建设、服务区域发展目标。

［16］“三个重要时间节点”：重点查处党的十八大后、中央八项规定出台和开展教育实践活动后的顶风违纪行为。

［17］“三类重点人”：重点查处十八大后不收敛、不收手，问题线索反映集中、群众反映强烈，现在重要岗位且可能还要提拔使用的领导干部。

桂林市临桂区人大常委会工作报告

——在桂林市临桂区第二届人民代表大会第三次会议上的报告

桂林市临桂区人大常委会副主任　陈苦源

（2018 年 2 月 1 日）

2017 年主要工作

2017 年，区人大常委会在区委的领导下，深入贯彻落实党的十八大以来中央各项决策部署，学习宣传贯彻党的十九大精神，紧紧围绕全区工作大局，依法行使职权，圆满完成区二届人大二次会议确定的目标任务，在促进临桂经济社会发展和民主法治建设中发挥了积极作用，各项工作取得新成效，再上新台阶。

一、服务全区发展大局有新作为

（一）坚持和依靠党的领导。区人大常委会始终坚持党的领导、人民当家做主和依法治国的有机统一，不断提高政治站位和政治能力，牢牢把握正确的政治方向，牢固树立“四个意识”，坚定“四个自信”，自觉在思想上政治上行动上同党委保持高度一致，坚决贯彻党中央、自治区党委、市委和区委决策部署，适应新形势对人大工作的新要求，主动作为，努力服务全区经济社会发展大局。

（二）积极推进全区中心工作。区人大常委会始终牢记职责和使命，全力支持全区中心工作开展。通过听取情况汇报、开展专题调研、组织代表视察等多项举措，为推进征地、拆迁、安置、美丽临桂、新型城镇化示范镇建设、创建全国文明城市、精准扶贫、重大项目建设等工作，发挥了重要作用。

（三）科学作出重大事项决定。区人大常委会围绕全区经济社会发展中事关全局性、根本性、长远性的问题，通过法定程序，对重大事项依法作出决议决定。2017 年，依法召开了区二届人大二次会议、区第二届人大常委会 8 次，审议了计划、预算执行及审计情况的报告，财政预算调整的报告，审查批准了 2016 年财政本级决算、2017 年财政预算调整，分别作出了相应的决议。

（四）依法做好人事任免。区人大常委会坚持党管干部和依法任免的有机统一，继续推行任前了解、任职发言、宪法宣誓、颁发任命书等任免制度和办法，促进人事任免工作程序化、制度化、规范化。全年共依法任免国家机关工作人员 56 人次．其中，任命 49 人次，免职 3 人次，接受辞呈 4 人次。

二、监督工作有新成效

区人大常委会依法行使监督权，紧紧围绕全区发展大局，主动作为，在敢于监督、善于监督、有效监督上下功夫，助推临桂经济社会健康高质量发展。

（一）强化财经工作有效监督。区人大常委会把加强对财政预算编制、执行、调整和决算的审查作为监督工作的重点，听取和审议政府和财政部门关于财政预算执行情况的专项工作报告，跟踪监督财政预算执行情况，督促严格预算编制管理，增强预算编制的完整性；强化预算执行监督，确保财政资金使用规范、安全、高效；优化财政支出结构，增强财政对重点支出的保障。组织调研组，深入各乡镇及有关单位，对我区 2017 年上半年国民经济和社会发展计划与预算执行情况进行调研，听取和审议计划与预算执行情况的报告，对存在问题提出意见和建议。

（二）推进法治建设。一是加强执法检查监督。对我区实施《中华人民共和国老年人权益保障法》情况进行执法检查，督促整改老年人权益保障工作中存在的问题，提高我区老年人权益保障工作水平。配合市人大到我区开展《中华人民共和国安全生产法》《中华人民共和国行政诉讼法》《中华人民共和国义务教育法》执法情况检查，保障法律法规得到有效实施。二是加强司法工作监督。常委会高度关注司法改革工作，专题听取区“两院”员额制改革工作情况报告，提出完善体制机制，提高员额制法官、检察官专业素质和履职能力等建议。三是加强信访工作监督。常委会认真贯彻落实各级信访工作会议精神，认真做好人大信访工作，2017年共接待群众来访21批次，73人次。其中，重复访6人；集体访2批次，11人；处理群众来信5件次，转办率100%，督办率100%，做到依法处理，促使群众合法合理诉求得到有效解决。

（三）助推民计民生改善。区人大常委会高度关注社会和民生热点难点问题，综合运用监督手段予以推动，不断提升百姓的幸福感和获得感。认真开展精准扶贫工作。常委会机关积极深入会仙镇睦洞村委开展脱贫攻坚工作，通过调研，找准贫穷“病因”，实施精准帮扶。同时对我区少数民族扶贫开发工作情况开展调研，督促政府及相关部门加大少数民族扶贫开发力度，解决突出问题，达到脱贫致富、共同富裕的目标。高度关注教育发展。与区政协联合对我区加快义务教育均衡发展情况进行调研，督促解决我区学校普遍存在的“大班额”问题，促进义务教育均衡发展，推动我区义务教育均衡发展2018年能顺利通过国检。重视生态环境保护。组织区人大代表对义江流域生态环境综合治理情况进行专项督查，努力营造义江流域良好的生态环境。

三、发挥代表作用有新突破

区人大常委会坚持和尊重代表主体地位，不断提高服务质量，健全服务保障机制，创新平台载体，努力为代表履职创造条件，充分发挥代表作用。

（一）注重代表履职培训实效。区人大常委会组织开展区第二届人大代表第二期履职培训，邀请自治区人大领导及自治区党校教授讲课，对代表们进行“学习贯彻习总书记视察广西重要讲话精神，做好新形势下人大工作”“增强履职效力的主体内功修炼”专题辅导；组织常委会组成人员和区、乡镇人大干部到武汉大学培训学习；此外，常委会还积极组织、指导乡镇人大通过“走出去，引进来”的形式开展代表培训学习。通过多形式的培训，开拓了代表的视野，提升了代表的履职能力，促进了全区人大工作水平的提升。

（二）创新代表履职平台建设。区人大常委会积极探索新时期促进人大代表履职的新思路、新方式，结合实际，突出特色，进一步指导乡镇人大代表履职实体和网络平台建设。目前，全区已建立11个人大代表履职活动中心、48个人大代表之家和6个乡镇人大微信公众号，为人大代表依法履职搭建了新舞台。其中，中庸镇人大代表履职活动中心和五通镇西山村委人大代表之家成了桂林市人大代表联系人民群众履职平台建设经验交流会的观摩点；中庸镇人大作为全市率先开通人大微信公众号的乡镇之一，各类原创人大工作文章的阅读量累计突破3万人次，这种指尖上的人大架起了新时期人大代表和群众之间的连心桥，较好地发挥了人大代表的主体作用，进一步拓宽了选民与代表的沟通渠道。

（三）强化代表建议办理。加大督办力度，提高代表建议意见办理质量。区二届人大二次会议期间，代表提出建议39件，常委会高度重视代表建议、批评、意见办理工作，切实抓好交办、督办、答复等工作环节，39件代表建议现已办理完毕，答复率为100%，代表建议办理满意率较高，增强了人大代表依法履职的责任感，调动了承办单位的主动性，提高了代表建议办理工作的质量。

四、加强自身建设有新提升

区人大常委会始终把加强自身建设作为一项重要工作狠抓落实，切实加强履职能力和机关服务能力建设，努力塑造人大依法履职、为民尽责的良好形象。

（一）注重作风建设，树立良好形象。区人大常委会贯彻全面从严治党要求，始终把思想政治和作风建设摆在首位，加强机关党建和党风廉政建设工作，深入开展“两学一做”学习教育“回头看”和中央八项规定精神“回头看”工作，转作风、求实效，全力打造忠诚、干净、担当的人大干部队伍。

（二）强化业务学习，提高履职能力。区人大常委会把加强学习贯穿于人大工作的全过程，引导常委会组成人员和人大机关干部树立学习为本、终生学习理念。深入学习党的十九大精神和习近平新时代中国特色社会主义思想，根据人大工作的性质和特点，抓好法律法规等业务知识学习，重视集中学习，鼓励开展自学，积极参加上级人大机关组织的各类学习培训，不断提高常委会组成人员和人大机关干部的理论素养和履职能力。

（三）健全管理制度，规范履职行为。区人大常委会适应新形势、新要求，坚持以制度办事，靠制度管人，着力加强制度建设。进一步修订完善《人大常委会议事规则》和人大机关办文、办会、办事等各项规章制度，严格议事程序，规范履职行为，增强工作实效。

（四）重视宣传工作，营造良好氛围。区人大常委会高度重视人大宣传工作，积极落实意识形态工作责任制，坚持办好临桂人大网站，创新内容形式，努力提高网站质量；加强在报刊、电视媒体上对人民代表大会制度和人大工作的经常性宣传。2017 年，11 个乡镇人大在各级报刊媒体上共发表新闻稿件 217 篇。区人大机关 2017 年再次荣获自治区人大常委会办公厅颁发的人大宣传工作先进单位一等奖。

各位代表，常委会一年来的工作所取得的成绩，是在区委正确领导下，常委会组成人员和全体区人大代表共同努力的结果，是“一府两院”积极配合的结果，也是全区人民、各级人大以及社会各方面大力支持的结果。在此，我代表区人大常委会，向所有关心支持人大工作的社会各界表示衷心的感谢！

在取得成绩的同时，我们也清醒地认识到，常委会工作还存在一些不足之处：监督工作力度还需进一步加大；审议意见落实的跟踪督查有待进一步加强；代表主体作用的发挥还需进一步提高等。新的一年，常委会将认真听取各方意见，切实加以改进！

2018 年工作思路

2018 年，区人大常委会将在区委的领导下，以习近平新时代中国特色社会主义思想为指导，全面贯彻落实党的十九大精神及区委二届三次全会精神，坚持党的领导、人民当家做主、依法治国有机统一，按照区委的工作思路和工作部署，为再掀“桂林新中心”建设高潮，全面开启新时代美好临桂新征程，实现“两个建成”目标做出更大贡献。

一、坚持围绕中心，全力服务全区经济社会发展大局

一是坚持党的领导，坚定正确的政治方向。把加强思想政治建设放在首位，把贯彻落实党的十九大精神作为首要政治任务，深入学习习近平系列重要讲话精神和治国理政新思想新战略。紧密结合人大工作实际，坚持党的领导，牢固树立政治意识、大局意识、核心意识、看齐意识，保证人大工作正确的政治方向。

二是服从大局，推动中心工作的落实。继承和发扬历届人大的优良传统，坚持与区委同心同向、同频共振，自觉把区委的领导贯穿于人大工作的各方面、全过程，围绕全区经济社会发展大局，凝心聚力促发展，履职尽责为民生。

三是依法行使重大事项决定权和人事任命权。围绕中心，聚焦全局，适时做出决议、决定，不断提高决策的民主化和科学化水平。坚持党管干部原则和人大依法行使选举任免权相统一，完善相关工作制度，为地方国家机关高效履职提供组织保障。

二、坚持依法监督，积极推动决策部署和法律法规贯彻实施

一是注重财政经济监督。加强对预算决算的审查监督，批准 2017 年度财政本级决算；开展对 2018 年国民经济和社会发展计划、财政预算执行

情况的监督，提出相应的审议意见；探索并加强对政府部门财政预算执行情况的监督。

二是注重法治建设监督。积极推动监察体制改革，落实好中央、自治区党委、市委和区委关于国家监察体制改革试点的决策部署，选举任命好本级监察委员会组成人员，圆满完成市人大和区委赋予的各项任务。积极开展事关民生问题的执法检查。配合上级人大做好有关法律、法规的执法检查以及立法调研。听取、审议区人民法院、区人民检察院年度工作报告。做好信访维稳工作。

三是注重民生监督。加强对重点项目和群众关注的热点难点问题的监督，对政府工作报告中的重大项目建设、教育、环保、扶贫等工作开展专题调研、视察。

三、坚持优化服务，充分发挥代表主体作用

一是办好代表培训，提升代表能力。按照“分类培训，注重实效”的原则，分层次、分领域、分类型地组织和指导代表、常委会组成人员、人大干部开展学习培训，提高培训的针对性和实效性。

二是建好履职平台，优化履职条件。全面推进代表联系人民群众履职实体平台升级和网络平台创建，提高乡镇人大规范化建设水平，拓宽代表知情知政渠道，保障代表依法参与管理地方国家事务。

三是狠抓跟踪督办，提高办理效率。进一步加强与政府有关部门的沟通和协调，加大代表议案建议督办力度，跟踪办理进程，切实改变“重答复轻落实”现象，确保办理质量，适时组织人大代表对政府职能部门进行工作评议。

四、坚持固本强基，全面加强自身建设

一是加强作风建设，树立人大新形象。坚持“作风建设永远在路上”的理念，认真落实“两个责任”，防止“四风”反弹。进一步贯彻落实“三严三实”和“两学一做”学习教育要求，严格民主生活会和组织生活会制度，落实“三会一课”，确保干部尤其是党员干部受教育，思想有进步，作风有提升。深入推进机关的组织建设、廉政建设和作风效能建设，真正做到为民、务实、清廉，树立人大机关干部的良好新形象。

二是加强学习，开创工作新局面。加强政治理论和业务知识的学习，采取培训会、座谈会、报告会等多种形式，认真学习领会党的十九大精神，牢固树立“四个意识”，充分认识推进法治建设的重要性和紧迫性；把政治建设摆在首位，把思想和行动统一到区委的决策部署上来，切实加强人大自身建设，推动人大各项工作顺利开展，在新起点上开创新局面。

三是加强制度建设，体现人大新作为。按照党的十九大关于健全人大组织制度和工作制度的要求，把制度建设贯穿到人大工作的方方面面，严格落实《人大常委会议事规则》和人大机关办文、办会、办事各项规章制度，提高常委会会议质量，提高办事效率。

四是加强人大宣传工作，展现人大新面貌。充分利用各类宣传阵地和新闻媒体，进一步加大对人民代表大会制度和人大工作的宣传力度，促进人大监督与舆论监督的有机结合，提高人大工作的透明度，使人民群众更好地了解、参与和监督人大工作。

新时代赋予新使命，新征程要有新担当。做好今年的人大工作，充分发挥地方国家权力机关的作用，促进经济社会健康协调发展，切实提高人民群众的生活质量，是临桂人民的殷切期望，更是我们义不容辞的职责。让我们在区委的领导下，更加紧密地团结起来，不忘初心，牢记使命，拥抱新时代、谱写新篇章、干出新作为，为再掀“桂林新中心”建设高潮，实现“两个建成”做出新的更大贡献！

政府工作报告

——在桂林市临桂区第二届人民代表大会第三次会议上的报告

区长　李绍政

（2018 年 2 月 1 日）

一、2017 年工作回顾

过去的一年，面对经济持续下行和特大洪涝灾害双重考验，在市委、市政府和区委的正确领导下，我们主动适应经济发展新常态，全面落实新发展理念，围绕打造“桂林新中心”，加快推进临桂新区和桂林国际旅游胜地建设，统筹推进稳增长、促改革、调结构、惠民生、防风险各项工作，努力推动经济平稳健康发展。初步测算，地区生产总值完成 178.05 亿元，下降 8.7%；组织财政收入 30.79 亿元，增长 7.3%；固定资产投资 250.01 亿元，下降 19.8%；社会消费品零售总额 45.72 亿元，增长 11.6%；城镇居民人均可支配收入 36505 元，增长 9%，农村居民人均可支配收入 15935 元，增长 10%。

经济结构加快调整。产业结构调整为 22.8∶44.3∶32.9，第三产业比重较上年提升 13 个百分点，高于第一产业 10.1 个百分点。旅游、商业、仓储物流、酒店餐饮和休闲娱乐业发展迅猛，花生唐、大润发、凤凰荟等城市商业综合体活力四射。工业转型升级步伐加快，桂林福达重工锻造有限公司曲轴数字化车间试点示范项目入选工信部 2017 年智能制造试点示范项目。农业保持稳中调优，现代特色农业（核心）示范区建设取得新成效。

临桂新区初显魅力。“五纵三横三环”[1]路网框架基本形成。西城大道、创业大厦、市民公园、山水公园和景观水系 5 大重点项目建设基本完成，行政中心功能日趋完善，15 个桥梁道路市政项目加快推进，学校、医院、市场等功能配套不断完善。新区面貌日新月异，集聚功能效应凸显，产业吸纳力、人口聚集力和形象展现力进一步提升，建成面积达 30 平方千米，常住人口超过 20 万人，一座充满活力、富有魅力、宜商宜居宜业的现代化新城正在加速崛起。

城乡面貌显著改观。举全区之力深入开展全国文明城市创建工作，荣获全市先进单位称号。市容市貌、环境卫生和交通秩序明显改善，公共基础设施建设和绿化、美化、亮化水平再上新台阶，城市管理成效持续巩固提升。投入 2.65 亿元稳步推进 3 个新型城镇化示范镇建设，投入 2.15 亿元加快两江、五通两个高标准中心城镇建设，深入开展宜居乡村建设，临桂城乡展现新面貌。

人民生活持续改善。民生领域支出占一般公共预算支出的 78%。个人存款余额 135.75 亿元，新增 11.22 亿元，增长 9%。城镇失业率为 2.3%。社会保障提标扩面，低保、医保、养老保险、住房等保障水平不断提高。继续实行小学到公办高中 12 年免费教育。群众健康和基层医疗卫生水平大幅提高。脱贫攻坚取得阶段性成效，又有 6 个贫困村、843 户贫困户、3394 名贫困人口脱贫摘帽。

各位代表，受经济下行压力加大和国家统计方法调整等因素影响，我区部分主要经济指标未达到年初预期甚至出现负增长。为推动临桂经济平稳健康发展，我们始终不敢有丝毫懈怠和放松，唯有夙夜在公、勤勉工作，竭智尽力、全力以赴。

一年来，我们坚持建设“桂林新中心”不动摇，全力建好新区，统筹城乡发展，城市功能品质得到新提升

全面提速新区建设。西城大道提升整治工程完工，以创业大厦为中心的行政区域建成投入使

用，市民公园、山水公园建成开放，21千米的中心区景观水系即将全线贯通。重点推进人民路二号桥、万福路二号桥、新龙路桥等15个桥梁道路市政项目建设，环西路二号桥、纬二路、山水大道等5个项目竣工验收。全力推进学校、医院、市场、停车场及水电气等配套项目建设，复兴小学、汇荣小学建成使用，桂林师范高等专科学校临桂校区实现部分搬迁，桂林中学临桂校区、桂林旅游综合医院、枫林农贸市场、新城商务酒店等项目进展顺利。桂林旅游专线试验线试验段即将通车，临桂新区规划展示馆建设完工即将开馆。重大项目全年完成投资60.2亿元。千方百计破解新区征地拆迁拆违等瓶颈难题，完成农房先行拆迁2.68万平方米，拆除各类违法违章建筑16万平方米。

切实加强老城区改造。开展创城“金点子”活动，解决了城区建设管理、基础设施、环境卫生、交通出行等方面问题232个。金水路、榕山路、人民路、金山路、临政路、虎山路、建设路、会元路8条主干道两侧私人住房联合改造取得明显成效，天下桂林步行街特色街区立面和灯光亮化改造工程基本完成。积极推进三元路东延长线、秧九路延长线、新龙路、小律村原住民安置特色街区道路管网、翻山底村市政基础设施、时代枫林岩塘路市政配套设施等25个市政项目建设。改造、修复路面和巷道4.6万平方米，清理整治露天沙石场36家，拆除桂康市场、金山市场、天下桂林步行街、人民路延长线等公共区域乱搭乱建17.6万平方米。加大联合执法力度，规范渣土运输秩序，加强城市道路扬尘治理。有序规范流动商贩经营行为，建成人民路延长线早市疏导点、世纪大道跳蚤市场，引导流动商贩入市经营430摊，规范夜市经营370摊，努力实现“疏堵结合、引摊入市”。老城区近130万平方米区域的环卫服务实行市场化外包，卫生死角得到全面清理。投资200多万元更换主次干道果皮箱2000多个，投资800多万元改造、新建公厕20个。

稳步推进城镇化和宜居乡村建设。全力推进第三批四塘、中庸、南边山示范镇建设，四塘、中庸示范镇基本成型。两江、五通两个高标准中心城镇建设深入推进。扎实开展宜居乡村建设，创建生态宜居示范村19个，加快打造会仙毛家、六塘峦山底、四塘田心、茶洞褚村、宛田东宅江5个乡土特色示范村。加强传统村落保护发展，宛田东宅江村被自治区住房与城乡建设厅列为“2018年拟列入中央财政支持范围中国传统村落”。投入1390万元，完成830户房屋的立面改造和屋顶绿化，投入2000多万元建成132个农村休闲小广场、为163个自然村安装太阳能路灯，投入2100万元，完成改厕改厨各1万户、改圈178户，“三改”完成率均达100%。投入7000万元，完成六塘、会仙、四塘、南边山、中庸5个乡镇污水处理厂建设。建成五通镇保宁街垃圾转运站，农村垃圾专项治理两年攻坚工作通过国家第三方考核验收，基本实现垃圾处理全覆盖。

一年来，我们坚持发展第一要务不动摇，加快转型升级，做强实体经济，稳中向好态势得到新巩固

狠抓工业转型升级。突出工业主导地位，培育壮大秧塘、会仙、乐和等重点工业园，大力发展园区经济。规模以上工业总产值、增加值分别达201.33亿元和49.81亿元，下降30.8%和27.9%。完成工业固定资产投资61亿元、技术改造投资52亿元。大工业用电量3.49亿千瓦时，增长8.7%。完善园区基础设施建设，完成秧二十四路污水雨水管网改造和配电工程、莱茵生物临时排污管网工程、秧六路建设工程和人民路延长线亮化工程，加快推进华能临时道路和秧二十五路建设，完成一批项目用地的平整工作。实施“抓大壮小扶微”[2]工程，开展“一人一企”对口服务和金融服务下企业活动，促成13家企业与金融机构达成1.2亿元融资意向。加大工业企业表彰奖励力度，拿出822万元对工业企业进行了表彰奖励。贯彻执行自治区41条惠企政策，为5家企业争取技改资金3200万元。继续执行丰枯水期电价，降低养老保险缴费比率，为企业降低经营成本3000多万元。

加快发展现代旅游服务业。制定《临桂区发展服务业引导资金管理办法》《临桂区服务业企业发展扶持管理办法》等文件，扶持第三产业

加快发展，第三产业增加值完成58.5亿元，增长10.7%。大力发展全域旅游，投入1.5亿元打造国道321线临桂段和良永路会仙段两条旅游精品线路，中庸镇义江绿道基本建成，临桂镇西干渠绿道建设进展顺利。红溪景区、罗山湖民族风情岛相继营业。新建、改建旅游公厕18座。积极培育乡村旅游生态农家乐，临桂镇金龟河生态农庄、五通镇江心洲农庄被评为自治区四星级农家乐，莲花岛休闲农庄被评为自治区休闲农业与乡村旅游示范点。全年接待游客194.27万人，旅游总收入16.98亿元，分别增长53.2%和47.7%。住宿、餐饮等服务业快速发展，希尔顿欢朋酒店正式营业，新城商务酒店即将投入使用，城市养老综合服务中心、养生养老示范中心入驻新区。现代物流服务体系加快建设，中辰物流园建成运营，申通快递物流园即将投入使用，通达物流园建设有序推进。房地产平稳健康发展，商品房销售面积172.38万平方米，增长23.9%。

巩固发展现代特色农业。农林牧渔业增加值完成41.41亿元，增长3.5%。扎实推进现代特色农业（核心）示范区建设，建成自治区级示范区2个、市级示范区2个、乡级示范园4个。抓好优粮、优果和“菜篮子”工程，粮食种植面积48333.3公顷，超级稻面积26666.7公顷，粮食总产量26万吨，粮食作物良种覆盖率达90%以上；水果保有面积13333.3公顷，总产量17.68万吨，产值10.79亿元，打造了3条特色柑橘产业带，柑橘成为我区重要水果产业；无公害蔬菜种植面积21506.7公顷，总产量47.35万吨，建立常年蔬菜基地490公顷，建成会仙、六塘、茶洞、中庸4个常年蔬菜冷链配送基地。生猪、家禽两大基础产业稳步发展，肉牛、羊等草食动物养殖规模不断扩大，建成生猪、家禽、种鸭、蛋鸡和名优水产品5大规模养殖基地，水产畜牧业生产总值29.05亿元。利源公司、科源公司被评为全市第七批农业产业化重点龙头企业。积极实施农机补贴惠农政策，拉动农机生产新增投资1500多万元，全区农业生产耕、种、收机械化水平达74%。扎实做好了灾后农业生产恢复工作。

一年来，我们坚持项目带动战略不动摇，加快项目建设，扩大有效投资，发展后劲得到新增强

全力抓好项目建设。实行“四个一”[3]工作机制，拟建项目抓审批、在建项目抓进度、建成项目抓投产，全区74个重大项目和14个重中之重项目由区领导全程跟踪服务推进。简化审批程序，提高审批效率，深化“飓风行动”和项目推进“110”活动，严厉打击强揽工程、强行定价、敲诈勒索、强行阻工等违法犯罪行为，营造项目建设良好环境。9个自治区统筹推进重大项目、49个市级层面重大项目、74个区领导跟踪服务重大项目分别完成投资14.92亿元、79.93亿元和112.09亿元，均超额完成年度计划投资。五通高铁站即将启用，桂林至三江高速、莱茵生物植物资源产业化工程等一批项目竣工，桂林至柳城高速、桂林旅游专线试验线临桂段等项目相继开工建设，华为、中兴、浪潮、恒大、碧桂园、新城控股等知名企业、上市公司落户临桂并开工建设，为临桂发展注入强劲动力。

积极抓好投融资创新。推进政府与社会资本合作，探索储备PPP项目。加大融资贷款力度，以区兴临城投公司作为融资平台，向银行申请融资15.85亿元，统筹用于义务教育均衡发展、示范镇和城乡基础设施等项目建设。加大招商引资力度，内资新录入系统16个项目，区外实际到位资金78.5亿元，大口径实际利用外资4367万美元。在东盟博览会上签约项目4个，投资总额145亿元。

一年来，我们坚持改革创新发展不动摇，打破利益格局，破除体制障碍，发展环境得到新优化

深化“放管服”[4]改革。取消行政审批事项48项，调整审批事项209项。全面清理规范非行政许可审批事项360项，区本级审批事项从310项精简到264项，进一步缩减了行政许可事项，政务环境持续优化。

大力推进重点领域和关键环节改革。完成乡镇“四所合一”[5]改革。深入推进农业供给侧结构性改革，农村集体土地承包经营权确权登记颁证工作进入尾声，确权率达93%。扎实开展国

2017年9月12日，临桂区人民政府区长李绍政（左三）参加第十四届中国—东盟博览会桂林市经济合作项目签约仪式

区招商促进局　供稿

有林场改革，管理体制和经营机制进一步理顺。深化小型水利工程管理体制改革，完成612处小型水利工程的确权工作。全面推行河长制。稳步推进供销社综合改革，为农服务能力实现新提升。继续深化教育综合改革，“管办评”制度体系不断完善。医药卫生体制改革持续深化，公立医院综合改革、药品两票制、药品零差率销售、医联体建设、分级诊疗等重点工作进展顺利。深化公安改革，建立队伍精细化管理平台，公安工作转型发展。开展司法体制改革，完成区公证机构体制改革工作。商事制度改革成效明显，新核准设立企业1667户，增长70.8%；新增注册资本56.4亿元，增长51.2%；新设立个体工商户3881户，增长48.2%；新增注册资金3.51亿元，增长55.2%。深化“先照后证”改革，推进“多证合一”改革，实现最大程度利企便民。不动产登记提速增效，抵押登记业务办结时限由60个工作日缩短至18个工作日。

一年来，我们坚持绿色发展理念不动摇，严守生态保护红线，狠抓环境治理，生态优势得到新转化

加快发展生态经济。积极培育发展生态工业、生态农业、生态服务业，逐步构建生态产业链。大力发展循环经济和清洁生产，加快传统产业和产业园区生态化改造，主动淘汰落后产能和高耗能、高污染企业。桂林之花特色林业（核心）示范区被授予“广西现代特色农业（核心）示范区（三星级）”称号。林下经济发展面积40000公顷，新增植树造林面积566.67公顷。投入300万元用于生猪标准化示范场建设和生态养殖技术推广，建成生猪生态养殖示范场7个。

狠抓生态环境治理。严格贯彻落实“党政同责、一岗双责”责任制，完成中央环保督察反馈24个问题的整改，查处严重环境违法行为企业22家。集中开展“四乱一脏”[6]专项整治行动，查处非法制砂和非法运输砂石案件8起。完成燃煤小锅炉整治工作。强化大气污染防治，切实加强建筑工地、道路扬尘治理，对13家砖厂、10家采石场和11家混凝土搅拌企业进行了约谈和现场检查。持续提升水环境质量，加强对义江、太平河、古桂柳运河、桃花江临桂段、大江水库、金陵水库和新区水系的水质监测；加强饮用水水源地保护工作，划定农村集中式饮用水水源地保护区29处；68座农村污水处理站实行第三方运行管理。强化养殖污染治理，搬迁、拆除、关停中心城区禁养区养殖场20个。开展土壤污染状况调查工作，土壤污染防治有效加强。积极创建生态县（区）、生态乡镇，会仙喀斯特国家湿地公园试点建设通过国家验收，我区荣获首批“自治区级生态县（市、区）”称号，8个乡镇已获自治区级生态乡镇命名，茶洞褚村被评为“全国生态文化村”。

一年来，我们坚持为民服务宗旨不动摇，加大资金投入，主动担当作为，民计民生得到新改善

脱贫攻坚成效明显。整合投入各类扶贫资金3亿多元，顺利完成年度脱贫攻坚任务。严格落实精准扶贫结对帮扶工作机制，帮助贫困户解

决问题1万多个。突出抓好农业产业扶贫和旅游产业扶贫，区财政投入1620万元扶持30个贫困村发展产业，增加集体经济收入。完成贫困村基础设施建设项目47个，惠及4055户、1.5万人。产业奖补4252户，补助资金850万元；“雨露计划”补助1094人，补助资金161万元；发放小额贷款8561万元，贴息399万元，2167户贫困户受益。加强贫困人口动态调整，纳入“应纳尽纳”贫困户322户、1235人，认定返贫退出户数122户、468人。

社会保障水平进一步提高。发放社会保险6.15亿元、养老金3.52亿元、城镇和农村最低生活保障资金4652万元、五保供养资金1609万元、重点优抚对象抚恤定补和生活补助资金1760万元、医疗救助和临时救助资金948万元，基本实现应保尽保、分类施保。顺利完成“五险合一”，新型农村合作医疗与城镇居民医疗保险实现“双制度并轨”，全区47万多名参保人员跨省异地就医可即时结算，第一批社保卡发放率达81%。大力促进就业创业，城镇新增就业5182人、失业人员再就业1257人、就业困难人员实现就业528人、新增农村劳动力转移就业6759人。持续推进安居工程，城镇保障性住房建成54套，完成棚户区改造住房618套，农村危房改造1600户，倒房重建142户，有效保障居民合理住房需求。

社会事业健康协调发展。义务教育均衡发展工作通过自治区评估验收。投入3.5亿元改善中小学办学条件，城乡学校面貌焕然一新。建成1所城区小学并投入使用，进一步缓解了城区学校“大班额”问题。减免和发放各类学生资助资金1746万元，惠及学生近2万人。临桂一中学生荣获全国第十三届学生运动会中学组女子400米比赛冠军。成功举办C-47飞机捐赠仪式，美国飞虎队桂林遗址公园纪念馆接待游客突破25万人次，成为全区最具影响力的爱国主义教育基地。桂林芒果影业投资有限公司、桂林山花文化传播有限责任公司被评为全市第三批文化产业示范基地。文体活动丰富多彩，建成12个村级公共服务中心。圆满完成环广西公路自行车世界巡回赛临桂段赛事。区人民医院晋升为三级综合医院，六塘、五通中心卫生院改造基本完成，南边山、茶洞卫生院改造工程启动。实施贫困人口大病救治和“先诊疗后付费”制度，乡村家庭医生签约实现贫困人口全覆盖。

交通水利基础设施不断完善。投入4.14亿元实施农村公路新建、续建项目20个，建成农村公路9条、79千米，改造农村桥梁8座。行政村通水泥路率、自然村巷道硬化率和农村公路列养率均达100%。水利、饮水安全、中小河流治理等基础设施建设扎实推进，实施农村饮水安全巩固提升工程9个。

2017年11月9日，临桂区义务教育均衡发展工作通过自治区级评估验收。图为自治区评估汇报会　　韦桥送　摄

社会综合治理深入推进。法治临桂建设和“七五”普法深入开展。社区矫正中心正式运行，信息化建设工作走在全市前列。深化平安临桂建设，投入3300万元实施“天网”工程，覆盖中心区域的60%，三期建成后可实现中心区域全覆盖。深入开展打击传销专项行动，成功摘掉传销重点关注地区的帽子。实行领导干部接访下访，

信访积案和“三大纠纷”得到有效化解，进京非访人数下降66.7%。健全完善公共安全体系，保持了安全生产、食品药品和农产品质量安全监管秩序稳定向好局面。

一年来，我们坚持“打铁还需自身硬”不动摇，强化依法行政，打造法治政府，自身建设得到新加强

深入学习宣传贯彻党的十九大精神，全力推进“两学一做”学习教育常态化制度化，政府治理能力进一步提升。认真落实全面从严治党“两个责任”和“一岗双责”制度，坚定不移把党风廉政建设和反腐败工作纳入经济社会发展的全局进行部署、推动和落实，持续推进教育、制度、监督并重的惩治和预防腐败体系建设，党风廉政建设和反腐败工作取得新进展。切实抓好巡视“回头看”反馈意见整改，加强重点领域的审计监督和行政监察，严查侵害群众利益的不正之风和腐败问题。坚持依法行政，完善重大行政决策程序和机制，实行重大决策预公开制度，认真执行人大及其常委会的决议、决定，自觉接受人大、政协和社会监督，办理人大代表议案、建议和政协委员提案110件，答复率100%，办结率81%。重视人大代表、政协委员、民主党派、工商联、无党派人士和各人民团体、社会各界人士的意见，不断扩大公众参与。优化政务服务，提高行政审批工作透明度，完善“马上办”工作机制，按时办结率100%。全面贯彻落实中央“八项规定”精神和国务院“约法三章”[7]，驰而不息纠正“四风”，干部作风持续好转。健全厉行节约长效机制，公开部门预算和“三公”经费预决算，“三公”经费比上年减少954万元，下降37.5%。

国防动员和后备力量建设不断加强，双拥共建和民族团结进步创建活动深入开展，军政军民更加团结，社会大局和谐稳定。侨务、对台、通信、邮政、地震、人防、消防、保密、气象、机关事务、统计、物价、地方志、文学艺术、社会科学、档案、民族、宗教、老龄、残疾人、妇女儿童等各项工作取得新进步，自治区、市驻临桂单位取得新成绩。

各位代表，看似寻常最崎岖，成如容易却艰辛。一年的成绩来之不易，这是区委总揽全局、科学决策的结果，是区人大及其常委会和区政协加强监督、鼎力支持的结果，是全区各族干部群众团结拼搏、开拓进取的结果。在此，我代表区人民政府，向全区各族人民，向人大代表、政协委员，向各民主党派、工商联、无党派人士、各人民团体和各界人士，向离退休的老领导、老同志，向自治区、市驻临桂单位，向驻临桂部队和武警官兵，向所有关心支持临桂发展的海内外朋友，致以崇高的敬意和衷心的感谢！

在肯定成绩的同时，必须清醒看到，我们的工作还存在许多不足，也面临不少困难和挑战。主要是：经济下行压力大，稳增长任务艰巨；重大项目推进不快，新的工业项目为数不多且落地较慢，发展动力不足；生态文明建设体制机制不健全，发展与保护矛盾凸显；民生领域尚有短板，脱贫攻坚任务艰巨，公共服务能力仍显不足；干部队伍思想保守、不敢担当、懒政怠政的现象仍然存在，个别领导干部带头攻坚克难、以上率下的表率作用发挥不够，碰到难题绕道走，个别领导干部作风不实，工作停留在表面，遇到问题搞批发，当甩手掌柜。这些问题，我们必须勇敢面对，着力加以解决。

二、2018年工作总体要求和目标任务

2018年是贯彻党的十九大精神的开局之年，是改革开放40周年、自治区成立60周年，也是决胜我区“两个建成”、实施“十三五”规划承上启下的关键一年。今年政府工作的总体要求是：以邓小平理论、“三个代表”重要思想、科学发展观、习近平新时代中国特色社会主义思想为指导，深入贯彻党的十九大精神，全面落实中央、自治区、桂林市各项决策部署，按照“五位一体”总体布局和“四个全面”战略布局，坚持稳中求进工作总基调，坚持新发展理念，坚持高质量发展要求，紧扣社会主要矛盾变化，以推进供给侧结构性改革为主线，以城市和新区建设为重点，狠抓产业发展和重大项目建设，大力实施乡村振兴战略，统筹推进稳增长、促改革、调结构、惠民生、防风险各项工作，

不忘初心，牢记使命，再掀“桂林新中心”建设高潮，全面开启新时代美好临桂新征程，为决胜我区“两个建成”而奋斗。

经济社会发展的主要预期目标是：地区生产总值增长7%~7.5%，财政收入增长6%，固定资产投资增长10%，规模以上工业增加值增长3%，城镇居民人均可支配收入增长9%，农村居民人均可支配收入增长10%，社会消费品零售总额增长11%，城镇登记失业率控制在3.2%以内。

为实现上述目标，我们将重点抓好以下工作：

（一）以国际标准加快城市和新区建设，全力打造“桂林新中心”

临桂是市政府所在地，是桂林国际旅游胜地的重要核心区。要对标国际旅游胜地，坚持高标准、高水平、大格局，加速推进临桂新区建设，加强城市精细化管理，全方位提升城市功能品质，全力打造“桂林新中心”。

全力以赴加快推进新区建设。一要加快建成一批路网、桥梁等基础设施。加快人民路二号桥、万福路二号桥等水系范围内桥梁建设，除新龙路桥外，其余桥梁春节前均要达到通航要求，确保核心区水系在5月1日前实现全线通航游览、10月1日前完成亮化。加快推进沙塘大道一期、秧九路、食尚港路等道路建设，全力打通万平路、凤凰西路、环西路等断头路，启动翻山底路、山水南路、临江东路等一批道路建设，确保路网全面畅通。二要继续拉大城市框架。大力推进机场路以北、万平路以南片区建设，重点抓好北区水系及西城大道南延长线、凤凰西路延长线两条道路建设，不断拓展城市发展空间，拉大城市框架。三要围绕“入驻入居”抓配套。加快市场、学校、医院、公园等配套项目建设，带动新区人气、景气、商气进一步聚集，让“桂林新中心”称号名副其实。加快旅游综合医院建设和桂林医学院第二附属医院提升扩建，支持高端医疗桂林生命汇、福济医院建设，力争旅游综合医院年底建成投入使用，福济医院年内开工建设。加快桂林中学临桂校区、桂林师范高等专科学校临桂校区、宝湖书院、宏谋中学等一批中小学校建设，确保桂林中学临桂校区今年秋季正式招生、桂林师范高等专科学校临桂校区今年全部搬迁，崇文小学、欢乐颂小学、新城中学年内完成主体施工。抓好各类市场设施配套、商业服务配套建设，加快建设枫林、翻山底、宏谋三大市场。四要着力提升新区品质。加强城市品牌建设，大力引进一批国际品牌酒店、商业中心。加快桂林旅游专线试验线、兴桂园、新城吾悦广场、凤凰体育运动休闲旅游度假区、海吉星食尚港等项目建设，力争国际会展中心上半年开工建设。大力引进并推进一批高端商住小区建设，进一步提升新区品质。

持续推进老城区改造提升。继续加大资金投入，抓好老城区重要节点、街道、城中村、无物业管理小区、私人住房规划改造，全面完成天下桂林步行街特色街区立面和灯光亮化改造工程，全力推进小律、翻山底、时代枫林特色街区基础设施改造，突出抓好秧一路污水管道、中仁新区雨污管道、奥园南路提升泵站，以及秧二路、秧十六路、经六路和岩塘圆盘道路应急加固治理工程建设，启动金山路延长线建设和二塘老街片区提升改造工程。大力推进新老城区绿化、美化、亮化工程，完善城市排水、排污管道设施，高品位、高标准布局建设公厕、治安岗亭、社区办公等市政设施，全面提升城市品位。

切实提高城市精细化管理水平。巩固全国文明城市创建成果，按照创城标准和要求全面加强市容保洁、交通执法、拆违禁违等城市管理工作，建立完善城市管理长效机制，促进城市管理标准优化升级。加快建设城市管理数字化平台，提高工作效率和执法准确率，形成“大城管”模式。持续开展市容市貌整治，重点整治市场、广场和夜市摊点，做好“一院两馆”、创业大厦等重点区域、重点路段的路面清洗工作，彻底解决乱搭乱建、乱堆乱放、乱摆乱卖、乱撒乱漏等突出问题，着力打造高品质的文明新城区，力争在桂林城市管理中树样板、做表率。科学合理划分和调整社区区域，加大对社会事务管理中心和社区的投入，规范社区干部管理，充分发挥社区在城市管理中的功能和作用。

（二）以更快速度狠抓项目建设和投资，持续增强经济发展后劲

项目建设和投资是拉动县域经济发展的重要引擎。要坚持把上项目、扩投资作为稳增长工作的重中之重，加快推进重大项目建设，保持投资对经济增长的强劲拉动，以大项目带动大投资，以大投资带动大发展。

全力抓好项目建设。树立抓项目就是抓发展的理念，把项目建设摆在经济工作重要位置，集中精力抓项目、扩投资、稳增长。实施重点项目建设行动计划，持续掀起项目建设高潮，争取开工一批、强力推进一批、全面建成一批、策划储备一批重大项目，突出抓好福达年产40万件曲轴、溢达纺织新建棉纺厂、熊虎山庄搬迁扩建及原址新建、罗山湖二期等一批在建和新开工重大项目，抓好桂林至柳城高速临桂段、金山大道及桂林旅游专线试验线临桂段建设，确保桂林两江国际机场扩建项目按期完工。加强项目管理，对列入固定资产投资的项目，要做到年初有清单、年中有记录、年末有结果，并纳入领导干部年度绩效考核，激发干部抓项目的积极性。深入开展项目施工环境治理专项行动，严厉打击抢种抢栽农作物、抢搭抢建违法违章建筑、漫天要价、强揽工程、扰工阻工等行为，努力营造项目建设良好环境。

全面强化分析调度。继续实行“四个一”工作机制和区领导联系重大项目制度。充分发挥重大项目建设联席会议作用，加强经济运行研判分析调度，做到定期调度、集中研究，一企一策、精准帮扶。建立健全服务企业工作联系机制，进一步强化服务意识，切实帮助企业解决项目推进和生产中遇到的资金、用地、用水、用电等实际问题。积极支持非公有制经济和实体经济发展，加大对中小微企业的扶持力度，完善政策措施，切实提振企业信心。

多措并举扩大投资。完善招商引资优惠政策，发挥区位、交通等综合优势，突出主导产业和重点行业，积极承接东部、南部沿海转移企业入驻。充分利用委托招商、以商引商、联动招商、“互联网+”等新型招商模式，主动运用市场机制引导外来投资。吃准吃透国家政策导向，继续紧盯国字号、央字号、行业龙头企业，着力引进一批大企业、大项目入驻临桂。围绕产业发展、城镇建设、基础设施和民生事业等领域，强化项目包装策划，争取更多大项目进入国家、自治区、市项目库。加大融资力度，将区兴临城投公司打造成为AA级公司，全年力争融资12亿元。加强政府、银行与企业的沟通合作，为重大项目建设提供信贷资金支持。

（三）以更实举措推动二、三产业发展，全力以赴稳定经济运行

产业是经济发展的重要基础和有力支撑。我区工业占据经济增长“半壁江山”，第三产业发展迎来良好机遇、具备有利条件，要乘势而上、顺势而为，以更加务实的举措做大做强第二产业，培育壮大第三产业，年内力争新增“四上企业”[8]30家以上。

进一步做大做强工业经济。突出工业主导地位，始终强化工业第一支撑，着力推动工业做强升级。一要全力配合桂林经开区建设。围绕桂林工业“两翼齐飞、双轮驱动”发展新格局，做大做强秧塘、宝山工业园，全力配合桂林经济技术开发区做好征地拆迁、土地招拍挂等工作。加快推进华为信息生态产业合作区、中兴通讯产业园、浪潮双创科技园等信息工业园建设，推动形成云计算和大数据产业集群。二要加快启动新园区建设。在桂林经济技术开发区规划范围外开辟“新战场”，规划建设新园区，启动镇规、土规调整及融资等工作，重点发展生物医药、中药、新材料等产业。三要谋划好“自留地”。认真抓好会仙、乐和等几个老工业园区的建设和发展，持续优化园区发展环境，增强园区集聚能力，加快培育一批骨干企业，着力打造主导产业突出、特色鲜明的工业园区。四要强化政策支持。开展政策大兑现活动，全面梳理并落实国家、自治区、市出台的工业政策，打好政策组合拳。出台我区扶持产业发展的政策措施，建立产业引导基金，对入规企业给予奖励，用好用活中小企业贴息贷款。加强配套服务，在市场准入、要素保障、金融服务等方面，帮助企业解决实际困难。

大力发展壮大第三产业。推动全域旅游发展，建好国道321线临桂段和良永路会仙段两条精品旅游线路，做好红溪景区争创国家AAAA级景区工作，着力提升景区质量等级，加快形成全域旅游品牌和区域旅游服务集散中心。抢抓桂林建设国家健康旅游示范基地机遇，加快推进高端养生、高端医疗、高端康复与旅游相结合的"旅居模式"，持续抓好信和信、桂林国际老年公寓（桂林航天科技健康旅游文化小镇）、义江国际康雅小镇、会仙湿地公园、桂林世外人间等一批休闲养生项目建设，努力把临桂打造成全国知名的高端旅游养生养老基地。围绕国际旅游胜地配套国际化服务体系，加大对"批零住餐"[9]的扶持力度，积极引进一批国际品牌酒店、国际品牌休闲产品、国际品牌旅游商品、国际品牌的会展运营商。深入实施"旅游+"战略，推动旅游与相关产业融合发展，围绕"吃、住、行、游、购、商业、会展"等要素，按照国际化标准，健全旅游产业体系，大幅提升旅游品质，吸引更多的国际赛事、论坛、博览会、跨国公司年会等在临桂举办。围绕把临桂建设成为大西南物流中心的目标，引进一批跨区域大型物流企业，建设一批专业市场，抓好通达、申通快递物流园及海吉星农批物流项目建设，规划建设北区建材专业市场，逐步把物流业培育成临桂经济新的增长点。

（四）以更强自觉实施乡村振兴战略，加快推进农业农村现代化

"三农"问题是关系国计民生的根本性问题。我区农村地域广、农村人口多，要坚持农业农村优先发展，按照产业兴旺、生态宜居、乡风文明、治理有效、生活富裕的总要求，科学制定乡村振兴战略规划，建立健全城乡融合发展体制机制和政策体系，加快推进农业农村现代化，最终达到城乡共同繁荣发展。

大力发展现代特色农业。实施现代特色农业示范区增点扩面提质升级三年行动，确保实现每个乡镇都有1个现代特色农业示范区，着力打造现代特色农业示范区升级版。开展粮食高产创建活动，推进粮食生产全程机械化，发展粮食种植大户，全力抓好15个百亩粮食高产示范基地建设，力争粮食种植面积稳定在48333.3公顷，产量达26万吨。加强"菜篮子"工程建设，全力打造13333.3公顷无公害蔬菜基地，重点发展会仙宝山、燕山两个千亩老基地，新增茶洞褚村、会仙安龙两千亩新基地。发展优良水果种植，抓好全区13333.3公顷水果管护工作，加强农产品采后处理及交易平台建设，力争水果年产量突破18万吨。大力推进"三权分置"[10]，引导农村土地经营权有序流转，支持种养大户、农民专业合作社、家庭农场、龙头企业等多元融合发展，进一步提升规模经营水平。稳定发展生猪、家禽两大基础产业，大力发展肉牛、羊等草食动物和特色水产养殖，确保水产畜牧业产值增长3%、肉类总产量增长3%、水产品总产量增长5%。加快林业产业发展，进一步打造桂花等花卉苗木产业园，启动桂花生态园旅游综合体创建AAAAA级景区前期工作。继续实施农机补贴惠农政策，积极创建"全国平安农机示范区"。持续推动农村电商、休闲农业和民宿旅游发展，努力构建现代农业产业体系、生产体系、经营体系，让农民分享第二、第三产业增值收益，强化农业供给侧结构性改革驱动力，为乡村振兴提供重要支撑。

深入推进示范镇和美丽乡村建设。坚持规划先行，创新规划理念，改进规划方法，提高规划的科学性、实效性，实现"多规合一"。巩固前三批示范镇建设成果，抓好第四批五通示范镇建设，支持两江、六塘、会仙等中心城镇做大做强。深入开展"美丽临桂·宜居乡村"建设，继续推进产业富民、服务惠民、基础便民三个专项活动，积极创建绿化示范村、自治区乡土特色示范村和宜居示范村，全力打造"美丽临桂"乡村建设升级版。重点实施"三改六提三增"[11]工程，持续开展农村人居环境综合整治行动，健全完善长效机制，进一步补齐农村基础设施建设短板，稳步提高农村人居环境水平。认真抓好陈宏谋故居的规划和李宗仁故居的托管、修缮及周边村庄改造工作。

推动农村基础设施建设提档升级。大力推进农村电力、道路交通、安全饮水、农田水利等基础设施建设，持续改善农村生产生活条件。加快岩

塘至大山图旅游通道建设，确保五黄路建成通车。继续实施一批农村通畅工程和危桥改造、渡改桥项目，提高路网畅通率和通达率。完成义江流域五通、两江镇区等治理项目。继续安排5000万元用于“三清洁”“三改”和新农村示范村创建维护工作。完成126个村屯破损巷道的修缮和62个村屯新增巷道的硬化工作。

（五）以更大勇气深化重点领域改革，不断增强内生发展动力

改革开放始终是推动发展的强大动力。要坚持把改革开放贯穿于经济社会发展各领域，深入推进供给侧结构性改革，坚定不移推进“三去一降一补”[12]，深化“放管服”、重点领域和关键环节改革，依靠改革开放推动发展升级，为发展提供持续动力。

深化“放管服”改革。抓好行政审批制度改革，对行政审批事项目录清单实行动态调整。加强对已取消、已调整的行政审批事项的跟踪、督办和监管。做好行政审批前置中介服务事项的清理和规范管理工作。进一步完善政府部门和乡镇的权力清单、责任清单制度，理顺部门间职责。完善机构编制云平台建设。

深入推进重点领域和关键环节改革。坚持不断深化农村改革，激发农村发展新活力。全面完成农村土地承包经营权确权登记颁证工作，抓好集体林权制度改革查缺补漏纠错工作。积极推进电商建设，努力打造“网上供销社”。全面推行河长制。落实教育综合改革各项任务，优先保障财政性教育经费支出，教育资源配置重点向农村地区、贫困地区和民族地区倾斜，积极探索教师队伍管理改革。深化医药卫生体制改革，推进医联体建设，构建分级诊疗就医格局和优质高效的医疗卫生服务体系。完善公共文化服务体系，继续推进国家公共文化服务体系示范项目“临桂五通农民画引领文化致富模式”、区文化馆国家公共文化机构法人治理结构试点单位建设。以推进“四项建设”[13]为重点深化公安改革，提高为经济社会发展保驾护航的能力。进一步深化财税体制改革，加快建立现代财政制度。深入推进商事登记制度改革，推动市场监管改革创新，着力抓好“证照分离”改革、“双随机一公开”监管、消费维权、商标品牌强桂、“智慧工商”等5项重点任务。深化不动产登记制度改革，着力打造便民利民服务体系。实施质量强区战略，建立健全高质量发展的考评体系，持续开展质量提升行动，创建广西首批“质量强市强县示范县”。深化统计管理体制改革，做好全国第四次经济普查和投入产出调查工作。

（六）以更大决心加强环境保护治理，坚决筑牢生态安全屏障

环境保护是筑牢生态安全屏障的重要抓手，要提高到前所未有的高度来深化认识和统筹推进，正确处理好经济发展同环境保护的关系，毫不动摇坚守生态底线，以更大决心抓好环境保护治理，坚决打好污染防治攻坚战，实现美丽与发展双赢。

坚决贯彻落实中央环保督察反馈意见，强化环境问题整改，加强大气污染和新区水系污染防治，不断提升空气质量和水系水质。严格划定生态红线和用途管制，推进主体功能区建设，构建以自然保护区、水源保护区、湿地保护区、风景名胜区、森林公园等重点生态功能区为支撑的生态安全体系。下大力气抓好环境综合整治，对重点污染源、重点建设项目和饮用水源保护区、危险化学品等隐患点进行全面排查，加快实施扬尘治理工程，以及绿化、植被恢复治理等生态修复工程。认真执行最严格水资源管理制度，强化水资源承载能力刚性约束。切实加大对花坪、滩头自然保护区和义江、桃花江、相思江、会仙湿地的保护力度，严厉打击电鱼、炸鱼、地笼、采沙以及乱砍滥伐、烧山毁林等违法行为。继续推进古桂柳运河生态修复保护项目，进一步保护会仙湿地生态系统，恢复湿地生态功能。加大水污染防治力度，加强污水处理厂配套管网建设。深入开展非法侵占林地清理排查专项行动，有效保护林地资源。加快转变水产畜牧业发展方式，大力推广生态养殖，加强畜禽养殖污染整治，有效减少养殖污染。积极推行清洁生产，加大各类危险固体废物监管力度，突出抓好医疗废物深度处理和安全处置。严格落实耕

地保护和节约集约用地制度，强化重点区域的土壤污染防治工作。加强环境执法监管，落实环境信用评价制度，加大对环境违法案件的查处力度。

（七）以更大担当保障改善民计民生，持之以恒增进人民福祉

让人民群众共享改革发展成果，是一切工作的出发点和落脚点。要坚持以人民为中心的发展思想，深入推进脱贫攻坚，真情实意办好惠民利民实事，不断改善人民群众生活质量，让人民群众在共建共享中有更多获得感和幸福感。

坚决打赢脱贫攻坚战。按照贫困村“十一有一低于”[14]和贫困户“八有一超”[15]脱贫摘帽标准，继续实施“七个一批”[16]和“十大行动”[17]，全力推进脱贫攻坚工作，确保年内实现7个贫困村、4000名贫困人口脱贫摘帽。统筹推进贫困地区道路、水利、网络、电网建设和贫困户危房改造，做实基础设施建设项目库，着力改善贫困村生产生活条件。实施易地扶贫搬迁工程，完成75户、291人的搬迁任务。突出抓好产业扶贫，发展壮大贫困村集体经济。加强实用技术培训，提高贫困人口脱贫致富能力。抓好教育扶贫，继续实施“雨露计划”，做到精准补助、应补尽补。抓好健康扶贫，做好大病保险、医疗救助、商业健康保险等制度衔接工作。加大金融扶持力度，加快发展扶贫小额信贷。压实脱贫攻坚责任，完善脱贫攻坚工作机制。抓好扶贫项目资金监管，保障扶贫资金阳光运行。

全面协调发展社会事业。全力推进义务教育均衡发展，确保今年通过国家评估验收。继续实施教育优先发展工程，加大教育投入，抓好义务教育薄弱学校改造，加快城区新建学校步伐，努力解决外来务工人员子女“入学难”和群众关注的“大班额”问题。提升扩建刘村、秧塘、沙塘、二塘和临桂镇中心小学等5所小学，并纳入城区管理范畴，完成庙岭初中改扩建工程，启动城区第一小学搬迁工作，建成奥林匹克小学并实现秋季开学。有计划地实施轮回执教，加强教师交流，推行学区合并、合作办学，统筹师资力量，优化教育资源。推进健康惠民工程，完善卫生计生人才激励机制，充实基层医技人才队伍，实施临桂镇、会仙、四塘、两江、中庸、宛田6个乡镇卫生院能力提升工程，建立优质高效的医疗卫生服务体系，提高医疗服务能力水平。落实计划生育目标管理责任制，促进生育政策与经济社会发展政策配套衔接。推进文化惠民工程，继续建设一批村级公共服务中心和村级篮球场，规划建设临桂体育中心。广泛开展全民健身活动，发展竞技体育，开创全民体育运动新局面。

不断提高社会保障水平。做好城乡居民基本医疗保险工作，确保城乡居民应保尽保。完善城乡最低生活保障制度，健全社会救助体系，实施动态管理，努力实现特困人员救助供养信息化管理。加大因病、因灾致贫救助力度，做好优抚安置工作，加强困境儿童、妇女、老年人、残疾人关爱保护服务。完善住房供给和保障体系，加快构建多主体供给、多渠道保障、租购并举的住房制度，让临桂人民“住有所居”。

（八）以更大力度推进社会综合治理，切实维护社会和谐稳定

社会和谐稳定是经济发展和人民安居乐业的重要保证。要坚持把社会稳定工作摆在更加突出的位置，大力推进社会综合治理，深入开展平安创建活动，积极化解社会矛盾纠纷，确保全区社会大局和谐稳定，人民群众安居乐业。

树立安全发展理念。贯彻落实《中共中央国务院关于推进安全生产领域改革发展的意见》精神，严格落实安全生产责任制，坚持“党政同责、一岗双责、齐抓共管、失职追责”，强化部门监管责任、企业主体责任落实，推动安全生产工作常态化开展。全面深入开展安全生产大检查，加强非煤矿山、危险化学品、烟花爆竹、道路交通、建筑施工等重点领域专项整治，坚决防范遏制重特大事故发生。创新监管机制，强化监管措施，全面构筑农产品和食品药品安全监管防线，有效保障农产品和食品药品安全。

构建立体化社会治安防控体系。深化平安临桂建设，完善党委领导、政府主导、社会协同、公众参与、法治保障的社会治理体系，打造共治共

享的社会治理格局。强力推进“雪亮工程”[18]建设，努力实现视频监控“三个全覆盖”[19]，加大城区管控和侵财类案件的侦破力度，重点打击整治“两抢一盗”黄赌毒、传销等违法犯罪行为。持续保持严打高压态势，充分发挥公安机关严打主力军作用，扎实开展“两抢一盗”“扫黑除恶”“神剑”、打击传销等专项行动。认真落实社会治安综合治理各项措施，加快推进综治中心建设，构建立体化社会治安防控体系，让社会更加和谐有序，百姓更加安居乐业，进一步提高群众安全感和满意度。

推进社会矛盾多元化解。创新普法方式，着力提升法律服务水平。以人民调解为基础，整合人民调解、司法调解、行政调解资源，发挥公、检、法作用，积极促进调解、仲裁、行政裁决、行政复议、诉讼等有机衔接，努力形成矛盾纠纷多元化联动联调联控格局。创新开展律师参与信访工作，有效化解信访积案和“三大纠纷”，维护群众合法权益。加强法律法规宣传，引导群众遇事找法，解决问题靠法，依法逐级反映信访问题。

贯彻落实党的民族、宗教、外事、侨务和对台政策，促进民族团结进步。加强国防动员和后备力量建设，积极支持国防和军队改革，深入开展双拥共建，推动军民融合深度发展。

各位代表，加快打造“桂林新中心”，奋力实现“两个建成”，政府使命在肩、责任重大。必须加强政府自身建设，坚定政治方向，全面履行政府职能，提高施政能力和服务水平，竭尽全力为民办实事，以为民务实清廉的实际行动赢得人民群众的支持和拥护。

一要坚定政治方向。继续全面学习宣传贯彻党的十九大精神，推动学习习近平新时代中国特色社会主义思想深入人心。进一步坚定共同理想信念，提高政治站位，牢固树立“四个意识”，严明政治纪律和政治规矩。坚决维护区委在推动临桂发展中总揽全局、协调各方的领导作用，以实际行动确保党的政令畅通、决策落地生根。

二要坚持依法行政。加强法治政府建设，严格按照法定权限和程序行使权力、履行职责，做到法定职责必须为、法无授权不可为。认真执行区人大及其常委会的决定、决议，依法接受区人大及其常委会的监督，自觉接受区政协的民主监督，加强与各民主党派、工商联和各人民团体、社会各界人士的沟通联系，及时办理人大代表议案、建议和政协提案。完善政府议事决策规则，全面推进政务公开，主动接受舆论监督和群众监督。

三要坚持务实勤政。加快转变政府职能，始终保持奋发进取的精神状态，积极主动作为，全力抓好各项政策落实，加强对企业的指导与服务，真心实意解决群众实际问题。进一步深化机关效能建设，弘扬立说立行、即说即办的工作作风，敢于担当、敢于负责，把更多的时间和精力用到工作落实上来。坚持把抓落实的成效作为衡量干部能力的标准，完善考核问责机制，大力整治不作为、慢作为、乱作为。

四要坚持从严治政。严格落实全面从严治党“两个责任”，加强和规范党内政治生活，提升政府系统从严管党治党水平。全面加强反腐倡廉制度建设，建立完善廉政风险防控机制，坚持把纪律和规矩挺在前面，坚决惩处腐败。严格落实党风廉政建设责任制和“一岗双责”，强化审计监督和行政监察。严格执行中央“八项规定”，严控“三公”经费，推进“两学一做”学习教育常态化制度化，开展“不忘初心、牢记使命”主题教育，持续整治“四风”问题。

新时代呼唤新作为，新作为需要新举措。让我们更加紧密地团结在以习近平同志为核心的党中央周围，高举习近平新时代中国特色社会主义思想伟大旗帜，在市委、市政府和区委的坚强领导下，不忘初心，牢记使命，砥砺前行，担当作为，以更加饱满的热情、更加昂扬的斗志、更加务实的作风，为加快打造“桂林新中心”，奋力实现“两个建成”而努力奋斗！

注释：

[1]五纵三横三环："五纵"是指环西路、平桂西路、凤凰西路、西城大道、新中路；"三横"是指世纪大道、山水大道、万平路；"三环"是指机场路、万平路、万福路、新中路，环西路、山水大道、西城大道，平桂西路、政府

北路、西城大道 3 条环线。

[2]抓大壮小扶微:“抓大”即实施“十亿元工业企业工程”,重点推进年销售收入在 10 亿元以上的工业项目建设;“壮小”即实施“亿元工业企业工程”和“万家小型企业上规模工程”;“扶微”即实施“扶持微型企业发展工程”,加大对微型企业的扶持培育力度,推进全民创业。

[3]四个一:一个项目、一个工作团队、一个工作计划、一抓到底。

[4]放管服:简政放权、放管结合、优化服务的简称。“放”即简政放权,降低准入门槛;“管”即公正监管,促进公平竞争;“服”即高效服务,营造便利环境。

[5]四所合一:将乡镇国土资源、村镇规划和环境卫生、环境保护、安全生产监督四所机构分别承担的土地管理、规划建设、环境保护和安全生产四项职能合一,设立乡镇国土规建环保安监站。

[6]四乱一脏:乱挖、乱建、乱养、乱经营、环境卫生脏。

[7]约法三章:一是政府性的楼堂馆所一律不得新建;二是财政供养的人员只减不增;三是公费接待、公费出国、公费购车只减不增。

[8]四上企业:规模以上工业企业、资质等级建筑业企业、限额以上批零住餐企业、限额以上服务业企业。

[9]批零住餐:批发和零售业、住宿和餐饮业。

[10]三权分置:农村的土地集体所有权、农户的承包权、土地的经营权这“三权”分置并行。

[11]三改六提三增:“三改”即农村改厕、改厨、改圈;“六提”即提升农村垃圾治理、道路通行、饮水安全、村屯特色创建、农村住房安全和能源利用水平;“三增”即增强农村供电、通信和公共照明能力。

[12]三去一降一补:去产能、去库存、去杠杆、降成本、补短板。

[13]四项建设:基础信息化、警务实战化、执法规范化和队伍正规化建设。

[14]十一有一低于:有硬化路、有水喝、有稳固住房、有电用、有服务设施、有电视看、有网络宽带、有医疗保险、有集体经济收入、有特色产业、有好班子,贫困发生率低于 3%。

[15]八有一超:有稳固住房、有饮用水、有电用、有路通自然村、有义务教育保障、有医疗保障、有电视看、有收入来源或最低生活保障,家庭年人均纯收入超过国家扶贫标准。

[16]七个一批:扶持生产发展一批、转移就业扶持一批、移民搬迁安置一批、生态补偿脱贫一批、教育扶智帮助一批、医疗救助解困一批、低保政策兜底一批。

[17]十大行动:特色农业富民行动,特色旅游扶贫行动,基础设施建设行动,扶贫移民搬迁行动,农村电商扶贫和农民工培训创业行动,金融扶贫行动,贫困户资产收益扶贫行动,科技文化扶贫行动,社会扶贫行动,农村留守儿童、妇女、老人和残疾人关爱服务行动。

[18]雪亮工程:以区、乡镇、村三级综治中心为指挥平台、以综治信息化为支撑、以网格化管理为基础、以公共安全视频监控联网应用为重点的“群众性治安防控工程”。

[19]三个全覆盖:中心城区全覆盖、乡镇政府所在地全覆盖、30 户以上的村屯全覆盖。

中国人民政治协商会议
桂林市临桂区第二届委员会常务委员会
工作报告

——在政协桂林市临桂区第二届委员会第三次会议上的报告

李先赠

（2018 年 1 月 31 日）

2017 年工作回顾

2017 年，在中共临桂区委的正确领导下，区政协常委会深入贯彻区委的决策部署，牢牢把握团结和民主两大主题，认真履行政治协商、民主监督、参政议政职能，建言献策当参谋，强化监督促落实，协商议政增合力，各项工作取得了新的发展和进步，为推动临桂经济社会发展和新区建设、全面开启新时代美好临桂新征程做出了积极的贡献。

一、坚持正确的政治方向，增进思想共识

常委会始终坚持把加强理论学习、强化理论武装、增强政治定力作为一项重大任务来抓，通过党组扩大会、常委会议、专题培训等形式，认真学习中共十八届六中全会精神和习近平总书记系列重要讲话精神，认真学习十九大精神和习近平新时代中国特色社会主义思想，引导广大政协委员认真学习领会新时代对人民政协的新要求，加深对新形势下政协的地位和作用认识，牢固树立“四个意识”，坚定“四个自信”，把学习贯彻中共中央、自治区党委、市委及区委的重要会议精神与履职结合起来，聚焦区委中心任务，推进协商民主，广泛凝聚共识，进一步增强不忘初心、继续前进的责任感和使命感。组织政协常委、委员小组组长分批参加履职能力专题培训，不断提升履职水平和成效，促进政协各项工作的深入开展。

二、紧扣发展大局，积极参政履职

常委会坚持把推动发展作为履职第一要务，紧紧围绕区委、区政府的工作目标任务，发挥政协优势，积极参政履职，为促进我区经济社会发展建言献策。

围绕中心积极协商议政。在区政协二届二次会议期间，组织委员协商讨论“一府两院”工作报告及其他报告，进行大会专题发言，安排各界别政协委员就区委政府中心工作及群众关注、社会反映强烈的问题分组展开讨论，并撰写提案、反映社情民意信息，积极向区委政府建言献策，提出相关意见建议 126 条，为区委政府科学决策提供参考。同时，通过召开常委会议、主席会议、专题协商会、协商座谈会、对口协商会，积极参政议政，为促进各项工作的落实发挥了积极作用。

紧扣重点开展调研视察。注重发挥调研视察的基础性作用，围绕区委政府中心工作，紧扣经济社会发展热点难点问题，精心选题，区政协班子领导牵头调研视察课题、相关专委会及委员小组组织承办、政协办公室和有关单位协同配合，积极为加快临桂发展尽智出力。开展了“农贸市场布局管理”“柑橘黄龙病防控”等 10 个专题调研和“义江防护堤建设”“房地产发展”等 13 个专题视察活动，形成调研报告和视察报告，提出具有针对性、可操作性的意见和建议，推动相关工作的深入开展。

加强民主监督促实效。常委会通过召开各种会议和开展调研、视察活动，听取了区政府 2017 年为民办实事工作情况通报和区发改、财政、工信等部门工作情况通报，能更好地知情明政，开展政协民主监督，促进了部门工作的推进落实和相关

问题的解决。委员参加我区的政风行风评议，旁听法院庭审进行执法监督，参加检察院开放日，有效地促进了部门作风转变，政协民主监督的作用进一步得到发挥。

抓好区委部署的重点工作。按照区委对相关重点工作的部署要求，组织力量积极推进分工负责的美丽临桂建设、临桂新区征地拆迁安置和重大项目等工作。政协委员以提案、反映社情民意信息方式对城乡建设、市政管理、社区管理等方面积极献计献策，助推美丽临桂建设和创建全国文明城市工作。全力支持临桂新区征地、拆迁、安置工作，深入推进重大项目工作，政协领导班子积极参与并挂点联系重大项目，协调相关部门解决项目建设中的困难和问题，加快推进所联系重大项目的建设。

三、倾情民生改善，助力脱贫攻坚

始终把促进民生改善作为政协履职的出发点和落脚点，从与群众生产、生活息息相关的热点、难点问题入手，通过组织委员调研视察、提交提案、反映社情民意提出意见和建议，着力助推民生改善的有效落实。

深化履职改善民生。区政协牢固树立履职为民的理念，从关系群众最切身利益的就业、医疗、教育、卫生、社会保障等问题入手，围绕产业发展、生态环境保护、发展社会事业、脱贫攻坚、为民办实事等，深入开展了“打造城市生态绿道网”、“发展农村电商助推精准扶贫”“义务教育均衡发展”“生态宜居乡村建设”“青年妇女科技创业和农家乐发展”“五黄公路建设”等重点课题的调研视察和咨政建言活动，为解决好人民群众普遍关心的突出问题提出了好的意见建议，促使有关部门对相关问题进一步引起重视，推动问题的解决，努力促进发展成果更多惠及人民群众。

认真做好提案督办工作。坚持把提案工作作为人民政协的一项具有全局意义的工作来抓，重办理，求实效。区政协二届二次会议期间，共收到提案 90 件，立案 71 件，向区委、区政府主要领导报送批示的重点提案 4 件。5 月，会同区政府组织召开提案交办会，将立案的提案交由 31 个承办单位办理。在提案办理过程中，坚持政协领导带队督办提案制度，开展提案集中督办活动，通过实地视察、听取办理情况汇报、座谈评议，对办理提案重点单位进行民主评议，提出督办意见和建议，促进承办单位真重视、真落实、真办理，力争使委员的提案件件有回音、事事有着落，确保把委员的每一件提案都落到实处。2017 年提案办复率达 100%。

及时反映社情民意。把反映群众呼声、维护群众利益作为政协工作的重要切入点，坚持在履职过程中认真收集社会各界的意见建议，认真开展反映社情民意信息工作。全年共收集、整理信息 141 条，编辑《社情民意信息》专刊 5 期，切实为党委、政府察民情、听民意、解民忧提供帮助。

开展扶贫帮困工作。始终坚持把脱贫攻坚作为最大的政治任务和民生工程，统领各项工作。区政协领导以身作则，认真落实精准帮扶工作，深入支持帮助联系乡镇、村解决困难，通过多方筹措资金帮助贫困村

2017 年 11 月 24 日，区政协常委视察临桂镇庙岭中学

区政协办　供稿

解决了公共基础设施建设、生活保障及产业发展等方面的具体问题和贫困群众生产生活中的实际困难，为坚决打赢脱贫攻坚战贡献了政协力量。

四、广泛团结联谊，凝聚各方力量

充分发挥协调关系、汇聚力量的独特优势，不断加强与各党派团体、工商联和各族各界人士的团结与合作，为构建富裕和谐临桂凝聚合力。

积极开展联谊交流活动。认真做好对外友好联谊交流工作，接待了上海市、河北省、内蒙古自治区等一批政协友好单位。加强与兄弟县区友好政协的交往交流，注重相互学习，互相借鉴，多批次组织政协委员、机关干部到全州、横县、雁山等周边县区进行了专题考察学习。深化与各党派团体和各界别的联系合作，完善界别召集人制度，健全委室联系服务界别工作机制，为开展界别活动提供有力支撑。采取"请进来，走出去"的方式，进一步加强与各族各界人士、"三属三胞"的交往联系。

加强委员的交流联谊。建立健全政协领导走访联系委员制度，定期走访各界别委员，深入了解他们的情况，听取他们的意见，帮助解决实际困难，支持和鼓励他们为临桂发展贡献智慧和力量。积极搭建委员沟通新平台，建立政协常委微信群、委员微信群、委员活动小组微信群等，加强相互沟通交流，拉近了政协组织与委员之间的距离，进一步激发委员履职尽责的积极性。

五、坚持与时俱进，推进政协经常性工作

积极探索新形势下做好政协工作的途径和方法，着重抓好宣传、理论研究、文史等政协经常性工作，取得了较好成效。

加强政协宣传和理论研究工作。抓好政协网站建设，及时更新政协工作新特色新亮点和新动态，把网站打造成政协工作宣传的新窗口。密切与新闻单位的联系和协作，认真做好各类会议、调研视察和重要活动的宣传报道，重点宣传政协工作亮点、履职成效和委员风采，在广西政协报"委员风采"栏目宣传报道了梁桥水、王健两位委员的工作事迹。荣获2017年度自治区政协宣传工作先进单位特等奖。围绕协商民主制度化规范化建设、民主监督探索实践、履职能力建设等课题开展深入研究，形成理论研究成果3篇。

开展文史资料征集出版工作。进一步加强文史资料工作队伍建设，丰富文史资料征集内容，提高文史资料质量。全年共计征集文字史料稿件71篇、15万字以及一些具有历史价值的图片史料，编辑出版第29辑《临桂文史》和《临桂文史》1~27辑的合订本，发挥了文史资料存史、资政、团结、育人的作用。

六、加强自身建设，注重工作创新

常委会始终把加强自身建设作为提高政协履职能力的前提和基础，坚持不懈抓好自身建设，发挥党组的领导核心作用，为推动政协工作适应新时代、实现新发展提供了有力保障。

发挥党组领导核心作用。党组贯彻落实中共中央、自治区党委、市委和区委关于全面从严治党的部署要求，自觉把纪律和规矩挺在前面，做守纪律、讲规矩的表率。认真履行全面从严治党主体责任，把方向、管大局、保落实，坚定理想信念、政

2017年4月10日，临桂区政协召开文史工作会议　秦小珍　摄

治立场，进一步增强政治意识、大局意识、核心意识、看齐意识，引领广大政协委员严明政治纪律，严守政治规矩，维护党中央权威和集中统一领导，始终在思想上、政治上、行动上同以习近平同志为核心的中共中央保持高度一致。

加强委员队伍建设。通过专题学习、培训等形式，不断增强委员的责任意识，提高知情知政和洞察社会热点、难点问题的能力，提高综合反映重要信息的能力。同时，突出界别特点，发挥界别优势，积极搭建履职平台，拓展委员参政议政渠道，发挥了委员主体作用，提高了委员履职能力和水平。

加强委员履职管理。积极为委员履职创造条件，按区域与界别相结合的原则将委员编成24个小组，鼓励各小组打破界别和小组界限，联合或者合作选题，运用走访、座谈、调研、视察等方式方法，围绕我区经济建设和社会发展中的重大问题开展协商议政、建言献策，表达主张。在政协委员中继续开展“四个一”活动，建立健全委员履职档案，完善委员履职考评机制，进一步促进了委员履职和各小组开展活动的积极性。

加强政协机关建设。扎实有效推进“两学一做”学习教育常态化制度化，深入开展党风廉政教育，着力推进党风廉政建设责任制落实。贯彻落实中央八项规定精神“回头看”工作，持续纠正“四风”问题，认真疏理查找问题，做到立行立改。切实加强政协机关的思想、作风、组织和制度建设，不断提高机关干部政治素质和业务能力，机关工作和服务水平得到进一步提高。

过去一年区政协工作取得的成绩，是中共临桂区委高度重视、加强领导的结果，是区人大、区人民政府及社会各界大力支持的结果，是离退休老领导关心爱护的结果，是全体政协委员共同努力的结果。在此，我代表区政协第二届委员会常务委员会，向所有关心支持政协工作的领导和同志们，向广大政协委员表示衷心的感谢并致以崇高的敬意！

在肯定成绩的同时，我们也清醒地认识到，我们的工作与区委的要求相比、与广大政协委员和人民群众的期待相比，还存在一些差距和不足，需要切实加以改进。比如，民主监督力度需要切实加强，协商成果转化落实机制尚未完善，个别民主党派缺乏参政意识没有发挥话语权作用，委员主体作用有待进一步发挥，联系服务群众的方式方法还需不断改进，委员和机关干部队伍建设仍需抓得更严更实等等。我们真诚希望各位委员对常委会工作提出批评和意见，以便把今后的工作做得更好。

2018年工作安排

2017年6月23日，区政协委员视察宛田瑶族乡生态旅游发展情况
区政协办 供稿

2018年是中国特色社会主义现代化建设新征程的开局之年，是实施“十三五”规划承上启下的关键之年，也是我区决胜“两个建成”的重要一年。区政协及其常委会工作的总体思路是：高举中国特色社会主义伟大旗帜，以马克思列宁主义、毛泽东思想、邓小平理论、“三个代表”重要思想、科学发展观、习近平新时代中国特色社会主义思想为指导，全面贯彻落实中共十九大会议精神，按照区委二届三次全会总体部署，以

助推发展、履职为民为工作主线，坚持围绕中心、服务大局，牢记使命担当，积极履行政治协商、民主监督、参政议政职能，努力顺应新时代、展现新作为、推动新发展，为我区加快经济社会发展做出新的贡献。

一、深入学习宣传贯彻中共十九大精神，着力筑牢共同思想政治基础

区政协常委会把学习宣传贯彻中共十九大精神作为当前和今后一个时期的首要政治任务，把旗帜鲜明讲政治落实到学习贯彻工作全过程和各方面，坚决拥护以习近平同志为核心的党中央权威和集中统一领导，坚定不移地以习近平新时代中国特色社会主义思想统揽政协工作。坚持在学懂弄通做实上下功夫，毫不动摇地坚持党对政协工作的领导，坚决贯彻党的路线方针政策，始终做到与党委同心同向同行，确保人民政协事业的正确方向。按照中共十九大报告提出的对人民政协工作的新要求，落实十九大关于参政议政的新部署，坚持“有事多商量、有事好商量、有事会商量，通过协商凝聚共识、凝聚智慧、凝聚力量”，切实做到思想和行动与中共中央保持高度一致，确保各级党委的决策部署，不折不扣地落实到政协的各项工作中。

二、聚焦中心工作建言献策，着力提升协商议政水平

坚持以中共十九大最新理论成果统揽政协工作，推动协商民主广泛、多层、制度化发展。注重政协协商活动的组织，进一步完善协商议政内容和形式，通过政协机关、政协专门委员会、界别小组、委员小组等渠道，围绕我区经济社会发展中的重大问题和涉及群众利益的实际问题，充分运用委员提案、视察调研、大会发言、社情民意信息、专题协商等形式，开展不同层面的协商议政工作，加大履职成果的转化力度，为促进临桂经济社会发展建言献策。一是聚焦再掀“桂林新中心”建设高潮这一中心任务，围绕加快新区基础设施和入居入驻配套项目建设、城市发展空间拓展、新区品质提升、老城区改造、城市精细管理等，组织政协委员深入调研视察，广纳群言、广集民智，提出具有针对性、可操作性的意见和建议，为区委政府科学决策提供依据。二是认真贯彻落实区委二届三次全会精神，按照“党政所需、群众所盼、政协所能”的原则，找准政协主攻方向，协助党委政府解决好发展不平衡不充分的问题，围绕产业培育和重大项目建设、农业农村现代化、生态文明建设、民生维稳等深入开展调研视察、协商议政，提出切实可行的意见建议，努力为实现区委确定的目标任务汇集众智、凝聚合力。三是坚持把维护好、发展好、实现好人民群众的根本利益作为政协工作的出发点和落脚点，认真做好提案交办、督办和考核工作，发挥提案在汇集民智、反映民意、维护民利的作用。四是充分利用人民政协联系广泛、人才荟萃的有利条件，不断拓展渠道、完善机制，紧扣党委政府重视、人民群众关注的重要情况，收集和反映社情民意信息，及时为区委、区政府科学决策提供参考。五是切实开展好专题协商、对口协商、界别协商，增加协商密度，提高协商成效。发挥界别专业优势，开展界别协商，注意在专题调研视察、提案工作和反映社情民意信息工作中突出界别特色，形成有价值的参考意见。

三、加强和改进政协民主监督，着力增强民主监督实效

中共十九大报告明确指出：“人民政协是具有中国特色的制度安排，是社会主义协商民主的重要渠道和专门协商机构，加强人民政协民主监督，重点监督党和国家重大方针政策和重要决策部署的贯彻落实”。认真贯彻落实好中共中央办公厅《关于加强和改进政协民主监督工作的实施意见》，进一步强化监督意识，丰富监督形式，完善监督制度，坚持政协民主监督同履行政治协商、参政议政职能相结合，寓监督于协商会议、视察、提案、专题调研、大会发言、反映社情民意等活动之中。围绕区委二届三次全会精神，积极开展有针对性、实效性的民主监督，敢于指出各项工作中的各种不足。组织委员对相关部门依法行政情况履行民

主监督职能，做到敢监督、善监督、真监督。加大提案办理监督力度，组织实施分组督办、民主评议重点提案办理，提高提案办理成效。

四、巩固和发展爱国统一战线，着力汇聚全面建成小康社会的合力

充分发挥人民政协联系广泛的优势，坚持把发扬民主、增进团结、协调关系、化解矛盾作为履行职能的重要着力点，巩固和发展最广泛的爱国统一战线，团结一切可以团结的力量，调动一切可以调动的积极因素，形成开启新时代美好临桂新征程的整体合力，为加快“桂林新中心”建设、实现临桂“两个建成”奋斗目标汇聚最广泛力量支持。切实加强与各民主党派、工商联和人民团体的联系，积极搭建参政议政平台，增进团结与合作，营造委员畅所欲言、各抒己见的民主氛围。加强与民族宗教界代表人士的联系，及时听取他们的意见，重视发挥宗教界委员在促进宗教和睦、社会和谐中的作用。密切与新经济组织和新社会阶层人士的联系，不断扩大各界群众有序参与政治生活的渠道。组织广大政协委员进社区、进企业、进乡村，自觉承担社会责任，努力为群众多办实事、多做好事。抓好文史资料征集工作。

五、关注保障和改善民生，着力实现人民群众对美好生活的向往

把人民对美好生活的向往，作为政协履职的出发点和落脚点。突出政协履职特点，力求政协工作符合人民群众的心愿、切合人民群众的企盼，把关注民生热点问题作为政协履职的重要工作，多建利民之言，多谋利民之策。及时收集和反映社情民意信息，不断拓展渠道、完善机制，针对人民群众关注的衣食住行、生老病养、安居乐业等热点焦点问题，深入基层倾听群众呼声，关心群众诉求，为更好地保障和改善民生，促进社会公平正义知情建言。围绕精准扶贫精准脱贫开展专题协商，组织委员深入基层、深入群众，持续开展扶贫攻坚活动，为脱贫攻坚、决胜全面建成小康社会出力。

六、强化履职服务意识，着力加强政协自身建设

进一步完善协商议政格局，充分发挥专委会基础作用，建立专委会每年向常委会述职报告工作制度，创新和丰富界别活动。加强对界别和委员小组工作的指导，健全工作联动机制，推动政协工作走向基层、走向群众，积极构建平台，确保每名委员都能参加政协组织的视察、调研、学习等活动。建立健全政协委员履职工作制度，强化委员履职考评管理，对连续两年未提交提案的委员实行约谈，促使委员做到每年至少提出一件提案、反映一条社情民意信息、参加一次视察调研活动、为群众办一件实事好事。加强政协宣传和理论研究工作，切实维护好政协网站管理。进一步抓好党风廉政建设工作落实，大力推进以增强履职本领为重点的委员队伍建设。政协委员及机关干部队伍，都应该懂政协、会协商、善议政，更应该守纪律、讲规矩、有品行。

新时代催人奋进，让我们更加紧密团结在以习近平同志为核心的中共中央周围，在中共临桂区委的坚强领导下，不忘初心，牢记使命，切实履职，不断开创人民政协事业的新局面，为再掀“桂林新中心”建设高潮、决胜我区“两个建成”做出新的更大的贡献！

大　事　记

2017年3月25日，美国飞虎队历史委员会向美国飞虎队桂林遗址公园捐赠C-47运输机

李辉朝　摄

2017 年临桂区大事记

1 月

10 日　广西林权交易中心临桂服务站揭牌成立。

16 日　临桂区供销社联合社第一次代表大会召开。会议选举产生临桂区供销联社第一届理事会、监事会领导班子。

同日　临桂区 2016 年度基层党(工)委书记落实主体责任述职会议在区委二楼会议室召开。

18 日　临桂区义务教育均衡发展攻坚暨“全面改薄”(全面改善贫困地区义务教育薄弱学校基本办学条件)推进会在城区影剧院召开。

19 日　临桂区工商联(总商会)第二次会员代表大会召开。会议听取《临桂区工商联(总商会)第一次执委会工作报告》,选举产生临桂区第二届工商业联合会(总商会)执行委员会委员、主席、会长、副主席、副会长、秘书长。

20 日　临桂区文化、科技、卫生“三下乡”活动在会仙镇举行,区委宣传部、科技局、司法局、教育局、文化新闻广播电视体育局、会仙镇等单位的相关负责人参加活动。

2017 年 1 月 20 日,临桂区文化、科技、卫生“三下乡”活动在会仙镇举行　　区科技局　供稿

2 月

6 日　中国共产党桂林市临桂区第二届委员会第二次全体(扩大)会议召开。会议听取和讨论区委书记何新明受区委常委会委托所做的工作报告,传达学习中共十八届六中全会、自治区第十一次党代会、桂林市第五次党代会和市委五届三次全会,以及中央、自治区经济工作会议精神,总结回顾 2016 年工作,研究部署 2017 年的各项工作。

9 日　临桂区在金山广场举办了以“搭建供需平台,促进转移就业”为主题的专场招聘会。参加招聘企业 126 家,提供服务业、制造业等行业的各类就业岗位 4850 个。招聘会现场发放《2017 春风行动》《2017 年企业用工信息手册》《公共就业服务便民规范》等宣传资料 8000 份;进场参加招聘会的返乡农民工、大中专毕业生、城镇失业人员以及无业的建档立卡贫困户等各类人员 5500 多人,现场达成就业意向 1375 人。

15—16 日　中国人民政治协商会议桂林市临桂区第二届委员会第二次会议在临桂区影剧院召开。

16—17 日　桂林市临桂区第二届人民代表大会第二次会议在临桂区影剧院召开。会议听取并表决通过《桂林市临桂区人民政府工作报告决议》《桂林市临桂区 2016 年国民经济和社会发展计划执行情况与 2017 年国民经济和社会发展计划的决议》《桂林市临桂区 2016 年预算执行情况和 2017 年预算的决议》《桂林市临桂区人民法院工作报告》《桂林市临桂区人民检察院工作报告》等。

20 日　临桂区综治办、临桂区公安局联合中国移动临桂分公司在城区金山广场举行“地网工程”电动车防盗项目启动签约仪式。

3月

15日　临桂区2017年组织工作、宣传思想工作会议在区委二楼会议室召开。会议贯彻中共十八届六中全会精神，传达贯彻全国、自治区、桂林市组织和宣传部长会议精神，总结2016年临桂区组织及宣传思想工作，部署2017年组织和宣传思想工作任务。

16日　临桂区组织各机关单位、各社会团体干部职工500多人到桂林罗山湖公司温泉酒店旁的荒山上开展全民义务植树活动。当天植树2800多株。

25日　美国飞虎队历史委员会向美国飞虎队桂林遗址公园捐赠全球最后一架曾经在二战中为反法西斯战争做出贡献，并且具有飞行能力的运输机。该运输机机型为C-47飞机。中共中央政治局委员、国务院副总理刘延东，陈纳德将军夫人陈香梅，国务院侨办主任裘援平分别发来祝词。美国飞虎队历史委员会主席詹姆斯怀特海德，美国飞虎队历史委员会总裁拉里乔布，美国驻广州总领事馆总领事白智理，美国驻华大使馆空军武官、上校史文强，C-47飞机首捐人、美国飞虎队历史委员会名誉主席方李邦琴，美国飞虎队历史委员会副总裁马宽池，陈纳德将军外孙女内尔卡洛韦，C-47飞机机长艾伦赛尔，美国交通安全管理局驻华代表福润德沃克等出席捐赠仪式并致辞。桂林市委书记、市人大常委会主任赵乐秦，中国人民对外友好协会副会长谢元，国务院侨务办公室国外司司长张健青，中国人民对外友好协会美大部主任张和强，以及临桂区领导出席捐赠仪式。捐赠仪式上，美国飞虎队历史委员会与临桂区人民政府签署了C-47飞机捐赠书，并向美国飞虎队桂林遗址公园捐赠飞虎队老队员曾用物品一批。

4月

18日　2017年全国男子举重锦标赛暨第十三届全运会预赛闭幕。临桂区举重选手周玉坤进入77公斤级决赛。临桂籍选手李荣艳以第一名，张玉娟、黄世平以第四名，黄行群以第八名的成绩进入全运会决赛。

22—25日　临桂区总工会在临桂体育馆举办以“中国梦·劳动美，我为桂林国际旅游胜地建设做贡献”为主题的男女混合气排球赛。来自临桂区机关、企事业单位和社会团体共53个基层工会代表队500多人参加比赛。自治区粮食局临桂粮食储备库代表队获冠军，莱茵生物科技股份有限公司代表队、临桂镇中心校代表队分别获亚军和季军。

24日　由自治区党委宣传部、自治区国防教育办、自治区文明办、自治区人防办、中国科协军民融合学会联合体举办的国防科普知识进校园主题教育活动在临桂区城区第一小学启动。本次活动的主题为“赞颂辉煌成就，赓续红色基因，支持改革强军”，中国航空学会、中国兵工学会、中国核

2017年4月24日，国防科普知识进校园主题教育活动在临桂区城区第一小学启动　　秦小珍　摄

学会、中国仪器仪表学会专家，自治区、桂林市及临桂区相关单位领导参加启动仪式。

27日　临桂区总工会在临桂太子酒店会议室召开庆祝“五一”国际劳动节劳动模范座谈会。

28日　桂林市水稻机械化耕作和育插秧技术现场推广演示会在临桂区五通镇举办。全市各县区相关领导及种粮大户参加现场演示会。

5月

23日　桂林市金泰爱心协会的爱心人士与中庸镇穴田村10名贫困学生在临桂区中庸镇穴田村委签订结对爱心资助协议。

24日　临桂区召开工业企业表彰大会。

6月

5日　临桂区在城区金山广场开展以“绿色青山就是金山银山”为主题的第46个“六五”世界环境日宣传活动。

6日　自治区人大常委会副主任、党组书记危朝安带领调研组到会仙镇调研新型城镇化示范镇建设及会仙湿地保护工作。

9日　临桂区2017年渔业增殖放流活动启动仪式在会仙湿地毛家码头举行。本次活动放流草鱼5000千克、鲤鱼8500千克、鲮鱼10000尾、鳖6500只等经济鱼类鱼苗。

12日　桂林市庆祝第十四个世界献血者日活动暨临桂爱心献血屋启动仪式在城区金山广场举行。

15日　2017年桂林市“安全生产月”宣传活动在临桂城区金山广场启动。

29日　临桂区在中庸镇红溪景区举行“六月六·义水情”全域旅游宣传活动暨红溪景区民俗风情展演活动。

7月

1—2日　临桂区出现大雨、局部暴雨到特大暴雨的天气过程，涉及全区11个乡镇。5个站点降雨量超过400毫米，24小时降雨量最大为六塘镇，降雨量为496毫米。

7日　临桂区农村基层党建工作推进会暨村（社区）“两委”换届选举工作动员、培训会议在区委二楼会议室召开。会议贯彻落实自治区、桂林市农村基层党建工作推进会和村（社区）“两委”换届选举工作会议精神以及全国扶贫领域执纪问责视频会议精神，对相关工作进行安排部署。

14日　临桂区召开创建全国文明城市攻坚大会，传达桂林市创建全国文明城市会议精神，通报创建全国文明城市工作情况，动员全区上下统一思想，凝聚力量，继续奋战40天，一鼓作气、攻坚冲刺，吹响创城工作总冲锋号，确保成功创建全国文明城市。

19—20日　以自治区人民政府督学、自治区教育厅原巡视员孙海潮为组长的自治区义务教育均衡发展督导评估专家组到临桂区开展义务教育均衡发展督导调研。

27日　临桂区四家班子领导率领慰问团，分别走访慰问各驻地部队和预备役军人。

2017年5月23日，桂林市金泰爱心协会爱心人士与穴田村贫困学生签订结对资助协议　　唐敏勤　摄

8月

2日　各乡镇开展村（社区）支部委员会换届选举工作。

4日　桂林“百姓大舞台”走进临桂专场文艺演出在城区金山广场举行，临桂区同时成立志愿者协会，启动“倡导绿色生活，反对铺张浪费”行动。

10日　各乡镇开展村（居）民委员会换届选举工作

22日　国家湿地公园验收组对桂林会仙喀斯特国家湿地公园试点建设进行验收评估。

2017年8月4日，桂林“百姓大舞台”走进临桂专场文艺演出在城区金山广场举行　　秦小珍　摄

9月

3日　临桂区文化艺术志愿者在临桂区花生唐购物中心一楼舞台开展“助力文明城市创建　弘扬中国传统文化”为主题的创建全国文明城市专场演出。

同日　临桂区汇荣小学举行揭牌仪式。该校占地1.87公顷，投资近4000万元。

4日　桂林市复兴小学举行揭牌仪式。该校占地3.93公顷，总建筑面积19000平方米，投资约7800万元。2017年招收一年级新生180人。

4—7日　桂林市对临桂区义务教育均衡发展工作进行市级复核。

10日　临桂区新兵入伍欢送大会在区人武部举行。

15日　临桂区“戏曲进校园”活动启动仪式在临桂中学举行。

2017年9月3日，临桂区文化艺术志愿者在花生唐购物中心开展创建全国文明城市专场演出　　杨浩　摄

26日　临桂区“树正气、扬清风、颂祖国、喜迎十九大”廉政文艺晚会在城区影剧院举行。

27日　桂林市庆祝中华人民共和国成立68周年“迎十九大、感恩祖国”歌咏会演在新区“一院两馆”桂林大剧院举行。

28日　茶洞举行撤乡建镇揭牌仪式。

29日　桂林市第三批新型城镇化示范乡镇建设工作现场交流推进会在临桂区四塘镇召开，四塘镇等乡镇在会上做交流发言。

10月

10—12日　临桂区新一届村（社区）“两委”干部专题培训班在城区影剧院举行。此次培训班邀请桂林市委组织部，临桂区扶贫办、住建局、民政局、人社局、远教办、检察院、财政局有关领导，就发展党员工作和基层组织建设，雨露计划及临桂区基础设施扶贫项目实施方案，农村危房改造申报与办理流程等业务知识，农村低保、五保、临时救助惠民政策培训，农村养老保险、医疗保险相关政策解读，农村党员现代远程教育管理，“四议两公开”及村务监督，预防村干部职务犯罪等，“一事一议”财政奖补相关业务知识进行专题培训。

18日　临桂区干部群众集中收看中国共产党第十九次全国代表大会开幕会。

24日　环广西公路自行车世界巡回赛临桂段比赛举行。

24—27日　临桂区中小学生篮球比赛在新龙中学举行。来自全区32所学校的37支代表队442名运动员参加比赛。

26日　桂（桂林）三（三江侗族自治县）高速开通。桂三高速起于临桂区临桂镇，接泉南高速桂林绕城段，经临桂、龙胜，止于柳州市三江侗族自治县。

29日　桂林至柳城高速公路开工建设。项目投资概算129.1亿元，是自治区层面统筹推进的重大项目，主线全长95.6千米，按双向四车道标准设计，设计速度100千米/小时，起于临桂区泉南高速与包茂高速交会处，经临桂、永福、融安，终点在融安县潭头乡红岭村与三江至柳州高速公路相接。

10月31日—11月1日，自治区湿地保护管理培训班在临桂区举行。

11月

6日　临桂区召开全面推行“河长制”动员会议。

11日　临桂区义务教育均衡发展工作通过自治区级督导评估。

12月

1日　中共桂林市委第二巡察组巡察临桂区工作动员会在区委二楼会议室召开。

20日　桂林师范高等专科学校与两江中学签署共建合作协议，举行两江中学加挂桂师附属中学揭牌仪式。

18日　临桂区召开非公有制经济工作会议。

29日　临桂区残疾人联合会第二次代表大会召开。会议听取和审议临桂区残疾人联合会第一届主席团工作报告。会议选举产生临桂区残疾人联合会第二届主席团主席、副主席，并推选区残疾人联合会第二届主席团执行理事会理事长、副理事长及各专门协会主席，选举出席桂林市残疾人联合会第五次代表大会代表。

2017年12月20日，两江中学加挂桂师附中揭牌仪式

韦桥送　摄

临桂区概况

2017 年 9 月 28 日，茶洞举行撤乡建镇揭牌仪式　　褚锦利　摄

建置沿革

先秦时期，今临桂区境属百越。

秦始皇二十九年（前218年）始皇帝先后派大将尉屠睢、王翦率50万大军南下，征服岭南地区，于秦始皇三十三年（前214年）在岭南地区置桂林郡、南海郡和象郡，其中桂林郡范围为今桂林市兴安县以南各县，河池市南部各县和百色市右江以北各县；南海郡的范围为今广东省和今广西梧州市、贺州市；象郡的范围为今越南中、北部，广东雷州半岛和广西玉林市博白县、陆川县，钦州市、北海市、防城港市、崇左市、百色市右江以南各县。今临桂区属桂林郡。

秦末，南海郡尉任嚣病故，龙川县令赵佗代理南海郡尉。赵佗以武力攻占桂林郡、象郡，在岭南地区建立南越王国，今临桂区属之。

西汉元鼎五年（前112年），武帝派伏波将军路博德率兵南下，南越军战败，岭南地区归附汉朝。元鼎六年（前111年）汉武帝在原桂林郡北部置始安县，为今临桂区建县之始，县治在今桂林市区，隶属零陵郡。东汉建武四年（28年）光武帝封零陵郡投诚诸将官为列侯，始安县成为侯国，治所在今桂林市区，直隶东汉中央。

三国吴甘露元年（265年）十一月末，吴帝孙皓复置始安县，同时分零陵郡南部都尉置始安郡，郡治始安县城，始安县城首次成为郡的治所，始安县属始安郡辖。

晋始安县隶属沿袭不变。

南朝梁天监六年（507年）置桂州，州治在苍梧、郁林西境。大同六年（540年）十二月，桂州州治迁始安县城，此乃始安县城为州治之始。

隋开皇九年（589年），隋文帝派大将周法尚领兵攻岭南，桂州归附后，置桂州总管府于始安县城，辖17州军事，始安县属桂州管辖，县城开始成为军事重镇。大业三年（607年），撤桂州复置始安郡，始安县属之。

唐武德四年（621年），高祖派大将李靖率兵平定岭南，改始安郡为桂州，州治始安县城，始安县为其辖地。至德二年（757年），改始安县为临桂县，此为临桂县得名之始。同年，改始安郡为建陵郡，郡治临桂县城，临桂县属建陵郡辖。乾元元年（758年），恢复桂州建置，临桂县隶属桂州。

五代十国（907—960年），临桂县先后属五代·后梁、后唐桂州，十国·楚、南汉桂州管辖。

北宋开宝三年（970年），宋太祖赵匡胤派大将潘美领兵占领桂州，临桂县属北宋桂州。至道三年（997年），置广南西路（简称广西路），广西作政区名称自此始，治所临桂县城（自此之后，延至元、明、清、民国时期，临桂县城成为广西首府的时间长达923年，故临桂县有“桂邑属在领袖”“桂郡首邑”之称）。南宋绍兴三年（1133年），升桂州为静江府，临桂县属静江府管辖。

元至元十三年（1276年），元世祖派大将阿里海牙率兵攻占静江府。至元十五年（1278年），设静江路，路治在临桂县城，临桂县隶静江路。至正二十三年（1363年），置广西行中书省（简称广西省，此为广西设省之始），治所临桂县城。

明洪武元年（1368年），朱元璋命杨璟、朱亮祖率部攻占静江路后设静江府，府治临桂县城，临桂县属静江府。洪武五年（1372年），改静江府为桂林府，桂林第一次成为广西东北地区行政区域名称，治所及辖县不变。洪武九年（1376年），置广西承宣布政使司，治所设在临桂县城。

清顺治七年（1650年），置桂林府于临桂县城，临桂县隶桂林府。康熙十八年（1679年），吴三桂发动的三藩之乱被平定后，广西成为全国18行省之一，省治亦设在临桂县城。宣统三年（1911年）九月，广西独立，都督府设在临桂县城，仍称广西省。同时在临桂县城置桂林府，临桂县属桂林府辖。

民国元年（1911年），广西省会迁南宁。同年，撤销临桂县，原临桂县直属桂林府辖。民国二年（1912年）六月，撤桂林府，设桂林县。同年七月，置漓江道［民国三年（1914年）六月更名桂林道］，道治设于桂林县城，桂林县属之。民国十五年(1926年)六月，广西省政府在南宁成立。民国十六年(1927年)十一月，撤桂林道，桂林县直隶广西省政府。民国十九年(1930年)四月，广西建立民团制度，并在桂东北置第一民团区(后改桂林行政监督区、第一行政监督区)，治所在桂林县城，桂林县属其管辖。民国二十五年(1936年)十月，广西省会从南宁迁至桂林县城。民国二十九年(1940年)一月，从桂林县划出城区和近郊及灵川县小部分成立桂林市，并改桂林县为临桂县。同年三月，改第一行政监督区为第一行政督察区[民国三十三年(1944年)五月改为第八行政督察区，区治兴安县城]，临桂县属之。

1949年11月22日，临桂县解放，隶属桂林行政区专员公署(简称桂林专区，1971年改称桂林地区)。1954年6月，撤灵川县，其行政区域并入临桂县。1961年6月，临桂、灵川分置。1983年10月，临桂县从桂林地区划归桂林市管辖。2013年1月，经国务院批准，临桂县撤县设区。2015年5月，临桂区揭牌。（区地方志办）

地理概况

【位置面积】 临桂区地处广西壮族自治区东北部。地理坐标为北纬24°50′~25°41′、东经109°45′~110°20′。东部紧邻桂林市区、灵川县，其中与桂林市秀峰区边界线长12.25千米、象山区边界线长25.04千米、雁山区边界线长31.58千米，与灵川县边界线长69.79千米；南部与阳朔县接壤，边界线长64.71千米；西与永福县、融安县相连，其中与永福县边界线长164.36千米，与柳州市融安县边界线长9.79千米；北与龙胜各族自治县交界，边界线长73.22千米。辖区总面积2249.84平方千米(统计数为2202平方千米)。临桂区人民政府驻临桂镇兴临路1号，东距桂林市区中心公路里程8千米。

【地质】 临桂区位于扬子准地台和华南准地台交界地带，褶皱和断裂发育；其中褶皱有三县界背斜、架桥岭背斜和五通向斜，断裂为印支期及燕山期断裂；境内主要有桂林—南宁断裂带和龙胜—永福断裂带通过。出露的地层有丹洲群、震旦系、寒武系、奥陶系、泥盆系、石炭系、白垩系、第四系，其中以丹洲群为最古老，以第四系为最新，以泥盆系出露最广；第三系、侏罗系、三叠系、二叠系及志留系等均缺失。

【地貌】 临桂区地处南岭南缘，东西窄，南北长，呈火炬状。西部及北部群山高耸，南部峻岭连绵，西北属三台山系，为越城岭余脉，山体庞大，河流多自西向东汇入义江再注入大溪河；中部属丘陵平原及岩溶山地，河流除桃花江自北向东汇入漓江外，其余多自北向南汇入义江或相思江；东南部为峰林平原，奇峰林立，河流多自南向西北汇入相思江再注入大溪河；南部属架桥岭山地，河流均从南向北汇入漓江或相思江。（区国土资源局）

气候水文

【气候】

气温 2017年，临桂区全年平均气温19.8℃，比历年同期平均值偏高。年极端最高气温38.3℃，年极端最低气温1.9℃。本年度的气温条件属于较好年份。

降水 2017年，临桂区本站全年总降水量2218.6毫米，比历年平均值偏多19%。4—9月汛期雨量1771.4毫米，比历年平均值偏多28%。7月1日—2日临桂区出现大雨、局部暴雨到特大暴雨的天气过程，涉及全区11个乡镇。5个站点降雨量超过400毫米，24小时降雨量最大为六塘镇，降雨量为496毫米。本年度降水情况属于稍差年份。

光照 2017年，临桂区全年日照总时数1428.6小时，比历年平均值略偏少。本年度的光照条件属于正常年份。

气象灾害　2017年，临桂区无较寒冷的雨雪冰冻天气，2月份出现寒潮天气过程但影响较弱；春播期降水偏多，低温阴雨天气结束时间正常；春播期没有出现洪涝灾害，降水偏多有利于水库蓄水，利于早稻及春季作物生长；6—8月份的暴雨天气致使临桂区范围内各乡镇不同程度的受灾，造成了一定的经济损失；7—9月份高温日数较多，高温晴热天气对工农业生产及人们生活造成一定影响；晚稻期间出现寒露风天气对农业影响不大。全年气温偏高、降水偏多、日照稍偏少，局部有暴雨洪涝灾害。　　（区气象局）

【水文】 临桂区境河流属珠江水系，全区集雨面积10平方千米以上的河道总长976.16千米，多年最大流量3741立方米/秒，多年最小流量8.78立方米/秒。水能资源蕴藏量17.5万千瓦，可开发8.6万千瓦。境内河流中，集雨面积在10平方千米以上的有46条，其中集雨面积在100平方千米以上的有6条，主要河流有义江、相思江、桃花江、大江、黄沙河、浔江河等。义江全长273千米，区境内长85.05千米，是区内的第一大河，流域面积7591平方千米，集雨面积931.63平方千米，河流级别2级，河流类别为1，平均流量265立方米/秒，年径流量83.53亿立方米。所在行政区是临桂区、永福县、鹿寨县。源于宛田瑶族乡东江村横岭界，自北向南流。流经区境宛田瑶族乡、中庸镇、五通镇、两江镇，从两江镇下樟坪村出境。相思江全长49千米，区境内长45.98千米，流域面积550平方千米，河流级别3级，河流类别为1，平均流量21.5立方米/秒，年径流量6.794亿立方米。所在行政区是临桂区、永福县。源于六塘镇清泰村，自西北向东南流。流经区境六塘镇、会仙镇、四塘镇，从四塘镇新村出境流入永福县境。桃花江全长51千米，区境内长28.17千米，流域面积330平方千米，河流级别2级，河流类别为1，平均流量13.1立方米/秒，年径流量4.136亿立方米。所在行政区是灵川县、临桂区、秀峰区、象山区。源于灵川县青狮潭镇沿口村，自西向东流。流经区境五通镇西山村，临桂镇凤凰村、乐和村、塔山村，从塔山村出境。大江区境内长32.28千米，集雨面积103.76平方千米，平均流量3.47立方米/秒。所在行政区是临桂区、永福县。源于南边山镇香草岩，自西南向东北流。流经区境南边山镇、六塘镇，从六塘镇羊田村出境流入雁山区注入漓江黄沙河全长90千米，区境内长24.98千米，流域面积330平方千米，河流级别3级，河流类别为1，平均流量26.6立方米/秒，年径流量8.394亿立方米。所在行政区是临桂区、龙胜各族自治县。源于临桂区黄沙瑶族乡宽人槽山，自东向西流。流经区境黄沙瑶族乡黄沙村、滩头村，从滩头村出境。浔江河全长32千米，流域面积88.5平方千米，河流级别3级，河流类别为1，平均流量25.3立方米/秒，年径流量5.426亿立方米。所在行政区是临桂区。源于临桂区黄沙瑶族乡李家村宇庙岭，自西北向东南流。流经区境黄沙瑶族乡、五通镇，从五通镇赵家村注入义江。　（谢德裕）

自然资源

【土地资源】 临桂区土地面积2190.27平方千米。其中，耕地351.07平方千米，菜地9.93平方千米，园地4.4平方千米，林地956.87平方千米，牧草地87.8平方千米，宜农荒地53.27平方千米，宜林荒地265.73平方千米，宜牧荒地173.07平方千米；城镇居民建设用地26.27平方千米，工矿用地11.27平方千米，交通用地43.27平方千米，水域面积29.73平方千米。划归花坪自然保护区的特殊用地60.93平方千米，难以利用的土地（裸土、沙土、石山等）共126.6平方千米。

【矿产资源】 临桂区发现或探明的金属矿产有铜、铅、锌、褐铁、赤铁、锑、隶、锰、黄金、镉、铀；非金属矿产有重晶石、毒重石、石灰岩、石英岩、方解石、白云岩、大理岩、磷、砂岩、煤、冰洲石、水晶石、腐殖酸、页岩、黏土、矿泉水。其中，铅、锌、褐铁、重晶石、白云岩、大理岩、石灰岩、黏土、矿泉水等均有开采价值。

【水资源】 当保证率等于50%时，全区水资源总量44.39亿立方米。其中，地下水储量9.44亿立方米，地表水储量34.95亿立方米。除东南山地水资源可基本满足需水量外，其余地区均缺水。如西北部水资源总量10.35亿立方米，可供水592.59万立方米，该区需水628.61万立方米，缺水36.02万立方米。

【动物资源】 临桂区境内野生动物种类丰富，已发现的脊椎动物有5纲29目89科206属311种。分布较多的兽类有竹鼠、猸子、大灵猫、华南兔、毛冠鹿、黄鼠狼、红腹松鼠、小鹿、屋顶鼠、黄毛鼠、野猪等，分布较多的鸟类有白头鸭、褐翅鸦鹃、椋鸟、褐头鹪莺、黑卷尾、乌鸦、画眉、竹鸡、环颈雉、红嘴兰鹊、金腰燕、雨燕、百鹊令、翠鸟等，两栖爬行类主要有黑斑蛙、刺胸蛙、刺腹蛙、玉锦蛇、眼镜蛇、灰鼠蛇、滑鼠蚝、尖吻腹、竹叶青、沼蛙、泽蛙、虎纹蛙、花姬蛙、蜥蝎等。其中，国家一级保护的野生动物有黄腹角雉、门颈长尾雉、林麝等，国家二级保护的野生动物有穿山甲、虎纹蛙、大壁虎、大灵猫、小灵猫、大鲵、短尾猴、锦鸡、白鹇等；属广西重点保护的野生动物有中华竹鼠、鼠油獾、果子狸、雉鸡、红胸田鸡、棕腹啄木鸟、林八哥、喜鹊、大嘴乌鸦、画眉、小黄莺、乌俏蛇、百花蛇、金环蛇、银环蛇、眼镜蛇等。

【植物资源】 临桂区境内植物种类繁多，仅维管束植物就有1275种。其中，蕨类植物25科86种，裸子植物9科38种，双子叶植物133科1072种，单子叶植物24科203种。受长期人为活动的影响，全区海拔600米以下山地和低丘地区常绿阔叶混交林分基本破坏，为人工促进天然更新马尾松林、杉木人工林及毛竹林所覆盖。平原丘陵地区速生桉等速生树种及桂花、夏橙等经济林树种较多。海拔600~800米的中、低山地带，天然次生常绿阔叶林较为常见，杉木人工林、毛竹亦有分布。海拔800~1300米间的中山地带以天然次生阔叶林分为主，建群种因坡位而异，在山坡的中、上部，以山毛榉为主，山坡下部及水沟边林分则以枫香、荷木、檫木、五角槭为优势。天然原生植被在花坪国家级自然保护区范围内尚有少量保存，建群种以青冈栎类最为普遍，其次是木五加、木姜子、汉氏栎、五角槭等，下木有杜鹃、羽叶花楸、柃木等，保护区范围内海拔1300米以上林分呈矮林状，下木以箭竹占绝对优势，林内阴湿，苔藓植物极为发达。在各类植物中，零散分布有银杉、桫椤等国家珍稀濒危一级保护植物，银杏、水松、福建柏、秃杉、白豆杉、篦子三尖杉、鹅掌楸、观光木、银种树、伯乐树、格木等国家珍稀濒危二级保护植物，台湾苏铁、黄枝油杉、长苞铁杉、油杉、穗花杉、华南五针松、南方红豆杉、凹叶厚朴、华南锥、青檀、银鹊树、马尾树、半枫荷、马戟天等国家珍稀濒危三级保护植物。

（区国土资源局　区林业局）

人　口

【人口统计】 2017年年末，临桂区居民总户数为141387户、513424人。其中，男性人口267599人，总人口的52.12%；女性人口245825人，占47.88%。人口出生率19.4‰，死亡率15.0‰，人口自然增长率4.4‰。

【人口年龄结构】 2017年年末，临桂区户籍总人口513424人中，0~17岁114504人，18~34岁128159人，35~59岁187136人，60岁及以上83625人。全部人口中以青壮年居多，18~59岁占全部人口的61.4%，60岁及以上人口占全部人口的16.3%。

2017 临桂区分乡镇人口及按年龄分组情况表

乡镇名称	年末总户数（户）	年末总人口（人）						
		合计	性别		年龄			
			男	女	0~17 岁	18~34 岁	35~59 岁	60 岁及以上
临桂区	141387	513424	267599	245825	114504	128159	187136	83625
南边山镇	8868	31794	17106	14688	6754	7610	11760	5670
六塘镇	12903	45728	24290	21438	9161	11368	16776	8423
会仙镇	14139	56098	29788	26310	11415	14806	20012	9865
临桂镇	37409	118635	58526	60109	29751	29153	43922	15809
四塘镇	11902	47744	24897	22847	10850	12005	17334	7555
两江镇	20675	79965	42264	37701	18375	20521	28308	12761
茶洞镇	6347	22404	12171	10233	4424	5713	8276	3991
五通镇	15965	61350	32633	28717	13371	15234	22340	10405
中庸镇	5438	20874	10977	9897	4457	5103	7527	3787
宛田瑶族乡	6131	23291	12037	11254	4787	5344	8740	4420
黄沙瑶族乡	1610	5541	2910	2631	1159	1302	2141	939

行政区划

2017 年，茶洞撤乡建镇；临桂镇新增七里坪社区居民委员会、岩塘社区居民委员会，并确定其管辖范围，临桂镇社区由原来的 5 个增至 7 个。年末，临桂区设临桂镇、六塘镇、会仙镇、四塘镇、两江镇、五通镇、南边山镇、中庸镇、茶洞镇、宛田瑶族乡、黄沙瑶族乡，辖 161 个村民委员会、10 个居民委员会、1354 个自然村。

2017 年临桂区行政区划情况表

单位：个

乡镇	村民委员会	居民委员会	自然村	村（居）民委员会名称
临桂镇	16	7	146	大律 二塘 庙头 沙塘 独峰 秧塘 兰塘 塔山 乐和 灵山 麒麟 天华 凤凰 水口 花堰 上全 榕山社区居民委员会 金水社区居民委员会 虎山社区居民委员会 金山社区居民委员会环湖社区居民委员会 七里坪社区居民委员会 岩塘社区居民委员会
南边山镇	13	—	141	朗联 钱村 东山 五敬 玉联 南新 富汴 塘头 军洞 永平 升平 永忠 靖远
六塘镇	15	1	111	六塘 羊田 三塘 道莲 广洞 岩岭 船岭 清泰 小江 清塘 罗塘 大村 保联 诚正 诚桂 六塘街居民委员会
会仙镇	16	—	145	会仙 同助 陂头 大联 寺山 七里 陶淑 矮山 燕山 四益 睦洞 山尾 新民 马面 文全 新立

续表

乡镇	村民委员会	居民委员会	自然村	村(居)民委员会名称
四塘镇	15	—	111	四塘 李家 腊村 大约 横山 江西 刘村 太平 自信 面村 岩口 新村 界牌 大湾 土桥
两江镇	26	1	221	两江 二圳 保全 山口 古定 信果 宝山 大洲 城联 高寨 琅琥 车梁 培塘 高妙 大厦 洲村 渡头 贺村 罗城 上宅 宿棠 高塘 粟村 谢家 油麻 河沙 两江街居民委员会
茶洞乡	11	—	101	茶洞 护山 花岭 安定 富合 江洲 仁义 温良 安乐 保合 三合
五通镇	22	1	126	五通 罗江 柳山 三友 大塘 西南 江门 仁和 泗江 板屋 西山 杨梅 桐山 蓬莱 保宁 西塘 北塘 伍家 上祥 浔江 白马 步厄 五通街居民委员会
中庸镇	7	—	48	中庸 合峰 高田 穴田 江泉 华境 三联
宛田瑶族乡	15	—	137	宛田 瓮洲 中江 柳厄 河北 合作 小河 楠木 陶善 平水 东江 庙坪 永安 洞头 流峰
黄沙瑶族乡	5	—	67	黄沙 翻水 围岭 宇海 滩头

（区地方志办）

党政机关、直属事业单位、党派团体和部分中央、自治区、桂林市直属单位及其负责人

中国共产党桂林市临桂区委员会

书　记:何新明
副书记:李绍政　郑建忠
常　委:张慧庆　吴晓罡　诸葛亚　郑远军
　　欧阳军辉(5月任职)　粟皎敏　杨玉庆
　　谢冰莹(任至8月)　刘丰华(9月任职)
　　颜训强　秦德生

区委工作部门

区委办公室
主　任:粟皎敏
副主任:霍　剑　胡海燕　杨湘桂　李　龙
　　李庆旺

纪检组长:陶　芳(7月任职)

组织部
部　长:杨玉庆
副部长:唐良红　廖智斌　龙龚赐(兼)
　　谢富明(兼,任至5月)
　　何来辉(兼,5月任职)

中共临桂区非公有制经济组织和社会组织工作委员会
书　记:廖智斌(兼)
副书记:吕　贤

宣传部(挂区委对外宣传办公室、区人民政府新闻办公室主任牌子)
部　长:诸葛亚
副部长:陈秀忠　文红妹(8月任职)

区委对外宣传(新闻)办公室
主　任:李辉朝

精神文明建设办公室(在宣传部挂牌)
主　任:文红妹(8月任职)
副主任:李国秀

政法委员会
书　记:欧阳军辉(9月任职)
副书记:邓　喆(2月任职)　龙九发

区综治办
主　任:邓　喆(2月任职)
副主任:唐任平

区国安办
副主任:廖林强(6月任职)

区维稳办
主　任:龙九发
副主任:陈　卫

区防范和处理邪教问题办公室
主　任:钟瑞良
副主任:冯国刚

区绩效考评办公室
主　任:蔡云亚
副主任:蒙运芳

区委督查室(在区委办挂牌)
主　任:褚钟波
副主任:臧　伟(任至1月)

区保密委员会办公室(区保密局,在区委办挂牌)
主　任:胡海燕

区委机要局
局　长:粟昌宏

区委、区政府接待办
主　任:王代晨
副主任:阳艳玲　熊鹏飞(4月挂职)

统一战线工作部(挂区委台湾工作办公室、宗教事务办公室牌子)
部　长:谢冰莹(任至8月)　刘丰华(9月任职)
副部长:尹雪英　李六一　刘合昌

民族宗教事务局局长
局　长:刘合昌

台湾工作办公室
主　任:范明珍

华侨事务办公室
主　任:张　红

机构编制委员会办公室
主　任:何来辉(任至5月)　王万慧(5月任职)
副主任:粟运桥　黄建玲

直属机关工作委员会
书　记:蒙建梅
副书记:李　梅　张　斌(8月任职)
委　员:张　斌(任至8月)　赵新明

区委、区人民政府信访局(由区委办领导)
党组书记、局长:石芳宇
党组成员、副局长:李继兴　王　得
党组成员、纪检组长:周泰甫(任至8月)

老干部局(由区委组织部领导)
局　长:谢富明(任至5月)　何来辉(5月任职)
副局长:莫建林　王春华

区委直属事业单位

中共桂林市临桂区委党校
校　长:郑建忠
常务副校长:文　飞
副校长:王林生(任至5月)　徐路航
　　罗忠梅(5月任职)

党史办公室

主　任:韦荣安

副主任:唐美英(任至8月)　唐翊茜

今日临桂报社

副社长:黄庆林

中国共产党桂林市临桂区纪律检查委员会

书　记:郑远军

副书记:文善春　赵　敏

常　委:周志新(任至10月)　黎景光　盘连秀
　　　谢西风

中共临桂区委员会巡察工作领导小组办公室

主　任:李德喜(5月任职)

副主任:李红艳(5月任职)

桂林市临桂区人民代表大会常务委员会

主　任:

副主任:陈苦源　欧翠兰　李少波　黄　萍

区人大常委会办公室

主　任:龙大川(任至11月)

副主任:覃燕飞

区人大常委会专门委员会

选举联络工作委员会

主　任:以宏男

副主任:雷　群

农业农村与环资城建工作委员会

主　任:罗　宁

副主任:周汝吉

教科文卫与民族工作委员会

主　任:梁增芝

副主任:梁秋菊

法制和内务司法委员会

副主任:张　凯(10月任职)

桂林市临桂区人民政府

区　长:李绍政

副区长:吴晓罡　诸葛亚　秦初明　唐立勋
　　　于荣升　陈月林(12月任职)
　　　颜训强(挂职)　秦德生(挂职)
　　　陆宇衡(9月任职)

副调研员:秦土六　陆光宁　周炳华　陈锡权

区政府工作部门

区政府办公室

主任、党组书记:唐正红

党组副书记:徐海峰(任至12月)

副主任:李民胜　秦成志　赖明杰　凌　庆
　　　王志政　刘雪姣(兼)

党组成员、纪检组长:唐玉斌(7月任职)

督查室(在区政府办公室挂牌)

主　任:李志华

法制办公室

主　任:徐桂华

副主任:郑珊珊　林利军

区政务服务中心管理办公室

主　任:刘雪姣

调解处理土地山林水利纠纷办公室

主任(兼):黄友德

人民防空办公室

主　任:石颖婷

区应急管理办公室(区应急指挥中心)

副主任:于荣升

发展和改革局

党组书记、局长:罗瑞林

党组副书记、副局长:唐新龙

党组成员、副局长:龙跃清　徐海峰

党组成员、纪检组长:徐健德(任至7月)

朱德胜(7月任职)

财政局

党组书记、局长:张国安

党组成员、副局长:葛九连　李建辉

党组成员、纪检组长:肖运芳(任至7月)

熊乙桦(7月任职)

党组成员、民族资金管理局局长:唐　毅

区政府非税收入管理局局长:李有恩

区财政国库支付管理中心主任:李明军

人力资源和社会保障局

党组书记、局长:龙龚赐

党组副书记、社保局局长:林剑平

党组成员、副局长:梁承球　盛志生

党组成员、社保局副局长:朱玉鲜

党组成员、纪检组组长:莫春暄(7月任职)

社会保险事业局

局　长:林剑平

副局长:朱玉鲜　秦月传

公安局

党委书记、局长、督察长:秦初明

党委副书记、政委:唐国连

党委委员、纪检组长:尹德裕(7月任职)

常委委员、纪委书记:梁志升(任至11月)

党委委员、副局长:廖枝桂　李润福　秦福喜

周长辉(11月免党委委员)

副局长、党委委员、政工科长:

雷光辉(12月免副局长)

党委委员、副政委:粟和清

党委委员、交警大队大队长:

李乔活(11月免党委委员)

监察局

局　长:文善春

副局长:周志新(任至10月)　秦润喜

司法局

党组书记、局长:叶水清

党组成员、副局长:李艳君

党组成员、纪检组长:彭胜军(任至8月)

副局长:秦慧英

民政局

党组书记、局长:李恒艺

党组成员、副局长:周小明　张桂容　赵清华

党组成员、纪检组长:伍清华(任至8月)

双拥办公室(在民政局挂牌)

主　任:阳建秀

区老龄工作委员会办公室(民政局挂牌机构)

主　任:梁富强

市容管理局

党组书记、局长:张定安

党组成员、副局长:李和东　王溶生　刘晓清

党组成员、纪检组长:莫春瑄(任至7月)

交通运输局

党组书记、局长:李文骞

党组副书记、副局长:李先成

党组成员、副局长:李云宽　于更生

工业和信息商贸局

局　长:梁樾林

党组副书记、副局长:李　杰

党组成员、副局长:徐连科　秦春德　刘文军

党组成员、纪检组长:李先耀(任至7月)

荣凌志(7月任职)

党组成员、商务综合执法大队大队长(兼)、中小企业局局长:周水平

农业局

局　长：龙林群

党组成员、副局长：银新兰　苏庆华　莫佳安

党组成员、纪检组长：唐会德（任至7月）

　　　　　　　　　陈志刚（7月任职）

党组成员、农业技术推广中心主任：杜国永

林业局

局长、党组书记：李基日

党组成员、副局长：邓仲斌　莫建华

党组成员、纪检组长：粟松生（任至8月）

森林公安局局长：李福增

水利局

局　长：李锦明

党组成员、副局长：蒙万全（9月任职）　梁运福

党组成员、纪检组长：李德喜（任至5月）

　　　　　　　　　李玉凤（7月任职）

水产畜牧兽医局

局　长：李　明

党组副书记、副局长：李春生

党组副书记、纪检组长：熊乙桦（任至7月）

水库移民工作管理局

党组书记、局长：赵才明

党组副书记、副局长：唐秋元

党组成员、副局长：李桂庆

农业机械化管理中心

党组书记、主任：蒋顺生

党组副书记、副主任：龙邦玉（任至8月）

　　　　　　　　　吕正聪（8月任职）

党组成员、副主任：唐贵荣

教育局

局长、党组书记：李永超（任至5月）

　　　　　　谢富明（5月任职，12月任党委书记）

党组成员、副局长：廖翠红（12月任党委副书记）

党组副书记、纪检组长：吕正聪（任至8月）

　　　　　　　　　张国丽（7月任职）

副局长：李金梅（5月任职）

　　　黎贵龙（5月挂任）

科技局

局长、党组副书记：谢海舟

党组副书记、副局长：贲运喜

副局长、党组成员：刘修琳

党组成员、纪检组长：李红艳

文化新闻出版广电和体育局

党组书记、局长：诸葛明高

党组副书记、副局长：陈伟强

党组成员、副局长：王保强　张息桂　李明慧

党组成员、纪检组长：黄凌铭（任至8月）

卫生和计划生育局

党组书记、局长：李玉春

党组成员、副局长：秦凤才　曾小红

副局长：毛承群

党组成员、纪检组长：黎道珠（任至7月）

　　　　　　　　　骆永军（7月任职）

党组成员：余桂萍

爱国卫生运动委员会办公室

主　任：李　忠

审计局

党组书记、局长：张国林

副局长：李桂招　廖云刚

党组成员、纪检组长：李红宇（任至8月）

物价局（在发展和改革局挂牌）

党组书记、局长：余伟林

党组副书记、副局长：廖文清

党组成员、副局长：吴照强

党组成员、纪检组长：李斌鹏（任至8月）

住房和城乡建设局

党组书记、局长：江家经

党组成员、副局长:秦　璇
副局长:吴　刚
党组成员、副局长、征收办副主任:雷　剑
党组成员、征收办副主任:罗华明(4月任职)
党组成员、纪检组长:易连勤(任至8月)
　　　　　　　　　　于六明(7月任职)

工商行政管理局
党组书记、局长:粟　林
党组成员、副局长:周继昌　阳文锋
党组成员、纪检组长:骆永军(任至7月)

质量技术监督局
局长、党组书记:郑桥保
副局长:梁伟军　陈新明
党组成员、纪检组长:张国丽(任至7月)

环境保护局
党组书记、局长:黄　杰
党组副书记、副局长:阳　扬
党组成员、副局长:褚胜弟
党组成员、纪检组长:李艳丽(任至3月)

统计局
局　长:谭利华
党组副书记、副局长:叶春富
党组成员、副局长:蒙万全(任至8月)
副局长:全秋林
党组成员、纪检组长:周德昱(任至8月)

安全生产监督管理局
党组书记、局长:廖　敏
党组副书记、副局长:周天生
党组成员、副局长:钟国徽
党组成员、纪检组长:于六明(任至7月)

食品药品监督管理局
党组书记、局长:刘培生
党组成员、副局长:覃升喜
副局长:钟　翼　罗国洪
党组成员、纪检组长:韦　敏(任至8月)

旅游局
党组书记、局长:石　雪
党组副书记、副局长:唐春明
　　　　　　　　　　李玮鲜(任至8月)
党组成员、副局长:肖运芳(8月任职)
党组成员、纪检组长:朱德胜(任至7月)

招商促进局
局长、党组书记:赵秋岚
党组成员、副局长:何灏平　蒙树艺

粮食局
党组书记、局长:李志强
党组副书记:阳向晖
党组成员、副局长:周　祚

扶贫办
党组副书记、主任:李秋林
党组副书记、副主任:梁黎明
副主任:谭顺武
党组成员、纪检组长:李玉凤(任至7月)

革命老区办公室(在扶贫办挂牌)
副主任:刘　莹

区政府直属事业单位

机关事务管理局
局　长:王江德
党组副书记、副局长:曾令雄

档案局
党组书记、局长:韦明生
党组副书记、副局长:吕华英(任至8月)
党组成员、副局长:银燕青　卢元妹(8月任职)
党组成员、纪检组长:卢元妹(任至8月)

区地方志编纂委员会办公室

主　任:王玉才

副主任:林　华　姚运秀

地震局

党组书记、局长:朱志桂(任至8月)

周志新(9月任职)

党组副书记、副局长:王桂军

党组成员、副局长:秦茂兴(任至8月)

赵秀梅(8月任职)

党组成员、纪检组长:赵秀梅(任至8月)

城镇集体工业联合社

主　任:秦忠玉

党组书记:李付珍

副主任:李先元

党组成员、纪检组长:朱小文(任至8月)

供销合作社联合社

党组书记、理事会主任:李全德(任至12月)

党组副书记、监事会主任:于少华

党组成员、副理事会副主任:张树强　秦四平

市场服务中心

主　任:陈海连

副主任:翁明武

物资总公司

总经理:秦国华

中国人民政治协商会议桂林市临桂区委员会

主　席:李先赠

副主席:以善梅　欧翠兰　李燕青　韦崇广

莫先发(任至3月)

副调研员:罗昌勤(任至5月)

刘冰轮(任至8月)

秘书长:秦志华

办公室

主　任:秦志华

副主任:莫天明(任至10月)　周振斌

经济科技联谊和委员联络委员会

主　任:陈跃明

副主任:李耐贵

提案和社会法制委员会

主　任:余　英

副主任:袁　景(任至11月)　韦　敏

教文卫体委员会

主　任:李小华

副主任:龙初勤

法院·检察院

区人民法院

党组书记、院长:韦新华

党组成员、副院长:唐军树　秦树忠　石　川

党组成员、纪检组长:李开梅(任至8月)

党组成员:黄有文(政工科科长)

秦电付(执行局局长)

区人民检察院

检察长、党组书记:彭武林

党组成员、副检察长:莫福琪　李志勇

党组成员、政工科科长:唐晓萍

党组成员、反贪污贿赂局局长:廖振扬(5月任职)

党组成员、纪检组长:唐文华(任至7月)

武　装

区人民武装部

部　长:张慧庆

政　委:王晓忠

副部长:赖发生

消防大队

大队长:秦政军(任至8月) 王 静(8月任职)

教导员:刘 崇

武警中队

中队长:于 斌

指导员:陈 璋

社会团体

总工会

主 席:李少波

党组书记、副主席:秦冬换

党组成员、副主席:陈康宇

党组成员、纪检组长:易运德(任至8月)

中国共产主义青年团临桂区委员会

书 记:莫灵梅

副书记:刘艳凤 邓翔宇

妇女联合会

主 席:周芳羽

副主席:黄金兰 唐海英

科学技术协会

主 席:秦思文

副主席:阳初发

文学艺术联合会

主 席:李明才

副主席:蒋芳芳

社会科学界联合会

主 席:陈家斌

副主席:周奇华

归国华侨联合会

主 席:李建光

残疾人联合会

党组书记、理事长:李福燊

党组副书记、副理事长:李 春

党组成员、副理事长:黄 橙

党组成员、纪检组长:陈志刚(任至7月)

民主党派·工商联

中国国民党革命委员会临桂支部

主任委员:阳初发

副主任委员:秦忠玉

委 员:李春荣 沈东华 蓝 冰 张志毅

中国民主同盟临桂总支部委员会

主任委员:朱 彦

副主任委员:以宏男 梁小宁 秦志军 粟多福 何艳梅

组织委员:莫建新

妇女委员:吕秀荣

宣传委员:伍春成

工商业联合会

主 席:莫才生

党组书记(兼):尹雪英

副主席:蒋雨霏 覃永梅 陆明德 袁 鹃 王志文 王明富 龙镇方 许志斌 陆正福 陈福祥 周 彪 唐顺国 秦 剑 秦华生 梁小荣 梁祖人 梁锐佳 黄生弟 黄健民 彭丽云 粟东亮 王永贵 刘忠华 唐喜付 周葵阳 唐青松

执 委:王东磷 王绍礼 左继祥 李小花 唐瑞民 郭志刚 梁桥水 蒋建平 晏朝辉

党组成员、纪检组长:骆安业(任至8月)

中央及自治区、桂林市直属单位

临桂区国家税务局

党组书记、局长:李　勃

党组成员、副局长:廖明瑞(2月任职)　莫千武
　　刘　琴　周　勇(9月任职)

党组成员、纪检组长:陈立忠

临桂区地方税务局

党组书记、局长:向明光

副局长:吕保全　蒙维艳　梁大平　庞　伟

党组成员、纪检组长:韩立平

临桂区国土资源局

局长、党组书记:刘孙荣

党组副书记、副局长:汪惠文

党组成员、副局长:唐前勇

党组成员、纪检组长:江文欣

桂林市住房公积金管理中心临桂管理部

主　任:王　群

临桂区公路管理局

局　长:项士权(任至3月)
　　邓期民(3月任职)

副局长:黄必洲　黄晓刚　周洪辉

二塘火车站

站　长:廖志德

党总支书记:唐玉明

临桂供电公司

总经理、党委副书记:秦小雄

党委书记、副总经理:梁世坚

副总经理:赍建斌　陆承康　胡朝辉

纪委书记兼工会主席:苏鸿钟

临桂区气象局

局　长:陈昭贵

临桂区邮政局

局长、党委书记:唐碧英

副局长:黄　双

临桂区烟草专卖局(公司)

局长(经理):许中平

副局长:陈　军

副经理:刘湘涛

中国石油化工股份有限公司临桂分公司

经　理:潘桂国

金融・保险・通信

中国人民银行临桂区支行

行　长:邓国西

副行长:骆定丰　龙　泓

中国工商银行临桂支行

行　长:蒋晓明

副行长:罗曙辉　王建斌　张红宇

中国建设银行临桂支行

行　长:程维明

副行长:倪颖梅　卢创俊

中国银行西城开发区支行

行　长:徐　艳

副行长:陈　坚　黄　律

中国农业银行临桂支行

党委书记、行长:卿志远

党委副书记、纪委书记、副行长:黄昌文(任至7月)

副行长、党委委员:周　博(12月任党委副书记)

党委委员、副行长:李　勋

党委委员、行长助理:董　霞

深圳农商行广西临桂支行

行　长:仇政茂

副行长:文喜驹

交通银行桂林新城区支行

行　长:谭鑫荣

副行长:黄　敏

广西临桂农村合作银行

董事长:陈　剑

行　长:段泰雄

监事长:龙燕春

副行长:潘钦林　潘霞红

中国银行业监管委员会临桂办事处

主　任:湛年香

中国人民财产保险股份有限公司临桂支公司

经　理:唐小红

副经理:黄凌波　张远超

中国人寿保险股份有限公司临桂支公司

经　理:陈群燕

副经理:刘　剑　汪　磊

桂林银行临桂支行

行　长:何义前

副行长:孙　凡　赵荣军

中国电信公司临桂分公司

总经理:文剑华

副总经理:骆俊勇

中国移动公司临桂分公司

经　理:廖有斌

副总经理:骆智珍

中国联通公司临桂区分公司

总经理:赵　宇

移网分公司副总经理:宁　宇

集客分公司副总经理:岳　韬

乡镇分公司总经理:韦长江

乡镇分公司副总经理:苏李香

固网分公司副总经理:黄柳蓉

综合支撑中心主任:罗　军

中国铁通公司临桂经营部

经　理:唐　明

副经理:王海峰

乡、镇机构

临桂镇

临桂镇党委

书　记:周新强

副书记:黄振宇　梁祖华

纪委书记:姚德元

委　员:姚德元　阮剑兰　蒋锦豪　雷德恩
　　　　周九弟　姚冬福

临桂镇人大主席团

主　席:梁祖华

副主席:阳健森

临桂镇人民政府

镇　长:黄振宇

副镇长:雷德恩　周九弟　文继军　李林宏

南边山镇

南边山镇党委

书　记:粟秋喜

副书记:李松华　李兴盛

纪委书记:邓　琳

委　员:邓　琳　李建明　苏丽琼　赵积亮
　　　　秦庆生　银玉翔

南边山镇人大主席团

主　席:李兴盛

副主席:常有东

南边山镇人民政府

镇　长:李松华

副镇长:李建明　王凤英　银玉翔

六塘镇

六塘镇党委

书　记:莫柳红

副书记:张莉彬(任至2月)　臧　伟(2月任职)
　刘少荣

纪委书记:李瑞平

党委委员:李瑞平　陆　勇　黎桂明　唐荣杰
　熊鹏飞　赵爱连

六塘镇人大主席团

主　席:刘少荣

副主席:肖红丽(7月任职)

六塘镇人民政府

镇　长:张莉彬(任至4月)　臧　伟(4月任职)

副镇长:黎桂明　熊鹏飞　秦霄敏　刘　鹏

会仙镇

会仙镇党委

书　记:陈月林

副书记:黄炬全　赵修安

纪委书记:蒙明生

委　员:倪　凌　蒙明生　廖　斌　李庆明
　秦田娥　周军平

会仙镇人大主席团

主　席:赵修安

副主席:石承琼

会仙镇人民政府

镇　长:黄炬全

副镇长:李庆明　秦田娥　周璐鹭(任至12月)
　王　强

四塘镇

四塘镇党委

书　记:罗小松

副书记:彭玉胜　苏汝斌

纪委书记:谢志庆

委　员:谢志庆　韦峥岳　易连锡　谢小亮
　唐任贵　杨君兵

四塘镇人大主席团

主　席:苏汝斌

副主席:梁富文

四塘镇人民政府

镇　长:彭玉胜

副镇长:谢小亮　唐任贵　骆税来　张　弦

两江镇

两江镇党委

书　记:黄芳辉

副书记:姚立璞　董小明

纪委书记:蒙　军

委　员:蒙　军　刘发刚　沈丽琼　李瑞兴
　于桂明　周晓昀

两江镇人大主席团

主　席:董小明

副主席:刘鑫欣

两江镇人民政府

镇　长:姚立璞

副镇长:于桂明　周晓昀　邓凌云

茶洞镇

茶洞镇党委

书　记:肖扬燕

副书记:陈树云　雷　健

纪委书记:王树安

委　员:王树安　李　新　莫属华　秦江胜
　黎长凤　龙冬明

茶洞镇人大主席团

主　席:雷　健

副主席:蒋云飞

茶洞镇人民政府

乡　长:陈树云

副乡长:龙冬明　何灏平　莫庆宁

五通镇

五通镇党委

书　记:石　羽

副书记:张　凯　唐爱华

纪委书记:黄开胜

委　员:黄开胜　张祖政　李金兰　朱冬荣
　周　斌　李珠营

五通镇人大主席团

主　席:唐爱华

副主席:胡会芳

五通镇人民政府

镇　长:张　凯

副镇长:周　斌　李珠营　李继荣　莫丽萍

中庸镇

中庸镇党委

书　记:邓　喆(任至2月)　张莉彬(2月任职)

副书记:唐梓刚　阳桂生

纪委书记:熊　燕

委　员:熊　燕　徐　文　李锐镅　于政捷
黎贵龙　李宗敏

中庸镇人大主席团

主　席:阳桂生

副主席:聂运连

中庸镇人民政府

镇　长:唐梓刚

副镇长:徐　文　刘江宁　黎贵龙

宛田瑶族乡

宛田瑶族乡党委

书　记:苏艳华

副书记:罗万魁　刘德勋

纪委书记:粟　峰

委　员:粟　峰　梁义甜　廖小玲　周光发
阳　敏　赵俊生

宛田瑶族乡人大主席团

主　席:刘德勋

副主席:蒋　勇

宛田瑶族乡人民政府

乡　长:罗万魁

副乡长:阳　敏　赵俊生　闻　文　黄庆三

黄沙瑶族乡

黄沙瑶族乡党委

书　记:王军发

副书记:田　昀　李远信

纪委书记:唐九军

委　员:唐九军　唐　琨　苏庆胜　陆奕舟
莫宇峰

黄沙瑶族乡人大主席团

主　席:李远信

副主席:李玮玉

黄沙瑶族乡人民政府

乡　长:田　昀

副乡长:陆奕舟　莫宇峰　于咏君

中国共产党桂林市临桂区委员会

2017年2月6日，中国共产党桂林市临桂区第二届委员会第二次全体（扩大）会议召开

骆志华　摄

工作，安排部署 2017 年组织、宣传思想工作任务。

重要会议

【中国共产党桂林市临桂区第二届委员会第二次全体（扩大）会议】 2017 年 2 月 6 日，中国共产党桂林市临桂区第二届委员会第二次全体（扩大）会议在区委二楼会议室召开。会议总结回顾桂林市临桂区 2016 年工作，研究部署 2017 年工作任务。会议审议并通过区委书记何新明受区委常委会委托所做的工作报告和《中国共产党桂林市临桂区第二届委员会第二次全体（扩大）会议公报》。

【桂林市临桂区政法工作会议】 2017 年 2 月 27 日，桂林市临桂区政法工作会议在区委二楼会议室召开。会议贯彻落实 2017 年中央、自治区、桂林市政法工作会议精神，研究部署 2017 年政法各项工作。

【桂林市临桂区 2017 年组织工作、宣传思想工作会议】 2017 年 3 月 15 日，桂林市临桂区 2017 年组织工作、宣传思想工作会议在区委二楼会议室召开。会议学习传达贯彻全市组织部长会议和全国、自治区宣传部长会议及全市宣传思想工作会议精神，回顾总结 2016 年全区组织、宣传思想工作，安排部署 2017 年组织、宣传思想工作任务。

【学习传达总书记习近平视察广西重要讲话精神（扩大）会议】 2017 年 5 月 5 日，桂林市临桂区委中心组学习传达中共中央总书记习近平视察广西重要讲话精神（扩大）会议在区委二楼会议室召开。会议传达中共中央总书记习近平视察广西的讲话精神。

【桂林市临桂区委党的建设工作领导小组（扩大）会议】 2017 年 5 月 18 日，桂林市临桂区委党的建设工作领导小组（扩大）会议在区委九楼会议室召开。会议传达《桂林市 2017 年度市、县区和市直单位党组（党委）抓基层党建工作责任清单》文件精神，研究布置区委常委联系指导党建品牌建设工作。

【桂林市临桂新区工委、临桂区委中心组（扩大）学习会议】 2017 年 10 月 23 日，桂林市临桂新区工委、临桂区委中心组（扩大）学习会议在区委九楼会议室召开。会议专题学习党的十九大报告精神。

（郭进）

2017 年 10 月 23 日，桂林市临桂新区工委、临桂区委中心组（扩大）学习会议在区委九楼会议室召开　　秦小珍　摄

重要决策

【适时将工作重心从农村转入城市】 2017 年 2 月 6 日，中国共产党桂林市临桂区第二届委员会第二次全体（扩大）会议提出，适时将工作重心从农村转入城市，加快打造“桂林新中心”。

【创建全国文明城市】 2017 年，临桂区按照创建文明城市标准，全面推进市容保洁、交通执法、拆违禁违等城市管理工作。重点整治市场、广场、夜市摊点等路段场所，解决乱搭乱建、乱堆乱放、乱摆乱卖、乱撒乱漏等突出问题,并建立完善长效化城市管理机制,促进城市管理标准优化升级。开展志愿者服务活动。宣传社会主义核心价值观。 (郭进)

组织工作

【概况】 2017年,中共临桂区委组织部(简称区委组织部)围绕“五大发展”理念和“四个全面”战略布局,突出全面从严治党主线,推进领导班子、干部队伍、基层党建和组织部门自身建设,为实现“两个建成”目标、建设“幸福临桂”提供组织保证和人才支撑。

【推进“一区两路”精品党建示范带建设】 2017年,区委组织部继续以临桂新区为核心,依托321国道义江沿线段和桂阳公路“国际黄金旅游大通道”,打造党建示范点,辐射带动形成共同发展的区域化党建格局,建设可看、可学、可比的党建示范带。以“党组织+”模式,提升党组织战斗堡垒作用,全区培育出五通镇西山村“党组织+精准扶贫”、宛田瑶族乡瓮洲村“党组织+旅游驿站”、临桂镇花堮村“党组织+征地拆迁”等先进典型。

【推进非公党建】 2017年,区委组织部落实“两新”(新经济组织和新社会组织)基层党建工作,将非公有制党建工作嵌入“一区两路”精品党建示范带建设中。开展“百日攻坚”行动,通过电话、网络、信函等多种方式与全区300多家非公有制企业和社会党组织建立沟通联系,集中走访“一区两路”范围内的41家企业。年内,新成立桂林油茶产业示范区党支部、中庸红溪景区党支部、宛田瑶族乡十二滩漂流党支部、六塘花海旅游有限公司党支部等7个党支部,并将其建设成高标准非公党建示范点。提档升级桂林福达集团党委、信和信养生公园党支部2个市级党建示范点。年末,全区党组织覆盖非公有制企业313家,覆盖社会组织16家,非公有制企业党组织和社会组织党组织的覆盖率分别为87.1%和88.9%。

【提升城市基层党建工作】 2017年,区委组织部成立临桂区社会事务管理中心,对全区社区的党建工作、经济建设、社会事务和社区管理事务实行统一领导和管理,并配备一支专门的队伍开展工作。全区417个机关、企事业单位党组织和4251名在职党员到社区报到,开展“微心愿”认领和志愿服务活动,累计开展服务196次,帮助群众解决困难事项425次。推行社区“大党委”工作机制,全区建成社区“大党委”7个,并建立定期沟通机制,协调推动区域化党建服务。在社区设置服务管理工作站,为居民提供民政、劳动就业、综合服务、计划生育、矛盾调处、综合治理、物业服务等10项便民服务。建立党员服务站、设立“党员示范岗”,开展“互联网+社区党建”服务平台建设,成立党员义工志愿者服务队13个,为居民提供精准服务。

【基层党建品牌建设】 2017年,区委组织部建立区委常委联系指导党建品牌建设制度,13名区委常委分别联系指导城市党建、农村党建、非公有制党建等领域的党建品牌,为各领域党建品牌建设解决场地、资金和设计等难题35个。打造城市党建精准化服务品牌,利用环湖社区的地域、精准服务和网络等优势,将党建融入社区“网格化”管理中。构建“互联网+社区党建”互联互通的基层党建工作新平台,把环湖社区党支部建设成基层精准化服务型党组织。重点建设环湖社区自治区级高标准党代表工作室示范点,18名自治区、桂林市、临桂区3级驻室党代表轮流值守接待,发挥党代表在自身建设、参与民主监督、参与决策和联系服务群众4个方面的作用。突出党建工作信息化,打造“临桂红色驿站”指尖党建品牌,构建起区级微信总平台,乡镇综合平台,村级微信公众号(微信群)的临桂指尖党建工作体系,重点运行维护“临桂红色驿站”微信公众号,完善经验交流、“两学一做”、视频互动、精准扶贫、流动E家等服务

2017 年 9 月 30 日，临桂区第三季度组织工作例会在宛田瑶族乡召开　　区委组织部　供稿

功能，探索网上党支部、党员在线签到、学习、考核等新型模式，拓宽党建宣传，提供流动党员学习管理平台。在"一区两路"精品党建示范带村委试点安装村干部视频实时管理系统，并配备 65 寸超大屏平板电脑，提高村级办公现代化、信息化水平。

【党建促脱贫攻坚】 2017 年，区委组织部从抓好基层党组织建设和贫困村第一书记、驻村指导员管理入手，增强党建促脱贫攻坚的合力。投入 78 万元，为 30 个贫困村中的 7 个村（南边山镇钱村，会仙镇燕山，四塘镇李家、自信，茶洞镇仁义、定安，中庸镇穴田）新建、维修村级组织活动场所，200 平方米以上的达到 63.3%。强化贫困村第一书记和驻村指导员的责任，调整第一书记 7 人，对工作不称职的进行约谈 2 人。2016—2017 年，第一书记和驻村指导员引入 10 万元以上的产业项目 20 个；帮扶修建村屯道路 167 条（169.72 千米），落实修路项目资金 6047.54 万元；组织帮扶修建饮水工程 43 处，解决 11792 人的饮水难问题；投入 224.5 万元，修建及装修村委办公楼；帮扶困难群众资金及物资折算 450.6 万元，帮扶贫困户 1685 户，走访慰问群众 6815 户。结合"百村百红旗"活动开展，帮助各村找准特色产业优势，由村党支部带头组织党员群众采取"抱团式"发展，联片种植罗汉果、百香果、苗木等，做到统一技术、统一生产、统一销售，促进贫困村特色产业发展。如五通镇西山村以"党支部＋公司＋合作社＋贫困户"为模式发展的养鸡场、茶洞镇定安村的"党支部＋贫困户"发展的小龙虾养殖、南边山镇靖远村的"党支部＋贫困户"发展的工艺品加工等。指导全区 171 个村（社区）规范规章制度，成立村民合作社，选举产生社管会和社监会成员，支部书记、主任兼任社长的占 97%。发挥合作社作用，鼓励村民因地制宜发展特色产业，促进村集体经济的发展。

【完成村"两委"换届选举工作】 2017 年，临桂区各乡镇按照"换届前抓宣传动员、换届时严格把关、换届后强化培训"的要求，进行村"两委"（支部委员会、村民委员会）换届选举工作。换届前，在 171 个村（社区）播放换届纪律宣传片 256 场次，利用短信平台给全区党员群众发送换届短信 35 万余条，开展宣传教育动员；集中开展"村霸"、宗族势力、黑恶势力整治和矛盾纠纷排查调处，化解消除影响换届选举的苗头性、倾向性问题 17 个；区领导挂点联系指导 9 个市级难点村和 25 个区、乡镇级重点村的换届工作，按照"一村一策"的思路，完成 13 个软弱涣散村级党组织的整顿。把好人选的政治关、作风关和廉洁关，12 个区直单位对 1400 多名支委候选人和 450 名村委主任候选人进行联审，明确存在有 14 种负面清单情况的人员一律不得作为正式候选人。针对部分基层党组织书记综合素质不高的问题，对 13 个村级软弱涣散党组织中的 8 名村党组织书记进行调整，对 6 名不能胜任工作的村委主任进行劝勉谈话，不再参选。对全区新一届 915 名村（社区）"两委"全额补贴干部分 4 期专题培训并进行结业考试，组织临桂区南片区党建工作相对薄弱的村党组织书记外出参观学习。组织开展村（社区）党组织书记任职能力综合测试，通过闭卷笔试及面试，掌握换届后村（社区）党组织书记的素质和能力状况，以考促学，对测试不合格的支书及时进行约谈、教育培训提升，提高任职门槛，为村级基层组织建设打牢基础。健全完善村干部绩效考核管理办法，提高村（社区）“两委”干部的政策理论水平和业务能力。

2017 年 10 月 10 日—12 日，临桂区新一届村（社区）“两委”干部专题培训班在城区影剧院举行　　区委组织部　供稿

【加强干部教育培训】 2017年，区委组织部继续依托五通镇西山新农村建设干部教育培训基地、陈宏谋故居廉政教育培训基地、李宗仁故居党外干部教育培训基地3个教育培训基地，开展具有临桂特色的课程培训。投入100多万元，完善区、乡镇党校网络设施建设，全区11个乡镇党校均配备电脑、投影仪等多媒体设备。

【整治“为官不为”】 2017年，临桂区开展“为官不为”专项整治工作。制定下发《临桂区开展“为官不为”问题整治工作实施方案》，重点整治不干事、不担当、不作为等问题和现象。从严追究责任，视情节和后果严重程度，对相关责任人进行提醒谈话、做书面检查、通报批评，直至给予调离、降职、免职、责令辞职等组织处理。年内，对1名不作为、不担当干部进行调离、免职处理。

【完善干部监督】 2017年，区委组织部落实领导干部个人有关报告事项工作。协助中共桂林市委组织部完成37名处级干部的个人有关事项集中报告工作，并邀请市委组织部相关科室领导就“两项法规”新要求进行培训指导。完成全区136名正科级干部个人有关事项报告表的填报工作，并将其作为选人用人的重要依据。规范科级干部因私出国（境）管理。在出入境部门对全区887名科级干部进行登记备案，明确要求第一时间反馈乡科级领导干部备案人员的出国（境）情况、新办证件等信息，收集并统一保管257名领导干部持有的因私出国（境）证照。整治干部人事档案造假问题，对经核查涉嫌学历造假的18名干部的档案，经组织再次审查认定后，依据有关规定予以纠正、取消，并对当事人进行相应的组织处理。

【组工队伍建设】 2017年，区委组织部对新任组工干部实行“一季度一考核”。将新任组工干部在参与日常业务、村“两委”换届、精准扶贫和党建品牌创建工作中的表现量化为考核指标，每个季度对其统筹谋划、综合协调、解决问题等方面的能力进行详细考核。采取“集中汇报＋会议点评＋总结部署＋现场推进”的模式，每月组织召开党建和组织工作例会，加强与乡镇、部门的沟通交流，及时发现问题、总结经验。继续实行组工干部与贫困户结对帮扶机制，帮助贫困户解决生产生活中的实际问题，定期完成脱贫任务。

【组工信息调研宣传工作】 2017年，区委组织部在临桂党建网编辑组工信息347篇，在《中组部组工信息》《中国组织人事报》《广西组工信息》《桂林组工通讯》发布信息23篇，在“临桂红色驿站”微信公众号推送信息396篇，桂林党建网采用稿件167篇，撰写原创影响力文章128篇。

（彭胜发　贲文勤）

宣传工作

【概况】 中共桂林市临桂区委宣传部(简称区委宣传部)设办公室、理论教育股、宣传股,区委外宣办(区政府新闻办)、区精神文明办、区互联网信息办公室在区委宣传部挂牌,区社科联在区委宣传部办公。人员编制11人,实有10人。2017年,临桂区的宣传思想工作坚持以习近平新时代中国特色社会主义思想为统领,学习贯彻党的十八届六中全会、十九大精神,围绕中心工作,发挥宣传思想文化工作思想引领、文化支撑作用,为建设桂林城市新中心,实现"两个建成"目标,提供精神动力。临桂区获2017年桂林市宣传思想工作目标责任制考评一等奖和桂林市宣传思想工作创新奖。

【抓好意识形态工作】 2017年,中共临桂区委印发《临桂区落实意识形态工作责任制实施方案》,召开区委常委会议4次,召开意识形态工作联席会议3次,专题研究、分析研判意识形态工作。区委与各乡(镇)党委、区直各单位党委(党组)主要领导签订落实意识形态工作责任制责任书,明确党委(党组)领导班子责任、党委(党组)书记是第一责任人和各单位责任分工。制定完善《临桂区重大意识形态领域舆情事件应急处置机制》,进行网络舆论引导与舆情应对,掌握网上舆论话语权。制定《意识形态工作督查制度》,成立4个督查组,分4次到各乡(镇)、各单位进行意识形态工作督查。重点检查意识形态工作责任制落实情况,特别对新闻舆论、文化阵地、社科理论、网络舆情、学校德育、宗教领域等意识形态阵地建设和管理等落实情况。

【中共十九大精神学习宣传】 2017年10月18日,中国共产党第十九次全国代表大会在北京召开。临桂区组织区四家班子领导和300多名党员干部集中收听收看中国共产党第十九次全国代表大会开幕会,并组织全区各级党组织学习十九大报告精神,部署开展十九大精神的学习活动。召开区委书记领学的学习十九大报告专题扩大会议。10月27日,在城区金山广场开展自治区社会科学普及联合大行动活动暨中共十九大精神知识展览会,6000多市民观看学习。农历九月初九,在城区金山广场开展"关爱老年人·欢庆十九大重阳老年文艺会演";在中庸镇泗林村开展"学习十九大·建设新泗林"等宣讲活动。11月开始,区委宣传部会同有关部门组成临桂区学习贯彻中共十九大精神宣讲团,分成领导干部宣讲团、区宣讲团、自治区定向选调生宣讲团、戏曲(彩调)小分队宣讲团等分赴各乡镇、各部门、各单位宣讲十九大精神。临桂区编排的以十九大精神为主题的节目,戏曲《新时代课子戏》、文场《文场情》、快板《不忘初心党旗红》、歌舞《世纪中国梦》、歌曲《不忘初心》、小品《学习十九大》、汉唐舞《采薇》等,在巡回演出活动中受到群众喜爱。年内,全区学习宣传贯彻十九大精神的稿件在各级媒体采用80多篇。

【政治理论学习宣传】 2017年,临桂区四家班子成员带头撰写学习体会和理论调研文章,多篇理论文章在市级以上媒体发表。组成理论宣讲团和文艺宣讲队深入基层开展巡回宣讲。组织宣讲骨干到北京、桂林市学习,进行集中备课。邀请自治区宣讲团成员、广西师范大学马克思主义学院院长、教授、博士生导师汤志华到区内做报告。年内,临桂区领导在本单位和联系的贫困村宣讲86场次,区宣讲团文艺宣讲15场次,理论小广场面对面宣讲、山歌小分队、彩调小分队宣讲22场次,乡镇组织宣讲113场次。利用手机短信、微信、QQ群等传媒工具,定期向党员干部发布时事新闻、党建知识等。

【对外宣传工作】 2017年,区委宣传部做好在临桂区内开展的重大活动,如自治区2017年国防科普知识进校园活动启动仪式、桂林市"传承雷锋精神做文明桂林人·巾帼志愿者在行动"启动仪式等的宣传报道。采取“请进来走出去”的办法，邀请中央、自治区、桂林市级新闻媒体记者、编辑100多人次到区内采访。各级媒体围绕桂林城市新中心建设、临桂“六月六·义水情”全域旅游暨民俗风情展演、“九月九乡村世界”等重大活动进行宣传。年内，全区在市级以上报刊用稿500多篇；采写的新闻、专题节目被市级以上电视台采用310多条，其中中央电视台3条，自治区级媒体25条。报送舆情信息稿件500多篇，采用18篇。其中，《2017年国产电视剧市场可能出现“三大转折”》获中宣部内刊单条采用，《十八届六中全会国内外舆情综合分析》等11条信息获中宣部内刊综合采用；《国际社会积极评价习主席在“一带一路”国际合作高峰论坛开幕式上的演讲》获自治区党委宣传部宣传信息网单条采用，《广西启动自治区第十一次党代会精神宣讲活动范晓莉出席会议并讲话》等4条信息获自治区宣传部宣传信息网综合采用，调研舆情信息工作居桂林市各县（区）前列。

【创建全国文明城市】 2017年，临桂区开展创建全国文明城市活动。投入1500多万元，在机场路、城区主干道、金山广场等重点区域布置社会主义核心价值观、创城宣传标语大型户外公益广告130多处，灯箱广告780多幅，建筑围挡广告8500幅，总面积13.8万多平方米；制作张贴“社会主义核心价值观”、《桂林市民文明公约》等创城宣传海报16500多张；发放入户宣传资料60000多份；利用各类电子显示屏滚动播出宣传标语1680次，在《今日临桂》报、临桂电视台、网络媒体刊播公益广告1260次，实现创城公益广告全覆盖。开展“金点子”活动，为民办实事232件。开展“我们的节日”活动，传承弘扬优秀传统文化。清明节前夕，组织青少年学生、党员干部、军人及群众1000多人祭扫革命烈士墓。国庆节期间，开展“向国旗敬礼”网上签名寄语活动和网下教育实践活动，参加网上签名活动8万人次。两江中学获自治区第一届文明校园表彰。

【志愿服务活动】 2017年，临桂区新增志愿者2735人，注册的志愿者总数9340人。3月2日，桂林市“传承雷锋精神，做文明桂林人·巾帼志愿者在行动”启动仪式在城区金山广场举行。3月21日，临桂区志愿者协会携手兴进·兴荣郡为爱公益行捐赠仪式在宛田瑶族乡瓮洲工商希望小学、中江小学举行，兴进集团和志愿者为学生捐赠学习、体育用品以及营养品一批。3月28日，举办临桂区志愿者与兴进·兴荣郡、中国人民解放军第181医院开展“为爱行走”活动，免费为宛田瑶族乡瓮洲工商希望小学师生体检。8月4日，临桂区志愿者协会成立，1000多名大学生志愿者分成5个组，协助交警开展安全文明出行活动。8月15日，临桂区“共建文明和谐社区”启动仪式在临桂镇环湖社区举行。9月3日，“助力创建全国文明城市，弘扬中国传统文化”——临桂区文化艺术志愿者创建全国文明城市专场演出在临桂花生唐购物中心举行。10月23日，环广西公路自行车世界巡回赛临桂赛段组委会组织临桂区所有机关事业单位的工作人员和桂林卫校临桂校区、桂林山水职业学院、桂林医学院临桂校区

2017年9月1日，临桂消防大队消防志愿者为社区群众现场演示灭火器使用方法　　《今日临桂》报社　供稿

的师生2000多人担任志愿者，维护赛道秩序。11月30日，“大手牵小手·老少同乐生日会走进社区”志愿服务活动在金水社区举行。12月1日，区委宣传部、区文明办在临桂区特殊教育学校举办“合力监护·相伴成长”关爱未成年人志愿服务活动。12月5日，临桂区组织志愿者慰问空巢老人、留守儿童、残疾人、生活困难群众等，发放慰问金、慰问品价值9000多元。（汪璨）

统一战线工作

【概况】 中共桂林市临桂区委统一战线工作部（简称区委统战部）设办公室，挂牌单位有民族宗教事务局、台办、侨办；工商联在统战部合署办公，编制11人（含工商联编制2人），实有15人。2017年，区委统战部围绕中央和自治区党委关于统一战线的决策部署和政策措施开展统战工作，汇集各方智慧，抓好统战业务工作落实；主动服务，助推非公有制经济企业健康发展；紧密联系海外华人华侨、港澳同台胞及党外代表人士，促进全区经济发展、民族团结、社会稳定和谐。

【非公有制经济领域统战工作】 2017年，区委统战部做好非公经济代表人士政治安排推荐工作。推荐12人担任桂林市工商联第五次会员代表大会代表，其中非公有制经济人士9人；推荐7人担任桂林市工商联执委，其中非公有制经济人士5人。开展非公有制企业走访、调研活动，走访会员企业80多家，收集问题和建议38条。根据这些问题和建议，协调相关部门给予答复或解决。组织政协工商联界别委员围绕经济发展开展调研，考察宛田瑶族乡乡村旅游业发展情况，形成《关于宛田瑶族乡乡村旅游发展的调研报告》。组织举办银企、政企交流活动。举办非公有制企业管理人员培训班，参加学习培训50人。

【民族事务】 2017年，区委统战部抓好民族项目的申报、监督和验收工作。完成2016年度6个共108万元的国家、自治区、桂林市少数民族发展资金项目工程建设检查验收工作。做好2017年6个共118万元的国家、自治区、桂林市少数民族发展资金项目选址、定点及上报工作，分别是宛田瑶族乡河北村委进村道路硬化工程项目，30万元；国家级宛田瑶族乡中江村委摆脚村人畜饮水工程项目，10万元；国家级宛田瑶族乡平水村委进村道路硬化工程项目，20万元；国家级黄沙瑶族乡翻水村委竹家坪出村道路升级工程项目，31万元；自治区级宛田瑶族乡柳厄村委罗江村、赵家村人畜饮水工程项目，17万元；桂林市级宛田瑶族乡河北村委进村道路硬化工程项目，10万元。在茶洞镇壮族自然村——登云村举行壮族特色民俗文化展示。与宛田瑶族乡党委、政府联合举办“民族团结，大美瑶乡”手机摄影比赛。对临桂民族传统服饰、民族传统技艺等民族教育、文化进行调研。

2017年11月25日，临桂区工商联举办非公企业管理人员培训班　　区工商联　供稿

【宗教事务】 2017年，区委统战部走访全区3座佛寺、4座清真寺、4个基督教堂和临桂伊斯

兰教协会，对全区宗教团体及宗教活动场所基本信息和教职人员信息进行核查，完成宗教数据库信息录入和上报工作。配合自治区民宗委伊斯兰教工作调研组走访五通、会仙旧村、六塘3个清真寺，对清真寺基本情况、管理工作的困难和问题，以及加强清真寺管理的意见和建议等方面进行调研。配合桂林市民宗委对临桂民间信仰进行调研，了解和掌握民间信仰基本情况，依法加强民间信仰管理。完成桂林市佛教协会第六次代表会议4个代表名额和桂林市伊斯兰教协会第六次代表会议8个代表名额的推荐工作。按照“和谐寺观教堂”创建标准要求开展继续以“教风”为主题的“和谐寺观教堂”创建活动。做好宗教活动场所建设申报答复工作，对新申报的3处佛教建寺申请和1处基督教聚会点申请进行现场查看并给予答复。做好非法宗教活动场所的整顿取缔工作，收缴非法出版物。

【侨务工作】 2017年，区委统战部做好侨务信访工作，全年接待来信来访3批6人，主要涉及三侨考生、生活困难等问题。春节、中秋节期间，走访慰问贫困归侨侨眷5户，慰问金3000元。做好1名教师到老挝援教续聘的相关工作。

【台务工作】 2017年，区委统战部开展台胞、台属和台籍人士的核查登记工作，并建立本区台胞数据库（全区台属196人、台胞30人、台籍人士22人）。7月27日，台湾防震减灾专家团到临桂区开展防震减灾学术交流；11月10日，台湾花莲县市国裕社区发展协会参访团到五通镇义江缘景区考察临桂区旅游业发展状况。8月31日，临桂区人民政府与台资企业——广西生技医疗投资股份有限公司签订项目合作框架协议，主要经营中西医院（中医科、麻醉科、医学检验科、医学影像科等），总投资1亿元。

【民主党派和无党派人士工作】 2017年，区委统战部建立完善党外干部人才库。推荐3名党外干部参加中共桂林市委统战部和市社会主义学院联合举办的党外代表人士和民主党派骨干培训班。选派1名优秀党外干部到市直单位挂职锻炼。推荐4个科级岗位为市直单位选调优秀年轻党外干部实践锻炼基地。年内，致公党临桂一支部、九三学社临桂支社成立，区内民主党派增至4个。建立完善与各民主党派之间经常沟通、协商和协调的制度，向民主党派推荐优秀的党外人士。

【党外知识分子工作】 2017年，区委统战部健全党外干部培训制度，在重庆大学举办临桂区党外干部·统战干部培训班1期，专题传达学习中共十九大会议精神。开展全区新社会阶层人士调查，完善相关档案。（张红）

党校教育

【概况】 中共桂林市临桂区委党校（简称区党校）位于桂林市临桂区秧塘工业园致远路。编制28人，实有25人。2017年，区党校围绕区域经济、社会发展热点和难点问题，开展理论学习研究和干部教育培训工作。全年举办各类班次培训20期，培训近2600人次。

【党员干部教育培训】 2017年，区党校坚持“党校姓党”原则，依据《桂林市委党校分校教学管理质量考核评估办法》，创新办学思路，在干部教育培训中，突出主业主课，加强党的理论和党性教育，还将法治教育、国防教育、防艾滋病教育、党风廉政教育等贯穿教学过程。全年主体班培训10期，参加培训1414人。配合中共桂林市委党校举办处级干部培训班1期、中青干部培训班2期，党外科级干部培训班1期、科级干部培训班2期。配合临桂区有关部门及各乡镇举办各类业务培训班8期，培训1048人。配合桂林市委、市政府和市党校举办各类培训班30多期，做好后勤服务工作。

【教师队伍建设】 2017年，区党校从教师、党政

中共临桂区委党校主体班培训情况表

培训班名称	期数	培训人数
临桂区副科级领导干部能力提升培训班	2	109
临桂区副科级领导干部十八届六中全会及自治区第十一次党代会精神培训班	1	340
临桂区基层党组织培训班	2	450
临桂区领导干部新型城镇化培训班	2	117
临桂区妇女干部培训班	1	58
临桂区非公经济组织骨干培训班	1	50
临桂区“两新”组织党建党务培训班	1	60

中共临桂区委党校配合有关部门及各乡镇举办业务培训班情况表

培训班名称	期数	培训人数
临桂区社保数据采集培训班	1	86
临桂区 2017 年度“一户一卡”工作培训班	1	120
临桂区保密违法案例警示教育培训班	1	116
临桂区机关党务工作培训班	1	56
临桂区领导干部法治专题培训班	1	200
临桂区幸福女性成长暨十九大精神宣讲专题培训班	1	300
六塘镇人大代表培训班	1	90
四塘镇人大代表培训班	1	80

干部、企业高管、农业技术能手中选聘兼职教师，建立包括市委党校优秀教师在内共 100 人的兼职教师师资库。通过公开招聘方式，招聘 2 名骨干教师。组织骨干教师到各地参加学习培训，选派年轻教师到基层锻炼和参与党委、政府中心工作。市委党校借用区党校校区教学期间，组织教师参加市委党校教学活动、跟班听课。鼓励教师参加优质课及征文比赛，要求年轻教师做到“凡比必参”。课题“临桂状元文化研究”教学转化团队比赛获桂林市二等奖。

【教研工作】 2017 年，区党校组织教职员工开展各项调研活动，在原有的专题课题库的基础上，调整更新主体班专题课题库，以符合形势发展及不同对象的教育需求。继续开展《临桂状元文化研究》《美国“飞虎队”在桂林抗战中的贡献研究》《临桂区城镇化建设新机制研究》《陈宏谋廉政教育与李宗仁爱国主义教育》等课题研究工作，并将科研工作任务落实到人。在市委党校开发的品牌课程中，区党校教师 6 人申报《“飞虎精神”的当代价值》《陈宏谋廉政精神的当代价值研究》《红色将军：李天佑传奇人生解读》《山河永固出将星，爱国风范照后人——李宗仁爱国主义专题讲座》《状元精神时代传——临桂状元文化探究》《临桂古村落的保护与开发探究》《临桂历史文化的传承探究》等 7 个品牌课程。（覃一庆）

党史资料征集与研究

【概况】 2017 年，中共临桂区委党史资料征集办公室（简称区党史办）做好各个时期的党史资料（包括文字、图片、声音、影像）收集、整理、研究工作，组织开展党史著作编纂，开展党史宣传教育、资政调研、党史书籍发行等工作，发挥党史资政育人作用。年末，区党史办编制 3 人，实有 3 人，设主任 1 人，副主任 1 人。

【党史著作编纂】 2017 年，区党史办完成《桂林市临桂区新民主主义革命时期》党史专题资料汇编的收集、整理、编写、修改，形成初稿。

【编辑出版《临桂区大事记》】 2017 年，区党史办每月编辑《临桂区大事记》1 期，全年 12 期，约 6 万字，并免费赠送给区直单位、各乡镇、学校阅读。内容包括上级视察，重要会议，领导活动，科、教、文、卫、体，友好往来等。全年登载大事 450 条。其中，区委办 88 条，人大办 82 条，政府办 133 条，政协办 66 条，《今日临桂》80 条以及其他单位部门若干条。

2017 年 4 月 5 日，区党史办负责人在城区金山广场临桂革命烈士纪念碑为临桂一中师生讲解临桂革命历史　《今日临桂》报社　供稿

【编撰《中国共产党临桂执政纪事(2016 年合订本)》】 2017 年，区党史办将《中共临桂区地方史大事记》更名为《中国共产党临桂执政纪事》，并进行扩容、改版。将上一年的每月《临桂大事记》进行收集、整理，并增加区委、区人民政府重要文件、图片，完善内容，编辑《临桂执政纪事(2016 合订本)》，约 7 万字，形成初稿、送审稿。

【党史资料征集抢救】 2017 年，区党史办继续开展临桂区新民主主义革命时期党史资料抢救征集工作。邀请两江中学(原广西省立桂林师范学校，系王河天烈士生前任教过的学校)赴深圳大学采访王河天烈士之子王克来等，收集王河天的有关历史资料，之后参观解王克来先生在深圳大学工作情况；到会仙镇寺山村委甑底村，采访亲历战斗的老人，补充完善无名烈士墓资料；到会仙镇征集烈士刘俊民有关资料；到宛田瑶族乡征集、补充宛田起义有关资料；到中庸镇穴田村委仓库岭村寻找无名烈士墓。年内，采访采访老游击队员和抗战老兵及家属 60 多人，征集到许多珍贵的历史资料。

【党史宣传教育】 2017 年，区党史办做好党史宣传教育、重要党史人物纪念活动。清明节前，与区文明办、团区委组织两江中学 100 多名师生到王河天烈士墓开展祭扫活动，进行革命传统教育；清明后，在城区金山广场临桂革命烈士纪念碑为临桂一中师生讲解临桂革命历史人物，并免费赠送党史宣传资料、书籍给区直单位、各乡镇、学校。

【党史书籍发行】 2017 年，区党史办做好《中国共产党桂林历史》《中国共产党临桂执政纪事(2016 年合订本)》等党史书籍的发行工作，做到每个机关单位、每个乡镇的党组织、区直学校及各乡镇中心校都有该书，并与其他市、县(区)党史部门进行交流。　　(潘红霞)

绩效管理与考评

【概况】 2017 年，临桂区绩效考评领导小组办公室(简称区绩效办)对桂林市绩效考评指标进行绩效管理，做好自评迎考工作；修订和完善绩效考评指标和考评办法，审定考评对象的年度绩效计划，督促检查考评对象绩效目标完成情况，提出意见和建议，开展日常评估和检查，并对各乡(镇)、区直各单位和自治区、桂林市驻临桂有关单位进行绩效考评。年末，区绩效办编制3人，实有4人。其中，主任1名，主任科员1名，副科级1名，科员1名。

【考评任务】 2017年，区绩效管理与考评工作主要任务有两项：一是接受桂林市对全区的绩效考评，即对桂林市绩效考评指标进行绩效管理，做好自评迎考工作；二是组织开展区本级绩效考评工作，即对乡（镇）、区直单位和自治区、桂林市驻临桂有关单位进行绩效考评。自评迎考方面，由区绩效办组织指标牵头单位、配合单位、责任落实单位对照桂林市2017年度绩效考评指标体系及其评分细则开展绩效管理与自评迎检工作。区级绩效考评方面，由区指标考核部门和数据采集部门及区核验组，采取定量与定性、过程与结果、日常督查与年终考核相结合的方式，依据指标评分标准进行考核评分。区绩效办对考评结果进行复核、汇总。

【公众评议】 2017年，区绩效办组织区直、乡镇机关及所属事业单位干部职工、企业经营者、外来投资者和个体工商户以及11个乡镇的村委干部400余人对全区上一年度的工作进行评议，并邀请他们对11个乡（镇）、70个区直单位和5个区、市驻临桂单位的工作进行评议。

【领导评价】 2017年，桂林市领导对临桂区的评价由市绩效办组织协调，市评议调查队具体实施，邀请桂林市不同层面的领导以无记名方式对被考评单位进行评价；临桂区级领导对考评单位评价由区绩效办组织实施，邀请临桂区内不同层面的领导以无记名方式对被考评单位进行评价。

【察访核验】 2017年，桂林市察访核验由市绩效办牵头组成核验组具体负责实施，重点核验重大项目、民生工作和特色工作等。察访核验方式主要采取实地调查、专项检查、抽样检查等，并抽选五通镇和南边山镇进行实地调查。区级考评察访核验由区绩效办牵头，从各相关单位抽调骨干力量组成考核组，对全区11个乡镇、70个区直单位和5个自治区、桂林市驻临桂单位进行绩效考核，并将考核结果报绩效考评领导小组。（刘永健）

信访工作

【概况】 2017年，中共桂林市临桂区委员会桂林市临桂区人民政府信访局（简称区信访局）坚持以人为本、以民为先、服务大局的工作理念，办理国家、自治区、桂林市交办的各类信访事项；引导来访群众依法逐级走访，合理反映信访诉求；推进信访工作制度改革，推广网上信访和群众满意度评价；加强信访法治化建设，成立法律援助中心信访局工作站，引入律师接访。设秘书股、接访股、办信股、督查调研股、区长专线电话室等5个股室，年末有编制6人（行政编制4人，工勤编制2人），实有9人；设局长1名，副局长2名。

【接访工作】 2017年，区信访局接待群众来访98批1076人次，同比批次下降20.9%，人次下降34.5%。其中，集体访44批962人次，个体访54批113人次；初访76批703人次，重访22批372人次。本级登记来访12件，办理12件。

【办信工作】 2017年，区信访局收到群众来信96件。其中，交办件17件，满意度信访件11件，网信31件，一般信件37件。各类信访件全部办理。

【复查复核】 2017年，区信访局代表区人民政府审查群众申请信访复查申请2件。信访诉求属于土地所有权纠纷问题，不在《信访条例》规定受理范围，向信访人出具复查申请不予受理告知单。

【视频网络建设】 2017年，区信访局按照自治区信访局建立视频网络全覆盖的要求，投入资金9700元，购买信访视频网络设备，并接通自治区视频网络。

【信访工作制度改革】 2017年，临桂区法律援助中心在区信访局设立工作站。每个工作日有1名律师在信访局接访中心值班，免费为信访人提供法律咨询。推广网上信访和群众满意度网上评价。

（刘水英）

保密工作

【概况】 2017年，临桂区国家保密局（简称区保密局）抓好党政机关、重要涉密单位和领域的保密管理，加强技术防范，严格管理制度，加大查处力度，维护国家安全和利益。年内，全区未发生泄密事件。

【“三密”文件资料管理】 2017年，区保密局做好“三密”文件资料的清退、回收和阅卷归档工作，文件、资料清退回收处理率100%。对各单位“三密”文件资料收、发、传阅过程中的登记管理工作进行检查指导，督促检查各单位的密件密品管理工作。

【保密工作监督检查】 2017年，区保密局推进机关、单位保密自查自评工作规范化、常态化，继续开展自查自评工作督导。加强对保密法规贯彻落实情况的监督检查。开展党政机关要害部门的保密管理、网络保密管理、涉密载体保密管理等专项检查，以查促改。贯彻落实泄密案件查处办法，加大对违反保密法律法规行为处分力度，依法依纪追究有关人员责任。

【保密管理工作】 2017年，区保密局在一年一度的高考、中考、成人高考前后，与相关部门配合，按要求做好3大考试的试卷保密工作。在考试期间，从试卷进入临桂区开始，区保密局就对试卷的进、出、分、发进行全程跟踪，到考点巡察。根据中考考点多、分散的实际情况，与区招考办、区公安局组成3个护送试卷小组，将试卷护送到各个考点。全区的中考、高考和成人高考等3次重大的考试，未发生失密、泄密事件和丢失考卷事件现象。指导各乡镇和区直各单位，按照法定程序开展定密工作。

【推进保密工作科技化】 2017年，区保密局启动涉密领域信息设备国产化替代工作，推动国产化信息设备的应用。继续推进全区党政机关保密技术防护专用系统（“三合一”系统）的配备工作。做好区直重点涉密单位保密检查工具的配备工作。年内，全区新安装19台“三合一”。

（蒋镜桂）

机构编制

【概况】 2017年，桂林市临桂区机构编制委员会办公室（简称区编制办）以行政管理体制改革为龙头，落实自治区人民政府取消、下放和调整的行政审批事项，推进行政审批制度改革工作。年末区编制办编制10人，在职10人。

【机构编制管理】 2017年，区编办对各部门提出的职能调整、机构设置、机构升格、人员编制和领导职数增减的要求按规定程序办理。在实地考察调研、政策论证、会议研究、调查了解的基础上，调整65个机关及事业单位的机构设置和职能、编制，并为1042名干部、职工办理调动编制转移手续。更新实名制软件，完善数据，实现机构编制动态管理。配合做好领导职数核查和人员公招计划审核。配合组织、人社部门完成公务员招录、事业单位人员招聘，区、乡（镇）机关和教育等系统人员招考工作计划的编制审核。

【推进职能转变和机构改革】 2017年，区编办做好纪委派驻机构改革、西城经济开发区管理委员会的机构撤并、漓江风景名胜区临桂辖区工作机构的设立及改革和公证机构体制改革工作。履行

2017 年 6 月 14 日，临桂区召开行政审批制度改革工作会议

区编制办　供稿

行政审批事项改革牵头单位职责，开展行政审批事项的承接、下放、调整和动态管理工作。抓好权责清单“两单融合”工作，明确区发改局等 36 个部门（单位）保留权力事项 3077 项，各部门共性权力事项 10 项，明确主要职责 498 项，具体工作事项 1521 项，部门间职责边界事项 88 项，部门公共服务事项 161 项，建立事中事后监管制度 164 项。

【做好控编减编工作】 2017 年，区编办贯彻落实国务院提出的本届政府任期内财政供养人员只减不增的要求和严格控制机构编制的规定，按照“撤一建一、合并组建、先减后增”的原则从严审核把关。按照自治区督查反馈意见，制定整改措施：强化机构编制管理，控制超编进人；落实退休制度，自然减员消化超编；调整增加有关单位的编制；加快体制改革；要求各单位建立整改台账，实行对账销号工作，整改台账要一事一账、全程留痕、动态更新、定期对账；制定计划完成时间、具体的整改要求、整改举措、整改责任人。整改要确保机构和人员编制数量按 2012 年年底的统计基数只减不增。

【推进机构编制云平台建设】 2017 年，区编办探索“互联网 + 机构编制”新模式。制定实施方案，提前梳理各单位“三定”职能，制作明细表格，明确工作流程，召开机构编制云平台建设工作动员暨培训会，组织全区 400 多个单位将“三定”规定信息录入机构编制云平台。

【事业单位分类改革】 2017 年，区编办完善《关于临桂区开展事业单位分类改革工作方案》，按照事业单位的功能和特点，将全区 350 个事业单位分为承担行政职能事业单位、从事公益服务事业单位和生产经营类事业单位 3 类。其中，行政类 5 个，占 1.43%；公益类 342 个（其中公益一类 297 个，占 84.87%；公益二类 45 个，占 12.86%），占 97.47%；经营类 3 个，占 1.1%。年内，推进优化整合临桂区妇幼保健和计划生育技术服务资源改革和国有林场转型改革。

【事业单位法人登记管理】 2017 年，区编制办按照《事业单位登记管理暂行条例》要求，开展事业单位备案登记、变更登记、注销登记。按时对符合条件的 335 个事业单位开展事业单位法人年度报告公示工作。年内，设立登记单位 8 个，变更登记单位 62 个。10 月，按 2% 的比例，抽出 4 个事业单位开展实地核查工作。

【域名注册工作】 2017 年，临桂区按要求对 81 个党政群机关单位及 335 个事业单位进行域名注册，完成注册率 95%。区内有自建网站的单位 11 个，95% 的单位完成网络标志挂标工作。

（粟甜梅）

老干部工作

【概况】 临桂区老干部局（简称区老干局）编制 4 人，实有 7 人。下辖临桂区老干部活动中心（编制 2 人，实有 2 人）和临桂区老年大学。2017 年，区老干局落实老干部的政治待遇和生活待遇，推进老干部活动中心和老年大学两个阵地建设，改进服务方式，提高服务质量，推动全区老干部工作创新发展。

2017年1月13日，临桂区举办老干部迎春团拜会　秦小珍　摄

【落实老干部政治待遇】 2017年，区老干局组织老干部召开全区社会经济工作通报会1次。全年组织老干部学习15次。其中，“两学一做”主题学习2次，上级文件精神专题学习3次，十八届六中全会精神专题学习1次，学习十九大精神2次，全市领导干部电视电话会议1次，学习中央文件精神6次。春节前，组织离退休老干部50多人参观临桂新区水系工程、美国飞虎队桂林遗址公园，花生唐购物中心，并向老干部介绍临桂区社会经济等各方面的发展情况；4月13日，组织老干部赴灌阳县参观考察红色教育基地；5月10日，召开离退休老干部建言献策座谈会。

【落实老干部生活待遇】 2017年，区老干局落实《关于提高离休干部护理费标准的通知》各项要求，全年为离休干部实报实销医药费近400万元，离休费和生活补贴费及时足额发放；加强老干部保健工作，组织离退休干部体检。

【老干部活动中心和老年大学建设】 2017年，区老干局落实经费，改造装修老干部活动中心和老年大学，添置柜式空调2台，更换桌椅，并完善各种宣传板报、上墙制度。依托老干部活动中心阵地，组织老干部为区委、区政府的各项工作献计献策。依托老年大学，组织老干部参加桂林市“展示阳光心态、体验美好生活、畅谈发展变化”为主要内容的为党的事业增添正能量活动。组织老年大学学员参加各项宣传正能量的文艺会演、山歌比赛等活动。老年大学山歌班学员骆冬莲获桂林市秀峰区第七届“三月三”民歌节比赛歌王奖。组织参加桂林市离退休干部第五届“多彩金秋，大美桂林”文化活动月活动，临桂代表队获门球比赛第二名，卡拉OK比赛女声三等奖，山歌比赛三等奖。年内，老年大学开班16个，学科12个，学员近400名。

【关心下一代工作】 2017年，区关心下一代委员会为贫困和特殊困境儿童群体办好事、做实事。“六一节”期间，区关工委到茶洞镇江州小学、两江镇信果小学、五通镇保宁小学、临桂镇塔山小学、会仙镇睦洞小学、四镇界牌小学6所乡村学校慰问，赠送图书、篮球、羽毛球等学习及体育用品，价值3万余元。联系众阳（桂林）置业有限公司爱心资助茶洞镇江洲小学，捐赠洗衣机、气排球架，教室窗帘等，价值近6000元。9月，慰问六塘镇船岭村贫困留守儿童15人，赠送大米和食用油价值3000多元。

（黄勤生）

区直机关工委

【概况】 2017年，中国共产党临桂区直属机关工作委员会（简称区直机关工委）下辖3个基层党委，220个党（总）支部，有党员3650名。年内，区直机关工委围绕“四个全面”的战略布局，推进“两学一做”学习教育常态化、制度化，围绕大局、服务中心、建设队伍，改进基层党的建设，提高机关党建工作水平。

【党员干部教育】 2017年，区直机关工委将“两学一做”学习教育纳入党支部“三会一课”等基本制度，要求所属党支部实行党员活动日制度，推进学习型服务型党组织建设。组织学习中共中央总书记习近平系列讲话精神和治国理政新理念新思想新战略，组织学习中共十九大精神；组织学习党章、党内法规和党史国史。5月和7月，组织对部分支部进行“三会一课”执行情况、发展党员情况的工作检查，针对发现的问题进行督促和整改。“七一”前夕，表彰先进基层党组织30个、优秀共产党员70名、优秀党务工作者40名。

【落实意识形态工作责任制】 2017年，区直机关工委组织学习会议和文件精神，研究部署意识形态工作，明确职责定位。成立意识形态工作领导小组，由书记任组长，副书记任副组长，各股室负责人为成员，办公室具体负责日常工作协调，制定落实意识形态工作责任制实施方案。定期分析研判意识形态领域情况，辨析思想文化领域突出问题，对重大事件、重要情况、重要社情民意中的苗头性、倾向性问题，有针对性地进行引导。把意识形态工作纳入年初党建工作要点，与机关党建工作同部署、同落实，并要求班子成员将意识形态工作责任制落实情况作为述职报告的重要内容。

【基层组织建设】 2017年，区直机关工委印发《临桂区机关党支部工作手册》《基层党组织换届选举工作手册》《发展党员工作手册》等制度，规范基层党组织行为。严格换届选举程序，督促、指导直属机关各个届满的党组织及时换届。机关基层党组织按照“宜专则专、宜兼则兼、德才兼备”的原则和“政治过硬、人品过硬、能力过硬”的标准，做好换届选举和委员缺额补选工作。年内，换届选举基层党组织49个，党支部缺额补选8个，批准成立党总支1个、党支部2个，成立临时党支部6个，合并成立党支部6个，撤销党支部9个，调整党组织隶属关系党委1个，举办组织委员培训班1期。按照“控制总量、优化结构、提高质量、发挥作用”的要求，做好党员发展工作。年内，举办入党积极分子培训班1期，审批接收预备党员44人，预备党员按期转正52人。

【党风廉政建设】 2017年，区直机关工委强化党章党规和党的基本知识学习教育，开展党员纪律学习教育和警示教育。组织开展“团聚青春力量，共筑廉洁临桂”党风廉政知识竞赛，并牵头组织党群系统队参加决赛。与临桂区纪委、区文联联合举办“廉政清风”书画展，并组织机关全体党员干部参观学习。配合区委巡察办开展巡察工作，受理有关党员违纪案件，配合区纪检监察部门查处违纪违规党员。年内，配合区纪委查处党员违纪案件36起，给予党员警告处分9人，党内严重警告处分14人，撤销党内职务6人，留党察看1年2人、留党察看2年1人、开除党籍2人；免予党纪处分2人，恢复党员权利1人，协助桂林市纪委出具违纪党员处理意见16人。

（柳映婕）

2017年9月27日，区直机关工委举办入党积极分子培训班

区直机关工委 供稿

临桂区人民代表大会

2017 年 2 月 16 日，临桂区第二届人民代表大会第二次会议在城区影剧院召开　杨浩　摄

重要会议

【临桂区第二届人民代表大会第二次会议】 2017年2月15日—17日在临桂区影剧院召开。区领导何新明、李绍政、李先赠、陈苦源、欧翠兰、李少波、黄萍以及临桂新区领导李星明在主席台前排就座。区领导张慧庆、诸葛亚、郑远军、粟皎敏、秦德生、颜训强、于荣升、以善梅、李燕青、韦崇广、唐修相等,区人民法院院长韦新华,区人民检察院检察长彭武林及大会主席团其他成员在主席台就座。大会应到代表221名,实到代表204名。区委书记何新明在开幕会上作讲话。会议听取并表决通过《桂林市临桂区人民政府工作报告决议》《桂林市临桂区2016年国民经济和社会发展计划执行情况与2017年国民经济和社会发展计划的决议》《桂林市临桂区2016年预算执行情况和2017年预算的决议》《桂林市临桂区人民法院工作报告》《桂林市临桂区人民检察院工作报告》。会议表彰2016年乡镇人大工作先进单位。

【临桂区第二届人大常委会会议】 2017年,临桂区第二届人大常委会共召开8次常委会会议,即第三次至第十次会议。

临桂区第二届人大常委会第三次会议 2月6日举行。会议作出关于召开桂林市临桂区第二届人民代表大会第二次会议的决定,讨论通过桂林市临桂区第二届人民代表大会第二次会议有关文稿。审议通过张凯、廖家艺补选为桂林市临桂区第二届人民代表大会代表。会议进行人事任命。

临桂区第二届人大常委会第四次会议 5月19日举行。会议讨论通过2017年临桂区人大常委会工作要点,学习《习近平总书记视察广西时的重要讲话精神》《关于新形势下党内政治生活的若干准则》《中国共产党党内监督条例》。会议进行人事任免。

临桂区第二届人大常委会第五次会议 6月30日举行。会议听取和审议区财政局局长张国安受区人民政府委托做的《关于2016年桂林市临桂区财政决算及临桂区本级决算的报告》及区审计局局长张国林受区人民政府委托做的《临桂区2016年度财政预算执行及其他财政收支情况的审计工作报告》,会议审查批准2016年度临桂区本级财政决算。会议进行人事任命。

临桂区第二届人大常委会第六次会议 7月21日举行。会议进行人事免职。

临桂区第二届人大常委会第七次会议 8月28日举行。会议听取和审议区发展和改革局局长罗瑞林受区人民政府委托做的《临桂区2017年上半年国民经济和社会发展计划执行情况的报告》和区财政局局长张国安受区人民政府委托做的《关于桂林市临桂区2017年上半年预算执行情况报告》。会议补选彭东光为桂林市第五届人民代表大会代表。会议进行人事任免。

临桂区第二届人大常委会第八次会议 9月22日举行。会议听取和审议区财政局局长张国安受区人民政府委托做的《关于桂林市临桂区2017年财政预算调整方案(草案)的报告》,批准2017年区财政预算调整。会议进行人事任免。

临桂区第二届人大常委会第九次会议 12月4日举行。会议学习中共十九大报告,听取和审议桂林市临桂区人民法院员额制法官制度改革工作情况报告和桂林市临桂区人民检察院关于员额检察官改革的情况报告。会议补选秦春成为桂林市第五届人民代表大会代表。会议进行人事免职。

临桂区第二届人大常委会第十次会议 12月29日举行。会议听取和审议区人民政府对临桂区二届人大二次会议人大代表议案、建议办理的情况汇报和为民办实事项目落实情况报告。听取和审议区农业局、区交通局、区环保局承办临桂区二届人大二次会议人大代表建议办理情况的汇报。会议进行人事任命。

(陆凌凤)

重要工作

【国家机关工作人员任免】 2017年，临桂区人大常委会坚持党管干部和依法任免的有机统一，继续推行任前了解、任职发言、宪法宣誓、颁发任命书等任免制度和办法，促进人事任免工作程序化、制度化、规范化。全年依法任免国家机关工作人员56人次。其中，任命49人次，免职3人次，接受辞呈4人次。

【人大代表议案和建议办理】 2017年2月15日—17日，临桂区第二届人民代表大会第二次会议期间，代表提出建议38件。其中，农林水类7件，科教文卫类7件，工交类13件，环境资源类4件，其他类7件。区人大常委会抓好代表建议、批评、意见的交办、督办、答复等工作环节。年内，38件代表建议均办理完毕，答复率为100%。

【决定重大事项】 2017年，区人大常委会围绕全区国民经济社会发展中的问题，通过法定程序，对重大事项依法作出决议决定。年内，依法召开临桂区第二届人民代表大会第二次会议，召开第二届人大常委会8次，审议2016年国民经济和社会发展计划执行情况与2017年国民经济和社会发展计划、财政预算执行及审计情况的报告，财政预算调整的报告，审查批准2016年财政本级决算、2017年财政预算调整，分别做出相应的决议。

【监督工作】 2017年，区人大常委会将财政预算编制、执行、调整和决算的审查作为监督工作的重点，听取和审议区人民政府和财政部门关于财政预算执行情况的专项工作报告。组织调研组，到各乡镇及有关单位，对2017年上半年国民经济和社会发展计划与预算执行情况进行调研，听取和审议2016年国民经济和社会发展计划执行情况与2017年国民经济和社会发展计划、财政预算执行情况的报告，对存在问题提出意见和建议。专题听取区人民法院和人民检察院员额制改革工作情况报告，提出完善体制机制，提高员额制法官、检察官专业素质和履职能力等建议。

【执法检查】 2017年，区人大常委会对临桂区实施《中华人民共和国老年人权益保障法》情况进行执法检查，督促整改老年人权益保障工作中存在的问题。配合桂林市人大到临桂区开展《中华人民共和国安全生产法》《中华人民共和国行政诉讼法》《中华人民共和国义务教育法》等执法情况检查，保障法律法规实施。

【代表履职培训】 2017年，区人大常委会组织临桂区第二届人大代表履职培训2期，邀请自治区人大常委会领导及自治区党校教授讲课，进行“学习贯彻习总书记视察广西重要讲话精神，做好新形势下人大工作”和“增强履职效力的主体内功修炼”等专题辅导。组织区人大常委会组成人员和区、乡镇人大干部到武汉大学培训学习。组织、指导乡镇人大通过“走出去，请进来”的形式

2017年6月27日，临桂区人大常委会举办第二期代表履职培训班　　区人大办　供稿

开展代表培训学习。

【信访工作】 2017年，区人大常委会贯彻落实各级信访工作会议精神，做好人大信访工作。全年接待群众来访21批次，73人次。其中，重复访6人；集体访2批次，11人。处理群众来信5件次，转办率100%，督办率100%，做到依法处理，解决群众合法合理诉求。

【宣传工作】 2017年，区人大常委会落实意识形态工作责任制，办好临桂人大网站，创新内容形式，提高网站质量。在报刊、电视等媒体加强对人民代表大会制度和人大工作的经常性宣传。年内，11个乡镇人大在各级媒体上发表新闻稿件217篇。区人大机关2017年再获自治区人大常委会办公厅颁发的人大宣传工作先进单位一等奖。

临桂区第二届人大常委会任免国家机关工作人员名单一览表(2017年)

时间	会议	任免	姓名	职务
2月6日	第三次会议	任命 任命	张凯 廖家艺	临桂区人大常委会法制与内务司法委员会副主任 临桂区人大常委会财政经济委员会副主任
5月19日	第四次会议	免去 免去 任命	李永超 王进 谢富明	临桂区教育局局长职务 临桂区人民法院审判员 临桂区教育局局长
6月30日	第五次会议	任命 任命 任命 任命	曹阳 邓开平 秦明煜 廖振扬	临桂区人民检察院检察委员会委员 临桂区人民检察院检察委员会委员 临桂区人民检察院检察委员会委员 临桂区人民检察院检察委员会委员
7月21日	第六次会议	决定接受	刘修荣	辞去桂林市第五届人民代表大会代表职务及报桂林市人大常委会备案、临桂区第二届人民代表大会代表职务、临桂区第二届人民代表大会常务委员会主任职务。
8月28日	第七次会议	任命	叶永付、侯有喜、周道奕、赵生付、秦玉琼、秦桂生、何永发、骆玲瑛、李必坚、董丽冰、李玲、禤迪、邓柏毅、梁承美、王林友、王顺有、唐初花、诸葛永、秦秀娣、阳小弟、孙红兵、唐良保、黄日波、唐振国、赵绪文、翁粤衡、黄建忠、黄晓华、曾德峰、李明成、黄应宏、李胜余、李桂珍、许娟、刘丛弟、谢老俭、梁承亮、李龙英、秦仙菊、陈杰	临桂区人民法院人民陪审员
9月22日	第八次会议	免去 任命	张德智 陆宇衡	临桂区人民检察院检察员职务 挂任桂林市临桂区人民政府副区长(挂任职时间二年)
12月4日	第九次会议	决定接受	叶水华 刘春吉	辞去临桂区第二届人民代表大会代表职务 辞去临桂区第二届人民代表大会代表职务
12月29日	第十次会议	任命	陈月林	临桂区人民政府副区长

(陆凌凤)

临桂区人民政府

2017 年 12 月 7 日，临桂区举行领导干部法治专题培训会　　区法制办　供稿

重要会议

【临桂区第二届人民政府第4次常务会议】 2017年2月6日召开。会议审议并原则通过《临桂区2016年预算执行情况和2017年预算》《临桂区2016年国民经济和社会发展计划执行情况与2017年国民经济和社会发展计划》《政府工作报告》。

【临桂区第二届人民政府第5次常务会议】 2017年3月8日召开。会议部署党风廉政建设工作，审议并原则通过《关于整治非法经营堆放河沙的通告》《桂林会仙喀斯特国家湿地公园管理办法》等事项。

【临桂区第二届人民政府第6次常务会议】 2017年5月8日召开。会议部署安全生产、环境保护等工作。

【临桂区第二届人民政府第7次常务会议】 2017年7月11日召开。会议部署洪灾灾后、安全生产、环保等工作，审议并原则通过《临桂区新型职业农民认定管理暂行办法》《临桂区城乡医疗服务一体化管理工作试点方案》《临桂区党政机关差旅费标准调整》等事项。

【临桂区第二届人民政府第8次常务会议】 2017年7月31日召开。会议审议并原则通过《临桂区人民政府部门权责清单》等事项。

【临桂区第二届人民政府第9次常务会议】 2017年8月31日召开。会议部署安全生产、环保等工作，审议并原则通过《临桂区人民政府委托（授权）桂林经济技术开发区管理委员会行使行政审批服务事项目录（第一批）》《临桂区灯光亮化工程实施方案》《临桂区2017—2020年乡镇财政管理体制》等事项。

【临桂区第二届人民政府第10次常务会议】 2017年10月20日召开。会议审议并原则通过《临桂区秧塘片区市政专项规划》《临桂区临苏路路灯建设工程实施方案》等事项。

【临桂区第二届人民政府第11次常务会议】 2017年12月5日召开。会议审议并原则通过《五通镇生态休闲旅游精品线路绿道专项规划》《中庸镇生态休闲旅游精品线路绿道专项规划》《会仙镇生态休闲旅游精品线路绿道专项规划》《临桂镇生态休闲旅游精品线路绿道专项规划》《宛田瑶族乡生态休闲旅游精品线路绿道专项规划》《临桂区服务业企业发展扶持管理办法》《临桂区服务业引导资金管理办法》等事项。

【临桂区第二届人民政府第12次常务会议】 2017年12月25日召开。会议审议并原则通过《临桂区建档立卡农村贫困人口医疗保障工作实施方案》《临桂区车辆停放服务收费管理办法》等事项。

（区政府办）

重要政务

【加快推进新区建设】 2017年，西城大道提升整治工程完工，以创业大厦为中心的行政区域建成投入使用，市民公园、山水公园建成开放，中心区景观水系即将全线贯通。重点推进人民路二号桥、万福路二号桥、新龙路桥等15个桥梁道路市政项目建设，环西路二号桥、纬二路、山水大道等5个项目竣工验收。桂林市复兴小学、临桂区汇荣小学建成使用，桂林师范高等专科学校临桂校区实现部分搬迁，桂林中学临桂校区、桂林旅游综合医院、枫林农贸市场、新城商务酒店等项目进展顺利。临桂新区规划展示馆建设完工。重大项目全年完成投资60.2亿元。

【工业转型升级】 2017 年，临桂区人民政府突出工业主导地位，培育壮大秧塘、会仙、乐和等工业园，发展园区经济。规模以上工业总产值、增加值分别为 201.33 亿元和 49.81 亿元。完成工业固定资产投资 61 亿元、技术改造投资 52 亿元。大工业用电量 3.49 亿千瓦时，增长 8.7%。完善园区基础设施建设，完成秧二十四路污水雨水管网改造和配电工程、莱茵生物临时排污管网工程、秧六路建设工程和人民路延长线亮化工程，推进华能临时道路和秧二十五路建设。实施“抓大壮小扶微”工程，开展“一人一企”对口服务和金融服务下企业活动，促成 13 家企业与金融机构达成融资意向 1.2 亿元。拿出 822 万元，对工业企业进行表彰奖励。贯彻执行自治区 41 条惠企政策，为 5 家企业争取技改资金 3200 万元。

【发展现代旅游服务业】 2017 年，制定《临桂区发展服务业引导资金管理办法》《临桂区服务业企业发展扶持管理办法》等文件，扶持第三产业加快发展，第三产业增加值完成 58.5 亿元，增长 10.7%。发展全域旅游，投入 1.5 亿元打造国道 321 线临桂段和良永路会仙段两条旅游精品线路，中庸镇义江绿道基本建成。红溪景区、罗山湖民族风情岛相继营业。新建、改建旅游公厕 18 座。培育乡村旅游生态农家乐，临桂镇金龟河生态农庄、五通镇江心洲农庄被评为自治区四星级农家乐，莲花岛休闲农庄被评为自治区休闲农业与乡村旅游示范点。全年接待游客 194.27 万人，旅游总收入 16.98 亿元，分别增长 53.2% 和 47.7%。中辰物流园建成运营，申通快递物流园即将投入使用，通达物流园建设有序推进。商品房销售面积 172.38 万平方米，增长 23.9%。

【发展现代特色农业】 2017 年，临桂区推进现代特色农业（核心）示范区建设，建成自治区级示范区 2 个、市级示范区 2 个、乡级示范园 4 个。抓好优粮、优果和“菜篮子”工程，粮食种植面积 48333.3 公顷，超级稻面积 26666.7 公顷，粮食总产量 26 万吨，粮食作物良种覆盖率 90% 以上；水果保有面积 13333.3 公顷，总产量 17.68 万吨，产值 10.79 亿元，打造 3 条特色柑橘产业带；无公害蔬菜种植面积 21506.7 公顷，总产量 47.35 万吨，建立常年蔬菜基地 490 公顷，建成会仙、六塘、茶洞、中庸 4 个常年蔬菜冷链配送基地。建成生猪、家禽、种鸭、蛋鸡和名优水产品 5 大规模养殖基地，水产畜牧业生产总值 29.05 亿元。利源公司、科源公司被评为全市第七批农业产业化重点龙头企业。实施农机补贴惠农政策，拉动农机生产新增投资 1500 多万元，全区农业生产耕、种、收机械化水平 74%。农林牧渔业增加值完成 41.41 亿元，增长 3.5%。

【义务教育均衡发展通过自治区评估】 2017 年，临桂区继续实施“薄改”计划和推进义务教育学校标准化建设项目，落实义务教育均衡发展专项资金 3.5 亿元。其中，采购教学设施设备以及图书、电脑等 1.1 亿元，校园文化建设 3000 万元，校舍、运动场建设及维修改造等 2.1 亿元。统筹校舍安全工程、校舍维修改造和全面改薄等项目资金，加大对薄弱学校和学校薄弱环节的改造力度，改变教学楼陈旧、学生宿舍和食堂低矮潮湿的状况，消除 D 级危房和陈旧平房。在资金安排上向薄弱学校倾斜，缩小校际间办学条件差距，促进辖区各中小学教育设施设备均衡。至 2017 年年末，全区所有中小学校舍均实现砖混结构，有塑胶运动场的学校占全区学校的 50%。全区学校楼房变新，仪器设备上档次，阅览室图书富足，校园环境美化，文化氛围浓郁，各项管理得到提升。2017 年 9 月，临桂区义务教育均衡发展工作通过桂林市复核，11 月通过自治区级督导评估。

【推进重点领域和关键环节改革】 2017 年，临桂区完成乡镇“四所合一”改革。推进农业供给侧结构性改革，农村集体土地承包经营权确权率 93%。开展国有林场改革，理顺管理体制和经营机制。深化小型水利工程管理体制改革，完成 612 处小型水利工程的确权工作。全面推行“河长制”。继续深化教育综合改革，“管办评”制度

2017年11月6日，临桂区召开全面推进“河长制”工作动员会

雷叶婷　摄

体系不断完善。医药卫生体制改革持续深化，公立医院综合改革、药品两票制、药品零差率销售、医联体建设、分级诊疗等重点工作进展顺利。深化公安改革，建立队伍精细化管理平台，公安工作转型发展。开展司法体制改革，完成区公证机构体制改革工作。商事制度改革成效明显，新核准设立企业1667户，增长70.8%；新增注册资本56.4亿元，增长51.2%；新设立个体工商户3881户，增长48.2%；新增注册资金3.51亿元，增长55.2%。深化“先照后证”改革，推进“多证合一”改革，实现最大程度利企便民。不动产登记提速增效，抵押登记业务办结时限由60个工作日缩短至18个工作日。

【脱贫攻坚成效明显】 2017年，临桂区落实精准扶贫结对帮扶工作机制，帮助贫困户解决问题1万多个。突出抓好农业产业扶贫和旅游产业扶贫，区财政投入1620万元扶持30个贫困村发展产业，增加集体经济收入。完成贫困村基础设施建设项目47个，惠及4055户，1.5万人。产业奖补4252户，补助资金850万元；“雨露计划”补助1094人，补助资金161万元；发放小额贷款8561万元，贴息399万元，2167户贫困户受益。加强贫困人口动态调整，纳入“应纳尽纳”贫困户322户、1235人，认定返贫退出户数122户，468人。全年投入各类扶贫资金3亿多元，完成年度脱贫攻坚任务。

【社会民生】 2017年，临桂区发放社会保险6.15亿元、养老金3.52亿元、城镇和农村最低生活保障资金4652万元、五保供养资金1609万元、重点优抚对象抚恤定补和生活补助资金1760万元、医疗救助和临时救助资金948万元，实现应保尽保。完成“五险合一”，新型农村合作医疗与城镇居民医疗保险实现“双制度并轨”，全区47万多名参保人员跨省异地就医可即时结算，第一批社保卡发放率达81%。城镇新增就业5182人、失业人员再就业1257人、就业困难人员实现就业528人、新增农村劳动力转移就业6759人。城镇保障性住房建成54套，完成棚户区改造住房618套，农村危房改造1600户，倒房重建142户，有效保障居民合理住房需求。

【推进城镇化和宜居乡村建设】 2017年，临桂区推进第三批四塘、中庸、南边山示范镇建设，四塘、中庸示范镇基本成型。两江、五通两个高标准中心城镇建设继续推进。创建生态宜居示范村19个，建成会仙镇毛家、六塘镇峦山底、四塘镇田心、茶洞镇褚村、宛田瑶族乡东宅江5个乡土特色示范村。宛田瑶族乡东宅江村被自治区住房与城乡建设厅列为“2018年拟列入中央财政支持范围中国传统村落”。投入1390万元，完成830户房屋的立面改造和屋顶绿化，投入2000多万元建成132个农村休闲小广场、为163个自然村安装太阳能路灯，投入2100万元，完成改厕改厨各1万户、改圈178户，“三改”完成率100%。投入7000万元，完成六塘、会仙、四塘、南边山、中庸5个乡镇污水处理厂建设。建成五通镇保宁街垃圾转运站，农村垃圾专项治理两年攻坚工作通过国家第三方考核验收。

【生态环境建设】 2017年，临桂区贯彻落实“党政同责、一岗双责”责任制，完成中央环保督察反馈24个问题的整改，查处严重环境违法行为企业22家。集中开展“四乱一脏”专项整治行动，查处非法制沙和非法运输沙石案件8起。完成燃煤小锅炉整治工作。强化大气污染防治，加强建筑工地、道路扬尘治理，对13家砖厂、10家采石场和11家混凝土搅拌企业进行约谈和现场检查。加强对义江、太平河、古桂柳运河、桃花江临桂段、大江水库、金陵水库和新区水系的水质监测；加强饮用水水源地保护工作，划定农村集中式饮用水水源地保护区29处；68座农村污水处理站实行第三方运行管理。强化养殖污染治理，搬迁、拆除、关停中心城区禁养区养殖场20个。开展土壤污染状况调查工作，土壤污染防治有效加强。积极创建生态县(区)、生态乡镇，会仙喀斯特国家湿地公园试点建设通过国家验收。临桂区获首批“自治区级生态县(市、区)”称号，8个乡镇获自治区级生态乡镇命名，茶洞镇褚村被评为“全国生态文化村”。 (区政府办)

政府法制

【概况】 临桂区法制办公室(简称区法制办)为临桂区人民政府办公室挂牌机构。2017年，区法制办作为政府的法律顾问和参谋，做好依法行政、行政复议和行政应诉、行政执法监督、政府法律事务、行政行为的审查等法制业务工作。年末，有编制6名(行政编制4名，工勤编制2名)，实有6人(行政编制4人，合同制2人)。行政编制中，有正科级主任1人，副科级主任2人，科员1人。

【法治政府建设】 2017年，临桂区人民政府制定下发《2017年桂林市临桂区法治政府建设工作要点》(临依法行政办〔2017〕1号)，安排部署法治政府建设的各项工作，明确全年的工作目标和任务。制定并下发《2016年度桂林市临桂区法治政府建设考核指标和评分标准》，并将法治政府建设工作纳入各乡镇和区直单位年度绩效考核范围，确保各项工作任务落实。

【依法行政】 2017年，临桂区调整依法行政工作领导小组。完善行政决策机制，建立健全领导干部学法、重大行政决策听取意见、行政决策合法性审查和集体决定等制度，行政行为有法可依、有章可循。12月，以《法治政府建设实施纲要2015—2020》为内容，举办全区领导干部法治专题培训会，各乡镇及区直执法单位的主要领导、分管领导及法制工作联络员250多人参加培训。以创建“创新加强政府法制机构和队伍建设”依法行政示范项目为着力点，通过整合资源、外购服务等方式，抓好区政府法制办工作队伍、区政府外聘法律顾问队伍、区直部门及乡镇法制工作队伍等3支队伍建设。制定《桂林市临桂区人民政府法律顾问工作规则》和《桂林市临桂区法律顾问遴选程序规定》，明确在区法制办公室设立法律顾问室，通过报名、推荐、公示、审定等程序，选聘4名法律顾问，2名法律顾问助理，协助区政府处理法律事务；建立政府法律顾问人才库，将部分受过系统法律专业教育，具有较高专业理论水平和丰富实务工作经验的专家学者和律师等法律工作者纳入人才库，将法律顾问经费单列入财政预算予以保障。政府法律顾问室采取专职人员为主，聘用兼职人员为辅的方式充实政府法律顾问，协助处理政府规范性文件和内部重大决策合法性审查、合同审查、诉讼代理等政府法律顾问日常性工作。抓好政府法制信息宣传平台建设，落实信息直报制度，加大法制宣传工作力度。年内，在桂林市法制部门网站发布部门工作动态信息8条，自治区政府信息公开统一平台本部门网站更新发布信息53条。

【行政复议与应诉】 2017年，区人民政府收到行政复议申请4起，办结4件。其中，维持原具体行政行为2件，驳回申请1件，撤销被申请人具体行政行为1件。收到以区人民政府为被申请人的行政复议案件2件。年内，受区人民政府委托代理出席应诉28件。

【处理涉法事务】 2017年,区法制办贯彻执行的《广西壮族自治区重大行政决策程序规定》(自治区人民政府令第93号)。对涉及面广或者与公民、法人和其他组织利益密切相关的重大行政决策事项,公开征求意见;涉及经济社会发展和社会稳定以及专业性较强的重大行政决策事项,咨询专家意见或组织专家论证;所有重大行政决策事项均须经区法制办公室合法性审查后,方提交政府审议,未经合法性审查或经审查不合法的,不提交会议讨论。年内,区法制办向区人民政府书面提交法律意见书59篇。参与办理区人政府办公室批转的各类信访及信访复查件1件,接待有关反映土地山林权属问题的来访210人次。

【审查"三大纠纷"处理决定】 2017年,区法制办围绕区委、区政府的中心工作,把好"三大纠纷"裁决的审查关。全年召开案件讨论会4次。在案件讨论会中,区法制办听取案件承办人基本案情介绍后,结合案件性质、事实证据认定、法律适应以及行政处理决定的法律和社会效果等方面进行讨论,并根据案件讨论结果对相关的行政处理决定书进行审核。年内,审查区政府做出处理决定的"三大纠纷"案件3件,从纠纷调解、证据收集、法律适用、实体处理等方面进行审查,下发行政处理决定书3份。

【规范性文件审查】 2017年,区法制办把好规范性文件制定和涉法事务的法律政策关,控制数量,提高质量,建立健全规范性文件合法性审查、备案登记、情况通报和监督检查制度,制定统一格式的规范性文件审查备案文书。根据《广西壮族自治区规范性文件监督管理办法》(广西壮族自治区人民政府令第58号)和《桂林市行政规范性文件管理办法》(市政规〔2017〕1号)有关规定,开展行政规范性文件清理、"三统一"以及备案自查工作。经统计确认,2013年1月—2017年7月,临桂区制定规范性文件19份,并依法将制定的行政规范性文件在法定时限内按照要求向备案机关(桂林市法制办)报送备案,并统一以"临规备X号"为行政规范性文件的统一编号。(吴温姣)

政务督查

【概况】 2017年,临桂区政府督查室(简称区政府督查室)到部分乡镇和单位对贯彻落实稳增长促改革调结构惠民生政策落实情况进行实地抽查。抽查工作主要采取听取汇报、查阅资料、座谈交流、个别访谈、明察暗访等方式进行。通过自查和督查,督促各乡镇、各部门贯彻落实国务院决策部署和出台的政策措施,破除贯彻落实的"中梗阻"问题,确保政令畅通、令行禁止,推动国务院决策部署和出台政策措施落到实处、取得实效。

【国务院第四次大督查迎检工作】 2017年,区政府督查室做好国务院第四次大督查迎检工作。制定自查工作方案,细化任务分工,区直各部门开展相关自查工作,主要围绕推进供给侧结构性改革、适度扩大总需求、推动新旧动能转换、保障和改善民生、防范重点领域风险等5个方面以及对本届政府"约法三章"等公开承诺事项、"十三五"规划纲要重要目标任务落实情况进行自查。督查结果表明,全区各项改革有序推进,"约法三章"各项措施落实到位,国家"十三五"规划纲要提出的主要指标基本完成。

【电动车充电消防安全治理工作专项督查】 2017年,临桂区召开电动车专项治理工作部署会4次。督促各居民小区建立严格的管理制度,明确专人负责;排查居民小区8个,城中村2个,及其他居民区电动车停放点16个,清理违规停放、违规充电14处。

【为民办实事项目工作督查】 2017年,区人民政府为民办实事项目共14大类32个项目。项目内容涉及社保、卫生、教育、安居、文体、公共便民服务、生态、旅游、新农村建设等方面。区政府督查室对项目完成情况开展专项督查。督查组通过听取汇报、召开座谈会、查阅资料、现场检查、抽样调查等方式，了解各单位负责实施项目进展和完成质量情况。年内，区各相关部门完成为民办实事项目 29 项。（区政府督查室）

档案工作

【概况】 临桂区档案局（馆）位于临桂区兴临路 18 号，编制 7 人，实有 8 人。因在原址上新建档案馆，2016 年 8 月搬迁至原临桂县委食堂过渡，有库房面积 200 平方米，16 列密集架，合 95 立方米，91 组铁皮档案柜。

【新馆建设】 2017 年，临桂区档案（局）馆协调发改、规划、国土、环保等部门做好新档案馆建设规划上报的相关工作。项目位于兴临路 18 号，总建筑面积 4781.12 平方米，估算总投资 1216.89 万元。新馆按照国家档案馆标准设计，内设档案库房、档案技术用房、对外服务用房等。年内，建设工程项目完成招标等工作，进入地面附着物清理阶段。中标单位为广西贵港建设集团有限公司。

【档案管理】 2017 年，临桂区档案馆按照“十一防”（防盗、防火、防虫、防鼠、防潮、防尘、防高温、防阳光直射、防霉、防有害气体）的要求，每个月对库房进行一次彻底清扫工作，发现问题及时进行处理。实行档案库房专人保管、专人查阅，做好档案的保护工作。年内，完成馆藏民国时期档案文件级目录数据采集 7200 多条，接收科技、人事等进馆档案 4039 件。

【档案数字化工作建设】 2017 年，临桂区档案局（馆）投入 20 万元，对馆藏档案数字化扫描工作进行首次公开招标，桂林市品铭档案科技有限公司成为中标单位。年内，完成馆藏 2004 年以前档案 70 万页的扫描任务，比上年增加 6.67 万页。

【档案服务工作】 2017 年，临桂区档案馆以服务民生为重点，提高档案管理水平。全年接待社会各界查档利用 1650 人次，提供档案查阅资料 2320 卷。（银艳青）

地方志工作

【概况】 2017 年，临桂区地方志办公室（简称区志办）坚持存史、资政、育人的宗旨，完成《临桂年鉴(2017)》编纂工作出版，按时完成自治区、桂林市年鉴纂稿任务，做好《临桂县志》重印和《义宁县志》影印工作。年末，区志办编制 3 人，实有 5 人。

【制定《临桂区地方志事业发展规划(2016—2020年）实施细则》】 2017 年，区志办牵头制订《临桂区地方志事业发展规划(2016—2020 年）实施细则》（以下简称实施细则），并由区政府办发布。实施细则明确临桂区地方志事业的指导思想、总体目标与主要任务，以及实施规划的保障措施。

【年鉴编纂】 2017 年，区志办实施年鉴精品工程，建立健全年鉴质量保障体系，强化精品意识，提高年鉴编纂质量，做到一年一鉴。年内完成《临桂年鉴 2017》编纂出版任务，全书约 25 万字，由广西科技出版社出版。

【向上级提供年鉴资料】 2017 年年初，根据自治区地方志办公室、桂林市地方志办公室年鉴组稿要求，区志办及时开展“两稿”资料的收集工作，并做好编纂，按时完成组稿任务。其中《广西年鉴 2017》稿 2000 字，《桂林年鉴(2017)》稿 4000 字。简明扼要地向广西及桂林市宣传介绍临桂区 2016 年经济、政治、社会和文化以及生态环境建设的基本情况。

【地情资料年报工作】 2017年，临桂区各乡镇党委、政府，临桂区直及自治区、市驻临桂各单位按照《临桂县地情资料年报工作规范实施方案》的要求，做好地情资料的收集、整理工作，并对照资料年报参考清单，按照规定的格式及时报送相关材料。报送的材料包括文字、图片等。区志办对各单位报送的年报材料进行验收整理，对不符合报送要求的材料及时返回修改完善，对符合要求的资料进行分类、汇总、整理归档。

【做好《临桂县志》重印和《义宁县志》影印工作】 2017年，区志办再版重印1996年版《临桂县志》。整理文献古籍，完成清道光版《义宁县志》的影印出版工作。（王玉才）

机关事务管理

【概况】 2017年，临桂区机关事务管理局按照“管理、保障、服务、廉洁、务实、高效，贯彻始终”的要求，围绕区委、区政府的工作重心，扎实工作，提高效率，确保机关后勤服务、打造机关食堂服务品牌、完善能耗体系建设。

【优化机关后勤服务】 2017年，区机关事务管理局强化财务管理，严格执行财务审批报账制度，安全、及时、有效确保财务工作的正常运转。严格执行财经制度，规范经费管理，安全、及时、有效确保财务工作的正常运转。完成30多个集中核算单位的经费管理和预决算工作。组织各单位分管领导和报账员60多人进行财务知识培训，规范报账程序。投入84万元，更换区委大楼电梯；投入15万元，在交通大楼和武装部大院安装车辆出入自动识别系统。加强机关大院安全保卫工作，升级区政府大院的视频监控系统，对各办公场所和宿舍区域实行24小时监控。对区政府大院、老区委大院的线路和路灯进行整改，更换节能灯泡。全年完成各项水电维修1200多项。深化公车改革，完善管理制度。将101台应急、通信用车过户到机关事务管理局，实现公务用车统一平台管理。将符合条件的60台应急、通信用车安装卫星定位系统，对派出车辆的运行状况、运行路线进行实时监控。投入25万元，拆除危旧柴房，搭建520多平方米的公车固定停放点规范公车停放秩序。

【打造机关食堂服务品牌】 2017年，临桂区机关事务管理局严格审核办理发放食堂就餐卡，规范区委、区政府和发展大厦食堂实名制“一卡通”消费。投入31万元，对政府食堂的天面、墙面进行维修改造。更新食堂菜谱，并采纳就餐人员意见加以改进，以适合需求，更换不符合要求的厨师。加强厨房员工安全、责任和主动意识教育，不定期进行食品安全检查。制定安全生产轮流值班巡查制度，将责任落实到人。组织单位员工开展劳动竞赛和健康娱乐活动，提高劳动技能，增强食堂员工的凝聚力，提高服务质量，为500多名干部职工提供安全、卫生、舒适的用餐环境。

【完善能耗体系建设】 2017年，临桂区机关事务管理局落实各项节能措施，重点推进公共机构节能改造、新技术推广、合同能源管理等工作。投入11万元，为临桂五通小学进行节水、节电改造，安装感应式厕所冲水、节水水龙头、太阳能路灯(6盏)，以及10个教室的节能防频闪减轻眼睛疲劳灯管；投入5万元，搬迁区政府老旧发电机，并进行线路维修改造；投入4万元，安装新能源汽车充电桩。开展以“践行节能低碳，建设美丽家园”为主题的宣传活动。完成全区公共机构能耗统计上报工作和公共机构节能目标任务。（刘佳轩）

中国人民政治协商会议
临桂区委员会

2017 年 2 月 15 日，中国人民政治协商会议桂林市临桂区第二届委员会第二次会议召开

赵积亮　摄

重要会议

【政协桂林市临桂区二届二次常委会】 2017年2月6日，政协桂林市临桂区二届二次常委会议在区政协会议室召开。区政协主席李先赠，副主席以善梅、李燕青、韦崇广，政协秘书长秦志华出席会议。会议应到37人，实到31人。会议议程有讨论增补区政协二届委员会委员名单，讨论区政协二届二次会议议程，讨论区政协二届二次会议日程，讨论区政协二届二次执行主席分组名单，讨论区政协二届二次会议秘书长名单，讨论区政协二届二次会议副秘书长名单，讨论区政协二届二次会议大会分组及召集人名单，讨论区政协二届二次会议提案审查委员会名单，讨论区政协二届二次会议关于收集提案截止时间，讨论区政协二届二次会议特邀人员名单，讨论区政协二届二次会议列席人员名单，讨论区政协二届二次会议常委会工作报告，讨论区政协一届二次会议以来提案工作情况的报告，讨论关于表彰2016年度提案办理先进单位、优秀提案撰稿人、优秀反映社情民意信息员的决定。

【政协桂林市临桂区第二届委员会第二次会议】 2017年2月15日—16日，中国人民政治协商会议桂林市临桂区第二届委员会第二次会议在临桂区影剧院召开。区政协主席李先赠，区政协副主席以善梅、李燕青、韦崇广，区政协秘书长秦志华及二届政协常委在主席台就座。何新明、李绍政、张慧庆、吴晓罡、诸葛亚、郑远军、粟皎敏、杨玉庆、秦德生、颜训强、陈苦源、欧翠兰、黄萍、李少波、于荣升等临桂区领导，唐标明、李星明等临桂新区领导，区人民法院院长韦新华，区人民检察院检察长彭武林参加会议。原临桂政协历届离任领导应邀出席会议。会议应出席委员218人，实到委员200人。区委书记何新明在会上发表讲话。会议听取、审议并通过区政协主席李先赠代表政协临桂区第二届委员会常务委员会向大会作工作报告和区政协副主席代表政协临桂区第二届委员会常务委员会向大会报告政协临桂区第一届委员会第二次会议以来的提案工作情况的报告，并安排听取民革临桂支部、民盟临桂总支部、城建经济界与工商业联合会、经济科技联谊和委员联络委员会、提案和社会法制委员会、教科文卫体委员会委员代表发言。表彰2016年度提案办理工作先进单位、优秀提案撰写人、优秀社情民意信息员。表决通过《中国人民政治协商会议临桂区第二届委员会第二次会议决议》。区政协主席李先赠作闭幕讲话。

【政协桂林市临桂区二届三次常委会】 2017年5月26日，政协桂林市临桂区二届三次常委会议在区政协会议室召开。区政协主席李先赠，副主席以善梅、李燕青、韦崇广，区政协秘书长秦志华及全体政协常委出席会议。会议议程有学习习近平总书记视察广西讲话精神，通报区政协开展贯彻落实中央“八项规定”精神“回头看”工作情况，通报区政协2017年工作要点，政协临桂区第二届委员会委员分组安排及区政协领导、机关委室联系委员小组安排，通报相关人事任免。会议结束后，区政协领导及与会政协常委视察桂林旅游综合医院、市民广场、中央公园及花生唐商业综合体。

【政协桂林市临桂区二届四次常委会】 2017年9月7日召开。区政协主席李先赠主持会议，副主席以善梅、李燕青、韦崇广出席会议，区政府副区长唐立勋列席会议。会议听取副区长唐立勋代表区政府所做的上半年桂林市临桂区政府工作情况和政协委员提案工作办理情况汇报，听取桂林市临桂区2017年国民经济和社会发展计划上半年执行情况汇报，听取桂林市临桂区2017年1月—8月财政收支情况汇报；听取桂林市临桂区1—8月工业经济运行情况汇报。区政协常委、委员肯定区政府上半年的工作，并围绕加快经济社会发展进行发言，建言献策。区政协主席李先赠部署下一阶段工作。

【政协桂林市临桂区二届五次常委会】 2017年11月24日召开。会议协商2017年1月—11月区政府惠民实事工程。区政协主席李先赠主持会议，副主席以善梅、李燕青、韦崇广以及政协常委参加会议。会议采取“专题视察 + 座谈讨论”相结合的方式进行。会前，政协领导和常委专题视察临桂镇庙岭中学项目建设。区委常委、常务副区长吴晓罡，区教育局负责人等陪同视察并介绍相关实事项目情况。会上，区委常委、常务副区长吴晓罡向政协常委会通报2017年1月—11月区政府十四大项惠民实事落实情况。参会政协常委结合视察所见和惠民实事进展情况介绍，就区政府对委员提案建议的重视和实事工程的惠民实效给予肯定；针对规划编制、制约因素等方面问题，提出建设性意见。区政协主席李先赠领学中共十九大报告精神，并就贯彻落实十九大精神提出要求。

【政协文史资料工作会议】 2017年4月10日召开。区政协副主席李燕青出席会议并讲话。会议总结2016年政协文史资料工作，对《政协文史(1至27辑)》合订本、28辑《政协文史》的出版，文史馆的筹备等各项工作所取得的成绩给予肯定，并对2017年政协文史工作提出希望和要求。表彰2016年优秀文史作品及先进撰稿员。

【政协提案交办会议】 2017年5月16日，临桂区召开2017年度人大代表建议和政协委员提案交办会。会议总结2016年人大代表建议和政协委员提案办理工作，部署2017年工作。区领导颜训强、陈苦源、以善梅出席会议。会议对2017年人大议案、代表建议和政协委员提案交办情况进行说明，并对提案办理工作提出要求。年内召开的临桂区政协二届二次会议期间，收到提案90件，经审查立案71件，向区委、区政府主要领导报送批示的重点提案4件。 （诸葛名华）

重要工作

【民主监督】 2017年，区政协常委会通过召开各种会议，听取区政府2017年为民办实事工作情况通报和区发改、财政、工信等部门工作情况通报，就区委、区政府重点工作开展调研、视察活动，开展政协民主监督，促进部门工作的推进落实和相关问题的解决。安排政协委员参加政风行风评议，旁听法院庭审，进行执法监督，参加检察院开放日活动。

【提案工作】 2017年2月，召开区政协二届二次会议期间，收到提案90件，经审查立案71件。其中，工交建设类41件、农林牧水类7件、科教文卫体类14件、社会法制类3件、其他类6件，选列重点提案4件。对于未予立案的19件，以社情民意信息和工作意见等形式，转有关部门参考。5月，会同区人民政府组织召开提案交办会，将立案的提案交由31个承办单位办理。至12月20日，71件提案全部办理完毕，办复率100%。办理的提案中，问题解决的提案25件，占35.2%；正在解决或列入计划逐步解决的提案27件，占38%；因条件限制或其他原因尚不能解决的提案19件，占26.8%。提案中的许多意见和建议体现在政府工作中。

【调研视察】 2017年，区政协围绕区委、区政府中心工作，围绕经济社会发展热点难点问题，选择调研课题。区政协班子领导牵头调研视察课题、相关专委会及委员小组组织承办、政协办公室和有关单位协同配合。年内，开展“破解大圆盘五叉路交通拥堵问题”“发展农村电商”“全力推进我区宜居乡村建设”“加快临桂高中教育发展的思考”“农贸市场布局管理”“义务教育均衡发展‘大班额’问题”“规范我区医疗废物处置”“柑橘黄龙病防控”“新区水系管理”“新城绿道规划”10

个专题调研和“义江防护堤建设”“速生桉种植”“新区基础设施建设”“新区失地农民安置”“新区学校建设”“养生养老产业”“生态旅游发展”“五黄公路建设”“房地产发展”“新区发展”“青年妇女科技创业和农家乐发展情况”“会仙工业园建设”“新区配套设施建设”13个专题视察活动，形成调研报告和视察报告，提出具有针对性、可操作性的意见和建议，为区委、区政府科学民主决策提供参考，推动相关工作开展。

【反映社情民意信息工作】 2017年，区政协在履职过程中注重收集社会各界的意见建议，开展反映社情民意信息工作。全年收集、整理信息141条，编辑《社情民意信息》专刊5期，为区委、区政府提供参考。

【扶贫帮困】 2017年，区政协通过筹措资金等方式，帮助贫困村解决公共基础设施建设、生活保障及产业发展等方面的具体问题和贫困群众生产生活中的实际困难。政协机关继续开展单位定点帮扶贫困村（茶洞镇定安村委）和干部结对帮扶贫困户工作。资助50多万元建设村委大楼，修建生产道路1条，帮助群众购买电视机、洗衣机、电扇等家用电器20多台，农具、化肥等一批；筹资2.6万多元，为定安村小学购买70套学生课桌椅和10套教师办公桌，改善学校办学条件；为贫困户申请各类扶贫资金、贫困子女在学补助、政府贴息贷款等31.8万元。年内，茶洞镇定安村委及7户贫困户脱贫摘帽“双认定”工作通过验收。

【联谊工作】 2017年，区政协做好对外友好联谊交流工作，接待上海市、河北省、内蒙古自治区等一批政协单位。多批次组织政协委员、机关干部到全州、横县、雁山等县区进行专题考察学习。加强与各党派、团体和各界别的联系合作，完善界别召集人制度，健全委室联系服务界别工作机制，搭建委员沟通新平台，建立政协常委微信群、委员微信群、委员活动小组微信群等，加强相互沟通交流。采取“请进来，走出去”的方式，加强与各族各界人士、“三属三胞”的交往联系。

【委员队伍建设】 2017年，区政协突出常委会的核心作用和表率作用，通过政协常委会议形式，传达学习中共中央总书记习近平视察广西的讲话精神和中共十九大精神。11月—12月初，组织全体政协常委、政协委员小组正副组长，分两批到复旦大学、浙江大学进行履职能力提升专题培训。按区域与界别相结合的原则将委员编成24个活动小组，并明确活动小组的组长和联系的区政协领导、机关委室。继续开展“四个一”（每年至少提出一件提案、反映一条社情民意信息、参加一次视察调研活动、为群众办一件实事好事）活动，建立健全委员履职档案，完善委员履职考评机制。

【文史资料征集及编印】 2017年，区政协加强文史资料工作队伍建设，丰富文史资料征集内容，提高文史资料质量。全年征集文字史料稿件71篇、15万字以及一些具有历史价值的图片史料，编辑出版第29辑《临桂文史》和《临桂文史》1~27辑的合订本，发挥文史资料存史、资政、育人的作用。

【政协宣传工作】 2017年，区政协推进网站建设，及时上传更新相关内容。赠送每个委员1份《广西政协报》，1份《文史春秋》。全年为委员赠阅《广西政协报》218份、《文史春秋》218份。加强与新闻媒体的沟通联络，与临桂电视台、今日临桂报社合作，宣传政协先进典型，通过电视展示政协委员履行职责情况；对办理效果好的提案和社情民意信息进行跟踪报道。区政协获自治区政协宣传工作先进单位特等奖。 （诸葛名华）

纪检·监察

2017 年 3 月 29 日，临桂区召开贯彻落实中央“八项规定”精神“回头看”工作动员会

区纪委监委　供稿

党风政风建设

【概况】 中共临桂区纪律监察委员会与区监察局合署办公，简称区纪检监察局。2017年，临桂区各级纪检监察机关加强“两个责任”落实，抓好纪律审查，践行“四种形态”，查处发生在群众身边的“四风”和腐败问题，推进扶贫领域监督执纪问责各项工作取得新进展、新成效。

【落实“两个责任”】 2017年，区纪委将落实“两个责任”（落实党风廉政建设责任制，党委负主体责任，纪委负监督责任）纳入区委巡察重点，突出政治巡察，列入年度绩效考核目标。组织召开主体责任述职评议会议，促进主体责任落实。通过监督执纪问责，推动党委关于全面从严治党部署的落实。年内，按照《中国共产党问责条例》，对领导干部24人实施问责，其中诫勉谈话3人，给予党纪、政纪处分21人。

【纪律建设】 2017年，区纪委监察局坚持刚性执纪和柔性教育相结合，从注重查办案件转向加强日常监督教育，实现由“惩处极少数”向“管住大多数”转变。全区各级党组织运用“四种形态”（经常开展批评和自我批评，让咬耳扯袖、红脸出汗成为常态；党纪轻处分和组织调整成为违纪处理的大多数；党纪重处分、重大职务调整的成为少数；严重违纪涉嫌违法立案审查的成为极少数）的第一种形态，召开党风廉政建设集体约谈会，或采取一对一约谈方式，谈心谈话1200余人次，引导400多名领导干部主动交代问题。区纪委班子分系统分领域给全区领导干部、新任村“两委”干部上廉政党课20余次。

【廉政文化建设】 2017年，区纪委监察局利用临桂清风网、微信公众号等新媒体公开发布全区党风廉政建设和反腐败斗争工作动态和成效。组织开展“我的家风家教故事”征文、“团聚青春”党风廉政知识竞赛、“廉政清风”书画展、“树正气、扬清风，喜迎十九大”廉政文艺演出等廉政文化活动。

【贯彻落实中央“八项规定”精神】 2017年，区纪委监察局开展贯彻落实中央“八项规定”精神“回头看”活动，巩固和扩大纠正“四风”成果。在重要时间节点，采用抽查、交叉检查、明察暗访等方式，开展5轮次督查，防止“四风”反弹。组织开展自查自纠活动4次，督促财政、审计、人社、机关事务管理局等部门开展财经纪律、办公用房、公务用车等专项检查，发现、解决和整改问题570个，清退违纪款261.69万元。全年查处违反中央“八项规定”精神问题97起，给予党政纪处分89人。

2017年4月20日，临桂区召开贯彻落实中央“八项规定”精神“回头看”系统检查培训会　　区纪委监委　供稿

【扶贫领域监督执纪问责】 2017年，区纪委监察局抓好扶贫领域监督执纪问责工作，确定监督重点，围绕重点部门、岗位、环节，综合利用信访举报、专项检查、各类巡察、自查自

2017 年 6 月 27 日，临桂区召开贯彻落实“两个回头看”工作推进会议　　杨浩　摄

纠、相关通报、“前沿探头”6 种方法查找问题和案件线索。全年查处扶贫领域案件 110 件。开展民生领域清退违纪款活动，返还民生资金 31.2 万元。督促有关职能部门及时下发扶贫资金使用管理办法，加大对村务公开、政务公开的督查力度，发挥村务监督委员会作用，提高扶贫资金发放、扶贫政策落实透明度。

【纪律审查】 2017 年，区纪委监察局受理群众来信来访 283 件，信访总量比上年减少 183 件，下降 39.3%，重复举报和业务外信访量均同步下降。年内办结 228 件，转立案 65 件。重点查办农业、林业、卫计等系统性腐败窝案串案以及农村基层干部在危房改造、五保低保、生态公益林资金等方面侵占群众利益的违纪案件。全区立案 213 件，其中乡科级干部 56 人。给予党政纪处分 204 人，其中乡科级干部 49 人；收缴违纪款 849.69 万元。发挥查办案件治本功能，实行“三个一”（一案一通报、一案一整改、一案一退赔）举措，通报各类典型案例 16 期 65 起，达到“查处一个、教育一片、受益一方”的目的。

【巡察工作】 2017 年，临桂区建立健全巡察领导小组工作规则、巡察工作领导小组办公室规则等制度。全区组织开展 3 轮巡察，巡察单位 15 个。注重成果转化，抓好巡察反馈、整改、线索办理、督导落实等环节。在《今日临桂》报、临桂清风网、纪检监察微信公众号公开通报巡察组反馈问题，对前 2 轮巡察 15 个单位进行督办回访，约谈党组织主要负责人 45 人次，整改问题 233 个。优先办理巡察线索，通过巡察线索转立案 65 件，占全区纪律审查案件的 30.5%。

【队伍建设】 2017 年，区纪委监察局推进“两学一做”学习教育制度化、常态化，开展“示警明纪，筑牢防线”和“守规矩，学榜样，做四个合格纪检干部”专题教育活动，梳理纪检监察干部的廉政风险点 35 个并落实整改。加大全员培训力度，举办纪检监察综合业务培训班 2 期。

（王玉平）

2017 年 6 月 8 日，临桂区纪委在会仙镇七里村召开退还危房改造资金现场会　　区纪委监察局　供稿

纪检监察体制改革

2017年，临桂区推进派驻机构改革和监察体制改革，推动全面从严治党向基层延伸。年末，临桂区纪检监察局核定编制82名。其中机关编制25名，派驻纪检组编制52名（含公检法8名），区委巡察办编制5名。实有53人。其中，机关24人，派驻纪检组26人，巡察办3人。

【派驻机构改革】 2017年，临桂区纪委制定下发派驻纪检组改革方案，在全区设立13个派驻纪检组，对66个区一级党和国家机关进行监督。7月31日，区纪委召开派驻机构全覆盖动员部署会议，宣布13个派驻纪检组组长任职名单，并举行派驻机构授牌仪式。年内，13个派驻纪检组围绕监督重点，抓好监督执纪。开展提醒谈话136人次，发现和整改问题70个，督促各单位完善和形成内部管理制度77项，处置问题线索44件，立案30件。

【监察体制改革】 2017年，临桂区启动国家监察体制改革试点工作。11月21日，成立临桂区深化监察体制改革试点工作小组，区委书记任组长，领导小组研究制定临桂区监察体制改革试点方案。区纪委做好改革前摸底调查工作，组织转隶人员开展谈心谈话，明确工作步骤，为转隶工作做准备。 （王玉平）

2017年7月31日，临桂区召开纪委派驻机构全覆盖动员部署会

区纪委监委　供稿

2017年5月3日，临桂区举办“团聚青春能量，共筑廉洁临桂”党风廉政知识竞赛活动

团区委　供稿

民主党派·工商联

2017年4月12日，政协民革界别在临桂镇金山社区召开社情民意座谈会

民革临桂支部　供稿

中国国民党革命委员临桂支部

【概况】 2017年,中国国民党革命委员会临桂区支部(简称民革临桂支部)有党员23人,平均年龄54.5岁。其中在职党员40岁以下3人,41~50岁6人,51~60岁10人;大专学历7人,本科学历12人;中级职称13人,正科级1人,副科级2人;桂林市第四届人大代表1人、桂林市第四届政协委员1人、临桂区第二届政协委员4人。支部设主任委员、副主任委员、组织委员、宣传委员、组统委员、提案委员各1人。

【参政议政】 2017年,民革临桂支部履行政治协商、民主监督、参政议政职能。以服务大局为主线,做好建言献策工作。向市、区级"两会"提交提案(建议)14件,向民革桂林市委提交建议22件。完成《破解大园盘五叉路交通拥堵问题,适应桂林新中心发展需要》的大会发言材料,开展《制定新城绿道规划,打造临桂生态路网》课题调研,完成桂林市民革《关于保护侯山古道的建议》的课题调研。到社区了解,形成7条社情民意,反映民生。在临桂区第二届政协第二次全体会议上,民革临桂政协小组获"先进政协委员小组",秦忠玉获"先进政协委员"和"优秀社情民意信息员"表彰,阳初发被评为"优秀提案撰写人""优秀社情民意信息员"。

【服务与宣传活动】 2017年,民革临桂支部看望、慰问原国民党籍抗战老兵,并资助生活困难抗战老兵7000元,其他党员自愿资助和看望老兵。支部党员继续资助贫困家庭优秀学生。年内,《桂林民革》刊物、网站刊登临桂支部工作信息3篇,临桂政协和桂林市政协网站刊登临桂政协委员工作信息1篇。

(沈东华)

中国民主同盟临桂总支部委员会

【概况】 2017年,中国民主同盟临桂总支部委员会(以下简称民盟临桂总支)有盟员47人(在职40人,退休7人)。设教育、科技卫生、综合三个支部。

【参政议政】 2017年,民盟临桂总支盟员中有2人任桂林市政协委员,8人任临桂区政协委员。其中,2人任临桂区第二届政协常委,1人任临桂区人大常委;任实职领导副处级1人、副科级2人。年内,民盟临桂总支就区委、区政府的中心工作以及临桂新区建设进程中的城市管理、教育发展、农村电子商务发展、农村生态旅游发展等问题,多次开展考察调研,撰写调研报告,形成《发展我区农村电商,助推精准扶贫工作》《加快临桂高中教育发展的思考》《关于加快我市网格化管理建设工作的建议》《新形势下充分发挥民主党派监督问题的新思考》等调研报告,调研成果被安排在区政协大会上做专题发言。桂林市、临桂区政协委员中的盟员就经济、文化、卫生、城建等方面提出提案、建议、信息18条。其中,《关于加快我市网格化管理建设工作的建议》被列为市政协重点督办提案,《关于加快我市交通一卡通全国互联互通步伐的建议》的提案获2017年市民最关注十佳民生提案和市政协优秀提案三等奖。伍发进获民盟中央授予"民盟社会服务工作先进个人"荣誉,民盟临桂总支获民盟桂林市2016—2017年度参政议政先进集体,6人获参政议政先进个人荣誉。

【组织建设】 2017年,民盟临桂总支注重盟员政治思想素质的培养,鼓励盟员参加盟桂林市委举办的基层干部培训班学习和临桂区委统战部举办的民主党派干部学习班学习培训。年内,发展盟员5人。

【调研活动】 2017年，民盟临桂总支到宛田瑶族乡洞头村委朱家村开展农村生态旅游及民宿发展情况调研，与村民交流，提出发展民宿的建议对策。 （朱彦）

中国致公党桂林市委员会临桂支部

【概况】 2017年5月27日，中国致公党桂林市委员会临桂支部（简称致公党临桂支部）成立，有党员13人。党员均有大专以上文化，涉及行政机关、投资、医药、酒店等行业，在本行业本岗位有一定成绩，具备参政议政的基本素质和条件。致公党临桂支部成立后，立足本职工作，为地方的发展做贡献。年内发展新党员2名。

【涉侨涉海工作】 2017年，致公党临桂支部发挥涉侨涉海优势，为招商引资和民族团结服务。接待台湾致公党访问2次，派党员1人赴美国加州大学交流学习6个月。参加桂林市政协联谊委组织的桂林台资企业调研活动。

【参政议政】 2017年，致公党临桂支部弘扬辈致公党员“致力为公，参政兴国”的传统，参加中共临桂区委、区人民政府组织的协商会、座谈会、通报会等。撰写“一人一议”、开展支部调研，为临桂区经济社会发展建言献策。年内，提交致公党中央重点课题调研报告1篇（《关于创新乡村治理体制推进国家治理现代化的调研报告》），提交市政协书面发言材料1篇（《关于关于推广我市乡村治理成功经验的建议》）；提交致公党桂林市委会提案《关于扶持桂林新能源产业做大做强的建议》，“一人一议”提案《关于完善万福路临桂段城市道路功能的建议》。参加临桂区政协组织的水系管理问题、特色产业和房屋联合改造工作调研活动。

（致公党临桂支部）

九三学社临桂支社

【概况】 九三学社桂林市临桂支社（简称临桂支社）成立于2016年12月12日。2017年年末，有社员18人，均有本科以上学历，其中研究生及以上学历占44.4%，高中级以上职称占72.2%。平均年龄46.1岁。支社主委为王海鹏，副主委为黄林、张振铭。

【参政议政】 2017年，临桂支社社员履行参政议政、民主监督职能。市人大代表卢全喜向市人大提交《关于加快发展我市房车旅游的建议》《关于开通市区至磨盘山码头专线公交的建议》，政协委员黄林向临桂区政协提交提案《关于解决临桂区大圆盘交通拥堵问题的建议》。提交提案《关于在宏谋北路与机场路交汇处开设机动车进出口的建议》参加九三学桂林市委提案宣讲评比活动并获二等奖。

【思想建设】 2017年，临桂支社组织社员学习中共十九大精神、习近平新时代中国特色社会主义思想、九三学社第十一次全国代表大会会议精神。参加九三学社桂林市委举办的“爱在九三·重温社史，社员科技讲坛（第二讲）”“巾帼社员喜迎十九大·学习历史和传统文化”等主题活动。

【组织建设】 2017年，临桂支社发展新社员5人（3人为公务员，2人为新社会阶层人士）。全年组织调研、助学、联谊等活动4次，内容包括。选送社员参加桂林市党外代表人士培训班、九三学社桂林市委骨干社员培训班、“社员之家”平台推广暨宣传思想骨干社员培训班等。

【社会服务】 2017年3月3日，临桂支社联合桂林医学院第二附属医院外一党支部和桂林市第三人民医院临床党支部为龙胜县59所山区农村小学赠送微波炉和干衣机。5月10日，部分社员参加“2017保护漓江生态环境我行动”活动启动仪式，并在解放桥下放生鱼苗。

（九三学社临桂支社）

临桂区工商业联合会

【概况】 2017年，临桂区工商业联合会（简称区工商联）围绕临桂区委、区政府的中心工作，加强工商联组织及会员队伍建设，服务非公有制经济发展。

【临桂区工商联（总商会）第二次会员代表大会召开】 2017年1月19日，临桂区工商联（总商会）第二次会员代表大会在维纳斯皇家酒店临桂分店召开。区委副书记郑建忠、区委常委、统战部部长谢冰莹，区人大常委会副主任欧翠兰，区政协副主席以善梅出席会议。会议听取《临桂区工商联（总商会）第一次执委会工作报告》，选举产生临桂区第二届工商业联合会（总商会）执行委员会委员、主席、会长、副主席、副会长、秘书长。

【组织建设】 2017年，区工商联抓好工商联换届工作，把思想素质好，热心工商联工作，有一定影响力和代表性的非公有制经济人士吸收到工商联队伍中来。通过民主推荐，组织考察等程序，选配38名非公经济代表人士担任区工商联执委，比上届增加8人，其中副主席、副会长30人，比上届增加5人。按照广泛性与代表性相结合的原则，做好会员发展工作。年内，新增会员45人，均为非公有制经济人士。

【服务非公有制经济发展】 2017年，区工商联组织2人参加桂林市举办的企业知识产权高级培训班学习，组织9人参加桂林市工商联举办的银企座谈会；组织2人赴江西干部学院参加市委统战部举办的“两新组织负责人高级培训班”学习。11月25日，举办非公有制企业管理人员培训班，邀请高级经济师、国际注册高级商务策划师、广西民族大学等5所学校《营销与管理类》客座教授玉小武讲课，50人参加学习培训。

【开展调研活动】 2017年，区工商联组织政协工商联界别委员围绕经济发展开展调研。实地考察宛田瑶族乡乡村旅游业发展情况，并听取当地党委政府的情况介绍，形成《关于宛田瑶族乡乡村旅游发展的调研报告》。组织委员到房地产企业考察，听取临桂区房协负责人对房地产行业发展的情况汇报，就房地产发展情况进行分析，并就相关问题提出建议。组成4个调研组，开展会员企业走访调研活动。全年走访会员企业80多家次，收集会员企业的问题和建议38条，并协调相关部门给予答复或解决。

【会员活动】 2017年5月13日，区工商联举办首届企业家文化交流活动，组织区工商联执委成员和部分民营企业家，并邀请区内知名书画家参加，开展文化交流。7月21日，区工商联召开全体执委会议，讨论通过区工商联工作方案、会员交流联谊活动制度。11月30日，举办临桂区工商联（总商会）政企、银企交流联谊会，近30家会员企业和13个政府相关职能部门领导参加，会议组织学习中共十九大精神，向副主席、副会长颁发“临桂区工商联第二届执委副主席、副会长单位”牌匾，参会企业负责人与政府各相关职能部门、银行进行互动交流，就企业发展中存在的问题进行讨论。

【关心非有制公经济人士成长】 2017年，区委统战部做好非公有制经济代表人士政治安排推荐工作。推荐12人担任市工商联第五次会员代表大会代表，其中非公有制经济人士9人；推荐7人担任桂林市工商联执委，其中非公有制经济人士5人。组织区工商联执委以上的非公有制经济代表人士16人填报《非公有制经济代表人士情况登记表》。

（蒋雨霏）

社会团体

2017 年 2 月 7 日，区文联、社科联、书法协会等部门组织书法家在城区金山广场开展义务写春联活动　　阳树柱　摄

临桂区总工会

【概况】 2017年,临桂区有工会委员会504家(涵盖1671个单位)。其中,机关83家(涵盖330个单位)、事业74家(涵盖74个单位)、企业347家(涵盖1267个单位);职工49446人、会员49360人;女职工19316人、女会员19316人;农民工26732人、农民工会员26732人、女农民工9668人、女农民工会员9668人。临桂区总工会(简称区总工会)下设办公室、组织宣教网络工作部、劳动权益保障部、财务资产部、经审办公室,下辖二层机构工人俱乐部。

【基层工会规范化建设】 区总工会将2017年确定为基层工会建设服务年,抓好基层工会规范化建设,在增加建会数量的同时,注重建会质量。重点抓好25人以上非公有制企业建会入会工作,提高工会组织覆盖率和职工入会率。年内,新建基层工会委员会29家,新入会会员696人。加强"职工之家"建设,在临桂区法院及临桂第一中学开展"职工书屋"巩固示范点及"职工书屋"示范点建设工作。

【帮扶活动】 2017年,区总工会开展"冬送温暖""春送岗位""夏送清凉""金秋助学"等帮扶活动。元旦、春节期间,走访慰问困难职工(农民工)、困难劳动模范90人,发放慰问金9万元。2月,会同区人社局、区妇联等单位在金山广场开展主题为"促进供需对接,助力转型发展"的春风行动招聘会,120多家用人单位参加招聘会,提供4000多个就业岗位。7—8月,区总工会到环卫、重大项目建筑工地等20家企事业单位的作业现场,慰问高温天气工作的一线职工,赠送绿豆、红糖、清凉饮料等慰问品,价值9.6万余元,并了解企事业单位防暑降温情况,指导企业做好职工劳动保护工作。8月中旬,为符合条件的27户在档困难职工家庭的高中和大学生提供资助7.05万元。其中,大学生20人,每人3000元;高中及技校生7人,每人1500元。12月,为80户建档立卡困难职工家庭发放日常生活救助金14.4万元;为患大病的6名建档立卡困难职工,发放大病救助金1.9万元。为农民工赠送意外伤害保险5000多份。

【推进工资集体协商工作】 2017年,区总工会推进工资集体协商工作,督促企业与职工签订集体合同,保障企业与职工的利益。年内,25人以上建会企业工资集体协商建制签订348家,覆盖职工33301人;区域性签订集体合同34份,覆盖企业1180家。

【女职工关爱行动】 2017年,区总工会按照精准帮扶、精准脱困的要求,将单亲困难女职工、困难女性农民工作为重点帮扶群体,以困难帮扶、职业健康、就业服务、子女助学、心理关怀等为主要内容。走访困难女职工,入户率100%,30名在职女职工纳入困难职工档案管理。"六一"儿童节前,

2017年7月28日,临桂区总工会开展"送清凉"活动,慰问高温天气工作的职工

区总工会 供稿

到联系村屯走访慰问留守儿童并给当地小学赠送图书 300 多册。10 月，开展关爱女职工“两癌”（乳腺癌、宫颈癌）普查免费体检活动。

【劳动模范服务管理】 2017 年，区总工会进行劳动模范入户摸底调查，组织全国劳动模范 2 人和全体自治区劳动模范进行健康体检。4 月，召开庆祝“五一”国际劳动节劳动模范座谈会，来自各行业的 80 多名全国劳动模范、自治区劳动模范和市劳动模范参加座谈。10 月，以银行卡实名制转账的方式，发放自治区劳动模范生活困难补助金 6.48 万元。截至年末，自治区财政劳动模范专项补助金支出 7.68 万元，无结余。

【劳动竞赛活动】 2017 年，区总工会与区人社局联合举办临桂区农民工技能大赛，来自全区各行业的 100 多名农民工选手参加比赛。继续开展“安康杯”竞赛活动，开展安全生产和职业危害隐患排查治理，促进企业、职工增强安全生产意识。

【职工文体活动】 2017 年春节期间，区总工会举办新春游园活动。“五一”劳动节前夕，举办以“中国梦 · 劳动美 · 我为桂林国际旅游胜地建设做贡献”为主题的男女混合气排球赛，来自全区机关、企事业单位和社会团体的 53 个基层工会代表队 500 多人参加比赛。年内，各基层工会开展形式多样的文体活动。

【开展安全生产宣传咨询日活动】 2017 年，区总工会与区安全生产管理部门在城区金山广场开展以“全面落实企业安全生产主体责任”为主题的“安全生产月咨询日”活动。现场发放安全宣传资料 3000 余份，安全知识手册 200 余本，宣传安全知识板报 2 块，接受群众咨询 100 多人次。（廖香）

共青团桂林市临桂区委员会

【概况】 共青团桂林市临桂区委员会（简称团区委）有编制 3 名，实有 3 人。2017 年，团区委构建凝聚青年、服务大局、当好桥梁、团要管团的四维工作格局。各级团组织获“广西优秀共青团员”1 名、“桂林市五四红旗团委”1 个、“桂林市五四红旗团支部”2 个、桂林市“优秀共青团干部”5 名、“优秀共青团员”5 名、“少先队优秀中队”21 个、“少先队优秀队员”29 名、“少先队优秀队干”17 名、“少先队优秀辅导员”21 名。

【基础团建】 2017 年，团区委继续开展共青团工作改革、从严治团及“1+100”团干部直接联系青年工作。开展乡镇基层团组织的换届选举工作。在村（社区）“两委”换届工作结束后，开展村级团组织换届选举工作，配齐村（社区）团组织书记 171 人。举办“青春引擎”基层团干部培训班，参加培训村级团干 159 人。

【青少年思想教育】 2017 年，团区委组织各乡镇团干部和青年集中收看中共十九大开幕会。开展

2017 年 10 月 26 日，团区委举办“青春引擎”农村团干全员培训班

团区委 供稿

2017年10月23日，临桂区青年志愿者3000多人为环广西公路自行车世界巡回赛提供志愿服务　　秦小珍　摄

“学习总书记讲话，做合格共青团员”系列活动，召开宣讲会3次，参与团员300人次组织学习宣传《追寻习近平总书记的初心》系列短篇。与临桂区纪委、区委组织部联合举办“团聚青春能量，共筑廉洁临桂”党风廉政知识竞赛，以赛促学。以“学雷锋”日、植树节、“五四”青年节等节日为契机，各基层团组织、青年文明号集体开展“学雷锋”“礼让斑马线”“缅怀革命先烈，弘扬爱国精神”“网上祭英烈”“绿满八桂”等活动20多次，发放宣传资料1100多份。

【青春扶贫】 2017年，团区委开展临桂共青团服务农村青年活动月暨“青春扶贫行动”，通过扶贫开发调研、服务农村青年创业就业、争取资源参与扶贫、关爱资助志愿行动等方式，关爱贫困青少年成长成才。

【“青亲家园”服务平台建设】 2017年，团区委继续运作青少年综合服务平台——“青亲家园”。通过政府投入和社会募集资金购买社会工作机构提供专业服务的方式，采用“目标青少年群体+品牌活动+志愿者”的工作模式，为青少年群体提供成长发展咨询、综合素质拓展、就业创业培训、权益维护帮助等综合性服务项目。全年开展各类青少年活动27场次，参与376人次。

【青少年权益保护工作】 2017年春节期间，以及“6·26”国际禁毒宣传日、“12·1”世界艾滋病日、“12·4”国家宪法日等活动日，团区委联合有关部门，在城区和各乡（镇）组织开展各类宣传教育活动共计20多次，发放法律宣传手册和禁毒宣传材料3000多份。开展关爱留守儿童暑期志愿服务活动，组织临桂籍返乡大学生志愿者和爱心服务队伍，为农村留守儿童5000余人提供暑期安全自护知识。

【志愿服务活动】 2017年，团区委组织青年志愿者为桂林市创建全国文明城市、环广西公路自行车世界巡回赛提供志愿服务。其中，环广西公路自行车世界巡回赛，组织桂林医学院、桂林师范高等专科学校、桂林山水职业技术学院、桂林市卫生学校等4所院校的志愿者3000多人次，提供交通安全文明出行、卫生整治、安全保障等志愿服务。

【少先队工作】 2017年，团区委继续按照“全队抓基层，全队抓落实”的工作思路，以育人为核心，以体验教育为基本途径，指导少先队开展工作。组织少先队总辅导员观摩桂林市少先队建队68周年暨少先队鼓号队比赛，组织少先队辅导员2人参加自治区少先队辅导员培训班、8人参加桂林市少先队辅导员培训班，开展庆“六一”等主题队日活动，为少年儿童发展服务。　（刘艳凤）

临桂区妇女联合会

【概况】 2017年，临桂区妇女联合会（简称区妇联）设办公室、妇儿工委办公室、组织部、发展部、权益部、宣传部、儿童部，编制7人，实有9人。全区有乡(镇)妇联11个,村(社区)妇联171个,机关、企事业妇委会61个(区直机关、事业单位妇委会35个,两新企业及民办高校妇委会26个)。年内,区妇联完成《临桂区妇联改革方案(草案)》的起草撰写,由区委办下文。

2017年4月20日,临桂区在临桂镇黄塘村茶场举行巾帼建功劳动竞赛活动　　临桂镇人民政府　供稿

【城乡妇女巾帼建功活动】 2017年,区妇联在农村开展示范创建活动,带动妇女创业就业。创建"五通农民画居家灵活就业示范基地",10月31日—12月28日,邀请桂林市女画家协会专家到基地开展绘画技能培训4期,培训妇女165人次,帮助妇女掌握绘画技巧,提高就业能力,推动妇女居家灵活创业就业。在宛田瑶族乡洞头村委创建"少数民族巾帼创业扶贫基地",通过帮扶资金、建言谋划、招商引资等形式帮助该村发展乡村农家乐。以"巾帼展风采·岗位建新功"为主题,到乡镇开展巾帼建功劳动竞赛活动1场,提高女职工的综合素质和职业技能。在城镇,配合司法、卫计、综治、文明办等有关单位做好普法、防艾、禁毒、创城等宣传发动工作,利用节假日、主题活动日组织巾帼志愿者开展形式多样的宣传活动。

【维护妇女儿童合法权益】 2017年,区妇联接待来信来访35件次,来信来访处理率100%。继续邀请桂林市星宇法律事务所王焕明、昊旺律师事务所肖永清为区妇联法律顾问,帮助解答妇女维权疑难问题。3月8日,在城区金山广场开展送法律活动,宣传维权知识。争取到政府购买服务专项资金,聘用法律专业人员担任"惜缘工作室"法律咨询、婚姻调解工作人员,全年接待来访47人,提供法律咨询27人次,婚姻调解19起。社区妇联依托综治网格平台构建网格化维权模式,将妇女儿童维权融入综治网格化管理。发挥人民陪审员和妇女儿童维权岗的作用,检察院、法院依法办理妇女儿童维权案件时,加大调解力度,维护妇女儿童合法权益。加大对涉及妇女儿童合法权益案件的执行力度,快速执结案件,受益妇女儿童100多人。

2017年5月20日,临桂区妇联在花生唐购物中心举办青少年美术书法大赛　　刘顺姣　摄

【关爱妇女儿童】 2016年,区

妇联投入工作经费8万余元，开展农村妇女培训12场，培训贫困村妇女600多人次；全体干部职工与五通村委建档立卡贫困户一对一帮扶，单位和个人为贫困户捐款18000多元；节日开展贫困妇女儿童慰问活动。通过社会募捐等方式，为贫困、残障和罹患重大疾病的妇女提供资金支持和物资救助。全年帮扶贫困妇女儿童30余人。各乡镇借助扶贫工作平台，建立健全贫困儿童档案，为急需帮扶的贫困儿童解决部分困难。与区卫计局联合，组织妇女参加“两癌”筛查(乳腺癌筛查9566人，宫颈癌筛查9015人)，及时掌握并上报农村新增“两癌”患者名单，提高农村妇女“两癌”早诊早治率。累计上报农村“两癌”患者名单200多人，争取到全国妇联“贫困母亲‘两癌’救助专项基金”46万元，救助“两癌”贫困妇女46人。

【实施《临桂县2011—2020年妇女儿童规划》】 2017年，区妇联作为区妇女儿童工作委员会的牵头单位，完成自治区、桂林市妇儿工委办布置的各项工作，推进《临桂县2011—2020年妇女儿童规划》实施，按时上报各类材料。按照“七有”标准新建临桂区级“儿童家园”30所，为留守儿童提供安全的校外娱乐、活动场所，并组织大学生志愿者到儿童家园开展活动，给儿童普及安全、生活常识，与儿童游戏等。通过政府购买社会组织服务“妇女儿童之家”，推进基层妇女儿童关爱、保护与服务体系建设。其中，博仁社工为妇女儿童提供学习培训、政策宣传、卫生保健、家庭教育、亲子游戏、关爱、慰问、帮扶等服务12次。

【基层妇联组织和妇女干部队伍建设】 2017年，临桂区新创建爱育幼童潜能开发咨询服务中心、东源房地产开发有限公司、通达广告印务有限公司、潘媛美容院等非公有制经济组织妇委会。完成新一轮村(社区)妇联组织换届选举及妇代会改建妇联工作。全区11个乡镇171个村(社区)完成“两委”换届及“会改联”(妇代会改妇联)换届选举工作。全区选出村(社区)干部928人，其中女干部324人，占34.9%。每个村(社区)至少有女性干部1人，其中担任村(社区)正职女性干部14人，占8.2%。“会改联”后，村级妇联组织从原来的1人增加到9~11人。

【妇女儿童文化娱乐活动】 2017年春节期间，区妇联与区总工会、团区委在金山广场举办新春游园活动；“三八”妇女节期间，与区文化新闻出版广播电视体育局联合举办女子趣味体育运动会，各乡镇、区直机关企事业单位近800名女职工159个队参加比赛；“六一”期间，以“文明家风家教·美丽家庭家园”为主题，在花生唐购物中心举办青少年美术书法大赛，全区20多所中小学校720名少年儿童参赛。

【举办妇女干部和家庭教育培训班】 2017年3月，区妇联与区纪委联合举办“学习陈宏谋廉洁从政及其优良家风家教”专题讲座，聘请广西师范大学历史系教授、广西师范大学宗法与民族文化研究所所长钱宗范授课，全区各乡(镇)、各单位纪委、党员领导干部及妇联干部近200人参加。在临桂东源房地产公司举办2场“幸福妈妈成长学堂”家庭教育公益讲座，400多名家长听取讲座。10月，与区委组织部联合举办新一届村(社区)“两委”女干部专题培训班。11月，邀请市妇联有关专家到宛田瑶族乡举办新任妇联干部专场培训暨十九大报告精神宣讲报告。12月，与区委组织部联合举办幸福女性成长课堂暨十九大精神宣讲专题讲座，邀请广西妇女干部学校校长、教授赵迪琼授课，全区副科级以上女干部及妇联系统干部100多人参加培训。 (刘顺姣)

临桂区文学艺术界联合会

【概况】 临桂区文学艺术界联合会(简称区文联)有机关编制2名，实有3人；下辖事业单位临桂区《临桂文艺》编辑部，编制3人，实有2人。有区文学协会、美术家协会、书法家协会、摄影家协会、音乐舞蹈家协会、戏剧曲艺协会、山歌协会等7个文艺协会，以及临桂芳草堂书画院、临桂民间文化研究会、临桂诗词楹联学会、临桂二胡协会和临桂书法研究院等民间文艺组织，有会员900多人。其中，文学协会有广西作家协会会员3人，桂林市作家协会会员16人；美术家协会有中国美术家协会会员5人，广西美术家协会会员8人，桂林市美术家协会会员14人；书法家协会有广西书法家协会会员8人，桂林市书法家协会会员15人；摄影家协会有中国摄影家协会会员4人，桂林市摄影家协会会员22人；音乐舞蹈家协会有中国音乐文学学会会员2人，广西音乐家、舞蹈家协会会员7人，桂林市音乐家、舞蹈家协会会员25人；戏剧曲艺协会有中国戏剧家协会会员1人，广西戏剧家、曲艺家协会会员4人，桂林市戏剧家、曲艺家协会会员12人，桂林市民间文艺家协会3人；临桂民间文化研究会、临桂诗词楹联学会有中国楹联学会会员15人。

2017年3月12日，临桂民间文化研究会举行《临桂村名凤头联》获广西第七届文艺创作“铜鼓奖”庆祝总结会　　区文联　供稿

【文艺活动】 2017年，区文联组织各类创作笔会、采风、交流、展示活动13次。组织书法协会会员开展义务写春联活动3次，组织彩调、山歌、美术、书法等各类义务辅导、培训5期。承办临桂区“廉政清风”书画作品展，组织文艺协会会员参加“六月六·义水情”临桂区全域旅游宣传活动；邀请音乐专家到临桂开展音乐指挥讲座，邀请知名画家开展美术讲座等。年内，各协会会员创作的文艺作品在市级以上各类比赛中获奖或在各类书画展览中展出30多件，一批作品在市级以上报刊发表。

【协会活动】

文学协会　2017年，文学协会按照“出人才，出作品”的工作宗旨，实施精品战略，坚持“二为方向”和“双百方针”进行文学创作，开展各项文学活动。会员除坚持文学创作外，还参加各类活动，如到茶洞镇定安村委善良村开展“寻幽访古，记住乡愁”采风活动等。

美术家协会　2017年，美术家协会开展各类美术活动，发挥专业特长，推动美术事业发展。组

2017年11月6日，临桂诗词楹联学会、文学协会等在茶洞镇定安村委善良村开展“寻幽访古，记住乡愁”采风活动　　区文联　供稿

2017 年 12 月 11 日，区美术家协会举办美术讲座活动

区文联　供稿

织会员参加市级以上各类作品展和比赛活动；承办临桂区“廉政清风”书画作品展；邀请广西艺术学院教授左剑虹到临桂芳草堂书画院，为临桂区的 50 名画家和美术爱好者举办“中国山水画写生辅导讲座”。

书法家协会　2017 年，书法家协会组织骨干会员参加临桂区新春文化活动月文化、科技、卫生“三下乡”活动，到会仙镇为群众义务写春联 800 多副。组织会员在两江镇和城区金山广场开展义务写春联活动，为群众写春联 1700 多副，送“福”字 500 多个。承办桂林市临桂区“廉政清风”书画作品展。

摄影家协会　2017 年，摄影家协会围绕区委、区政府的中心工作开展活动，组织会员参加各级摄影比赛，承办“寻找两江传统村落”摄影比赛。组织会员到两江镇采风，到茶洞镇定安村委善良村开展“寻幽访古，记住乡愁”采风活动。

音乐舞蹈家协会　2017 年，音乐舞蹈家协会组织会员开展学习交流活动，组织会员创作音乐、舞蹈作品，参加桂林市第三十八届“漓江之声”等比赛活动及其他演出活动。

戏剧曲艺协会　2017 年，戏剧曲艺协会组织会员开展学习交流活动，组织会员创作戏剧曲艺作品，参加桂林市第三十八届“漓江之声”等比赛活动及其他演出活动。

山歌协会　2017 年，山歌协会利用山歌的形式，宣传党的路线、方针、政策。年内举办培训班 2 期。

临桂芳草堂书画院　2017 年，芳草堂书画院承办邀请广西艺术学院教授左剑虹在临桂区举办“中国山水画写生辅导讲座”活动，承办临桂区“廉政清风”书画作品展。

临桂民间文化研究会　2017 年 3 月，临桂民间文化研究会在中庸美术馆举行《临桂村名凤头联》获广西第七届文艺创作“铜鼓奖”庆祝总结会，桂林市、临桂区有关部门领导、专家和临桂民间文化研究会部分会员 70 多人参加会议。完成编辑出版《一举成名天下知——致里约奥运冠军石智勇》等书。

临桂诗词楹联学会　2017 年，临桂诗词楹联学会开展临桂历代诗词楹联的收集整理工作和当代诗词楹联创作，完成《临桂诗词系列丛书·清代卷》（上册）的编辑工作，并由线装书局出版。组织会员到五通镇留心岭开展采风活动。牵头组织摄影家协会、美术家协会、书法家协会、文学协会等会员 60 多人到茶洞镇定安村委善良村开展“寻幽访古，记住乡愁”采风活动。

临桂二胡协会　2017 年，二胡协会承办临桂区新年音乐会。

【阵地建设】 2017 年，区文联继续编好《临桂文艺》，并将其作为发现、培养文艺新人的阵地。年内，收到文学、书法、美术、摄影、音乐、戏剧、曲艺作品 600 多篇（幅），近 200 万字。编辑出版《临桂文艺》2 期。

【举办临桂区“廉政清风”书画作品展】 2017 年 6 月 28 日—29 日，临桂区“廉政清风”书画作品展在区体育馆举办。作品展由临桂区纪委监察局、区直属机关工委主办，区文联、广西临桂农村商业银行承办，展出书画作品 102 幅。

【“寻找两江传统村落”摄影比赛】 2017年，临桂区两江镇和区文联联合举办“寻找两江传统村落”摄影比赛。收到摄影作品300多幅，评选出相机类和手机类一、二、三等奖和优秀奖作品80幅。

获奖摄影作品《又见炊烟起，暮色罩大地》 雷金息 摄

【实施“千村万户文艺惠民工程”】 2017年，临桂区继续实施“千村万户文艺惠民工程”，针对村屯文艺队、文艺户、农村文艺人才开展专业化、多门类的公益文艺培训。年内，黄沙瑶族乡上黄沙村、四塘镇塘北村和莫庆华美术户、李章伟美术户入选桂林市“千村万户文艺惠民工程”文艺村、文艺户。

【文艺创作成果】 2017年，临桂区有30多件文艺作品在市级以上各类比赛中获奖。其中，雷金息创作的童谣《小鸭子找妈妈》获自治区优秀童谣征集活动一等奖；李连会创作的春联获自治区党委宣传部主办的2017年春联作品征集评选铜奖；李蒙军的摄影作品《朝霞满天》《晨雾韵秋水》，李惠萍的摄影作品《城中太极》《我的舞台》，韦雨菲的摄影作品《梦幻田园》在中国摄影报社、桂林市摄影家协会、桂林市职工摄影协会主办的桂林市职工摄影协会成立32周年暨中国摄影报社“走进大美桂林·弘扬工匠精神”影友擂台赛中获三等奖；雷金息的摄影作品《收割席草》《桐山粗陶碗制作工艺》《回族“板鸭村”别样风情》分别获中国民俗摄影协会主办的第十届国际民俗摄影“人类贡献奖年赛”生产商贸类记录奖、生活习俗类记录奖；雷金息的摄影作品《又见炊烟起，暮色罩大地》，参加第十一届“中国—东盟青年艺术品（摄影）创作大赛”获优秀奖；雷金息作词、吕群英作曲、李金玉编曲、苏庆学演唱的《豆腐买出肉价钱》获桂林市文化新闻广电局主办的“桂林话歌曲大赛”决赛三等奖。编辑出版《中国传统村落——桂林市临桂区椭头村、东宅江村》《临桂诗词系列丛书·民国卷》和《一举成名天下知——致里约奥运冠军石智勇》等书。谢德裕、莫喜生、韦桥送、周荣华等人创作的60多篇文学作品在市级以上刊物发表；雷金息创作的多首歌词作品在省部级专业刊物上发表。

（郑卫东 秦小云）

临桂区归国华侨联合会

【概况】 2017年，临桂区归国华侨联合会（简称区侨联）开展侨情调研，维护侨益，参政议政，海外联谊等工作，为归侨、侨眷、海外侨胞和港澳同胞提供服务。在区“两会”期间，侨界代表（三胞三属界别）向区人大提交议案1件，向区政协提交团体提案1件，个人提案1件。

【侨联改革】 2017年，区侨联制定《临桂区侨联改革实施方案》经区改革领导小组审查通过并印发实施。按照强“三性”（政治性、先进性、群众性），去“四化”（机关化、行政化、贵族化、娱乐化）的改革目标，推进侨联工作改革。

【服务华商企业】 2017年，区侨联加强与侨资企业的联系，走访调研桂林国际电线电缆有限责任公司、桂林罗山湖水上乐园、桂林雄森熊虎山庄、粤华印刷厂等涉侨企业，与企业负责人座谈，了解企业生产经营状况，分析侨资企业招工难等问题，提出解决问题的对策和建议。

【维护侨益】 2017年，区侨联为归侨侨眷和海外侨胞协调解决生活保障、权益侵害等问题，化解矛盾纠纷。全年接待信访5件次，办结4件。春节期间，慰问困难归侨侨眷、老归侨3户。

【开展联谊活动】 2017年，区侨联和各级基层组织，通过“以侨为桥，以侨引才、以侨引智、以侨引技”等多种形式，多渠道开展海外联谊活动。做好海外侨胞以及各省、市华商到临桂观光考察的接待工作，宣传临桂的自然山水、民族风情、人文历史、旅游胜地建设等，向客人推介招商项目。联系和团结归侨侨眷、海外侨胞。年内，区侨联接待美国知名侨领陈灿培一行。 （李建光）

临桂区残疾人联合会

【概况】 2017年，临桂区残疾人联合会（简称区残联）开展残疾人教育、康复、扶贫解困、劳动就业、社会服务、无障碍设施和残疾预防等工作，创造良好的环境和条件，扶助残疾人平等参与社会生活。

【扶残助学】 2016年，区残联帮助残疾学生及贫困残疾人子女接受教育。给予接受学前教育的残疾儿童，每人每年补助900元；接受义务教育的残疾学生和贫困残疾人子女，每人每年补助600元；接受普通高中、中等职业教育（成人中专）的残疾学生和贫困残疾人子女，每人每年补助1200元；就读全日制普通大学专科及以上学历的残疾学生和贫困残疾人子女，每人每年补助1000元；接受国家承认学历的非全日制成人中、高等教育的残疾学生和贫困残疾人子女，在其取得毕业证书的当年，一次性补助1500元（同等学历只资助一次）。年内，全区补助残疾学生281人，贫困残疾人子女507人，发放助学金64.27万元。“阳光助学计划——特殊教育学校学生资助项目”资助68人，项目资金27200元。

【康复工作】 2017年，区残联利用“中华健康快车”进入桂林市为贫困白内障患者开展复明手术的契机，组织700名贫困白内障患者进行手术筛查，其中100名患者获免费手术治疗。继续实施国家残疾儿童康复救助“七彩梦行动计划”项目和国家残疾人事业专项彩票公益金康复项目。加强残疾人精准康复工作，完成上级下达的康复工作任务，为1298名残疾人提供基本康复服务，为237名残疾人提供辅具服务，服务资金48万元。

【扶贫助残】 2017年，区残联继续开展“党员扶残温暖同行”工程，投入27.7万元，通过村党支部与277户贫困残疾人签订帮扶协议，扶持贫困残疾人从事种植、养殖业。依托茶洞镇鑫源养殖场养殖技术和经验，投入20万元，与其合作建立“临桂区阳光助残扶贫基地”，免费向家中有场地、有创业愿望的农村贫困残疾人提供小猪252头（每户2头），免费提供技术指导，辐射带动126户农村贫困残疾人脱贫致富。投入9万元，在桂林山水职业学院举办农村残疾人实用技术培训班2期，培训内容有养猪、柑橘等种养技术，参加培训残疾人188人。

【残疾人就业工作】 2017年1月，区残联与区就业服务中心联合开展残疾人就业援助月活动，在全区开展残疾人有就业技术培训需求的调查摸底工作，并进行残疾人就业登记。加强与有关部门联系，将残疾人的优惠政策落实到位，推动残疾人自主就业。发放残疾人就业扶持资金13.3万元，扶持自主创业残疾人133人。发放残疾职工养老保险82人，补助资金98400元。

【实施阳光家园计划项目】 2017年，区残联对辖区内的智力、精神及重度残疾人家庭逐户摸底调查，签订服务协议，建立残疾人托养服务对象档案，与桂林医学院第二附属医院合作，由医院向残疾人提供医疗服务，受助残疾人 196 人。

【社会保障】 2017 年，临桂区贫困残疾人最低生活保障做到“应保尽保”，残疾居民医疗保险、社会养老保险和新型农村合作医疗、新型农村社会养老保险实现全覆盖。配合民政部门实施重度残疾人护理补贴制度和困难残疾人生活补贴制度，落实贫困残疾人参加新型农村养老保险、城镇居民养老保险和城镇重度残疾人参加城镇居民基本医疗保险等免费优惠政策。对租住廉租房的贫困残疾人 51 人发放房租补贴资金 38250 元。残疾人机动轮椅车燃油补助 95 人，补助资金 24700 元。

【残疾人家庭无障碍改造】 2017 年，区残联实施贫困残疾人家庭无障碍设施建设工程。无障碍改造工作主要有门户改造、厨房改造、卫生间改造、安装楼梯扶手等。年内完成无障碍改造任务 91 户，投入资金 36.4 万元。

【关注贫困残疾人】 2017 年春节前夕，临桂区四家班子领导到各乡镇慰问贫困残疾人，每户发放价值 500 元的慰问金和慰问品，全区慰问贫困残疾人 86 户，发放慰问金、慰问品 43000 元。第二十七个全国助残日期间，区残联到临桂特殊教育学校开展慰问活动，慰问残疾学生 60 多人。

【基层组织建设】 2017 年 5 月 4 日—9 日，区残联举办 3 期残疾人专职委员培训班，乡镇、村（社区）179 名专职委员参加培训，培训内容有残疾人教育、就业、康复、维权等相关政策。从 7 月起，开展残疾人基本服务状况和需求信息数据动态更新工作，投入经费 10 万元，抽调区、乡镇、村（社区）残联（残协）工作人员，对残疾人进行造册登记，掌握全区 9981 名残疾人生产、生活、康复、就业、教育等基本情况，并录入动态更新管理系统。10—12 月，开展区、乡镇两级残联换届工作。给 179 名乡镇、村（社区）专职委员发放岗位补助 132480 元。

【信访与文体工作】 2017 年，区残联做好残疾人信访工作，接待残疾人来信来访 50 件次；在创建“全国文明卫生城”活动中，做好城区经营“爱心亭”的残疾人的思想工作，配合相关部门全部拆除占道经营的“爱心亭”，并妥善安置。贯彻落实《关于加强残疾人文化建设的意见》，继续开展“残疾人文化周”、残疾人“文化进社区”等活动。组建残疾人坐式排球队参加全市残疾人坐式排球比赛，获第三名。规范残疾人证核发工作，发放残疾人证近 1000 份。

（伍春成）

临桂区科学技术协会

【概况】 2017 年，临桂区科学技术协会（简称区科协）围绕区委、区政府的中心工作，按照“政府

2017 年 4 月 27 日，区科协在“乐 8 小城”设立青少年科普基地

阳初发　摄

推动、全民参与、提升素质”的工作方针，针对农民、未成年人、城镇居民和公务员4大主要人群，开展提升科学素质的科普活动。年末，区科协设办公室、科普部、青少部，编制4人，实有5人。区科协获2017年度广西“十月科普大行动”先进单位。

【服务“三农”】 2017年，区科协会同区农业、林业、老科协等部门，开展农村党员、干部、青年劳动力培训18期，培训1400多人次，培训内容有红心猕猴桃种植技术、百香果种植技术、柑橘种植技术等实用技术。

【青少年科普教育】 2017年，区科协邀请桂林市科学技术协会，到区内开展“科普大篷车进校园”活动，引导学生探究科普产品的科学原理，启发学生学科学、爱科学、用科学兴趣。在“乐8小城”(一个针对3~13岁儿童进行职业教育的场馆)设立青少年科普基地，投入4万元，购买2台触摸屏赠予“乐8小城”，用于科普宣传。

【十月科普大行动】 2017年，区科协围绕“十月科普大行动”活动主题，制定活动方案。10月26日—27日，联合农业、畜牧水产、林业、科技、卫生、食药、教育、文广、农机、老科协等19个部门，分别在城区金山广场、中庸镇开展“十月科普大行动”大型科普宣传活动。活动内容有柑橘种植技术交流会、开展义诊、提供科普咨询、发放科普资料等，展出科普展板17块，发放科普资料2万多份，受益4000多人。

【农村专业技术协会管理】 2017年，区科协加强与区民政局的联系，建立完善针对农村专业技术协会的调研、指导、扶持制度，要求各协会依法做好登记，确保合法性。年内，新增农村专业技术协会2个(桂林市临桂养蜂协会、桂林市临桂区柑橘黄龙病防控协会)，全区农技协会有会员482人。

(阳初发)

临桂区社会科学界联合会

【概况】 临桂区社会科学界联合会(简称区社科联)编制3人，实有3人。2017年，区社科联按照桂林市社会科学界联合会提出的考核工作目标，围绕全区改革发展大局，抓好自身建设、强化服务意识、规范社团管理。年内，区社科联编辑出版《临桂社科》第二期。

【社科研究成果】 2017年，临桂区社科工作者立足区情，结合实际，选准课题，创作一批具有临桂特色的科研成果。这些研究成果大多引入了一系列新理论、新方法，提出了操作性强的对策建议，为科学决策提供理论依据。社科研究内容更广、质量更高。其中，《立足四抓，实现区域经济发展》被列为自治区社科联资助课题，并已结题。

【学术研讨和科普活动】 2017年，临桂区各社科学术团体围绕中心工作，开展学术研讨和科普活动。1月31日，区社科联联合区直相关部门在两江镇开展文化、科技、卫生“三下乡”活动；1—2月，开展中共十九大精神暨理论政策宣讲活动30场次，活动形式有山歌、演讲、歌舞、有奖问答等；10月27日，在城区金山广场开展自治区社会科学普及联合大行动、临桂区金山广场科普活动，20个区直单位参与，内容有文艺演出、科普服务一条街等，展出板报24块，悬挂科普标语20多条，免费向市民发放科普宣传资料6000多份。

(陈家斌)

政　　法

2017 年 10 月 12 日，临桂区召开信访维稳工作推进会　　阳健康　摄

政法委及综治

【概况】 2017年,临桂区社会管理综合治理工作围绕维护社会大局稳定、促进社会公平正义、保障人民安居乐业三大重要任务,以深化平安建设、法治建设、队伍建设为着力点,加强基层基础建设,落实社会治安综合治理各项措施,推进信访积案和矛盾纠纷排查化解,维护全区和谐稳定。年末,桂林市临桂区委政法委(简称区政法委)内设机构3个,编制13人,实有22人。

【维护社会稳定】 2017年,临桂区继续组织开展区委书记大接访活动,区信访局接访中心接待群众来访98批1076人次,同比批次下降20.9%,人次下降34.5%,其中集体访44批962人次,个体访54批113人次,初访76批703人次,重访22批372人次。坚持精准排查精细化解,确保把矛盾纠纷消化在基层和萌芽状态,全年调解矛盾纠纷1300起,消除械斗隐患。抓好"三敏感"问题的化解稳控工作,对涉军群体、征地拆迁、农村"三大纠纷"等重点人员和重点案(事)件逐一落实化解和稳控责任。在环广西公路自行车世界巡回赛和中共十九大期间,按照一人一策、一案一策、一事一策的工作思路,安抚上访人员,化解矛盾,对有政策规定的,按规定抓好落实。对问题楼盘业主、涉军等群体挑头人员进行约谈警示;依法处理违法闹访,维护信访工作秩序。

【平安建设】 2017年,临桂区开展无邪教创建活动,打击"法轮功"邪教组织活动,维护社会政治稳定;做好护路护线联防工作,化解贵广高铁、湘桂铁路涉路矛盾纠纷,消除安全隐患,维护铁路运输安全畅通;开展校园周边环境整治工作,确保校园周边安全;做好矫正管理教育工作,防止脱管漏管虚管现象。全区在册社区矫正服刑人员162人,安置帮教特殊人员87人。加强无物业小区管理,健全完善治安义务巡防体系。推进"雪亮工程"建设,视频监控实现"三个全覆盖"(即中心城区全覆盖、乡镇政府所在地全覆盖、30户以上的村屯全覆盖)。加快综治中心及网格化建设。扩招辅警,解决警力不足问题。全年立各类刑事案件2338起(其中城区1855起),同比上升4.44%;破881起,破案率37.68%,比上年提高23.85%;抓获刑事案件作案成员640人,同比上升70.2%;查获犯罪团伙29个175人。立命案6起,破6起。检察机关受理各类报捕刑事案件349件469人,经审查批准逮捕297件359人;审判机关受理刑事案件257件,旧存案件22件,审结240件。

2017年5月4日,黄沙瑶族乡举行预防青少年犯罪知识竞赛活动　　唐秋菊　摄

【打击传销专项行动】 2017年,临桂区继续开展打击传销专项行动,创建"无传销"县(区)。建立部门联动机制,公、检、法统一传销案件证明标准,形成工作合力;落实工作经费,以政府购买服务的方式,聘请40人组成专门的打传队伍,集中开展打传专项行动。年内,出动执法人员6429人次,出动执法车辆1296台次,检查出租

屋 1608 间，取缔传销窝点 184 个，行政处罚 494 人，教育驱散涉传人员 22862 人次，摘掉传销重点关注地区帽子。

【加大禁毒工作力度】 2017 年，临桂区实现禁毒办实体化，并按 70 万常住人口，人均 1.5 元（原为 0.5 元）落实工作经费。利用报刊、电视台、官方网站、微信公众号以及进村入户发放公开信的形式开展宣传，组织律师到学校开展法制讲座，到村委开展“禁毒宣传”文艺演出等活动。年内，查处吸毒人员 780 人（提请批准逮捕 58 人），达到社区戒毒社区康复执行率 100% 的目标。

【政法队伍建设】 2017 年，临桂区开展全面从严治警“五查五整顿”（查思想，着力整顿理想信念滑坡问题；查纪律，着力整顿有令不行问题；查作风，着力整顿不严不实问题；查担当，着力整顿不作为、乱作为问题；查管理，着力整顿领导责任落实不力问题）专项活动，树立政法队伍的良好形象。保障政法部门经费，更新提升装备。

【服务临桂新区建设】 2017 年，临桂区加强桂林市行政中心及其周边秩序维护工作。处置市政府周边非正常上访 127 起 4383 人次，其中辖区内人员到市政府及周边非正常上访 35 起 1137 人次。加大协调服务力度，从政法机关抽调精干人员充实项目维稳组，为新区项目建设提供法律服务，化解征地、拆迁、安置、清表、迁坟等矛盾纠纷。开展维护项目施工秩序专项整治行动，尤其是对阻碍重大项目建设的违法犯罪行为实行“零容忍”，打击阻工为首者、参与者及幕后操纵人员，维护项目施工秩序。 （阳健康）

公　安

【概况】 临桂区公安局（简称区公安局）的机构设置包括内设机构、关押场所、派出机构。2017 年，临桂区公安局内设机构 15 个。其中，综合管理机构 4 个：政工室、纪检监督室（加挂督察大队牌子）、警务保障室、法制大队，执法勤务机构 11 个：指挥中心（加挂办公室、行政审批办公室、多警种合成作战研判中心、科技信息化通信科、机要保密科、警务情报大队、视频侦控大队、互联网信息安全中心牌子）、国内安全保卫大队、交通管理大队、刑事侦查大队、治安管理大队（加挂区爆炸危险物品监管大队、警卫科牌子）、户政管理大队、禁毒大队（加挂区禁毒委员会办公室牌子）、经济犯罪侦查大队、出入境管理大队、110 巡逻警察大队、网络安全保卫大队，监管场所 2 个：临桂区看守所、临桂区拘留所，派出机构有 15 个派出所。年末在职在编民警 276 人（其中交警 31 人），行政干部 1 人，事业干部 1 人，行政工人 8 人，事业工人 34 人。年内，区公安局从“打、防、控、管、疏、服务”六个方面着手，强化治安防控体系建设，推进各项重点业务工作落实，维护临桂社会治安持续平稳，完成党的十九大安保和环广西公路自行车世界巡回赛安保等各项工作。

【打击违法犯罪】 2017 年，区公安局将“两抢一盗”“打黑除恶”等专项行动作为工作重点，提升破案率。全年立各类刑事案件 2338 起（其中城区 1855 起），比上年提高 4.44%；破 881 起，破案率 37.68%，比上年提高 23.85%；抓获刑事案件作案成员 640 人，同比上升 70.2%；查获犯罪团伙 29 个 175 人。提请批准逮捕直诉 367 人，完成全年任务的 126.55%。其中，侵财人员提请批准逮捕直诉 155 人，起诉侵财案件串数 5 串；提请批准逮捕 9 类涉恶 82 人，完成 205%；采集机主通信录 1088 份；DNA 样本采集 1867 份，完成 124.47%；打掉涉恶团伙 17 个。9 月，二塘派出所破获李某武诈骗案，深挖串并作案 78 起。立命案 6 起，破 6 起。抓获自治区公安厅督办逃犯 4 人。立 14 类涉恶案件 100 起，破案 52 起，破案率为 52%，提请批准逮捕、直诉 14 类涉恶类犯罪嫌疑人 111 人。其中，立 9 类涉恶案件 42 起，同比下降 2.4%；破案 18 起，同比上升 100%；刑拘 70 人，同比上升

2017 年 2 月 20 日，临桂区举行"机动车辆防盗系统"惠民工程启动（签约）仪式　　秦小珍　摄

16.7%；提请批准逮捕、直诉涉恶犯罪嫌疑人 82 人，同比上升 141.18%；打掉涉恶类团伙 17 个，同比上升 112.5%（团伙刑拘 48 人，同比上升 860%；提请批准逮捕、直诉涉恶犯罪嫌疑人 43 人，同比上升 86.96%）。立破坏社会主义市场经济秩序案 28 起，破案 11 起，破案率 39.29%；立组织领导传销案 10 起，破获 6 起，查获涉嫌传销嫌疑人 83 人，逮捕犯罪嫌疑人 8 人、刑事拘留 49 人、取保候审 4 人、监视居住 2 人。

【开展"神剑 2 号"行动】 2017 年，区公安局开展"神剑 2 号"行动，刑拘侵财类犯罪嫌疑人 185 人，破案 288 起，提请批准逮捕 155 人；抓获省外逃犯及历年在逃人员 38 人。

【治安管理】 2017 年，区公安局开展治安统一清查行动 23 次，清查整治城乡接合部等重点部位和各类治安复杂场所、公共娱乐场所。检查 KTV229 家次，宾馆饭店 688 家次，桑拿按摩室 204 家次，网吧 126 家次。对违反规定的宾馆停业整顿 4 家，罚款 16 家。开展废旧金属收购业专项清查行动，清查印刷业 6 家、典当业 8 家、机修业 126 家、租车业 14 家、废旧金属收购业 25 家、其他 45 家；投入 6000 多人次，查处各类治安案件 310 起，抓获违法犯罪人员 483 名，缴获赃款赃物和作案工具一批；加强公务用枪管理，民警持枪证年检率 100%。全年查处治安案件 1613 起，完成任务的 114.40%；行政拘留 942 人，完成任务的 190.69%；查处黄赌行政案件 276 起，完成任务的 150%；收缴枪支 230 支，完成任务的 100%；收缴管制刀具 400 把，完成任务的 100%。提请批准逮捕吸毒人员 58 人，查处吸毒人员 780 人，达到社区戒毒社区康复执行率 100% 的要求。临桂区禁毒办年内实现实体化。

【户政管理】 2017 年，区公安局加强窗口规范化建设，依法办理各项户籍业务。全年办理出生登记 9920 人，死亡登记 7678 人，迁入登记 5748 人，迁出登记 2725 人。继续开展户口清理整顿工作，漏报补录核查 509 人。核实公安部下发的全国人像比对系统疑似重户人员 350 人，全部完成任务。办理居住证 1929 人，登记流动人口 20291 人；办理省内居民身份证 48048 个、省外居民身份证 1950 个、临时身份证 8500 个。加强重点人口和肇事肇祸精神病人管控工作，对辖区内肇事肇祸精神病人进行摸底清查，登记造册，送桂林市精神病院治疗 22 人。全年重点人口列管率、考察率 100%，重点人口重新犯罪率下降明显。

【交通安全管理】 2017 年，区公安局根据桂林市行政服务中心搬迁临桂造成交通流量剧增的实际，加强交通安全宣传，加大交通疏导和执法力度。全年出动警力 17810 人次，纠正各种道路交通违法行为 44969 人次，处罚 41460 人次；行政执行各等级交通警卫任务 26 次。年内，辖区发生受理道路交通事故 1357 起，死亡 9 人，受伤 631 人，直接经济损失 375.52 万元；检验机动车 16998 辆；受理驾驶人考试 4217 人；办理机动车车入户 4083 辆；开展交通安全宣传活动 47 次，发放宣传资料 50870 多份，教育 53000 多人次，在报刊上刊登新闻报道53篇。全年辖区无群死群伤重特大交通安全事故发生。

【消防安全管理】 2017年,区公安局联合相关职能部门,开展火灾隐患排查整治。组织开展冬春火灾防控、劳动密集型企业、人员密集场所违规设置楼体户外广告、夏季消防检查、易燃易爆危险品等消防安全专项整治行动。加强对社会单位的消防安全检查和管理,保持对火灾隐患整治态势。针对小酒吧、茶座、舞厅数量多、消防设施不齐全,存在消防安全隐患的情况,开展重点排查整治。全年发现消防隐患5106起,督促落实整改5067起,签发责令改正通知书1753份;查处消防行政案件104起,行政拘留13人,处罚单位97家。年内,全区发生火灾警情29起。

【出入境管理】 2017年,区公安局走访辖区内涉外企业5家,并对辖区内16个涉外婚姻家庭进行定期或不定期回访。全年办理大陆证1870人,单程证12人,港澳双程证11258人,护照7757人,复核材料20897份,扫描上传及整理档案材料20897份,发证11823人。加强报备工作,录入法定不批准出境人员92人,核查报备国家工作人员32人,撤销报备国家工作人员19人。

【完成环广西公路自行车世界巡回赛安保任务】 2017年10月,区公安局负责环广西公路自行车世界巡回赛赛段42.4千米。局领导多次带队实地查看比赛线路,提出安保改进意见。培训安保志愿者4000余人。购买各项安保装备。完成安保前线指挥部各项准备及保障工作。比赛当天,设在临桂的指挥视频调度速度快、点位图像清晰、前后镜头切换顺畅。

【服务新区建设】 2017年,区公安局依法处理临桂新区项目施工过程中遇到的各类治安问题,打击寻衅滋事、恶意阻工、敲诈勒索、强揽工程、强迫交易等违法犯罪行为,维护重点工程建设和新区项目建设治安秩序。全年出动警力2000多人次,排查调处矛盾纠纷50余起,侦破刑事案件、治安案件一批。

【信息化建设】 2017年,区公安局完成二塘派出所、交警大队综合指挥调度室建设,巡警大队、四塘派出所综合指挥调度室在建。"天网"建设投入资金约3300万元,覆盖城区中心区域60%范围,拥有288个高清摄像头。指挥中心的情报系统、"一张图"建设投入使用,通过情报预警分析,协助办案单位抓获犯罪嫌疑人252人。以打击网络政治谣言、公共无线上网场所管控系统建设为重点,构建"网上网下相结合、打防管控一体化"的网络安全防控体系。

【开展"围城"工作】 2017年,临桂区人民政府划拨专款192万元,新增武装巡逻车2台、高端摩托车30台、配备协警24名,用于中心城区打、防、控及维稳工作。区公安局制定全局"围城"工作方案,白天安排巡警大队、中心城区派出所在街面巡逻防控,晚上以巡逻和守卡布控相结合,开展守卡盘查工作。凡敏感节点,全天24小时设卡盘查。全

2017年10月23日,临桂区公安及消防、武警中队在环广西公路自行车世界巡回赛终点执勤　　李璇　摄

年在巡逻中盘查可疑人员 500 人，可疑车辆 190 辆，抓获各类现行犯罪嫌疑人 163 人（侵财类 33 人），刑拘犯罪嫌疑人 32 人、提请批准逮捕 28 人、行政拘留 9 人，接处警 3200 余起，为群众调解纠纷矛盾 322 起，救助 99 起，145 人次。

【监所管理】 2017 年，区拘留所、看守所监管工作严格按照高标准、高质量执行，拘留所、看守所年内无事故。看守所实现连续 28 年安全无事故。

【队伍建设】 2017 年，区公安局按照政治建警、从严治警、素质强警、文化育警、从优待警的要求，推进队伍正规化建设。以铸造忠诚警魂为根本，引导民警树立正确的理想信念和价值取向，培育正确的从警观。投入资金 12 万余元，在全局 24 个党支部完成“对党忠诚、服务人民、执法公正、纪律严明”十六字方针上墙工作；投入 1.3 万余元建设全局党建精品阅览室；投入资金 3 万余元建设局党委廉政文化长廊。抓好党风廉政和纪律作风建设。局党委书记、局长与局党委各成员及各部门负责人签订“一岗双责”责任书，纪委与全体民警签订各项承诺书，落实自上而下的约谈制度；党风廉政建设“两个责任”工作与业务工作同部署、同检查、同考核。落实从优待警各项措施，年内筹集经费为全局民警体检一次。

（江伟）

检　察

【概况】 临桂区人民检察院（简称区人民检察院）设机构 13 个，以及两江、五通、六塘 3 个乡镇检察室。全院有编制 49 人，实有 47 人。2017 年，区人民检察院发挥检察职能作用，服务临桂新区经济发展；依法惩治刑事犯罪，维护和谐稳定的社会环境；坚持惩治预防并举，推进廉洁高效的政务环境；强化法律监督能力，竭力营造公平正义的法治环境；依法化解社会矛盾，促进社会和谐稳定。

【服务经济发展】 2017 年，区人民检察院围绕区委、区政府中心工作，以解决群众的基本诉求为出发点，发挥检察职能，向相关部门发出检察建议，配合创城完成检察环节的综治、禁毒等工作。联合区委政法委、公安、法院、工商局等部门召开打击传销座谈会和研讨会，针对临桂区传销犯罪的特点及新动向进行分析研究，对打击传销违法活动提出对策建议。

【惩治刑事犯罪】 2017 年，区人民检察院关注社会治安和公共安全领域出现的新情况，重点打击组织、领导传销活动犯罪、毒品犯罪、危害公共安全类、多发性侵财犯罪等，维护新区的社会稳定。年内，受理各类刑事案件 332 件 435 人，经审查提起公诉 288 件 364 人。其中，侵财性案件 138 件 165 人，提起公诉 127 件 149 人；毒品类犯罪 49 件 50 人，提起公诉 44 件 45 人；非法传销案件 3 件 8 人，提起公诉 1 件 2 人；寻衅滋事案 5 件 18 人，提起公诉 3 件 8 人；非法上访类案件 2 件 2 人，提起公诉 1 件 1 人。不起诉案件 18 件 29 人，移送桂林市人民检察院 7 件 8 人，抗诉成功 1 件 2 人。

【预防和查处职务犯罪案件】 2017 年，区人民检察院加大职务犯罪预防宣传力度，注重传统宣传与新媒体宣传相结合，以电视台、预防职务犯罪公益海报、LED 显示屏滚动宣传、送法下乡、上法制课等多种形式，开展警示宣传教育活动。全年开展送法进企业、机关、村委等活动 11 次，受教育 3000 多人。受理行贿犯罪档案查询并提供行贿档案查询 2745 份。重点查办发生在群众身边的和扶贫领域（征地拆迁、土地流转、强农惠农领域）的贪污腐败案件，开展打击行贿犯罪专项行动。年内，立案查处贪污贿赂、渎职犯罪案件 14 件 21 人。其中，贿赂案件 11 件 13 人，贪污案件 2 件 6 人，滥用职权案 1 件 2 人。移送审查起诉 13 件 20 人。

【强化法律监督】 2017 年，区人民检察院建立健全与公安机关信息通报制度和信息共享平台，以监督立案、审判、执行违法行为为重点，解决有案

2017年5月26日，区人民检察院举行“防治校园欺凌，护航未成年人成长”主题检察开放日活动　　闫星宇　摄

区人民检察院举行首批员额制检察官宪法宣誓仪式。14名员额检察官面对国徽和党旗宣誓。誓词为：“我是中华人民共和国检察官，我宣誓，忠于中华人民共和国宪法，维护宪法权威，履行法定职责，忠于祖国、忠于人民，恪尽职守、廉洁奉公，接受人民监督，为建设富强、民主、文明、和谐的社会主义国家努力奋斗。”

【检察开放日活动】 2017年5月26日，区人民检察院举行主题为“防治校园欺凌，护航未成年人成长”的检察开放日活动。邀请区人大、政协、妇联、教育局以及临桂一中师生共6名代表参加座谈，共同探讨预防和防治未成年人犯罪的问题。

不立、违法立案、认定事实或适用法律错误等问题。年内，刑事立案监督9件，向公安机关发出要求说明不立案理由通知书1份，发出要求说明立案理由通知书5份，纠正漏捕犯罪嫌疑人6人；向法院抗诉成功1件2人；民事行政立案监督8件，向临桂区人民法院发出检察建议5件，获法院支持5件，向桂林市人民检察院提起抗诉1件；强化刑罚执行和监管活动监督，受理羁押必要性审查20件20人，办理财产性监督案件1件，发出检察建议1份，向临桂区看守所发出书面纠正违法通知书16份、检察建议2份。

【依法化解矛盾】 2017年，区人民检察院贯彻宽严相济刑事政策，对符合法定条件的轻微刑事案件、过失犯罪案件，犯罪嫌疑人真诚悔罪并获得被害人谅解、双方自愿达成和解协议的，依法作出从宽处理决定，实现法律效果与社会效果相统一。年内，依法决定不批准逮捕案件53件104人，因犯罪情节轻微作相对不起诉案件8件17人，和解后作出不起诉案件10件10人。处理来信来访139件次，接待群众来访325人次。加大检察环节司法救助力度，办理国家司法救助案件31件，发放国家司法救助金10.8万元。

【举行员额检察官宣誓仪式】 2017年1月3日，

【召开打击传销犯罪座谈会】 2017年7月7日，区人民检察院牵头，联合区委政法委、公安局、法院、工商局等部门召开打击传销座谈会，共商打击传销对策。会议认为，现阶段临桂区传销活动犯罪日益增多，严重影响临桂的经济社会发展和社会稳定，各部门必须达成共识，通力合作，才能更有效地打击传销违法犯罪。

【检察长出庭支持公诉】 2017年9月28日，区人民检察院检察长彭武林就被告人蒋某某涉嫌非法携带管制工具危及公共安全一案出庭支持公诉。庭审邀请临桂区各乡镇党委书记、维稳办工作人员、群众等50多人出庭旁听。庭审中，彭武林向法庭出示认定案件事实的物证、书证、证人证言、被告人的供述与辩解等证据。就本案的社会危害性、量刑建议等发表公诉意见，并对被告人及旁听人员进行法制教育。

【“群众安全感与满意度”普法宣传活动】 2017年10月31日，区人民检察院联合区公安局、法

2017年10月31日，区人民检察院开展普法宣传活动

邹韵娴 摄

各类案件4147件，审（执）结4094件，与上年相比，分别增长25.2%和23.8%。

【刑事审判】 2016年，区人民法院重点打击“两抢一盗”、非法传销、贩卖毒品、违法阻工、网络电信诈骗等刑事犯罪行为。按照打防并举，标本兼治的原则，突出“寓教于审，惩教结合”的审判特点，做好庭前调查，以及审前阶段法制教育、庭审阶段认罪教育、宣判阶段服法教育、改造阶段悔过自新教育的“四个环节教育”。做好预防青少年犯罪教育工作。全年受理各类刑事案件319件，审结312件，比上年分别增长5.6%和6.5%；依法判处罪犯325人，其中审结未成年人犯罪8件12人。

院、国安办等政法部门，在城区金山广场开展“群众安全感满意度”普法宣传活动。围绕“构建和谐社会，打造平安临桂”主题，通过设立宣传展板、悬挂宣传横幅、发放宣传资料等方式，向群众介绍检察机关的相关职责，维权的正确方法和途径，还设立维权咨询服务台，对群众提出的咨询给予解答。发放宣传资料200余份，免费提供法律咨询26人次。

【普法培训】 2017年12月13日，区人民检察院公诉科、反渎局干警分别到临桂镇、两江镇、五通镇、茶洞镇、中庸镇、六塘镇、宛田瑶族乡、南边山镇等乡镇，对各乡镇干部、村委干部进行综治（平安建设）工作业务开展集中培训。（闫星宇）

法　　院

【概况】 2017年，临桂区人民法院（简称区人民法院）围绕“努力让人民群众在每一个司法案件中都感受到公平正义”的目标，坚持“司法为民、公正司法”工作主线，推进公正司法，践行司法为民，履行宪法和法律赋予的职责。年内，受理

【民事审判】 2017年，区人民法院围绕去产能、去库存、去杠杆、降成本、补短板五大任务，为临桂区重点工程和重点项目建设提供司法服务。成立桂林市首个以法官个人名字命名的涉房案件工作室——“赵创福法官工作室”。年内，到企业走访调研40余次，开展法律培训讲座10余场，为企业提供法律咨询近100次。抽调干警参加破产企业的债权债务清理、城市房屋拆迁、土地违法检查、重大群体上访事件处理等重点工作任务。全年共受理各类民事案件2613件，审结2582件，与上年相比，分别增长18.8%和16.9%。

【行政审判】 2016年，区人民法院从维护稳定大局出发，慎重处理信息公开、行政处罚、强制拆除等敏感案件，在保障行政相对人合法权益的同时，规范行政执法行为，加强对行政执法人员的培训，增强依法行政意识。全年受理各类行政案件30件，审结30件，比上年下降21.1%；审查非诉行政执行案件2件。

【执行工作】 2017年，临桂区成立由区委政法委牵头的执行指挥中心领导机构，形成党委领导、人大监督、政府支持、政法委协调、法院主办、各界配合的执行工作新格局。区人民法院通过执行信息指挥中心，与自治区高级人民法院“总对总”和国土、房产等部门“点对点”网络查询系统对接，强化对被执行人的财产查控。加大对被执行人的惩戒，开展4次“执行风暴”集中执行活动，将547名失信被执行人录入最高人民法院的失信被执行人名单库，并限制高消费，罚款1人（罚款金额2万元），拘传76人，以拒不执行法院判决罪判处1人。全年受理执行案件1181件，案件受理数比上年增加54.8%。其中，结案1159件，未结22件，结案率98.14%；申请标的64496万元，实际到位标的22991万元，标的到位率35.65%。已结案件中，包括执行实施类案件1157件，其中执结307件，终结本次执行程序593件，终结执行215件，驳回申请13件，撤回申请5件，移送他院执行2件；执行异议类案件24件，其中驳回异议20件，撤回异议4件。

【开展“百日清案”活动】 2017年，区人民法院根据自治区高级人民法院《全区法院大力提高审判质效2017年“百日清案”专项活动方案》要求，从5月10日—8月30日，全部审结2016年12月31日前立案的所有旧存诉讼案件，审结2017年1月—7月新收未结诉讼案件的80%以上。区人民院有2016年12月31日前立案的旧存未结诉讼案件155件，2017年1月—7月10日，新收诉讼案件1664件，新收未结诉讼案件610件。“百日清案”活动期间，审结各类诉讼案件666件，其中审结2016年12月底前立案的旧存案件43件，审结新收诉讼案件623件。

【服务中心工作】 2017年，区人民法院围绕区委打造“桂林城市新中心”“美丽宜居临桂”的目标定位，谋划服务举措。对重大招商引资项目从法律角度帮助进行可行性论证，提供法律风险评估。加大对重点工程保障力度，对建设过程中产生的各类纠纷，开展诉前调解，提供法律服务，需要通过诉讼解决的，开辟便民审执通道。全年处理相关案件380余件，做群众工作650余人次，确保重点工程建设的顺利进行。加大对环境污染犯罪的惩处，并通过“以案讲法”扩大宣传效果；处理因环境污染引发的民事纠纷，支持政府依法履行生态建设、实施绿化美化、开展区容区貌整治等职责。处理因城镇改造、土地征收、房屋拆迁、土地补偿产生的各类纠纷11件；加大对“美丽乡村建设”的支持力度，依法审理涉土地纠纷6件；加强农村文明建设，通过调处婚姻家庭、邻里关系等案件，倡导社会主义核心价值观，推动社会公德建设。加强对民间借贷、金融借款、融资租赁等合同案件的审理，规范金融流转秩序，引导公民和企业规避金融风险，加大对高息揽储和非法集资的惩治；充分发挥司法裁判导向作用，引导群众理性面对市场风险，审结建设工程合同纠纷、涉商品房纠纷等案件263件，促进临桂新区房地产市场发展。开展物业纠纷巡回审判，发挥“审结一案、示范一片”的效果。全年受理物业纠纷271件，诉前调解及联动调解占受理案件数的80%。

【便民服务和审判公开】 2017年，区人民法院诉讼服务中心由原来的一层改建为两层，并将诉讼服务中心建设成为“一站式、全方位、多层次”的综合性诉讼服务平台。健全完善诉讼服务中心的日常管理制度，规范工作人员的言行举止，树立“公正、廉洁、为民、高效、服务”的良好形象。完善工作衔接制度，明确工作节点责任，提高工作效率。完善群众意见反馈制度，畅通当事人与法院的沟通渠道，听取群众意见，并制定相应的对策与方案，突显法院诉讼服务中心的亲民、便民职能。通过依法公开立案、庭审、执行等各个环节的内容，裁判文书上网、建立领导接待日制度等措施，畅通民意沟通表达渠道，听取社会公众对法院工作的意见和建议。邀请区人大代表和政协委员视察以及特邀其他有关单位人员旁听开庭、旁观执行过程、参与信访接待等活动，促进审判作风转变。年内，在中国庭审直播网直播案件266件，公开裁判文书2320份，通过各种媒体公布法院信息159条。

【推进司法改革】 2017年，区人民法院把握责、权、利三个核心要素，按照最高人民法院《关于完善人民法院司法责任制的若干意见》要求，研究制定《关于完善司法责任制改革实施意见》《院长、庭长、审委会委员、审判辅助人员职责清单》《审判委员会工作规则》《违法审判责任追究办法》等配套改革制度，采取“1+1+1”（1名法官配置1名法官助理和1名书记员）审判团队组织模式，明确各自职责，形成分工协作、相互配合，共同完成审判任务的工作机制。取消层层请示、逐级审批案件制度，改革裁判文书签署机制，明确院长、庭长不再签发本人未参加审理案件的裁判文书。建立院长、庭长办案机制，进入法官员额的院长、庭长、审委会专职委员均编入审判团队，办理一定比例的案件。年内，院长、庭长、审委会专职委员办理案件3148件，占案件总数的70%。

【诉讼服务信息化建设】 2017年，区人民法院将信息化技术运用到诉讼服务领域，在诉讼服务大厅设置电子显示屏、立案叫号系统，方便群众有序立案；设置电子触摸自助查询系统，方便群众查阅诉讼指南、办事流程等信息；设置远程视频接访系统，实现网上视频接访；建成12个科技法庭，具备数字多媒体集中控制、庭审同步录音录像、证据现场展示、网上庭审直播等功能，实现庭审的可视化、网络化、远程化管理；建立数字化电子档案系统，实现案卷电子档案同步生成，实现诉讼档案信息化检索和网上查询。全年诉讼服务中心审查立案4147件，接待咨询1767人次。

【落实司法救助】 2017年，区人民法院针对社会弱势群体和身患残疾不便到法院立案的当事人，开展巡回立案12次，立案24件，当场调解29件，接受咨询20件，预约立案4件。全年接待群众来访咨询2000多人次，解答法律咨询1000多人次；完成诉前调解案件220件；为252起案件的困难群众减、缓、免诉讼费17.8万元。为9名生活困难的案件当事人发放司法救助金37.3万元。（尧丽媛）

司法行政

【概况】 2017年，临桂区司法局（简称区司法局）围绕临桂区中心工作，开展普法依法治理、人民调解、安置帮教、社区矫正、法律援助、公证服务等工作，为社会和谐稳定服务，为全区经济建设和精神文明建设营造良好的法治环境。年末，区司法局设办公室、法制宣传股、法律援助中心、基层工作股、社区矫正工作股、政工股6个股室。全区司法行政系统编制49人，实有72人。其中，在编43人（局机关20人，司法所23人），聘用29人。2月，办公地点迁至西城南路5号。

【法制宣传教育】 2017年是实施“七五”普法规划的第二年。区司法局开展新春“三下乡”、妇女维权周、消费者维权周、“12·4”国家宪法日暨全

2017年1月20日，临桂区司法局在会仙镇开展法律宣传活动
区司法局 供稿

国法制宣传日等以宪法为核心的法律宣传活动40多次。联合电影公司开展“法治电影进乡村”主题宣传活动，在168个村（居）委会放映禁毒、进城务工维权、农村交通安全、防范电信诈骗等法治宣传短片，其中在贫困村开展法治宣传30次，宣传面100%。组织公证、法律服务工作者、普法志愿者到贫困村开展法律宣传，接受咨询，发放法律法规手册和其他宣传品。全年印制宪法知识读本、未成年人法律法规知识手册、创城法律知识小册子10万多份，为乡村图书室配备法律图书5000多册，其他法制宣传品10000多件，出版法治宣传板报1500多块，投入经费25万多元。开展“互联网+法治宣传”行动，运用网站、微信、微博、手机客户端等新媒体新技术开展普法教育活动，扩大法治宣传教育覆盖面。全年运用临桂普法微信推送信息113条，微博105篇，网站68篇。

【干部法制教育】 2017年，区司法局会同区委组织部、宣传部，区人力资源保障局制订《关于完善国家工作人员学法用法制度的实施意见》。各乡镇、各单位结合“学党章党规、学系列讲话，做合格党员”学习教育，组织学习《中国共产党章程》和《关于新形势下党内政治生活的若干准则》《中国共产党党内监督条例》《中国共产党问责条例》等党内法规。区委组织部、区党校组织全区副科级以上领导干部开展依法治国专题培训，培训300人；法制办举办领导干部专题法治讲座，培训200人。结合村（居）“两委”换届选举工作，区委组织部牵头，组织各乡（镇）村（居）委干部进行法律和党内法规知识培训，参训1500人次。组织全区国家机关工作人员学法用法考试，各类普法对象的参考率、合格率均为95%以上。

【青少年法制教育】 2017年，区司法局、教育局贯彻落实教育部、司法部、全国普法办印发的《青少年法治教育大纲》和《关于加强青少年法治教育实践基地建设的意见》，区司法局组织律师和法制副校长到学校开展“法进校园”巡讲活动。全年律师和法制副校长到学校上法制课50多场次，建立法治教育基地9个。区法院、公安局、检察院分别开展法制教育开放日活动。如区法院组织学生开展模拟法庭活动；区公安局组织学生参观临桂区指挥中心，介绍110、119、120、122等电话的功能及每天接警情况，组织学生到桂林市交通安全教育基地观看警示教育片并学习交通安全知识。区教育局组织学生4542人参加全国青少年法治知识网络大赛活动。

【“以法治区”创建活动】 2017年，区司法局开展民主法治示范村（社区）创建活动。推进和规范村（社区）法律顾问制度，把普法工作作为乡村法律顾问工作职责。区司法局完善“一村一法律顾问”制度，全区设立村（社区）法律顾问83个，相关单位强化部门、行业依法治理，开展“依法行政示范单位”“文明执法示范窗口”“诚信守法企业”“依法治校示范校”等形式的依法治理活动。

【社区矫正工作】 2017年，区司法局开展“社区矫正基层基础建设加强年”活动。按照自治区关于县（区）级社区矫正中心建设的标准，规划社区矫正中心建设。加强社区矫正信息化平台管理，继续加强GPS定位管控，加大对越界、人机分离等违反管理规定行为的查处；完善日常管理和监控制度、定期抽查和通报制度，提高信息化管理平台的监管效率。继续向社会公开招录社区矫正协管员充实基层。开展社区矫正工作执法检查工作2次，联合区人民检察院、区公安局、区人民法院组成社区矫正工作执法检查组，对各乡镇司法所的社区矫正工作进行执法检查。规范社区矫正档案管理，做到一人一档，执行档案存放区司法局，工作档案存放司法所，建档率100%。截至年末，全区在册社区服刑人员159人。其中，缓刑152人，占95.6%；假释3人，占1.9%；暂予监外执行（保外就医）4人，占2.5%；累计收监执行6人。社区服刑人员定位手机131人，占82%。全年完成审前委托评估调查77件。社区服刑人员再犯罪率控制在允许范围之内。9月26日，桂林市司法局在临桂区召开社区行政基层、社区矫正和信息化

2017 年 12 月 4 日，区司法局在桂林市中心广场开展国家宪法日暨全国法制宣传日启动仪式及宣传活动　　区司法局　供稿

建设工作现场会，并观摩临桂区社区矫正中心。

【安置帮教工作】 2017 年，临桂区按照相关规定落实刑满释放人员管控措施。设立安置帮教基地，为帮教对象就业提供技能培训等服务。年内，全区接收刑满释放人员 234 人。其中，监狱释放人员 114 人，看守所释放人员 36 人，解除社区矫正人员 84 人。234 名刑满释放人员全部落实安置，安置率 100%；列入帮教对象 234 名，建立帮教对象档案 234 宗，帮教率 100%。

【人民调解工作】 2017 年，临桂区各级调解组织围绕社会热点、难点纠纷，按照“调防结合，以防为主”的工作方针，集中力量，重点排查和治理因各种因素引发的多发性、易激化矛盾纠纷，重点治理社会难点和热点矛盾纠纷，主动参与群体性矛盾、群体性上访纠纷的调解。年内，全区各级调解组织调处各类矛盾纠纷 1620 件，调解成功 1565 件，调解成功率 97%。

【法律援助】 2017 年，临桂区法律援助中心继续实行社会律师值班制度，由律师轮流到法律援助中心坐班，免费为群众提供法律咨询。全年法律援助接待咨询 401 人次。其中，来访咨询 303 人次，来电或通过“12348”专用电话咨询 98 人次。代写法律事务文书 5 份，引导当事人向其他渠道求助 118 余人次。年内，全区受理法律援助受援案件 624 件。其中，已结案件 308 件，结案率 49%。全年无违规、被投诉案件。在结案案件中，刑事辩护 19 件，民事行政诉讼代理 223 件，非诉讼代理 66 件。通过诉讼和非诉讼代理，为受援人挽回经济损失或取得利益 1566 万元。

【公证法律服务】 2017 年，临桂区公证处抓住临桂新区建设契机，拓展国有土地使用权招投标、保全证据、房屋委托书、征收土地补偿费提存等公证法律服务领域，参与投融谈判和招商引资活动，为自治区、桂林市、临桂区重点项目建设提供公证法律服务。全年依法受理、审查并办结公证事项 15148 件。其中，民事公证 15033 件，经济公证 230 件，涉台公证 115 件，办理经济公证事项涉及金额 5000 多万元，接待来访 20000 多人次。

【律师管理】 2017 年，临桂区内有律师事务所 8 家，即广西春良律师事务所、广西昊旺律师事务所、广西银杉律师事务所、广西宁斌律师事务所、广西金鸣律师事务所、广西亚卓律师事务所、广西众桂律师事务所、广西铁痕律师事务所，有执业律师 62 人。律师除开展法律咨询、诉讼工作外，还参与矛盾排查工作，成功化解一批陈年积案。30 名律师进驻 83 个村委（社区）设立的公共法律服务站点，并与村委签订法律顾问合同，为基层社会组织提供法律顾问服务。

（李燕　韦捷　李芳珍）

军　　事

2017 年 1 月 12 日，武警临桂中队进行应急班科目演示　　　武警临桂中队　供稿

中国人民解放军桂林市临桂区人民武装部

【概况】 2017年,中国人民解放军桂林市临桂区人民武装部(简称区人武部)落实中央军委新形势下国防和军队建设的部署,围绕“听党指挥、能打胜仗、作风优良”的要求,加强党委班子和干部队伍建设,突出主线抓根本,紧贴任务谋打赢,依法从严治军,推进部队正规化建设,确保各项任务完成和部队安全稳定。年内,区人武部被广西桂林警备区评为全面建设先进团级单位。

【思想政治建设】 2017年,区人武部按照突出重点、注重实际、搞好结合的思路,提高理论学习的自觉性,推动学习成果转化。按照学习调研、分析检查、整改提高的步骤,采取集中学习、专题辅导、自学等形式,提高学习效果。推进“两学一做”常态化制度化,组织学习党的十九大精神,开展“五好党员”(思想觉悟好、模范带头好、履职尽责好、团结协作好、遵规守纪好)评比活动。每月一堂专题教育课,组织学习法制、安全管理、“四反”知识等。开展谈心活动,进行听党指挥、履行使命的思想教育。开展反腐倡廉主题教育活动和以安全保密法规法纪为内容的经常性思想政治教育活动。加强党的创新理论学习和党组织建设,打牢官兵和民兵预备役人员的思想根基,坚定官兵的政治信念,提高官兵的思想政治素质和领导干部的工作能力。

【军事斗争准备】 2017年,区人武部按照《战备工作条例》和《战备工作规定》的要求,结合作战任务,做好军事斗争准备工作。开展每月一次战备形势教育,强化全体干部职工“平时应急、战时应战”的战备观念。拟制完善各类战备方案,修订完善各种预案,加强与地方维稳办、防汛办等单位的协调联系,增强处置突发事件的预见性。以机关训练为重点,抓好现役干部训练,开展岗位练兵,坚持以考促训,组织全体人员参加网上军事理论学习。2017年4月,组织冲锋舟专业分队集训,参训人员230多人。组织民兵军事训练,各乡镇年终军事训练考核各科目成绩均在良好以上。抓好国防后备力量建设,加强民兵预备役组织整顿和军事训练工作,提高遂行作战能力。

【正规化建设】 2017年,区人武部严格执行条令条例和各项管理制度,抓好部队正规化建设。开展“条令月”学习活动和“百日安全无事故”活动,组织官兵学习各类法规和规章制度。每月召开一次安全形势分析会,每季度开展一次安全隐患排查活动。加强对人员、车辆的管理,强化官兵的安全意识,消除安全隐患。全年未发生安全事故。修订和完善安全保密、正规化建设标准相关的管理措施和管理制度。增强官兵的条令法规意识和保密意识,规范部队“四个秩序”,提升部队正规化建设和安全管理水平。

【后勤保障工作】 2017年,区人武部制定切实可行的管理制度和节约措施,执行财经管理制度,开源节流,勤俭节约,提高后勤保障综合效益。修订并完善抢险救灾、应付突发事件等保障方案,落实专业保障力量编组,调整充实人员,加强非战争军事行动后勤准备工作。

【民兵预备役建设】 2017年,临桂区政府和区人武部成立民兵预备役建设领导小组。在到各社区、乡镇、企事业单位调研,听取意见和建议的基础上,制订民兵整组工作方案,开展整组工作。通过整组形成科技含量高、专业种类编组合理的民兵组织结构,达到“紧贴任务、平战结合、注重质量、合理使用,整合队伍,优化布局结构”的整组工作目标。年内,临桂区基干民兵接受桂林警备区点验,到点率100%。利用集训和重大活动时机,对民兵进行法制教育和爱国主义教育。

【民兵训练】 2017年4月6日—12日,区人武部组织防汛应急分队民兵开展冲锋舟集训,进行防汛抢险和打捞科目演练。6月17日—27日，组织全区23名专武干部开展“四会”教练员及专武干部业务处理专题集训班，采取集中授课、集中训练、分班训练的方式，完成教案编写作业、军事知识讲座、民兵整组工作常识讲座、征兵工作常识讲座、政治教育、射击动作要领讲解、队列和体能考核等。10月10日—28日，组织全区民兵分队开展集训，采取集中授课和分班训练的方式，完成7项基层训练内容和3项专业训练内容，经考评验收，总评为优秀。在桂林警备区组织的考核中成绩列桂林市第一名。

【征兵工作】 2017年，区人武部拟制并下发征兵工作实施方案，明确征兵工作步骤、具体要求等。组织各乡镇武装部开展兵役登记统计，摸清兵源底数；通过调查，掌握辖区内预征青年情况。会同报社等宣传部门，通过出动宣传车、开设报名咨询点、悬挂横幅、发放宣传资料和组织国防知识演讲比赛、举办宣传一条街活动等形式，开展征兵宣传活动。区委、区政府制定奖励激励措施。适龄青年报名应征比上年度增多。通过实行封闭式体检，严把体检、政审关，完成上级规定的征集兵员任务。召开新兵欢送大会，区政府主要领导与新兵合影。

【军民共建】 2017年，区人武部协调驻军参加地方经济和社会建设，开展军民共建活动。利用节假日上街为民做好事，清理垃圾，整治环境，开展扶贫帮困、植树造林以及慰问五保户和贫困户等活动。3月4日，区人武部与南边山南新小学等共建单位开展军地联谊活动。5月28日，为南新小学捐赠价值5000元的图书，与贫困学生建立“一帮一”结对助学关系，给5名贫困生赠送6000元助学金和学习用具。组织干部职工开展卫生清扫活动，全年出动官兵140人次，清运垃圾5吨，修剪花木130株。

【精准扶贫】 2017年，区人武部帮扶自然村1个，贫困户41户，182人。区人武部干部职工以“一帮一”“一帮多”的方式结对，定点帮扶。通过入户调查、政策宣传、技术培训、解决就业等方式，为贫困户脱贫致富想办法，出主意。捐助水泥100多吨，修建道路4千米，维修水利15千米，实施改水、改厕、绿化、美化工程13项。年内，协助9户贫困户落实小额信用贷款45万元，帮助2个贫困户子女落实“雨露计划”助学金，帮助所有贫困户争取结对帮扶资金，改善贫困户生活。

（刘强）

中国人民武装警察部队桂林支队临桂中队

【概况】 2017年，中国人民武装警察部队桂林支队临桂中队（简称武警临桂中队）围绕中央军委的强军目标和上级的部署，以《纲要》为抓手，按照“红的引领、强的打造、美的创意、实的突破、纯的亮点”的思路，抓好经常性基础性工作落实，确保各项任务完成，部队建设呈现“五新”的态势。年内，立三等功1人、被评为十佳“最美桂林兵”1人、被评为优秀士兵10人。

【思想政治建设】 2017年，武警临桂中队通过抓实教育、营造“红”的学习氛围，活用载体、打造“红”的政治环境、挖掘资源、铸造“红”的历史传承等3项举措，开展思想政治建设。组织开展“维护核心、听从指挥”主题教育和“传承红色基因，厚实军旅人生”专题教育。组织学习中央军委主席习近平系列讲话精神和“大功三连”先进事迹。开展“名人励志，守卫天下名城”的队魂教育。年内，中队官兵自创节目诗朗诵《向前、向前、向前》获桂林支队文艺会演一等奖；指导员陈璋参加总队四会教练员比武，被评为“十佳优秀政治教练员”，下士贾伟晨参加支队勤训轮换讲“红色故事”比赛，获第一名；排长杜艳强参加支队“七一”演讲比赛，获第三名。官兵参与“1+1+2”拥政爱民活动，捐款4040.5元；资助临桂一中3名优秀贫困生3600元，宛田瑶族乡贫困户1600元。

【日常军事训练】 2017年，武警临桂中队贯彻“多能一体、有效维稳”战略要求，抓好执勤和反恐训练。以实战化训练要求推进训练场地建设，投入160多万元，完成爬杆及器械场迁改，室内训练馆和综合战术训练场建设，以及指挥训练室扩建等。在训练中突出重难点和基础科目。在支队勤训轮换中，上等兵张裕智、蒋育奇、列兵鲁光泽获义务兵组第一、第二名。在支队举办的年度军事大比武中，获团体第三名；在支队第一季度应急班集训中，下士邱林、李梦想获突击第二名、狙击第三名，中队荣获团体第一名；下士孙振宁参加支队应急班轮训，获侦查专业第一名。抓好教练员队伍培养，围绕教练员队伍“四全”要求，抓住教案编写、教学研究、组训方法等重点环节，提高教练员队伍素质。在支队教练员竞赛中，中队长于斌、中士杨本帮、下士徐朝雄被评为“优秀四会教练员”。

【执勤战备】 2017年，武警临桂中队贯彻执勤工作“十六字”方针，落实“八项制度”。开展经常性执勤安全教育整顿活动，落实支队“六个一”措施和“执勤十个一”活动，规范勤务组织。重点加强哨兵、应急小组训练，提高防逃制逃、防袭平暴的处置能力和快速反应处置能力。年内，担负勤务10多次，均按标准完成任务。其中，在“7·2”抗洪抢险中，中队官兵参与六塘镇抢险救援表现突出，受到群众和地方政府好评。按照“两个不经、一个保持”的“三化”战备要求和“工作要主动、掌控要有效、处置要迅速、方法要得当”的原则，修改完善各类方案，补充抢险救援及其他装备器材，加强战备月活动期间应急处置训练。

【从严治警】 2017年，武警临桂中队执行总队“十铁八规”和“严禁违规宴请喝酒”通知要求。结合“抓养成、严作风、促规范、保安全”教育整顿活动，解决“十个”重点问题，排查安全隐患；以“八个方面安全基本工作规范”“群众性创安”活动为抓手，建立健全安全组织，实行安全工作责任制，成立安全检查小组，每日对营区进行划区检查，每月分析中队安全形势并评选优胜班级和个人。严格落实安全责任制，以支队每季度开展的安全隐患排查治理、安全大检查、暑期百日安全竞赛活动为契机，通过上级检查和中队自查，共排查治理安全隐患6类10个问题，实现“六无”目标，确保部队内部安全稳定。被支队评为安全工作“先进中队”。

【后勤保障】 2017年，武警临桂中队抓好后勤规范化建设和管理，严格落实财务管理规定，加大预算执行和管控力度，加强地方保障经费管理，坚持按预算开支，按比例节余，实现精准决策、精细管理、精确保障，规范化管理。加强实战化后勤训练，拓展“一专多能、一兵多用”训练，开展反恐“五战”后勤保障专题研究。贯彻实施军民融合发展战略，借助社会资源，推动经费供应保障、应急力量投送、专业人才培养、驻地医疗服务等领域融合，为建设现代化后勤提供有力支撑。

（喻良平）

2017年7月2日，武警临桂中队官兵在六塘镇洪灾中转移被困群众　　武警临桂中队　供稿

旅　　游

2017 年 6 月 29 日，临桂区在中庸镇红溪景区举行“六月六·义水情”全域旅游宣传活动暨红溪景区民俗风情展演活动　　李璇　摄

旅游管理

【概况】 临桂区旅游局(简称区旅游局)为参公事业单位,核定编制6人,实有9人。下辖临桂区旅游质量监督管理所,为财政全额拨款事业单位,编制3人,实有2人。2017年,区旅游局以桂林建设国际旅游胜地为契机,围绕打造"桂林新中心",以市场为导向,提升旅游服务质量,做大做强旅游业。全年接待游客194.27万人,比上年增长53.17%;旅游总收入16.98亿元,比上年增长47.65%。年内,各旅游景区(点)未发生安全事故。

【旅游宣传推介】 2017年,区旅游局编发"临桂旅游攻略"(全年47期)官方微信平台宣传推介临桂旅游。6月29日(农历六月初六),在红溪景区临桂区举行"六月六·义水情"全域旅游宣传活动暨红溪景区民俗风情展演活动,以红溪景区为平台,集中推介临桂的优美景色、民俗文化、名优农产品和知名企业。在桂三高速公路临桂段安装5个景区指示牌,对临桂景区(景点)进行宣传。

【乡村旅游】 2017年,区旅游局注重培育乡村旅游生态农家乐。经过实地查看、评分,临桂镇金龟河生态农庄、五通镇江心洲农庄被自治区核验组评为自治区级四星级农家乐,中庸镇莲花岛休闲农庄被评为自治区级休闲农业与乡村旅游示范点。2017年11月7日,在宛田瑶族乡十二滩景区举办发展乡村旅游提升培训班,聘请旅游学院专家到现场授课,各乡镇分管旅游的领导、乡村旅游扶贫致富带头人、乡村旅游经营者以及景区、农家乐负责人等80多人参加培训,培训内容有安全生产、乡村旅游经营与发展、礼仪等方面。

【旅游重大项目建设】 2017年,桂林罗山湖景区(二期)工程民族风情岛完成投资10000万元,景区大门、景区内给排水、供电、入园、景区内道路出发、登陆码头及附属设施完工;游船采购及船只装饰、泥心陶、壮锦楼、壮银楼、侗鼓楼、巴马楼、附属吊脚楼、图腾广场及旅游厕所完工;舞台、观众席、舞台围墙完工,正在进行部分零星工程;配套商业区(游客接待中心、鸡血玉博物馆及购物区)装修工程生态停车场完成;完成民俗表演区及配套商业区园林绿化工程(部分土地由于土质问题植被难以存活,正进行土质改良)。11月,民族风情岛试营业,正式对市民开放。信和信·桂林国际智慧健康旅游产业园(一期)完成投资20500万元,旅游康复养生养老基地规划总平调整图获批复,旅游康复养生养老基地(中医旅游养生养老小镇一期)其中25000平方米封顶,另25000平方米分别建设至六层、九层、十二层;广西生命与健康国际职业学院宿舍楼、食堂完成装修,采购设施设备,篮球场建设完成。日月峰景点水系及园林完成设计初稿,并完成绿色植被种植。

【行业监管】 2017年,区旅游局加强对旅游景区(点)、宾馆(酒店)、购物商场等监督管理。联合区工商、物价、食药监、消防等部门,对全区旅游景区(点)、宾馆(酒店)、购物场所等旅游企业的价格、消防、安全、食品卫生等方面进行检查。全年派出检查人员130多人次,检查旅游景区(点)15次、宾馆(酒店)10次。

【旅游安全】 2017年,区旅游局开展"安全生产宣传月"活动,深入旅游景点抽查安全生产工作,通过查看台账、实地检查、组织举办安全演练活动等方式,督查安全生产工作,消除安全隐患。6月30日,联合区安监、食药监、文新广体、消防、两江镇政府等部门,组织辖区内的A级景区及星级农家乐在罗山湖景区进行水上应急救援演练。组织开展节假日旅游、黄金周安全生产大检查。组织相关人员对全区的宾馆饭店、旅游景点等企业进行节前安全检查,及时排查各种安全隐患,同时督促各旅游企业做好和完善应对突发事件的应急预案,营造良好的旅游安全环境。深入旅游企业进行汛期安全专项检查和指导,做好汛期应急预案。

2017年6月30日，临桂区在罗山湖景区开展旅游突发事件应急演练　　秦小珍　摄

全年无安全事故发生。

【旅游扶贫】 2017年，区旅游局支持旅游扶贫点茶洞镇仁义村修建步道和通村水泥路，举办百香果节。该村附近的白水滩瀑布全年游客约5万人次，村民创收约5.1万元。（刘一焱）

旅游景区（点）

【概况】 临桂区旅游资源分为自然资源、人文资源两大景观系统，旅游资源8个主类齐全，拥有47个亚类中的40个，亚类型覆盖度85.1%；有8155个旅游资源单体。2017年，临桂县有星级旅游实体8家，其中国家AAAA级景区1家（义江缘景区），国家AAA级景区1家（十二滩漂流景区），全国农业旅游示范点2家，自治区农业旅游示范点2家，自治区4星级农家乐1家、3星级农家乐1家。

【桂林会仙喀斯特国家湿地公园】 位于会仙镇。是漓江流域最大的喀斯特地貌原生态湿地。湿地公园规划总面积58.68平方千米，包括睦洞河、睦洞湖、分水塘、古桂柳运河以及湿地周边的龙头山、狮子岩等岩溶山地。湿地公园内岛屿星罗棋布，山水相得益彰，风光秀丽。贯穿湿地腹地的古桂柳运河，开凿于唐长寿元年（692年），全长15千米，沿河建闸水陡24座，架桥11座。清代官府对运河做了3次较大的维修疏浚，凿除碍航之石386处。运河“能航、能排、能灌，农商俱赖”，是古代中原通往岭南粤桂的重要航道，对国家南疆的开发建设起重要作用。1987年被列为桂林市文物保护单位。2007年，国家湿地专家考察会仙湿地时评价：会仙岩溶湿地是世界最北的野生稻基地，也是亚洲最完善的岩溶湿地。中共临桂县委、县人民政府划定湿地保护范围，对湿地实施强制保护。通过修复堤围，新建节制闸，修复运河陡闸，提高湿地水面，将湿地面积恢复到12平方千米，保护范围25平方千米。2012年2月，国家林业局发文，同意会仙湿地开展国家湿地公园试点工作，并将公园命名为“桂林会仙喀斯特国家湿地公园”。2017年，桂林会仙喀斯特国家湿地公园试点建设通过国家湿地公园验收组评估验收。

【深里河峡谷景区】 位于南边山镇，距城区50千米。峡谷长2.3千米，四周森林环抱，林木茂密，空气清新，环境幽深险静；河水清澈凛冽，瀑布飞流点缀其间。河床中众多石头形态怪异，其中的金龟石、龙脊图石展示世界罕见之奇观。为旅游、休闲、度假、探险、垂钓、漂流的综合性旅游胜地。

【六塘清真寺】 位于六塘镇西水街。始建于清康乾年间（1662—1795年），第三进为同治八年（1869年）重建，第二进（礼拜殿）为光绪十年（1884年）重建。建筑布局为三进五开间，青砖灰瓦，木楹石础，坐西朝东，南北宽21.5米，进深66米，建筑面

积1424平方米。殿壁镶嵌以经文装饰的朵尔窗等，具有古代宗教建筑风格，为广西迄今保存完好的规模最大、工艺最佳的清真寺。2009年被列为自治区文物保护单位。

【雄森熊虎山庄】 位于城区沙塘大圆盘南侧，占地25万平方米，是集虎、熊、狮等珍稀动物观赏、野化、科研和繁殖于一体的多元化野生动物基地。山庄有东北虎、华南虎、孟加拉虎、白老虎共1500多头，熊500多头，狮300多头，以及豹、蛇、猴、鸟等世界珍稀动物，为世界最大的黑熊、老虎科研、繁殖、野化、观赏、游乐基地，也是中国东北林业大学野生动物资源学院教学科研基地和广西珍稀濒危野生动物救护研究中心、猫科动物繁育基地。为弘扬野生动物文化，增强人类对野生动物的保护意识和了解野生动物的生活习性，山庄每天设“梦幻剧场”“熊虎盛会”两场表演。

【美国飞虎队桂林遗址公园】 位于城区秧塘工业园。民国三十年(1941年)，美国陈纳德将军率领第十四志愿航空队(俗称“飞虎队”)支援中国抗日，驻秧塘机场，多次与日本空军交战。当年设置在岩洞内的指挥所旧址，基本保持原貌。岩洞石壁上镌刻有中英文的飞虎队指挥所字样。在洞口右前方巨石上还有陈纳德夫人陈香梅题写的“陈纳德将军观战石”和“将军一去，大树飘零，壮志不还，寒风萧瑟”两块石碑。临桂县人民政府划拨17万平方米土地兴建美国飞虎队桂林遗址公园，2015年，投入4167万元，完成园林、基础设施、山洞指挥所、停车场、旅游厕所建设；3月28日，举行公园开园仪式。2016年12月，由美国飞虎队历史委员会买下并命名为“Buzz Buggy”的C-47运输机赠予中国，永久陈列于美国飞虎队桂林遗址公园。2017年，在美国飞虎队桂林遗址公园举行捐赠仪式。

【崇华中医街】 位于桃花江上游的中隐西路1号，是信和信·大中华养生谷首批重点建设项目。养生谷占地180公顷，东临桃花江、西接西二环路，中隐路延长线穿园而过，交通极为便利；园区群山环抱，气候宜人，景色秀丽，环境幽雅。以中医药养生文化为主题，养生公园内构建了医疗服务体系、护理服务体系、生活管理服务体系三大体系，打造“中医药养生项目”“生命电子博览园”“生命与健康国际学院”三大板块，建设崇华中医街、中医药养生项目、广西生命与健康国际职业学院、信和康复(老年病)医院、桂林生命电子博览园等多功能业态。中医街文化街全长790米，分两期建设。第一期长约300米，2016年6月28日开街。崇华中医街以中医药养生文化为创意主题，以桂北民居的建筑形式，融合中国传统“儒、释、道”中医养生文化、民族民俗风情、文化创意、历史怀旧等元素，引入国家级名中医，同时突出民族医药特色，打造集旅游、休闲、医疗、养生、康复、商务、贸易于一体的具有桂林地域特色的文化街区，形成中医药养生文化氛围，展示中医养生文化。整条街业态布局包括中医传统文化传承区、名医馆区、中医药特色养生区、中医药商业区。崇华中医街开街以后，吸引了大量客人到访，寻医问药。国学讲堂、新中医培训、壮医培训、道家养生讲座、糖尿病专题攻关

桂林崇华中医街　　阳树柱　摄

擂台赛等一系列活动相继展开。2017年12月2日，崇华中医街举办千人长寿宴，游客骤增。

【李宗仁故居】 位于两江镇马鞍山东麓，距桂林市35千米。全国重点文物保护单位。整座建筑占地5060平方米，为四合院式砖木结构，分上下两层。始建于清宣统三年(1911年)，经3期扩建而成，于北伐战争前完工。故居由安乐第、将军第、学府及三进客厅组成，共分7个院落、113间房。房屋建筑既有雄踞一方的庄园气派，又有桂北民居建筑特色。整个院落楼轩相连，点缀有泉池、百年古杨、山茶、苏铁等珍稀花木。李宗仁在此度过他的童年和少年时代，从政后仍数度居此。

【陈宏谋宗祠】 位于四塘镇横山村的一品峰下。宗祠内有清乾隆皇帝赐陈宏谋诗刻1座，墙壁上镶有陈奇玉(陈宏谋父)墓志铭10座，陈刘氏(陈宏谋母)墓志铭6座，陈宏谋墓志铭16座，陈杨氏(陈宏谋妻)墓志铭6座，另外存有陈宏谋墓碑1座。陈兰森(陈宏谋孙)夫人墓志铭1座。共计41座。

【罗山湖景区】 位于桂林国际两江机场北侧2千米处。水域面积130多万平方米，丘陵200多万平方米，湖面丘陵盘旋，形成多个岛屿，四季绿树成林。由香港千岛集团控股有限公司、桂林罗山湖发展有限公司共同投资建设，计划总投资60亿元。水上乐园划分为宝贝水域亲子活动区、山地滑水探险区，冲浪漂流休闲区3个大区，有先进的大型设备15个，和一个大型真沙造浪池。2013年7月，罗山湖水上乐园一期开始对外营业。2017年11月，罗山湖二期工程——民族风情岛试营业，对市民开放。

【田心村】 位于四塘镇。是一个秀峰环抱，碧水绕村流的文化古迹村。村内保存着“承熏门”等多处古石门、古石寨墙，有村头庙遗址、进士鱼鳞纹踏步石、进士故居，以及大量的石制草纸作坊，还有多处摩崖石刻、禁约碑和修建于清乾隆年间(1736—1795年)的古石板路。在田心村，男女老少对于“横山府，池头县；田心村，翰林院；一门九进士，父子三翰林”的民谣耳熟能详。

【义江缘景区】 位于五通镇，321国道旁。为国家AAAA级景区。景区占地105万平方米，有桂林“风情第一村”之称，是以临桂文化为背景，桂西少数民族风情为主题的大型景区。在这里，可以领略桂西北特有的农家风貌、农耕文化和田园风光；可以乘船游览义江特有的山光水色和风情建筑长廊；还可以与壮族歌手对歌，欣赏精彩的苗族歌舞，感受瑶族长发的奇特风俗。此外，景区还有少数民族民间技艺展示、民族风情百家宴和少数民族大联欢，让人多方领略广西少数民族风情。

【十二滩漂流景区】 位于宛田瑶族乡东北部，桂林至龙胜的旅游黄金线上。为国家AAA级景区。漂流河段在义江上游，首尾与321国道相接。漂流全程9.5千米，有66道河滩、12道急滩；全程落差100多米，最高落差3米。峡谷两岸是高耸入云的山崖和原生森林，沿途自然景观令人目不暇接。景区基础设施完善，是漂流、休闲、会议的好去处。

【东宅江瑶寨蝴蝶谷景区】 位于宛田瑶族乡，距城区42千米，为全国农业旅游示范点景区，总面积18平方千米。东宅江瑶寨共60户、200多人，家家户户为吊脚木楼，60多座依山而建的吊脚楼，整齐地排列在山腰之间，且规模较大。景区群山环绕，亚热带常绿阔叶林生长茂盛，鲜花野果遍布，负离子含量丰富，是集观赏瀑布、森林探险、生态旅游、风俗风情于一体的旅游景区。

【刘三姐茶园景区】 位于五通镇，距城区23千米，紧靠321国道，占地186.67万平方米。茶园文化底蕴深厚，是20世纪60年代电影《刘三姐》采茶片段外景拍摄地。茶园景色宜人，建筑风格独特。主要以茶叶种植、加工、销售及生态农业和旅游观光为经营特色，有现场茶叶采摘、加工展示、茶艺表演，可现场体验中国的茶文化。园内还有刘三姐歌舞实景表演，山歌对唱等。景区是临桂县文学艺术创作基地、桂林市摄影家协会创作基地、全国农业旅游示范点。

升级改造后的红溪景区　　阳树柱　摄

【红溪景区】 位于中庸镇，距城区35千米，因溪石多为紫砂岩石，在阳光照射下呈鲜红色而得名。此外，还有部分蜡黄溪石，呈金黄色。溪水中，红黄两色岩石交相辉映，因此又称“彩溪”。周边有600多万平方米的亚热带原生森林，各种乔木、藤蔓、蕨类共生，野趣盎然；溪上有20多座小木桥，曲径通幽；溪中有大小瀑布6个，其中最大的红溪金瀑高35米，宽60米，气势磅礴。红溪是桂林唯一拥有彩溪、彩瀑和叠瀑的森林瀑布景区。经升级改造后，2017年5月18日试营业。6月29日（农历六月初六），临桂区在红溪景区举行“六月六・义水情”全域旅游宣传活动暨红溪景区民俗风情展演活动。年内，景区接待游客约16万人次。

【莲花岛景区】 位于中庸镇乡穴田上观村，处于义江流域的精华地段，距城区30千米。占地167万平方米，其中水域面积100万平方米，是临桂区最大的农家休闲乐园。两岸青山，四面环水，河沟纵横，水质清澈见底，是集观光、休闲、度假、娱乐、会议为一体的农家休闲山庄。2017年，被评为自治区级休闲农业与乡村旅游示范点。

【华岩景区】 位于五通镇华岩山，华岩分为下、中、上3层洞天，全长约1千米，平均宽度6米，最宽处50米。第一层洞天外建有庙宇。第二层洞天面积约2000平方米，内有石乳凝成的仙人床、仙人身躯、仙人趾印及石观音、石龙、石狮、石虎、石象等，惟妙惟肖。另有一石鼓，以脚蹬之，发声轰然。洞壁有摩崖石刻9件、碑刻1件。1986年被列为县级文物保护单位。

【望情谷景区】 位于宛田瑶族乡的大王山麓，距城区50千米。这里峰高谷深，山势雄伟，森林茂密，动植物资源丰富；溪涧中水流湍急，多级瀑布串联一体，非常壮观。景区集雄、奇、秀、幽于一身。

【安江坪景区】 位于黄沙瑶族乡和宛田瑶族乡，地处国家级花坪自然保护区腹地，距城区70千米。景区内有原始森林和银杉、桫椤、水松银钟树等20多种国家一级、二级、三级保护的珍稀濒危植物，有金钱豹、野牛等近10种国家一级、二级保护的珍稀动物。景区中的红滩河与笔架河汇合后，从林海冲出，巨大的水流从30多米高的断崖凌空泻下，注入深潭，形成红滩瀑布。

【吉瓮瀑布景区】 位于宛田瑶族乡吉瓮村旁。瀑布周边群山环抱，河水从高达50米的绝壁上飞流直下，犹如天水倾注人间，又如白练自天宫垂下，美轮美奂，令人神往。

【祥田长寿村】 位于五通镇上祥村委。长寿村清洁卫生，整齐美观。村风和谐，两次被评为县、市文明村。2017年，全村有1300多人，其中70岁~89岁的老人120多人，90岁以上寿星16人。

（刘一焱）

城乡建设·环境保护

临桂新区水系一角　　雷金息　摄

城乡建设管理

【概况】 2017年，临桂区住房和城乡建设局（简称区住建局）设办公室（行政审批办公室）、人事教育股、计划财务股、政策法规股、建设工程管理股、建设用地规划股、建设工程规划股、市政公用和交通规划股、技术股、房地产业管理股、总工办公室、安全生产管理股、物业管理股、村镇规划股14个职能股室，下辖房地产管理所、建筑工程质量监督站、建筑规划设计院、村镇规划建筑勘测设计室、城建档案室、城市规划监察大队、住房制度改革委员会办公室、住房保障管理办公室、城乡建设综合管理所、规划建设综合技术服务中心、建筑安装工程劳动保险费管理站、墙体改革办公室、房改资金管理中心、建筑安装公司、建宇交易中心等15个事业、企业单位。年内，区住建局接收工程竣工资料5290卷宗，整理入库工程竣工档案933卷宗；接收局相关业务股室档案1572卷宗；查借阅档案及接待业务咨询2752人次；提供文件1783余件。

【城乡规划】 2017年，区住建局坚持“一张蓝图绘到底”的工作思路，落实城乡规划管理，加大对城乡规划的监督检查和日常管理力度，确保各类项目按照规划建设。全年办结方案图审查244项，施工图审查备案205项，备案面积424.3万平方米（办公建筑备案31.32万平方米，居住建筑备案304.34万平方米，商业建筑备案12.09万平方米），岩土勘察备案135项，总平面规划布置图审查128项，规划设计条件84项。城区发放建设项目选址意见书52项，办理建设用地规划许可证23项，发放建设工程规划许可证289项。村镇办理规划选址意见30件，办理用地规划条件21项，办理村镇用地规划许可27件，发放建设工程规划许可证42项。全区办结建设工程规划条件核实369件。

【建筑市场和建设工程监管】 2017年，区住建局完成施工合同备案108项，监理合同备案92项，劳务合同备案85项。完成诚信卡刷卡119次，锁卡200次，解卡185次。核发施工许可证107本，报建总建筑面积443.48万平方米，总投资约77.64亿元。组织现场开标108起，应招标工程的招标率和公开招标工程招标率均为100%。

【工程质量和安全生产管理】 2017年，区住建局加强施工现场的安全生产、文明施工管理和质量监督工作。全年新监工程项目100个，新增受监面积361.31万平方米，新增市政道路建设20368.4米，桥梁建设3座，工程总造价72.12亿元（其中市政工程9项，总造价3.82亿元）。有20幢（项）工程竣工，竣工验收合格工程20个，竣工验收合格面积60.46万平方米，竣工验收合格率100%。对辖区内80多个在建项目进行质量安全及市场行为专项检查，下发安全隐患整改通知书235份，停工整改通知书63份，发出安全生产动态扣分通知书111份。组织质量大检查4次，日

临桂城区一角　　雷金息　摄

常质量监督巡查1000多人次，发出质量整改通知书360多份，停工整改通知书74份。全年办理机械使用备案200台（其中塔式起重机125台，物料提升机41台，施工升降机34台）。召开全区建筑行业安全生产、扬尘整治工作会议4次，在组织建设单位办理建筑工程规划许可证、建筑工程施工许可证、建筑工程规划核实前，进行扬尘整治211项。开展安全生产"严管重罚"专项行动，明确严管对象，上报自治区住房和城乡建设厅进行网上曝光，并联合区安监局对2个项目进行处罚。开展建筑施工企业安全文明标准化工作，提高建筑施工安全生产、文明施工水平。全区获桂林市安全文明标准化工地23个，自治区安全文明标准化示范工地1个，自治区安全文明标准化工地17个。

新城·福邸嘉园一角　　阳树柱　摄

【保障性安居工程建设】 2017年，区住建局完成保障性安居工程建设任务54套，分配入住74套；廉租住房租赁补贴发放4户。棚户区改造落实项目为四塘镇旧住宅综合整治项目618套，年内全部完工，获中央、自治区补助资金1792.37万元。

【农村危房改造工程】 2017年，自治区先期下达临桂区农村危房改造任务1813户，后根据实际情况调整为1600户。区住建局加大业务培训和政策宣传力度，提高政策透明度。开展村干部专题培训4期，参加培训1000多人。通过114平台，发送农村危房改造政策短信60万条。500多危房改造户进行电话回访，调查在危房改造落实过程中是否存在"四风"和腐败问题。年内，全区农村危房改造开工1592户，开工率99.5%；竣工1286户，竣工率80.4%。其中，建档立卡贫困户开工385户，开工率100%；竣工385户，竣工率100%。根据桂林市审计局对临桂区2016年保障性安居工程跟踪审计结果，针对4户不符合危房改造资格的农户进行整改，追回财政补助资金4.8万元。

【房地产市场监管】 2017年，区住建局做好房地产市场监管工作。核发商品房预售许可证108宗，面积221.69万平方米。办理商品房销售备案21524套，比上年增长10.80%；备案面积215.25万平方米，比上年增长2.23%；备案金额1091080.59万元，比上年增长29.29%；住宅均价4840.57元，同比增长25.01%。办理各类房屋交易（包括房屋买卖、赠予、继承等）2476宗，办理商品房交易7020宗，办理房屋租赁备案3036宗，办理房地产企业资质申报业务28宗，中介服务机构备案83宗。协同有关部门开展房地产市场秩序规范服务工作，对全区55个房地产开发项目的销售现场进行检查。组织协调解决房地产开发小区存在的房屋质量投诉、基础配套设施、合同纠纷、房屋产权证办理等问题45宗。

【物业管理】 2017年，区住建局加强住宅小区前期物业合同备案、住宅小区物业承接验收和指导各小区业主委员会成立工作。办结住宅小区前期物业合同备案9宗、住宅小区物业承接验收23宗。指导9个小区成立业主委员会，协调物业公司、业主委员会完成桂林市"创建文明城、为民办实事"和电动车消防安全专项治理等工作。组织对全区

2017 年 3 月 21 日，区市容、住建等部门联合执法，拆除违章建筑
骆志华　摄

57 个小区进行高层建筑消防安全专项整治检查。归集住宅专项维修资金 16709.12 万元，累计归集 6.16 亿元，拨付使用 151.27 万元。

【房屋征收工作】 2017 年，区住建局推进三金广场项目和临桂镇农业技术推广站板块征收的前期调查工作及水系项目搬迁安置工作。桂林市万全兽药有限公司、桂达纸制品加工厂签订补偿协议，房屋面积 8022.07 平方米；启动中石化大律加油站、玻璃厂、镀锌钢材厂的征收工作；农械厂项目的 12 户全部搬迁安置完毕，并进行拆除。临桂新区小律二组农房拆迁安置工作，年内签订协议并拆除房屋 28 户，面积 10105.68 平方米；小律二组老村的拆迁安置工作签订协议 5 户，拆除 3 户，拆除面积 2474 平方米。小律二组特色街区新安置地块的房屋临时水电安装到位，协调国土部门办理不动产权证，新安置地大部分村民安置房主体完工，开始进行外墙装修。

【依法查处违法建设】 2017 年，临桂区人民政府依法组织拆违行动 95 次，强制拆除违法违章建筑 834 处，面积 17.65 万平方米，超额完成全年拆除任务。其中，砖混房屋或地基 317 处，建筑面积 6.63 万平方米；砖瓦或钢架结构简易棚 517 处，占地面积 11.02 万平方米。结合创建全国文明城市工作，开展清理违建亭棚专项整治行动，会同区市容局对金源太阳装饰城、天下桂林步行街、金山市场、桂康市场及城区主次干道沿线等违法建设进行重点整治，拆除私搭乱建亭棚 471 处 35861 平方米，清理沙石堆放场 34 处 2820 平方米。

【落实乡镇建设项目】 宛田瑶族乡于 2016 年被列为自治区第二批少数民族乡建设项目，7 个子项目估算总投资 1200 万元，计划 2018 年完工。2017 年资金到位 650 万元。年内，7 个子项目中，集镇亮化项目、集镇建筑特色塑造项目、集镇垃圾处理厂建设项目竣工，完成投资 650 万元，拨付资金 550 万元。集镇区管线下地工程、集镇公厕建设项目不再建设。乡土特色建设示范村建设项目，由中国农业发展银行贷款实施，每个村 150 万元，共 750 万。其中，宛田瑶族乡东宅江村和六塘镇峦山底村全部完成，会仙镇毛家村完成 80%，茶洞镇褚村完成 30%，四塘镇田心村完成规划初步设计。五通镇百镇建设示范镇工程建设有项目 7 个。其中，镇区排水工程建设完成；滨江公园建设完成工程总量的 70%；永业新城市民休闲广场提升改造工程正进行设计等前期工作；镇区自来水扩容改造工程正在进行项目建议书、可行性研究报告编制等前期工作；老 321 国道镇区段道路工程（一期）、回龙街、山货街、水源街、上街、小街小巷修复工程等项目完成前期各项手续办理及招投标工作；老 321 国道镇区段道路工程（二期）、新街道路工程正在办理土地手续。

【传统村落保护与发展】 临桂区有国家级传统村落 4 个：四塘镇横山村（国家级第一批）、会仙镇旧村（国家级第二批）、两江镇㭎头村和宛田东宅江村（国家级第四批）。其中，会仙镇旧村利用中央 300 万元资金建设的项目中，清真寺修缮项目由区文新广体局具体实施，年内完成投资60万元；宛田瑶族乡东宅江村被自治区住房与城乡建设厅列为“2018年拟列入中央财政支持范围中国传统村落”，区住建局组织编制传统村落保护发展规划并完成评审、公示与报批，并将修改完善后的传统村落材料上报桂林市住房与城乡建设委员会；两江镇(木田木)头村已进行传统村落保护发展规划的编制，并征求各部门意见，设计单位按各部门意见完善修改好规划。经初步筛选后，茶洞镇7个村的材料录入第五批中国传统村落网络申报系统。

【环广西公路自行车世界巡回赛临桂区赛段风貌改造】 2017年，区住建局完成自治区下达临桂区的742户房屋改造任务，并根据临桂区实际，由区人民政府安排资金，增加88户房屋进行立面改造，全区完成改造830户。自治区补助资金890万元，临桂区利用农商行贷款资金500万元。重点对李宗仁故居赛段、两江镇区段、四塘与城区结合部赛段、六塘桂阳公路赛段进行屋顶绿化。

【农村改厨改厕工作】 2017年，区住建局牵头，区乡村办负责实施，成立“两改”工作小组；指导各乡镇成立相应的农村“两改”工作领导小组、制定实施方案，并落实专人负责“两改”工作，将任务层层分解到各村委和自然村；制作“两改”宣传培训光碟200张，印制“两改”建造基本标准图解宣传资料15000份，下发到全区11个乡镇161个村委；牵头组织有关部门成立督查验收组，在督查中宣传改厨改厕政策，现场培训农民，发现和研究解决问题，保证“两改”工作实施。年内，全区完成改厨任务11435户，完成改厕任务13642户。

【城建档案管理】 2017年，区住建局继续按照城市建设档案分类大纲的指导，对业务档案重新进行分类，城建档案由独立业务档案变为完整、准确、系统的分类项目管理档案。年内，接收工程竣工资料3109卷宗，接收局相关业务股室档案756卷宗，查、借阅档案及接待业务咨询14483人次，提供文件790余件。 （何斌）

市容管理

【概况】 2017年，临桂区市容管理局(简称区市容局)设办公室、财务股、政策法规宣传股、环卫股、市政园林股5个股室，下辖区市政工程管理所(副科级单位)、区环境卫生管理站(副科级单位)、区城市监察大队3个二层机构。全局干部职工845人(在编118人，聘用727人)。其中，市容局机关编制16名，实有14人；市政工程管理所职工147人(在编21人，绿化临时工126人)；环卫站职工465人(在编23人，清扫保洁员442人)，城市监察大队职工196人(在编60人，协管员136人)。年内，区市容局以创建“全国文明城市”活动为中心，多措并举，开展市容综合整治、市政园林建设、环境卫生保洁等工作。

【专项整治行动】 2017年，区市容局针对露天沙

2017年7月24日，区市容局与其他部门联合对城区仕通路违规堆放沙石场所进行清理 《今日临桂》报社 供稿

场影响城区环境问题，开展沙场乱堆放的专项整治工作，对世纪东路岩塘村段两侧、仕通路延长线、新龙路等区域违规堆放沙石的36家露天沙场进行清理整治。组织违章建筑拆除行动，拆除桂康市场、金山市场周边乱搭乱建亭棚，天下桂林步行街内违章建筑，在人行道上设置的“爱心亭”和报刊亭，占用公共区域设置的幼儿园围栏等，共17.6万平方米。沿用往年模式，将城区小广告治理实行公司化、社会化管理，投入近50万元，聘请专业公司落实专人，负责城区主次干道和开放式小区的违章小广告清理工作，并注重疏堵结合，在城区主要路段和人流密度大地段设置近50块广告信息栏，用于各类广告信息集中、规范发布。投入约70万元，将城区建筑垃圾清理实行市场化外包，“整治与清理”同步推进，城区近100个施工项目、小区新装修产生的建筑（装修）垃圾得到及时清运和有效管理。

【强化综合执法】 2017年，区市容局与区工商、市场、交警等职能部门协作，按照“疏堵结合”的管理理念，在人民路延长线、世纪东路电视塔下空地设置疏导点，临时安置城区流动摊点100多个，解决流动商贩乱摆乱卖影响城市环境、交通秩序问题。与交警联动执法，对城区未按要求入位规范停放的车辆依法实行暂扣处理，提高车主违法成本，规范车辆停放秩序。继续从区交通、交警、城管等职能部门抽调36人组成渣土管理专职队伍，采取全天候三班倒、工地源头治理、车辆装载规范化管理、道路设点严查严管等方式，逐步完善源头防控、中间查控、终端管控的渣土运输管理机制，减少建设垃圾偷倒和渣土运输撒漏现象。安排7辆洒水车以每天每辆至少6车次洒水的频率（雨天除外），做好城区11条道路近30万米洒水降尘及清扫路边淤泥工作。年内，清运城区各区域卫生死角生活垃圾约3.8万吨、建筑垃圾约7000平方米。在新区尚未开工地块及其沿路适合区域，平整地面、清理建筑垃圾后，种植桂花树约11000株，绿化面积约1.9万平方米，既提升城区绿化覆盖率，又解决车辆乱倒建筑垃圾问题。

【特色街区配套基础设施建设】 2017年，由区市容局负责实施的居民小区改造工程主要有3项：小律村原住民安置特色街区道路管网工程、翻山底村市政基础设施工程和时代枫林岩塘路市政配套工程。其中，小律村原住民安置特色街区道路管网工程（2015年11月公开招投标）投资约1162.27万元，年内进行部分管道的埋设和路基的施工；翻山底村市政基础设施工程投资约1119.7万元，2016年7月开工建设；时代枫林岩塘路市政配套工程投资约695.24万元，2017年2月开工建设，年内完成部分路基和雨污水管道铺设，完成产值242万元。

【城区管网建设工程】 2017年，区市容局实施的雨污管网建设工程主要有奥园南路排洪箱涵建设工程，投资约965.73万元，4月招投标，7月开工建设，年内完成200米箱涵建设，完成产值约350万元。

【实施城市美化绿化工程】 2017年，区市容局实施的景观绿化工程主要有3项：秧九路延长线道路绿化路灯工程、人民路延长线道路绿化工程、春季植树造林工程。其中，秧九路延长线道路绿化路灯工程2016年12月完成招投标，投资约818.71万元，2017年5月开工建设，年内完成部分路灯安装，进行绿化种植，完成产值326万元；人民路延长线道路绿化工程，5月完成招投标，11月开工建设；春季植树造林工程，主要在城区西二环路至秧塘园区及临桂新区新建道路两旁未建设的路段植树造林，种植桂花树6563株，约投资800万元。

【推进乡镇项目建设】 2017年，区市容局负责推进四塘镇道路及污水处理系统的项目建设。其中，道路建设状元路改扩建工程，包括路基工程、路面工程及其道路配套项目：雨水管道、污水管道、给水、通信管线、电力管线、路灯、绿化、交通标线等建设内容，年内完成项目立项、规划选址，施工图设计和财政审核，投资约703.46万元，2016年开

2017 年 5 月 17 日，区市容局园林绿化工人修剪西城南路绿化带

今日临桂报社　供稿

工建设，年内完成路基换填和部分雨污水管道铺设，完成产值 245 万元；污水处理系统建设分污水处理厂工程和污水管网建设工程，污水处理厂工程投资约 437.47 万元，2017 年 2 月开工，年内完成厂区建设，完成产值 302 万元，污水管网工程建设项目 2016 年 7 月完成招投标，投资约 307.5 万元，年内完成产值约 200 万元。

【城区路网建设】 2017 年，区市容局实施的市政道路工程主要有 16 项：秧二路西延长线建设工程（二期）、新区三元路建设工程、鲁兴路延长线道路工程、新龙路（人民路至湘桂铁路段）建设工程（二期）、临桂新区新龙路延长线电力线路迁移工程、临桂三元路东延长线建设工程、秧九路延长线建设工程、秧一路西延长线（K0+000–K0+400 段）建设工程、万福中路道路建设工程、临桂区海吉星食尚苑项目一期工程食尚港路（K0+490–K0+830）建设工程、奥园南路建设工程（西城大道—新中路）、奥园南路建设工程（新中路—奥园东路）、临桂区西城大道（临苏路口——院两馆）道路设施维修工程、临桂区凤凰路（三元路—临桂大道段）道路和排水管道工程、秧十八路延长线人行道大修工程、人民路（K1+680–K3+840 路段）人行道铺装工程、秧十六路建设工程、秧二路（秧六路—西城路段）建设工程、临桂区西城大道岩塘圆盘道路沉降抢修应急加固治理工程。其中，秧二路西延长线建设工程（二期）投资约 1201.5 万元，2015 年 4 月开工建设，至 2017 年末，完成路基换填、路基和部分雨污水管道埋设，完成产值 205 万元；三元路建设工程投资约 3438.5 万元，2015 年 7 月开工，至 2017 年年末，完成基础换填和雨污水管道、水稳层铺设、沥青混凝土铺设和路缘石安砌，完成产值 2100 万元；鲁兴路延长线道路工程投资约 440.5 万元，2015 年 10 月开工建设，至 2017 年年末，完成部分路基施工和 250 米的雨污水管道铺设，完成产值约 100 万元，工程因征地问题，年末处于停工状态；新龙路（人民路—湘桂铁路段）建设（二期）工程，3 月完成招投标，投资约 1796.42 万元，因征地问题，年内尚未能动工建设；新龙路延长线电力线路迁移工程，3 月完成招投标，投资约 384.55 万元，年内完成部分电缆铺设和路灯基础安装，完成产值 60 万元；三元路东延长线建设工程投资约 1233.45 万元，2016 年 10 月开工建设，年内完成路床、雨污水管道和水稳层铺设，完成产值 505 万元；秧九路延长线建设工程，投资约 6954 万元，2016 年 9 月开工建设，至 2017 年年末，完成路床平整，雨污水管网的铺设、半幅路面的水稳层铺设、半幅路面的沥青面层铺设，累计完成产值 3500 万元；秧一路西延长线（K0+000—K0+400 段）建设工程投资约 707 万元，2016 年 11 月开工，至 2017 年年末，完成路基和雨污水管道、水稳层的铺设、沥青混凝土面层铺设，累计完成产值 644 万元；万福中路道路建设工程投资约 424.67 万元，2 月开工建设，年内完成部分路基和雨污水管道铺设，完成产值 246 万元；海吉星食尚苑项目一期工程食尚港路（K0+490–K0+830）建设工程投资约 1264.46 万元，年内完成路基、雨污水管道和路面水稳层、沥青混凝土的铺设，完成产值 909 万元；

2017 年 5 月 22 日，市政部门正在修复、平整影响市民出行的道路
《今日临桂》报社　供稿

区市容局完成环广西公路自行车世界巡回赛赛道沿线约 80000 平方米沥青路面修复工作；对主次干道、背街小巷、无物业开放式居民小区等区域的未硬化巷道、坑洼路面、破损青石板近 4.6 万平方米范围进行改造修复；各路段人行道沿线均设置隔离墩，防止机动车辆驶入再次压坏人行道；清除广场、小区、道路绿化带内等区域的杂草，补种缺失绿化；做好市政路灯检修，保障路灯亮化。

奥园南路建设工程（西城大道—新中路）投资约 1065.4 万元，2017 年 7 月开工建设，年内完成部分土方清运和路床整形，完成产值 60 万元；奥园南路建设工程（新中路—奥园东路），4 月进行招投标，投资约 1906.2 万元，7 月开工建设，年内完成 100 米路床、360 米污水管道施工及土方清运，完成产值 405 万元；临桂区西城大道（临苏路口——院两馆）道路设施维修工程，9 月开工建设，工程造价约 601.6 万元，年内完成全段沥青路面维修工作，完成产值 526 万元；临桂区凤凰路（三元路—临桂大道段）道路和排水管道工程工程，10 月开工建设，投资约 917.9 万元，年内完成部分路段路床水稳层铺设和雨污水管道铺设，完成产值 160 万元；秧十八路延长线人行道大修工程，完成招投标，11 月开工建设；人民路（K1+680—K3+840 路段）人行道铺装工程完成招投标工作，招标控制价约 345 万元；秧十六路建设工程投资约 7681.62 万元，完成立项，正在办理前期手续；秧二路（秧六路—西城路段）建设工程投资约 1226.74 万元，年末正在办理前期手续；临桂区西城大道岩塘圆盘道路沉降抢修应急加固治理工程，完成地质勘查和加固灌浆处理抢修方案，工程造价约为 340 万元。

【服务环广西公路自行车世界巡回赛】 2017 年，

【环卫设施建设】 2017 年，区市容局加大环卫工作的投入，更新改造环卫设施。投资 800 多万元，完成五通、四塘、两江、六塘、会仙 5 个镇 16 座移动公厕的安装，实施城区四座大型固定公厕改造建设工作；投入 200 多万元，更换城区主次干道果皮箱 2000 多个。

【城区环卫保洁】 2017 年，区市容局将临桂老城区近 130 万平方米环卫服务区域，通过招标分 3 个片区对外承包，3 家机械设备先进、管理经验丰富的上市公司入驻，提升城区环卫保洁水平。原有环卫站保洁人员撤出老城区原有环卫服务，将工作重心向临桂新区转移，扩大管理范围。

（廖顺林）

自来水供应

【概况】 2017 年，桂林市自来水公司临桂分中心（简称临桂自来水公司）设综合营业大厅、维修抢修班组、水费抄收班组、勘察设计班组等业务班组，有职工 27 人。供水范围北至西二环，南至四塘镇，西至机场路收费站，东接桂林市秀峰区。全年售水量 2005.93 万吨，同比增加 19.49 万吨，增长10.76%；在线水表数118012块，同比增加18234块，增长18.27%。

【供水服务】 2017年，临桂自来水公司客户服务分中心客户服务开展市“96332”热线分站点工作，独立处置督办临桂区范围内的各类投诉咨询案卷，并协调案件相关部门完成回复处理工作，提升服务效率。所接投诉及咨询案卷均满意结案且无超期处置情况。响应和解决区政府转办的各类供水相关事件，及时了解情况，寻找解决办法，做好供水服务工作。协助和指导五通、两江水厂进行水处理系统建设，以及抄表、客户发展等供水服务工作。与临桂农村商业银行沟通，促成五通、两江水厂分别与其签订水费代扣协议。对五通高铁站等较大规模的供水项目建设给予技术支持和帮助，推进项目建设。

【水质安全保证】 2017年，临桂自来水公司对主要供水管道沿线用水情况及所处位置进行分析，合理制定计划，并按月安排计划性排放冲洗，清理管道内沉积杂质。全年完成管段计划性冲洗DN300以上输水主干管65段，累计长度约220千米。在抢修中，如需关闭DN200及以上管道停水，须在抢修完毕后就近进行排放冲洗，防止停开水造成管内水流扰动，产生水混现象。年内，临桂区内未出现大面积的水混现象，水质安全。

【供水管道查漏】 2017年，临桂自来水公司加强区内供水管道查漏工作。利用新配备超声波查测漏设备对供水管道进行测漏，通过对供水管道的查漏维护，控制管道漏水对产销差的负面影响。全年完成DN200–DN800口径237个管段的测漏工作，对查漏数据异常的25个管段进行排查，并对确认存在漏损的14处管道进行开挖维修，减少管道漏损。

【纠正违章用水行为】 2017年，临桂自来水公司打击偷水行为，维护用水秩序。加大在建工地的检查力度，对发现盗用水的单位及个人，发出“违章用水告知单”，并追踪处理，追缴水费5万余元。对农村用水情况进行重点检查，查处农村偷盗水现象，纠正违章用水行为。

【解决重点项目用水问题】 2017年，临桂新区建设大厦、发展大厦、金融大厦、武警综合基地等多处政府项目进入竣工使用阶段，并新引进开工比亚迪云轨、华为双创园、高新区物流中心等一批重点项目。临桂自来水公司配合政府相关部门，对用水需求进行分析，提出解决方案。在较短时间内完成申报、设计、合同签订、项目施工等供水前期工作，保障项目及时竣工或使用。做好环广西公路自行车世界巡回赛等临桂区重点活动及会议的供水保障工作。 （黄科甲）

环境保护

【概况】 2017年，临桂区环境保护局(简称区环保局)加大污染防治力度，强化环境管理，打击违法排污行为，开展环保专项行动，推进生态区建设，抓好农村环境综合治理。临桂区环境质量总体保持较好，城区环境空气质量达到国家二级标准，噪声功能区达到国家标准。

【环保目标责任制】 2017年，临桂区政府与15个职能局、11个乡镇签订环保目标责任书，把环保目标责任制分解落实到位，并将环保指标纳入党政干部的政绩指标进行检查、督促和考核，确保各项环保目标责任完成。

【大气环境质量】 2017年，区环保局按照《环境空气质量标准》(GB3095–2012)分别对二氧化硫、二氧化氮和可吸入颗粒物进行单因子评价，以单个污染因子年均值达到的最差一级标准作为城市环境空气质量达到的标准。临桂区二氧化硫(SO_2)的年均值均为0.016毫克/立方米，达到一级标准，可吸入颗粒物(PM10)均值为0.060毫克/立方米，达到二级标准，细颗粒物(PM2.5)均值为0.041毫克/立方米，超出二级标准。年内，临桂区环境空气质量监测有效天数358天，环境空气质量优良率87.1%。其中空气质量优良天数318天，占有效监测天数的88.8%，空气质量轻度污染天数36天，占有效监测天数的10.0%，空气质量中度污染天数2天，占有效监测天数的0.6%。空气质量重度污染天数2天，占有效监测天数的0.6%。

【水环境质量】 2017年，区环保局按照《地表水环境质量标准》(GB3838-2002)分别对地表水7个断面和2个水库进行评价，义江宛田瑶族乡庙坪段断面和宛田瑶族乡流峰河流峰村断面为Ⅰ类水；义江永福县交界前100米断面、义江五通取水厂上游100米断面、莫边河与秀峰区交界前100米和大江水库出水口断面达到Ⅲ类水质标准；金陵水库出水口断面超Ⅲ类水；太平河永福县交界前100米和古桂柳河与雁山区交界前100米两个断面超Ⅴ类水。水质优良率超过50%。

【声环境质量】 2017年，区环保局功能区噪声评价采用《声环境质量标准》(GB3096-2008)。道路交通噪声质量等级划分采用《声环境质量评价方法技术规定》。临桂区功能区噪声1类区昼、夜间环境噪声均超标；2类区昼间达标，夜间超标；3类区昼间达标，夜间超标；4类区昼间达标，夜间超标。机场路(烟草配送中心)Leq为68.8分贝，道路交通噪声强度等级为二级，可评价为"较好"。人民路(鑫源广场)Leq为67.6分贝，道路交通噪声强度等级为一级，可评价为"好"。

【环境行政审批】 2017年，区环保局对55个申报项目进行环境影响评价审批，均为报告表项目，无自治区层面统筹推进(新开工和预备)重大项目。督促相关企业执行环境保护"三同时"制度，并办理环保设施竣工验收手续。年内，为13个建设项目办理环保设施"三同时"竣工验收手续，项目总投资469756万元，环保投资7526.7万元，全部合格并通过验收，"三同时"执行率和合格率均为100%。排污许可证发放企业103家。其中，气64家，水20家，水气19家。

【环境监测】 2017年，区环保局环境空气质量自动监测站对空气质量进行监测，选择二氧化硫(SO_2)、二氧化氮(NO_2)、可吸入颗粒物(PM10)、一氧化碳(CO)、臭氧(O_3)、细颗粒物(PM2.5)作为评价因子，环境空气质量监测有效天数为358天，其中空气质量优良天数为318天，占有效监测天数的88.8%，总计获得51552个监测数据。对临桂区环境保护监测站实验室楼顶监测点共采集样品91个，全年酸雨频率13.2%。降水pH值范围4.49~7.50。对地表水实施义江永福县交界前100米断面、五通取水厂上游100米、宛田瑶族乡庙坪断面、太平河与永福县交界前100米、古桂柳河与雁山区交界前100米、莫边河与秀峰区交界100米断面、宛田瑶族乡流峰河流峰村断面、金陵水库出水口断面、大江水库出水口断面共9个断面的监测，选择pH值、化学需氧量、溶解氧、总磷、氨氮、六价铬、镉、铅、总汞、高锰酸钾指数量共10个项目作为水质评价因子，共计336个监测数据。对6个噪声功能区监测点进行2次功能区噪声监测，共计36个监测数据；对临桂区2个道路交通噪声监测点进行1次道路交通噪声监测，共计16个监测数据。完成重点污染源监督性监测14次。临桂新区污水厂(包括东区、西区)执行《城镇污水处理厂污染物排放标准》(GB 18918-2002)一级A标准，监测4次，达标4次；临桂顺达污水处理有限公司执行《城镇污水处理厂污染物排放标准》(GB 18918-2002)三级标准，监测2次，达标2次。桂林市冲口垃圾填埋场污水处理站、桂林市山口垃圾填埋场执行《生活垃圾填埋场污染控制标准》(GB 16889-2008)，桂林市冲口垃圾填埋场污水处理站3次，达标3次；桂林市山口垃圾填埋场5次，达标5次。

【污染防治】 2017年，区环保局抓好水污染防治、大气污染防治、噪声污染防治、重点行业污染防治、饮用水水源地保护、固体废物管理、危险废物管理等环境保护重点工作，制定方案改善污染问题。

水污染防治　开展辖区内地表水检查，对义江、太平河、古桂柳河、桃花江临桂段、大江水库和金陵水库水质情况进行调查和开展监督性检查，未发现异常。临桂区无严重污染环境的“十小”企业。完善城区污水管网，提高城区生活污水收集率。污水处理厂正常运行，全年污水处理量1569.7万吨，同比增长4.7%。

大气污染防治　制定《临桂区建筑工地扬尘治理方案》，每季度开展施工扬尘专项整治大检查，全年对辖区内40多个在建工程检查，下达扬尘治理整改通知15份，处罚115个项目，处罚款24万元。督促相关企业对煤炭，煤矸石、煤渣、水泥、沙土等易产生扬尘的物料采取密闭贮存，或严密围挡以及有效覆盖，物料装卸过程中采取密闭或喷漆方式，控制扬尘产生。加强大气污染设施监察，召开砖瓦行业专项会议，完成13家砖厂脱硫除尘环保治理设施和在线监控设施安装。加大对工业废气排放企业的监管力度，确保污染防治设施正常运行。继续对燃煤小锅炉改造和淘汰旧锅炉，3家改为燃气，其余均使用生物质成型燃料。

噪声污染防治　全区噪声敏感区域的道路均采取禁鸣、限行、限速等管理措施，铁路两侧均安装声屏障等降噪设施。所有施工单位须在工程开工前15日内向环保局提出申报，评估可能产生的噪声污染以及所采取的防治措施，方可开工；严格执行使用商品混凝土的规定，禁止各施工现场安装使用混凝土搅拌机，杜绝建筑施工混凝土搅拌噪声污染；严格夜间施工审批、加强监管，除因生产工艺或特殊工期要求外，禁止夜间施工；高、中考期间，禁止在午休及夜晚进行产生环境噪声污染的建筑施工作业，区环境监察大队和区城管大队加强巡查和监管。全年审批夜间施工作业22件。禁止在居民区、文教区、医疗区等噪声敏感区域设立KTV等文化娱乐场所；城区娱乐场所严格控制声源音量，采取安装双层隔音玻璃等措施，使噪声达到排放标准；加大巡查监管力度，杜绝商业广告音响扰民，取缔流动商贩利用扩音器招揽生意，减少社会生活噪声的污染。

重点行业污染防治　根据《广西壮族自治区工业污染源全面达标排放计划实施方案》中钢铁、火电、水泥、煤炭、造纸、印染、污水处理厂、垃圾焚烧厂等8个行业（简称：钢铁等8个行业）工业污染源排查和排放评估工作要求，制定方案开展排查工作，8个行业中水泥行业为临桂南方水泥有限公司，污水处理厂为桂林市排水工程管理处临桂新区污水处理厂（东区）和临桂新区污水处理厂（西区），通过核查排污申报和监督性监测数据，企业排放污染物稳定达标，核发排污许可证，并做好环境信息公开工作，形成《临桂区工业污染源排放情况评估报告》上报。

饮用水水源地保护　开展农村1000人以上集中式饮用水源地划分工作。经过招投标委托有资质的公司，对辖区内1000人以上饮用水水源地采取保护措施，制定界牌、标志牌68块，建设防护栏1500米。完成饮用水水源地保护工作，34个饮用水源地录入饮用水源地保护系统。

固体废物管理　2017年，临桂区固废产生量115.1吨，自行处置23.2吨，贮存量91.9吨，省内转移量4.38吨。

危险废物管理　对辖区7家危险废物产生单位和危险废物经营单位开展专项检查，处置危险废物114.16吨，其中省内转移处置84.48吨，省外转移处置29.68吨。

【生态保护和建设】 2017年，临桂区开展创建自治区级生态县（区）工作，12月获自治区环保厅命名。完成临桂一中、茶洞中学申报绿色国际生态学校。继续加大农村环境连片整治示范项目工作力度，实行公开招投标，委托第三方公司对68座农村污水处理站进行日常管理。

【核与辐射安全监管】 2017年，区环保局加强对辖区内涉及核与辐射安全单位的日常检查。全区涉源单位11家，办理辐射安全许可证11家。组织辐射单位工作人员参加自治区环境保护厅、桂林市环保局组织的辐射安全与防护知识培训。辐射单位按要求建立辐射事故应急预案，开展应急演练工作。年内未发现安全隐患。

【环境监察】 2017年，区环保局对“中央环境保护督察反馈环境问题整改”“‘专业查污’查出环境安全隐患问题整治”“重点行业企业环境安全隐患排查整治”“环境风险等级较高的企业隐患排查整治”“尾矿库隐患综合治理”等5个方面情况进行全面排查。重点排查中央环保督察反馈的24个环境问题，整改完成并完善验收材料。其他4项整治工作均全部落实。开展厉打击涉危险废物环境违法犯罪行为，检查众阳光能科技有限公司等7家桂林市环境保护局危险废物名录单位。对辖区城镇污水处理厂、沿江设立排污口的重点排污企业、规模化畜禽养殖等3个方面开展专项检查。开展“清废打假促达标”督查执法行动，督促临桂南方水泥有限公司更换1#水泥成品库布袋器，2#、3#、4#水泥成器库泄漏处采取补漏措施；对桂林高能时代环境服务有限公司未按照规定安装、使用大气污染物排放自动监测设备违法行为进行行政处罚，完成33吨飞灰（危险废物）的转运和安全处置。

【环境执法】 2017年，区环保局开展对13家生产砖厂、10家采石场、11家混凝土搅拌企业约谈和现场检查，对发现的环保问题责成整改。对义江、太平河、古桂柳河、桃花江临桂段、大江水库和金陵水库水质情况进行调查。高考和中考期间，安排人员24小时值班，对城区范围内建筑施工、文化娱乐场所以及社会生活噪声、工厂企业开展噪声专项控制执法工作。全年下发《环境违法行为限期改正通知书》28家，依法查处违法企业20家，罚款48.36万元。查封扣押11件，按日计罚1件，限产、停产2件。

【环境应急与事故调查】 2017年，区环保局制定《桂林市临桂区水污染防治应急预案》开展重点企业环境风险隐患排查，组织人员参加环境突发事件应急处理知识培训。全年处置应急事件5件。

【排污申报与收费】 2017年，区环保局依据《排污费征收使用管理条例》和《排污费征收管理办法》等排污费征收政策，对辖区内污染源和污染物排放种类、数量等进行审核，依法开征排污费，做到申报登记全面、真实和准确。年内，对60多家排污单位征收排污费258.3万元，其中建筑24家，征收排污费223.9万元。

【环境宣传教育】 2017年“六五”世界环境日期间，区环保局组织环委会成员单位在城区金山广场开展环境宣传咨询活动，展出环保主题板报21块，横幅标语10多条。发放《公民环保行为手册》《公民环保普法问与答》等环境保护宣传资料4000多份，同时发放环保袋等环保宣传品。通过中国移动通信网络，以短信的形式向全区各机关、事业单位、学校工作人员及城区周边居民发送环保主题短信18000条。

（蓠洁桃）

2017年6月5日，临桂区在城区金山广场组织开展“6·5”世界环境日活动　　阳行权　摄

交通运输

2017年11月15日，区政协委员视察在建的五通至黄沙公路　　区政协办　供稿

交通运输管理

【概况】 2017年临桂区交通运输局(简称区交通局)设办公室、安全综治办、人教股、财务股4个股室,下辖区公路所、区运管所、区交通运输执法大队和区航管所等4个事业单位。编制70人,实有工68人。年内,全区完成客运量790万人,旅客周转量44423万人千米(含公共交通),货运量762万吨,货物周转量124353万吨千米,客货运周转量比上年增长4.5%。

【交通基础设施建设】 2017年,临桂区实施交通建设项目20个,完工待验收项目8个;计划总投资41424万元,实际完成投资15342万元。新增公路里程22.04千米,新建桥梁150延米。其中,通村委水泥路项目5个:茶洞镇江州至安乐至保合四级混凝土公路(2014年10月开工)28.06千米在建,计划总投资4844万元;茶洞镇仁义至温良四级混凝土公路(2014年9月开工)14.04千米,第3标段2017年10月完工,计划总投资2509万元;306省道至三合至保合四级公路16.75千米在建,计划总投资3881万元;宛田瑶族乡陶善至平水四级公路11.85千米在建,计划总投资2080万元;321国道至中庸镇高田村四级公路1.4千米,完工待验收,计划总投资140万元。地方路网工程项目4个:岩塘至大山图二级沥青路(2015年1月开工)12.21千米在建,计划总投资13400万元;五通至黄沙四级混凝土公路(2014年4月开工)26.58千米在建,计划总投资6659万元。危桥改造8座(古定桥、山背桥、木桥、乐林桥、大塘桥、褚村桥、干贝桥、四益桥)167延米,计划总投资790万元。其中,古定桥、木桥竣工验收,干贝桥、大塘桥、乐林桥完工待验收。安保工程项目2个:宛黄公路至平水,庙岭至上全等2条公路安保工程完工,完成投资230万元。

【县乡道养护】 2017年,临桂区投资444.87万元,维修部分县道,完善其使用功能。养护县道9条,总里程121.7千米,修复路基400米、挡土墙300立方米,修补沥青路面2000平方米,修复涵洞2座,填补路基及路肩坍塌880立方米,清理塌方5000立方米,修整路肩、清除杂草、涵洞淤泥等80万米。全区列养公路管理规范,达到桂林市交通运输局下达的养护指标。

2017年10月30日,区交通局领导班子查看"7·1"洪灾水毁道路工程修复情况　　区交通局　供稿

【道路运输】 2017年,临桂区拥有客运车辆192辆,4028个座位,其中出租汽车50辆,250个座位;货运车辆2950辆,15615个吨位,全年累计减少货运车辆343辆。全年完成客运量790万人,旅客周转量44423万人千米(含公共交通);货运量762万吨,货物周转量124353万吨千米里,比上年增长4.5%。全区拥有道路运输业户2297户,其中客运企业3户,

货运经营业户 2200 户，维修企业 90 户，驾驶员培训学校 4 个。

【交通行政执法】 2017 年，区交通局制定“打非治违”工作方案，组织开展“打非治违”专项行动，按照“疏堵结合，标本兼顾，综合治理，依法监督”的原则，加大对非法营运和违章行为的打击力度。协助公安交警等部门，在重点时段，对主要路口、路段进行重点巡查，打击道路运输非法行为。区交通运输执法大队在上路稽查、窗口服务、文书档案制作等各个环节实行“定人、定岗、定责任”，加强道路运输监管。利用执法记录仪、摄像机、照相机等设备，加强对非法营运、站外揽客、车辆改装等违法行为的取证和查处。全年出动执法人员 1719 人次，检查车辆 2032 车次，清理堆积物 161 处 1627 平方米；疏通人为堵塞水沟 143 米；查处运政违法案件 59 起。采用动漫宣传画册、板报等各种方式宣传《中华人民共和国公路法》《公路安全保护条例》等相关法律法规，发放法律法规宣传册 5000 多份，宣传单 4000 多份。

【交通安全生产】 2017 年，区交通局坚持“安全发展”理念和“安全第一、预防为主、综合治理”方针，将客货运站场作为安全管理的重点，严防危险品上车，在春节、“五一”、中秋、国庆等人流高峰期，加大检查密度，从源头上预防安全事故发生。全年组织干部职工、公路建设施工单位、驾驶员安全学习教育 125 次，参加学习 476 人次；召开安全领导小组会议 16 次；发放安全宣传资料 600 多份。年内，全区水上运输、交通工程建设、公路养护安全生产事故为零。

临桂区交通运输主要指标表

指标名称	2017 年
公路管养里程(千米)	121.7
营运载货汽车(辆)	3767
营运载客汽车(辆)	192
民用运输船(载重吨)	3
公路货运量(万吨)	745
公路客运量(万人)	781
水路货运量(万吨)	0.12
水路客运量(万人)	0.22

（陈贞贤）

公路管理与维护

【概况】 2017 年，临桂公路管理局（简称临桂公路局）强化内部管理，改善外部环境，加大路政管理和治超力度，提高国省道干线公路养护管理水平，较好地完成各项工作目标任务。

五通镇通村公路　　周荣华　摄

【公路养护】 2017 年，临桂公路局管养公路总里程 150.36 千米，检评 150.36 千米；优良路率 65.32%，差路率 4%，完成市局下达的目标任务。全年完成清理大小塌方 850 立方米；养护站自行修复损坏的波形护栏约 520 米；修补桥梁结构的裂缝、露筋、缺损 45 处，完善设置桥梁各种标志、标牌 23 块；国省干线修复损坏路肩墙 460 立方米，埋设涵管 10 米，机械及人工开挖水沟360米，路肩高铲低1100平方米；更换轮廓桩560根、道口桩30根、千米碑15个、百米桩180个；路面保持无坑槽，修补影响行车安全的路面病害约2800平方米，清除公路路基垃圾，杂物等路障物450立方米。

【公路修复工程】 2017年，临桂公路局落实桂林市公路局路面修补质量年竞赛活动实施方案要求，路面修复总面积20105.7平方米，实际折算总路面修复面积111628.3平方米，完成市局下达指令性任务的115.3%。全年完成的工作有：修补G321线及X107线、X104线、X101线修复路面实际修复路面19688.7平方米，折算修复面积109998.9平方米；平交道口施工5个，实际修复路面417平方米，折算修复面积1629.4平方米。完成国道321线砌体砌筑指令性任务41处，102.6立方米，工作量3.28万元，完成市局下达任务的109%。全年完成小修保养工程工作量113.59万元，完成的工作有：S302线、S302线、G327线3个涵洞新建、重建工程，涵洞总长41米，合计工作量23.1万元；S302线、原X106线、107线、G322线4项挡土墙修复工程，浆砌片石挡土墙728.4立方米，合计工作量35.21万元。完成国道321线危险路段整治K678+140—K678+400处砌体等465平方米，合计工作量50万元；国道322线K12+200-K12+400路面水毁修复工程810平方米，合计工作量5.29万元。完成环广西公路自行车世界巡回赛S306线赛道整治工程任务。

【路政治超管理】 2017年，临桂公路局以保障安全畅通为中心，强化路域环境综合治理，整治车辆超限行为，保护路产，维护路权，确保管辖国、省道公路畅、洁、美、舒、安，完成各项工作目标任务。全年辖区发生路产赔偿案件14起，查处14起，追缴路产赔偿费13.27万元，办理路政许可项目17起，收取路产补偿费24.09元，路政案件查处率100%，结案率100%。清理堆积物39处，216平方米；清理临时搭棚35处，306平方米；人工疏通水沟71米，清理非公路标志30块。年内，开展“政府主导、部门联动”多部门联合治超行动6次，上路检查车辆3824台次，查处超限车辆180台次，超限率4.71%，卸货707吨，治超罚没约34.22万元，治超检查、查处超限车辆台次、卸货和罚没数额比上年增长100%。

【国有资产管理】 2017年，临桂公路局按照国有资产管理制度和规定，做好固定资产管理工作。年内新增固定资产44件，共计资产原值56.3万元，报废固定资产37件，核销资产的原值、净值均为19.27万元，对报废资产及时进行实物处置并办理资产相关变动手续，建立账卡或调整账目，确保账物相符。全年上解固定资产处置收入2.05万元。截至年末，全局固定资产原值为1758.34万元，计提折旧115.6万元，固定资产净值1642.74万元，未发生资产流失。按照资产出租出借规定，做好拟租资产的价值评估、出租申报、审批和挂牌招租相关事宜，全年租赁收入46.95万元。加强公务和养护生产用车管理，规范公务用车。重新选定公务车和养护车辆维修点，执行车辆用油及维修审批制度，做好用车登记和节假日车辆封存工作，全年未发生车辆安全事故和违规用车现象。

（临桂公路局）

民用航空

【概况】 2017年，桂林两江国际机场（简称桂林机场）运输起降航班6.24万架次，比上年增加7134架次，增长12.9%；运输旅客786.2万人次，同比增加123.2万人次，增长18.6%。其中，国内航线旅客（不含地区航线旅客）运输747.4万人次，同比增加127.7万人次，增长20.6%。全年飞行航线112条，航线总量同比增加8条，通航城市机场76个。新增或恢复雅加达、暹粒、绵阳、丽江、遵义等14个通航城市。飞行桂林航线的航空公司

38 家（新增 6 家）。年内，桂林机场通过国家民航局航空安保审计和民航局 2017 民用机场服务质量评价工作，完成春运、国庆等重大节假日，以及中共十九大、环广西公路自行车世界巡回赛等重要活动的服务保障工作。

【拓展市场助推运输生产】 2017 年，面对国际关系复杂多变，客源流失的不利影响，桂林机场以国内航线为主，国际航线为辅，争取运力投放、增飞航线，拓展航空市场，促进旅客吞吐量增长。通过走访各航空公司，发挥航线补贴资金的引导功能，重点对"新增航线、新增航班、新增航点"给予补贴。优化中转流程，注重中转服务效率、航班延误后续安排、中转行李保障等方面细节，树立"中转无忧服务"口碑；完善中转产品，推出全年免费贵宾厅服务、免费钟点房休息、免费过夜住宿等"中转无忧服务"产品。根据不同航空服务点的区域特点，对湘桂粤、桂黔交界地区的航空服务点给予政策倾斜，通过给予地面交通及住宿补贴等方式促进旅客出行，促进"一县一点"航空网点发展；对桂林县域的网点，通过航空公司的淡季特价机票及特价航空产品刺激旅客出行。与携程网达成协议，利用关键字搜索技术，促使"桂林"成为携程的搜索推荐热词。利用各县区特色节日，开展促销宣传。针对学生市场，推出"校园轻松飞"产品，提供接、送机和快捷办票登机服务以及特价优惠机票，培养新消费群体。11 月 15 日，旅客吞吐量首次突破 700 万人次。

【安全管理】 2017 年，桂林机场利用三委会（机坪运行安全管理委员会、除冰除雪工作委员会、FOD 防范工作委员会）平台协调解决机场运行问题 22 个，推进"机坪违章分级处罚"制度，通过日常巡视检查，加大对机坪安全运行监管力度。制定《飞行程序保护区净空管理专项整治工作方案》，与桂林市人民政府组织召开机场净空保护工作协调会议，建立健全沟通协调机制。与民航桂林空中交通管理站协调，制定无人机应对工作方案，划设桂林机场无人机等升空物体禁飞区域，通过桂林电视台、《桂林晚报》等媒体进行宣传公布，成为自治区内率先完成此项工作的机场。完善应急演练督导机制，对重要的演练项目进行督导。全年开展单项演练 36 次，桌面演练 2 次。年内，桂林机场安全保障飞机起降 6.4 万架次，地面输送旅客安全行车 310 万余千米，排除飞机故障 33 起，查获违禁物品 11.3 万余件，连续实现第 34 个安全年。

【民航"真情服务"品牌打造】 2017 年，桂林机场优化服务举措，坚持"真情服务"理念，打造"真情服务"品牌，持续为旅客提供便捷、温馨、舒适的乘机环境。桂林机场制定《航班正常保障管理规定》，每日及时发布天气预警、航班保障情况，通过优化机位预分配与实时调配方案，提高航班靠桥率；增加安检通道，缩短旅客安检排队时间。全年航班放行正常率 80.03%，在旅客吞吐量占全国 0.2%（含）以上机场中排名第 18 位，中南地区排名第三位。推行航空餐食量化管理，实现餐食制作均衡性、品质保障管理，建立"量化式"热食生产规范，调整机上饮食概念，实施航延餐食的配送时间精细化，规定各类食品送达时间。制定《残疾人航空运输服务方案（暂行）》和《人体捐献器官航空运输保障方案（暂行）》等规章制度，规范特殊航空运输服务流程。购置新型残疾人登机车，建立人体捐献器官绿色通道，改造更新母婴室，推出"爱心鞋垫""孝心卡"等一系列特殊服务举措，打造"真情服务"品牌。

【对标进度加快基础建设】 2017 年，桂林机场制定建设项目工作推进及资金安排计划，每周跟进、每周汇报，及时对标进度。全年完成固定资产投资 2893.67 万元。其中，重大、次重大项目完成投资 1971.71 万元，非重大项目完成投资 921.96 万元。完成安检信息管理系统、飞行区道面嵌缝料、桥载设备替代 APU、双视角 X 光机更换等建设项目。年内，桂林机场 T2 航站楼及站坪配套设施扩建项目累计完成投资 13.51 亿元，航站楼主体工程钢结构 5 月 31 日合龙，10 月实现主楼闭水，高架桥11月8日提前实现全线贯通，场地平整及排水工程、道路工程基本完工。

2017年7月3日，建设中的T2航站楼　　阳树柱　摄

【加强信息化建设】 2017年，桂林机场承接广西机场管理集团“十三五”期间的信息化建设项目，自主研发成功“一卡通”项目，将餐卡和乘车卡合二为一。研发的“机场收入结算系统”项目和“机场航班运行监控和信息管理系统”项目分别获广西机场管理集团2017年度科技进步二等奖、三等奖。

【开通国际新航线】 2017年1月17日，桂林机场首次开通桂林—暹粒国际航线，航班号为K6938/K6939，由柬埔寨吴哥航空公司采用空客A321、A320两个机型执飞，每周二、四、六飞行。8月26日，开通桂林—雅加达国际航线，由印尼狮航集团旗下巴迪航空采用737-800型机型执飞，航班号为ID9000/01，每周飞行1班。

【安检站蓝馨女子检查分队获全国巾帼文明岗称号】 2017年7月29日，中华全国妇女联合会印发《关于表彰全国巾帼文明岗、全国巾帼建功标兵、全国巾帼建功先进集体的决定》，桂林机场安检站蓝馨女子检查分队获2017年全国巾帼文明岗称号。安检站蓝馨女子检查分队组建于2006年，由18名女性检查员组成，专为桂林机场要客及贵宾旅客进行安全检查。

【国际值机室获中国民航工会“全国民航示范班组”称号】 2017年12月27日，桂林机场国际值机室获中国民航工会“全国民航示范班组”称号。国内值机室有组员45人，平均年龄30岁。国内值机室坚持为旅客值机服务热心、为高端旅客服务细心、为初次乘机旅客服务耐心、为晚到旅客服务尽心、为孕老残幼等特殊旅客服务暖心的“五心”服务宗旨。

【在自治区消防总队实战练兵比武中获第一名】 2017年11月15日—16日，桂林机场代表桂林市企业消防专职队伍参加广西消防总队在南宁举行的全区消防实战化练兵大比武活动。比武活动有综合技能操、两人五盘水带连接、破拆救人操、水罐消防车双干线出三支水枪操、一人三盘水带连接操、泡沫消防车双干线出两支泡沫管枪操等6个项目。桂林机场获团体总分第一名，2个单项第一名。

（莫亚兰）

信息产业

2017年7月12日，中国电信临桂分公司党员服务突击队抗洪救灾保通信畅通

中国电信临桂分公司　供稿

邮　政

【概况】 2017年，中国邮政集团公司桂林市临桂区分公司（简称临桂邮政分公司）执行集团公司“一体两翼”经营发展战略，按照区分公司“融合发展、突破重点、提速增效”工作方针，拓展业务。全年各项业务总收入3141.8万元，完成全年目标的112.7%，比上年增长127%。代理金融业务实现收入1844万元（含保险），完成全年计划任务的101.4%，比上年增长9.1%；包裹快递业务收入363.2万元；集邮与文化传媒业务收入216.7万元；分销与配送业务收入392.4万元，比上年增长177.3%；其他业务收入325.5万元。全年实现无重大、特大责任事故、案件。年末，临桂邮政分公司设市场营销部、综合办公室，辖1个（秧塘）邮件处理中心；有五通、宛田、两江、会仙、榕山路、人民路6个代理金融网点；有五通、宛田、两江、中庸、黄沙、庙岭、四塘、会仙、南边山、榕山路、建设路、人民路等12个邮政营业所，以及茶洞、渡头、六塘、保宁4个邮政营业代办所，员工96人。

【金融类业务】 2017年，会仙镇新增一个代理金融储蓄网点，四塘邮政所新增两台存取款机。实现代理金融业务收入1844万元（含保险），完成全年计划任务的101.4%，同比增幅9.1%。年内，在监管政策趋严的大环境下，未发生金融案件。

【包裹快递业务】 2017年，临桂区邮政分公司完善激励和管理措施，与电商大客户创新合作模式，促进业务发展。在秧塘工业园区新增1个邮件处理场地。全年全辖实现包裹快递业务收入363.2万元。

【集邮与文化传媒业务】 2017年，临桂区邮政分公司开展各种营销活动。举办集邮活动3场，举办“书香临桂、全民阅读”图书巡展1场；做好新邮预订工作，在集邮市场低迷的情况下，完成新邮预订18万元；做好2018年报刊大收订工作，完成区分公司下达的计划。全年业务收入216.7万元。

【电商分销和配送业务】 2017年，临桂区邮政分公司通过多种形式，抓号各种培训。举办乡镇小型农资分销、金融促销会60场次，实现农资订货370万元，农资类产品实现稳步增长。抓季节活动营销、节日营销，快消品销售取得突破性发展。开展家电产品促销活动2场，实现销售收入37.8万元。全年分销与配送业务收入392.4万元，同比增长177.3%。

【客户服务】 2017年，临桂区邮政分公司通过11183工单处理、受理用户来电、来访和远程监控系统等方式，对营业窗口的服务质量进行监控，执行收寄“三个百分百”（100%收寄验视、100%实名收寄、100%过机安检）制度。邮政用户投诉首问负责制落实率100%，解决用户投诉及时率100%，未发生新闻媒体曝光事件，未出现重大投诉。　　（李品慧）

中国电信股份有限公司临桂分公司

【概况】 2017年，中国电信股份有限公司临桂分公司（简称电信临桂分公司）设办公室、客户销售服务中心、网络部，以及五通、两江、六塘3个中心支局。客户销售服务中心下设营销支撑组、政企客户组（政企支局）、公众客户组（城市支局）、营业厅（厅店）4个班组，五通中心支局下辖五通、中庸、宛田、黄沙4个营业所，两江中心支局下辖两江、渡头、茶洞、庙岭4个营业所，六塘中心支局下辖会仙、六塘、四塘、南边山4个营业所。年末用工总量

102 人(不含第三方业务代理人数),其中在岗合同制员工 45 人。全年完成业务收入 10718.72 万元,完成目标任务的 99.74%,比上年增长 24.23%。

2017 年 7 月 12 日,中国电信临桂分公司在桂林医学院临桂校区为新生办理手机业务　　中国电信临桂分公司　供稿

【市场经营】 2017 年,电信临桂分公司以"全能卡""不限量"等促销手段,以及渠道建设为营销策略,将政企支局、农村支局划分为几个小组,分别负责政府单位、医疗卫生及金融业、学校、农村市场的市场拓展,提高客户单位移动业务渗透率。多渠道促进农村宽带业务发展。收集用户需求信息,跟踪新建项目的建设及开通情况,联合代理商进村营销,尽量做到当天输单当天安装,提升用户对电信宽带的满意度。支局长、营业员、渠道经理每天、每周做好支撑帮扶计划,并按照工作日程进行营销;及时通报各厅店的日发展量和月发展量,形成比学赶超的营销氛围。注册并运营"翼小服"和"翼小秀"两个微信号,通过微信号与客户保持联系和沟通,接受用户进行业务咨询,进行简单故障排除。加强异业合作,扩大翼支付 APP 的影响力。在各厅店设立积分兑换处,在主营业厅设立翼支付超市,吸引客户使用翼支付,增强客户黏性,促进天翼业务发展。关停业务量小的网点,优化网点布局,全年完成新建网点 26 家。

【通信基础设施建设】 2017 年,电信临桂分公司完成光纤网络建设项目 48 个,覆盖范围涉及城区及周边城中村和各乡镇。在扩大新建小区光纤网络覆盖的同时,推进老城区网络改造工程,实现光纤全覆盖的目标。完成第二批 29 个村委会电信普遍服务项目,并完成全部村委会的升级建设。年内新增基站 53 个。其中,4G 站点 44 个,800M 站点 9 个。至年末,临桂辖区有 4G 站点 284 个,替换 800M 设备基站 165 个;新建室分站点 85 个(桂林医学院临桂校区新增 35 个)。

(鲁艳香)

中国移动通信集团广西有限公司临桂分公司

【概况】 中国移动通信集团广西有限公司临桂分公司(简称移动临桂分公司)下设综合部、市场部、政企客户部、工程维护部。市场部下辖鲁湖路营业厅、医学院营业厅、两江营业厅、五通营业厅、六塘营业厅 5 个自营营业厅,有指定专营店 110 个,在职员工 89 人。2017 年,移动临桂分公司以 4G 业务规模发展为主线,围绕个人、家庭、集团三大市场开展工作,推动公司各项业务发展。

【市场经营】 2017 年,移动临桂分公司以 4G 业务发展为中心,以 4G 终端、套餐合约、家庭产品、"和"业务推广等为重点,推动客户规模发展,持续普及数据业务。全年营运收入 15900 万元,同比增长 6.2%。客户总数 27.2 万,其中 4G 客户 16

万户，家用宽带客户 2.7 万户。

【业务管理】 2017 年，移动临桂分公司完善业务规范，梳理业务流程，高效便捷处理投诉。加强对各类投诉的汇总、分析，挖掘问题，提出整改措施。规范服务质量，确定考核要求。坚持学习，注重创新，提高员工的综合素质。

【网络建设】 2017 年，移动临桂分公司以提升客户感知为中心，开展 4G 网络优化和建设工作，全年建设开通 LTE 站点 536 个，为客户提供更优质的网络服务。

【通信保障】 2017 年 7 月，临桂区频降暴雨，临桂辖区的移动基站受灾退服 64 个。移动临桂分公司启动防汛应急通信保障预案，开展通信故障抢修工作。抢修期间，累计出动抢修人员 120 人次，出动抢修车辆 25 台次，发电 30 站次，发电时长 180 小时，修复基站 64 个。10 月 23 日，完成 2017 年环广西公路自行车世界巡回赛临桂赛段通信保障工作。 （赵娜）

中国联合网络通信有限公司临桂区分公司

【概况】 2017 年，中国联合网络通信有限公司临桂区分公司（简称联通临桂分公司）围绕“客户为本，团队共进，开放创新，追求卓越”的企业核心价值观，以“一切为了客户，一切为了一线，一切为了市场”为经营管理理念，依照“聚焦重点、紧盯目标、提升能力、规模发展”的工作要求，拓展业务。全年完成通信服务收入 2600 多万元，2G 网上用户 12000 余户，3G 网上用户 25000 多户，4G 网上用户 7000 多户，宽带用户 9000 多户。

【市场经营】 2017 年，联通临桂分公司围绕“211”能力工程建设，抓好通信网、服务渠道网建设。按照总部的“三滚”规划策略，继续在临桂区的三个主场景生活区、商业区、行政区完善 3G 网覆盖，保证 3G 主力承载网的支撑能力。根据业务需求完善 4G 网覆盖，分流高数据业务需求及支撑市场发展，按照“4G 削峰、3G 保底、2G 做薄”的思路，打造 3G/4G 一体化精品网络。年末，拥有 GSM 网络基站 125 座，覆盖临桂各大乡镇，村委会覆盖率 97%；建成投入使用 WCDMA 网络 3G 基站 175 座，主要覆盖城区及周边高速公路；4G 基站 136 座。开展乡镇小型营业厅建设、自建自管厅建设、卖场专项建设以及 D 类渠道建设等专项渠道建设工作，各乡镇均有公司自营或代理网点。加强软件提升，围绕“诚、细、优”的服务理念，加强企业内部管控，提升服务质量，重点抓好窗口服务工作。结合民主评议政风行风活动，提高服务质量。

【业务管理】 2017 年，联通临桂分公司落实目标网规划，加快重点业务发展，全面推进经营模式转型；落实用户实名登记和“黑卡”治理专项行动，强化考核问责；提升用户服务能力，强化存量经营与维系；深化重点领域改革，激发动力活力，持续提升企业管理水平。 （罗军）

工业·商业

2017年9月5日，临桂区供销联社领导班子就五通供销社位于保宁街的资产处置进行现场调研评估　　区供销联社　供稿

工　业

【概况】 2017年，临桂区工业和信息商贸局（简称区工信局）驻秧塘工业园，设办公室、经济运行股、企业股、商贸股、信息股、商务综合执法大队，在职人员19人。年内，区工信局调整对实体经济的服务方向，不片面追求单纯的产值增长，更注重服务的实效。全年规模以上工业总产值完成201.33亿元，同比下降30.8%；规模以上工业增加值完成49.81亿元，同比下降27.9%。

【主要经济指标】 2017年，受市场需求、产品价格和工业产值压实总量挤水分等因素影响，临桂区工业经济持续负增长。全区规模以上工业企业总产值201.3亿元，同比下降30.8%；完成销售产值195.3亿元，同比下降30.2%，销售率97%；完成工业增加值49.81亿元，同比下降27.9%。完成工业固定资产投资61亿元、技术改造投资52亿元。大工业用电量3.49亿千瓦时，增长8.7%。汽车、医药制造业因企业开发新技术、开拓新市场、增加新生产线，提升产品质量，发展较好。以桂林福达集团为代表的汽车制造业完成增值17.9亿元，同比增长6.6%，拉动工业增加值1.5个百分点；以桂林莱茵生物为代表的医药制造业完成增加值5.5亿元，同比增长22%，拉动工业增加值1.2个百分点。

【召开工业企业表彰大会】 2017年5月24日，临桂区召开工业企业表彰大会，安排资金822万元，奖励2015年、2016年年纳税、产值和安置就业人员等方面做出特殊贡献的规模企业。

【服务企业】 2017年，临桂区工信局坚持开展“一人一企”对口服务活动和金融服务下企业活动。协调解决桂林娃哈哈公司土地被村民填埋垃圾等6家企业的10多项问题；为企业解决融资难问题，促成13家企业与金融机构达成融资意向1.2亿元。完善园区基础设施建设，完成秧二十四路污水雨水管网改造和配电工程、莱茵生物临时排污管网工程、秧六路建设工程和人民路延长线亮化工程，推进华能临时道路和秧二十五路建设。贯彻执行自治区41条惠企政策，引导企业提交申报资料，为5家企业争取技改资金3200万元；继续执行丰枯水期电价，降低企业经营的成本；与人社部门协调，为园区企业降低养老保险缴费比率。组织40多名企业高管到浙江大学培训。

【燃煤小锅炉整治】 2017年，区工信局作为燃煤小锅炉整治工作牵头单位，组织开展燃煤小锅炉调查，并做好企业的工作。至11月末，全区16家有整治工作任务的企业均完成整治任务。

【违法生产销售“地条钢”专项整治工作】 2017年，区工信局联合区质监局等部门开展违法生产销售“地条钢”专项整治工作。按照“严厉打击、坚决取缔、彻底消灭、不留后患”的目标，对辖区范围内铸造冶炼企业进行梳理排查，检查使用感应炉（工频炉、中频炉）铸造冶炼企业6家，未发现非法生产销售“地条钢”的行为，也未接到关于“地条钢”生产销售行为的举报或投诉。　（区工信局）

2017年10月10日，秧塘工业园夜景　　雷金息　摄

城镇集体工业

【概况】 2017年，临桂区城镇集体工业联合社（简称区二轻联社）下属企业20家，员工800多人，实现工业总产值1.2亿元，实现税利760万元，分别比上年增长1%和2%，未发生安全生产事故。年末，二轻联社下设办公室、财务股、行管股，在职10人。

【安全生产】 2017年，区二轻联社贯彻落实区安委会有关安全生产工作的要求，在春节、清明、“五一”、国庆、中秋等节假日和全国“两会”等重点节点，对系统企业进行安全生产大检查。在“安全生产月”活动中，通过宣传板报、横幅等形式，宣传全面落实企业安全生产主体责任的各项要求，做到“预防为主”，对在检查中发现的问题，提出整改措施，并限期完成。年内，全系统企业运行良好，无安全生产事故。

【经营管理】 2017年，区二轻联社完成6家国有集体企业改制的后续工作，确保职工队伍稳定，并做好集体资产的保值增值工作。组织干部到柳州、玉林、梧州等县（市）二轻联社学习企业改制、集体资产管理经验。对县域工艺美术行业进行考察调研，了解临桂辖区的民间工艺传承与发展情况，并邀请桂林市联社领导和工艺美术专家对五通镇桐山村土法烧制陶瓷工艺（俗称龙窑）进行实地考察，为发展和保存民间工艺，以及二轻工业的发展出谋划策。 （蒋文斌）

供电与电网建设

【概况】 2017年5月8日，撤销临桂供电公司，成立广西电网有限责任公司桂林临桂供电局（简称临桂供电局）。临桂供电局设办公室、财务部、人力资源部、计划建设部、生产设备管理部、安全监管部、市场营销部、监察审计部、党群工作部（与党委办公室、工会、团委合署）9个部门，二级机构设置物资仓储配送站、电力调度控制中心、输变电管理所、城区供电所、五通供电所、会仙供电所、两江供电所。全局有23个班组。

【供电主要指标】 2017年，临桂供电局售电量9.54亿千瓦时，同比增长10.49%；当年电费回收率100%，连续6年实现电费结零；平均售电单价609.13元/千千瓦时，同比降低4.75元/千千瓦时；综合线损4.48%，同比下降0.5个百分点；0.4千伏台区线损异常率5.23%，异常处置率100%；10千伏分线异常率5.69%，异常处置率98.86%。新增客户7084户，总客户20.12万户；第三方客户满意度79分，在桂林网区排名第一；综合电压合格率98.86%，中低压客户平均停电时间分别为13.77小时/户、15.34小时/户，均优于年度考核指标。

【供电区域及用电情况】 2017年，临桂供电局供电区域包括临桂城区及11个乡镇，供电面积2202平方千米，服务人口57万，拥有客户18.94万户，客户装机容量37.16万千伏安，市场占有量为100%。售电结构以大工业为主，占36.57%，居民生活占35.36%，其他占28.07%。全社会用电量9.54亿千瓦时。其中，第一产业0.36亿千瓦时、第二产业4.56亿千瓦时、第三产业1.25亿千瓦时、城乡居民生活用电3.38亿千瓦时，占全社会用电量比重分别为3.75%、47.81%、13.07%、35.37%。在第二产业中，工业用电3.49亿千瓦时。其中，110千伏工业用电0.82亿千瓦时，35千伏工业用电0.28亿千瓦时，10千伏工业用电2.38亿千瓦时，年度新增工业用电0.28亿千瓦时，同比增长8.71%。区域最高负荷21.06万千瓦，同比增长19.83%；最大日电量337.63万千瓦时，同比增长0.64%。

【电网规划与建设】 2017年，临桂供电局投资

785.5 万元，完成 20 个贫困村供电项目的施工投运。全年完成农网投资 0.63 亿元，电网建设开工项目 178 个，投产项目 165 个，开工计划完成率、进度计划完成率、投产计划完成率均为 100%。加大政企合作力度，推动建立“政府主导、政企联动、责任共担、合作共赢”的电网建设新模式，将“十三五”电网规划成果纳入城市规划和土地利用规划，将电网建设目标任务纳入政府内部绩效考核。

【电网运行与安全生产】 2017 年，临桂供电局进行 18 次电网风险专项演练，保障电网的稳定运行。健全“灾前防、灾中守、灾后抢”的灾害应急处置机制，以“政府主导、用户负责、电企协调配合”的电网管控模式，应对历次台风、低温雨雪冰冻等自然灾害的影响。桂林网区率先利用东软防火墙有效过滤网络攻击威胁，年内完成 11 个 35 千伏变电站等通信系统的加固和改造。开展治理违法违规、确保人身安全工作。联合临桂区政府协调解决线树隐患，印制 3500 余份安全法规通告，在各社区、各村屯进行宣传。开展警示教育和安全生产大讨论活动，局领导挂点带头开展学习讨论 11 次，参加 311 人次。开展新一轮低电压、重过载台区排查，将梳理出来的 389 个台区列入农网和应急资金改造计划，在春节前完成 10 台重过载配变的更换和 40 个三相不平衡台区的整治工作。针对故障高发线路及新区重点保电线路，举全局之力集中清理树障 38705 棵、开展线路检修 19 次，更换各类瓷瓶、避雷器线夹等 3465 个，出动人员 920 人次。落实输电线路跨越铁路、高速公路以及城中村安全隐患的整改，年内完成 37.78 千米低压裸导线的隐患整改任务。

【市场营销与客户服务】 2017 年，临桂供电局摸底排查政府招商引资的新项目，多举措满足产业园区和临桂新区负荷增长点，为桂林师范高等专科学校临桂校区、莱茵生物公司、华能分布式能源、百泓源等一批亿元以上项目竣工投产提供用电保障。全年受理高压用电申请 304 起，投运 291 户，同比增加 48.47%，用电容量 33.49 万千伏安，同比增加 33.89%。通过推广业扩报装“一证受理”“三免服务”“片区经理”等系列措施，业扩流程 5 阶段平均用时在国家要求压缩三分之一的基础上，压缩 11%，总体业扩报装时间同比缩短 3.2 天。保质保量完成 2016 年第一、二批中心村电网建设任务。全年完成 32 个低电压紧急项目改造工作，整改 60 处 10 千伏公用配电变压器、低压出线以及 99 处 10 千伏配电线路供电的安全隐患。综合线损率同比降低 0.5 个百分点、低压客户平均停电时间同比减少 3.77 小时 / 户。以问题为导向，打好服务投诉“歼灭战”，精准快速解决客户问题，实行一把手接单制，按照“五个亲自”要求解决客户问题。将业扩工程投资界面延伸至客户红线，解决供电服务“最后一公里”，推行“供电服务 · 我在身边”引导机制，属地化快速解决辖区客户问题。

【经营管理】 2017 年，临桂供电局发挥局长、书记龙头项目的引领作用，推进农配网标准台区示范建设。2016 年第一批中心村南场 · 塘村台区改造工程，采用 7S 精益管理模式，改善施工作业环境，保证工程项目的施工安全、进度和质量。该工程获广西电网公司 2017 年电网基建工程优秀项目奖。发挥精益标杆的导向作用，以“突出重点、整体推进”为原则，举全局之力创建两江四星供电所，并力争五星创建。制定实施综合标杆一流评价指标提升行动计划，将供电所关键指标考评排名结果与绩效挂钩，打破“干好干坏一个样”的固有框架，形成“比学赶帮超”氛围。

【科技创新】 2017 年，临桂供电局应用广西电网公司科技创新推广产品，为各供电所配置 4 台直流试送仪，提升故障查找定位效率，减少故障停电查找时间 22%。申报并按期完成 2016 年广西电网公司第三批职工技术创新项目 2 项，使用职工创新项目改造工器具，缩短停电时间，保障电网安全运行。

【节能降耗】 2017 年全国节能宣传周活动期间，临桂供电局围绕“节能有我，绿色共享”宣传主题，开展“营业厅节能视频展播”“节能办公”“节能进企业、进乡村、进学校”等节能宣传活动，倡导绿色、节能、低碳的生产生活方式，营造节约能源的社会风尚。通过技改项目购置无人机开展巡线抢修工作，快速发现故障点及树竹隐患处，提高工作效率，降低故障停电。使用红外测温仪，准确发现刀闸发热处，减少电能损耗。年内，购置及安装 12 台节能变压器，提高电能质量及节能降耗。

【队伍建设】 2017 年，临桂供电局落实党管干部原则，强化解决问题的能力和执行力。抓好“强作风　抓落实　提效能”作风建设活动，开展专题研讨 24 期，参与 521 人次。开展谈心谈话 60 多人次，严爱结合抓好队伍建设。落实“培训、评价、持证、上岗”机制，开展涵盖输电、配电、营销和调度等专业的培训 46 期，累计参培 650 人次。能岗匹配率 100%，高技能人才占 65.20%，同比提升 16.65 个百分点，其中技能鉴定理论考试通过率 93.75%，获桂林网区“员工队伍素质提升”一等奖。（李礼）

集市贸易

【概况】 2017 年，临桂区市场开发服务中心（简称市场服务中心）有编制 54 名，实有 44 人。其中，干部 16 人，工人 28 人；大专以上学历 30 人。设主任 1 名，副主任 1 名，下设 3 个股、1 个办公室和 7 个市场管理所。年内，市场开发服务中心加强对市场的升级改造工作，以城区大型市场改造为龙头，以乡镇市场改造为重点，使全区的市场建设向星级市场方向发展，市场交易规模不断扩大。全年集市贸易成交额 17.15 亿元。

【市场分布及规模】 2017 年，临桂区有金山、二塘、临政路、山水、桂康、榕山、枫林、庙岭、南边山、塘头、六塘、会仙、马面、四塘、太平、界牌、茶洞、两江、渡头、罗城、保宁、五通、中庸、宛田、黄沙、秧塘 26 个市场。其中，金山、二塘、临政路、山水、桂康、榕山、枫林市场天天成圩，黄沙 5 天一圩，其余均 3 天一圩。

2017 年临桂区市场情况表

市场名称	地址	市场主体结构	赶圩人数（万人）	占地面积（平方米）	年贸易成交额（亿元）	建设时间
金山市场	临桂城区	钢混	2.00	11568.30	3.30	1995 年
二塘市场	临桂城区	钢混	0.80	3108.00	1.29	1997 年
临政路市场	临桂城区	钢架	0.80	11655.00	1.10	2012 年
山水市场	临桂城区	钢混	0.10	3000.00	0.10	2017 年
桂康市场	临桂城区	钢混	0.50	1250.00	0.99	2001 年
榕山市场	临桂城区	露天	0.20	210.00	0.79	1993 年
枫林市场	临桂城区	钢架	0.50	6500.00	—	2017 年
庙岭市场	临桂镇	钢混	1.20	4260.00	1.02	1999 年
秧塘市场	临桂镇秧塘村	露天	0.10	1152.00	0.07	1955 年
五通市场	五通镇	钢架	1.80	14201.00	0.98	2005 年
黄沙市场	黄沙瑶族乡	钢混	0.20	739.50	0.24	2013 年
中庸市场	中庸镇	钢架	0.26	3903.95	0.43	2013 年
保宁市场	五通镇保宁村	砖瓦	0.05	457.20	0.31	2007 年

续表

市场名称	地址	市场主体结构	赶圩人数（万人）	占地面积（平方米）	年贸易成交额（亿元）	建设时间
宛田市场	宛田瑶族乡	钢架	0.35	2041.00	0.65	2008 年
两江市场	两江镇	钢架	1.50	12500.00	1.49	2009 年
茶洞市场	茶洞镇	钢架	0.60	775.70	0.44	2013 年
渡头市场	两江镇渡头村	钢架	0.06	260.00	0.03	2001 年
罗城市场	两江镇罗城村	钢架	0.05	468.00	0.02	2014 年
南边山市场	南边山镇	钢混	0.60	5117.00	0.53	2016 年
塘头市场	南边山镇塘头村	钢架	0.20	601.26	0.29	2014 年
六塘市场	六塘镇老市场	钢架	1.50	3355.00	1.26	2014 年
	六塘镇商贸城	钢混		3892.00		
会仙市场	会仙镇	钢架	1.30	13320.00	1.24	2009 年
马面市场	会仙镇马面村	钢架	0.20	569.00	0.14	2014 年
四塘市场	四塘镇	钢架	0.50	2500.00	0.34	2005 年
太平市场	四塘镇太平村	钢架	0.10	308.39	0.13	2014 年
界牌市场	四塘镇界牌村	钢架	0.20	355.85	0.06	2014 年

【商品贸易】 2017 年，临桂区集市贸易成交额 17.15 亿元，其中粮食类 18398.6 万元，油脂(料）类 4319.61 万元，棉、烟、麻类 7096.57 万元，肉食禽蛋类 35528.78 万元，水产品类 17851.51 万元，蔬菜类 13816.72 万元，干鲜果类 11656.23 万元，日用杂品类 6779.28 万元，柴草类 4122.95 万元，饲料、农具、种苗类 7682.57 万元，大牲畜类 12246.57 万元，家禽幼畜类 14668.31 万元，工业品类 14195.41 万元，其他 3138.69 万元。

2017 年 7 月 21 日，新落成启用的城区山水市场一角

区市场服务中心　供稿

【市场建设与升级改造】 2017 年，临桂区投入 423.7 万元完成四塘市场室内装修及周边道路的改造工程，投入 95 万元，在四塘新市场旁新建临时大棚；投入 322 万元，完成山水市场高低压配电工程；投入 113 万元，完成会仙市场二期改造工作及临时售货棚的搭建工程；投入 28 万元，完成两江市场雨棚改造工作。引进民营企业，投入约 400 万元，在世纪东路与宏谋北路交会处建设枫林市场，占地 6500 平方米，2017 年 11 月开业。

【人感染 H7N9 禽流感防控工作】 2017 年 2 月起，临桂区市场服务中心加强对全区 11 乡镇 19 个市场的人感染 H7N9 禽流感防控工作。要求各市场管理所对所管辖的市场进行全面消毒，城区市场每日消毒一次，乡镇市场每圩消毒一次，所有家禽经营户均建立登记档案，对进货渠道、消毒情况、禽流感会议记录、消毒及宣传图片等进行存档。制定应急预案，开展人感染 H7N9 流感疫情的应急演练 2 次，提高市场管理人员的应急处置能力。年内，所管辖市场未出现人感染 H7N9 禽流感事件。

【市场卫生秩序管理】 2017 年，临桂区市场服务中心配合桂林市创建全国文明城市工作，制定《市场卫生秩序管理办法》《市场精细化管理规定》等制度，突出重点，分步实施，加强市场卫生秩序的管理。全年出动 1810 人次，对全区 2380 户市场经营户进行面对面宣传教育，制作宣传板报 18 块、温馨提示板 32 块、悬挂横幅 29 条、张贴固定宣传标语 316 条、发放宣传资料 5180 份，与经营户签订“门前三包”责任状 1310 份；在市场内通道上新增设垃圾桶 820 个，为经营户配置摊前垃圾桶 1360 个，全区农贸市场环境整洁有序，管理规范。　（李佑林）

供销合作商业

【概况】 2017 年，临桂区供销合作社联合社（简称区联社）机关设办公室、人事劳动保障股、财务审计股、综合业务股和社有资产管理合作指导股 5 个股（室）下辖六塘（含南边山）、两江（含渡头）、五通（含保宁、中庸）、宛田（含黄沙）、城区（含临桂镇、四塘镇）5 个乡镇供销合作中心社和会仙、茶洞 2 个乡镇供销合作社；直属公司有供销总公司、土产公司、农资公司、日用杂品公司、果品食杂公司、贸易公司和烟花爆竹公司；由供销总公司控股的有桂林市临桂万丰农资连锁有限公司和桂林市临桂万和连锁超市有限公司 2 个股份公司。年末，全系统有在职人员 49 人，其中区联社机关（属参公事业单位）编制 12 名，实有 15 人（在编 12 人，待编 1 人，编制控制 2 人），自收自支事业单位工人 1 人。

2017 年 12 月 4 日，区供销社对综合服务站和电商加盟商业务负责人进行电商专业技术培训　蒋建宏　摄

【资产和利润情况】 2017 年年末，区联社资产总额 10865 万元，同比增长 4.8%；所有者权益 5368 万元，同比增长 6.38%；基层社收入 5756 万元，同比增长 6.95%。全年实现总利润 450 万元，同比增长 9.2%。

【临桂区供销合作社联合社第一次代表大会召开】 2017 年 1 月 13 日，临桂区供销合作社联合社第一次代表大会召开，会议选举产生临桂区供销社联合社第一届理事会、监事会领导班子。

【基层社项目建设】 2017 年，五通供销合作中心社商住楼工程通过验收；新建的会仙供销社综合服务大楼引进中国农业银行进驻，并建设供销社会仙镇综合服务站；六塘供销合作中心社利用自有场地建设供销社六塘镇综合服务站。

【领办农民专业合作社】 2017 年，临桂区新增农民专业合作社5家，总数48家，新增注册资金2370万元。投资2.2万元，为新增专业合作社制作招牌，为合作社购买果苗提供扶持资金8.73万元。年内，新成立广临（临桂镇）、广会（会仙镇）2家农民专业合作社联合社。

【电商工作实现零的突破】 2017年，区联社在城区发展2家农产品经营商户加盟供销社电子商务队伍。年内，完成线上销售农产品20万元，实现电商销售零的突破。

【农村综合服务平台建设】 2017年，区联社投资48.8万元，建设8家村级综合服务社和2家乡镇级综合服务站，总数分别增加到9家和3家。

（刘明辉）

烟草专卖

【概况】 临桂区烟草专卖局（营销部）位于临桂镇中仁路，隶属于桂林市烟草专卖局（公司）。2017年，临桂区烟草专卖局（营销部）按照国家局“一个发展目标”“五个基本定位”和区局（公司）提升“九个水平”的要求，应对“三高遇冷”形势，持续推进专销零“三位一体”工作，夯实所（站）、自律互助小组和零售终端“三个平台”基础，完成各项目标任务。全年销售卷烟20342箱；查获涉烟违法案件110宗，总案值56.5万元，处以罚款金额5.52万元。受理新办行政许可及证件申请1907份。年末，设综合股、专卖股、内管股等3个股室，下辖城区、六塘、两江、五通等4个烟草专卖管理所（客户服务站），有员工50人。

【卷烟销售】 2017年，临桂区烟草专卖局（营销部）践行“国家利益至上、消费者利益至上”的行业共同价值观，以推进“13个理念性、措施性概念”落地为抓手，应对“三高遇冷”形势，推进“三位一体”和“三个平台”建设，实现全年销售卷烟20342箱；单箱金额（含税）29364元，比上年增加1028元，增长3.6%。其中，真龙系列累计销售10365箱，完成全年目标10195箱的101.7%，比上年增加227箱，增长2.2%。单价10元以上规格真龙累计销售6161箱，完成全年目标6090箱的101.2%，比上年增加632箱，增长11.2%。

【品牌培育】 2017年，临桂区烟草专卖局（营销部）完成真龙（海韵、宏鸿韵、起源、珍品）、骄子（五粮醇香）、天子（金）、滕王阁（紫光）等真龙系列卷烟以及新品卷烟的推广目标。规范卷烟现代零售终端在广告宣传、卷烟陈列、明码标价等方面的行为，发挥现代卷烟零售终端的产品销售、品牌培育、形象展示、宣传促销、信息采集、消费跟踪等6大功能。

【烟草专卖执法】 2017年，临桂区烟草专卖局（营销部）加强烟草专卖市场稽查。全年查获涉烟违法案件110宗，总案值56.5万元。其中，1万元以上案件36宗、1万元以下案件74宗。查获非法真烟30万支，案值17.9万元；假冒商标卷烟66.1万支，案值38.59万元。协助工商行政管理部门查办无证经营案件74宗，总案值17.9万元，查扣卷烟30万支，处以罚款5.52万元。

【规范办证制度】 2017年，临桂区烟草专卖局受理新办行政许可及证件申请1907份。其中，新办申请187份，准予办理117份，不予办理70份；办理停业94份，复业31户，变更3份；歇业、注销161户，延续1431户。年内未出现引起纠纷的案件或当事人不服并要求行政复议、上诉的情况。

（杨红春）

粮食贸易

【概况】 2017年，临桂区粮食局设办公室、综合股和购销统计监督股3个股室，行政编制7名，实有9人。下辖临桂区储备粮管理中心（临桂区军粮供应管理中心）和临桂区振兴粮油贸易管理中心2个二层单位。临桂区储备粮管理中心（临桂区军粮供应管理中心）属事业编制，编制11名，实有9人；临桂区振兴粮油贸易管理中心属国有企业，下设6个收储粮库区。年内，临桂区粮食局做好粮食购销指导，落实粮食惠农政策，政策性粮食供应和军队粮食供应，粮食流通行业管理，以及储备粮总体布局和收购、销售总量计划等工作。

【粮食流通】 2017年，临桂区纳入粮食统计范围的主要有国有、非国有粮食企业7家。其中，国有粮食企业1家，非国有粮食加工企业6家（饲料加工企业3家，大米加工企业3家）。取得粮食收购许可证粮食经营企业9家。其中，国有企业2家，非国有企业7家。全区粮食供给总量62.8万吨（原粮，下同）。其中，粮食总产量27.9万吨，从自治区外购进30.4万吨（玉米27.3万吨、豆粕3.1万吨，主要用于转化企业饲料加工用粮），从自治区内县外购进4.5万吨（稻谷4.3万吨、大豆0.2万吨、其他杂粮0.1万吨）。全区粮食需求量61.1万吨。其中，粮食消费46.9万吨（城镇人口1.9万吨、农村人口10.8万吨、饲料用粮30.9万吨、工业用粮2.9万吨、种子0.4万吨），销往自治区县外14.2万吨。

【植物油及油料供需情况】 2017年，临桂区食用植物油供给0.38万吨，从自治区内县外购进。消费需求量0.38万吨，（其中城镇人口消费0.1万吨、农村人口消费0.23万吨、餐饮及集体食堂0.05万吨）。食用油料供给0.26万吨，（花生果产量0.12万吨，从自治区县外购进花生果0.14万吨），食用油料消费0.26万吨（城镇人口0.02万吨、农村人口0.2万吨、餐饮及食堂用料0.04万吨），供给量与消费量基本持平。

【政策性粮食收购】 2017年，临桂区振兴粮油贸易管理中心为储备粮订单粮食收购企业，负责全区储备粮订单粮食收购。收购粮食的品种为普通早籼稻、普通晚籼稻、早籼优质稻、晚籼优质稻。收购粮食的质量需达到国家标准中等以上要求（一干、二净、三饱满），收购价格为：普通早籼稻2.62元/千克，普通晚籼稻2.74元/千克，早籼优质稻2.76元/千克，晚籼优质稻2.92元/千克。临桂辖区内种植的粮食，并愿意按储备粮订单粮食收购计划销售给政府指定的储备粮订单粮食收购企业的农民，按0.24元/千克的标准给予粮食直接补贴。直补资金由各乡镇财政所通过农补网“一折通”直接兑付给农户。全区粮食收购储备粮订单粮食19200吨（普通早籼稻12300吨、优质稻5400吨，普通晚稻1500吨），直接补贴种粮农户资金460.8万元。（莫丽君）

民用爆破物品销售

【概况】 2017年，临桂物资总公司（简称物资总公司）负责全区民用爆破物品的管理和销售。镇总公司属国有企业，下设临桂区民用爆破器材专营公司、临桂区民爆物品管理站，3个单位均为一套人员，有员工11人（管理人员5人）。

【业务经营】 2017年，物资总公司按其工商营业执照可经营民用爆破器材、金属材料、机电产品、机动车辆（轿车除外）批发零售（依法须经批准的项目，经相关部门批准后方可开展经营活动）。年内，临桂物资总公司主营民用爆破物品。

【安全管理】 2017年，物资总公司组建安全生产领导小组，总经理为公司安全生产领导小组组长，对各项安全自查实行监督检查，推进公司安全管理工作。制定各级人员安全生产责任制度、安全管理制度、安全操作规程和安全生产事故应急预案。直接投入安全生产整改资金20多万元，教育培训约6万元，其他各项安全投入约8万元。更新公司仓库安全救援防护器材，检验安全生产设备设施，统一发放防静电作业套装及专用检查服装，安全硬件建设达到标准化要求。组织参加自治区民爆物品企业安全管理人员换证（再）培训班学习（4人），合格率100%。通过北京安联国科科技咨询有限公司的民用爆炸物品储存设施及安全管理现状评估评价。年内未发生安全生产事故。（秦国华）

石油供应

【概况】2017年，中国石化销售有限公司广西桂林临桂石油分公司（简称中国石化临桂分公司）位于临桂区鲁山路80号（航空加油加气站内），下辖西城、临桂、岭上、大律、庙岭、顺风、航空、宛田、五通、南边山、西二环路下行、西二环路二加油站和山枣村等13座在营加油加气站，年末有职工98人。

【业务经营】2017年，中国石化临桂分公司受资源供应过剩、需求疲软，以及非法经营，以及桂三高速开通等因素的影响，成品油纯销5.42万吨，同比减少1850吨，降低4%。其中，汽油销售同比增加3624吨，增长11%；柴油减少5484吨，下降30%；非油品总销售额1108万元，同比增109万元，增长12%。

【网络发展】2017年，新建西二环路第二加油加气站竣工投入使用，开工建设三元路新世纪加油站。

【安全环保管理】2017年，中国石化临桂分公司贯彻国家有关安全生产、环境保护法律法规，坚持“生命至上、安全发展、预防为主、综合治理、领导承包、全员履职”的安全生产方针和“全员、全过程、全方位、全天候”的监督管理原则，落实安全生产责任制。结合HSSE（健康、安全、环保）及防恐反恐等管理工作，成立由公司经理任组长，副经理任副组长，管理人员、加油站站长为成员的安全管理委员会，修订完善加油站各种防火防爆、防抢防盗、防恐反恐等应急预案并组织加油站员工进行演练，提高员工应急处置及防范能力。下辖加油站相应成立安全管理小组，加强对员工的安全教育工作，加强对散装汽油销售和加油站各种隐患整改，以及施工现场安全管理，防范散装汽油对社会的危害。对在营加油站输油管线和油罐区进行双层罐和防渗漏改造，并加装油气回收装置，减少加油和卸油过程油气挥发对空气污染和人体健康的危害，以及管线和罐体渗漏对地下水资源的污染。年内，实现安全生产责任事故、人员伤亡事故和环境污染责任事故为零的管理目标。（潘桂国）

宛田加油站　　阳树柱　摄

农业·水利

2017 年 1 月 13 日,临桂区举行扶贫工作培训会议　　区扶贫办　供稿

农　业

【概况】 2017年,临桂区推进农业改革,加快农业产业转型升级。发展优粮工程、优果工程和“菜篮子”工程,加强现代特色农业(核心)示范区建设,打造富硒有机米、无公害蔬菜、优质柑橘、猕猴桃等特色农产品品牌,形成“一乡一业,一村一品”产业格局。全面推进农村集体土地承包经营权确权登记颁证工作。农林牧渔业增加值完成42.56亿元,增长3.6%。

【粮食生产】 2017年,临桂区围绕“稳粮增收调结构、提质增效转方式”目标,进行粮食增产提质增效“十大主推技术”示范推广,发展绿色粮食,提高粮食单产。其中,在四塘镇岩口村进行33.3公顷富硒米种植示范,在四塘镇、两江镇进行1344.4公顷水稻生产全程机械化示范,在两江、五通进行13.3公顷水稻农机农艺融合示范,在会仙镇、四塘镇、两江镇进行工厂化集中育秧与机插秧技术示范推广,在两江镇、五通镇进行机插秧软盘育秧技术示范推广,在全区推广“多播一斤种,增收百斤粮”的水稻合理密植和防早衰技术,推广“稻—稻—绿肥”“稻—稻—马铃薯”“稻—稻—菜”“稻—菜—菜”等绿色高产高效模式。通过科技创新,对测土配方施肥技术、水稻重大病虫综合治理技术、农区鼠害综合防治技术示范,以及秸秆还田、绿肥种植、增施有机肥等方式,进行耕地保护与质量提升技术推广。在四塘镇、会仙镇、两江镇、临桂镇、五通镇等产粮大镇建立水稻绿色高产高效示范区,通过水稻绿色高产高效生产示范,扶持示范区内粮食种植大户、家庭农场、农民合作社、农业企业等新型经营主体和社会化服务组织,推动粮食生产向专业化、规模化、机械化、标准化、集约化和社会化服务方向发展。全年粮食种植48333.3公顷,其中水稻40666.7公顷。粮食总产量26万吨。超级稻种植面积26666.7公顷,优质种率90%以上。红薯、玉米、大豆、马铃薯等旱粮作物7666.7公顷。

【蔬菜及其他经济作物生产】 2017年,临桂区完成主要经济作物种植面积31413公顷,其中蔬菜21506.7公顷,总产47.35万吨。建立常年蔬菜基地面积490公顷,超任务的5%。重点抓好漓江流域古桂柳运河2000公顷无公害高标准蔬菜基地建设,建立会仙大棚蔬菜基地、中庸常年蔬菜冷链配送基地,继续创建会仙宝山33.3公顷稻菜轮作增收工程基地。着重抓好临桂(茶洞)果蔬菜专业合作社、乐福临桂(会仙)广丰蔬菜专业合作社、临桂(中庸)果舞人间合作社大棚蔬菜示范基地建设。经济作物间套种面积5933.3公顷。“三避”栽培技术应用面积12266.7公顷,滴、喷灌面积170.2公顷。

【水果生产】 2017年,临桂区以临桂镇—两江镇—五通镇为柑橘黄龙病重点整治带,砍伐黄龙病树333.3公顷;以茶洞镇—中庸镇—宛田瑶族乡—黄沙瑶族乡为百香果产业带,发展百香果1456.7公顷;以南边山镇—六塘镇—会仙镇—四塘镇为水果高产示范带,建设生态旅游观光果园。重点发展四塘武明农庄66.66公顷沙糖橘和W.默科特,两江镇东升果场66.7公顷W.默科特,五通三友村委200公顷沙糖橘,五通西山村委66.67公顷沙糖橘和W.默科特、天美100公顷W.默科特、沙糖橘和沃柑(临桂镇和六塘),秀秀徐姐合作社1333.3公顷沙糖橘(五通和两江),南边山镇玉联村委66.66公顷沙糖橘示范,南边山桂荣果场6.67公顷、茶洞大江6.67公顷猕猴桃等9个示范点。五通佳信合作社等以“合作社+农户”模式,推动专业合作社和农户合作形成共同利益体,带动农业生产标准化、规模化、集约化发展,提升产业综合效益。通过临桂大律农资联合、五通广宇果业、临桂徐姐沙糖橘种植专业合作社等一批企业合作社,以及农资经营公司对农户进行产前、产中、产后统一管理,并建设水果交易平台,建设水果产销产业链。年内,全区新增水果种植为1366.7公顷,水果保有面积14000公顷,果园投产面积9800公顷，水果总产量17.68万吨，产值107923万元。其中，柑橘新增种植面积1120公顷，保有面积10980公顷，果园投产面积7120公顷，产量14.49万吨，产值87440.45万元。

【特色农业（核心）示范区建设】 2017年，临桂区加大力度，统筹资金，推进特色农业（核心）示范区建设。至2017年末，临桂区建成现代特色农业示范区自治区级1个（桂林之花特色林业示范区），市级1个（临桂区梅花鹿特色产业示范区），县（区）级2个（临桂三元及第柑橘产业示范区、桂林油茶产业示范区），乡级2个（桂林花海梅园核心示范区、临桂温氏黄羽肉鸡养殖示范区）。其中，临桂三元及第柑橘产业示范区拟申报自治区级示范区；临桂温氏黄羽肉鸡养殖示范区和东方红柑橘特色农业示范区（位于两江镇涪塘及大洲村委，主导产业为柑橘、W.默科特种植）拟申报县级示范区；茗仁谷有机茶特色农业示范区（位于黄沙瑶族乡黄沙村委，以有机茶种植为主导产业，并带动周边乡村旅游），临桂千年古村生态蔬菜产业示范区（位于茶洞乡花岭村委、以甜菜芯、芥蓝、韭菜等蔬菜种植为主导产业），临桂果舞人间生态休闲特色农业示范区（位于中庸镇高田村委，以休闲农业为主导产业），临桂荣德水鱼养殖示范区（位于两江镇大厦村委，以水鱼养殖为主导产业）拟申报自治区乡级示范区。

2017年6月23日，三元及第柑橘特色农业核心示范区无人机喷洒现场　　区农业局　供稿

【培育新型农业经营主体龙头企业】 2017年，临桂区有农业重点龙头企业14家。其中，国家级重点龙头企业1家，自治区级重点龙头企业3家（含国家级1家）。年内，新登记注册农民专业合作社121个。年末，在工商部门登记注册的农民专业合作社646个。其中，种植业472个（粮食13个，果蔬338个，中药材82个，林木苗圃及其他39个），养殖业104个（畜禽74个，水产及其他30个），服务业70个（农机65个，植保5个）。培育各级示范社12个。其中，国家级示范社2个，自治区级示范社6个，市级示范社2个，县区级示范社10个（含国家级、自治区级8个），入社农户8312户。在工商部门登记注册的家庭农场38家，家庭农场总数55家，创建示范家庭农场4家。

【农村集体土地承包经营权确权登记颁证工作】 2017年，临桂区区11个乡镇156个村委会有154个开展农村集体土地承包经营权确权登记工作（四塘镇横山等两个村因特殊原因尚未开展），占村委会总数的98.7%。全区应确权农户数79951户，签订合同确认农户数76001户，占应完成农户数的95.1%。截至年末，全区完成农户承包档案调查80924份，占应完成调查工作的100%。全区156个村委会2877个村民小组开展土地确权调查，完成承包地测量勘界36227.9公顷，完成外业勘界地块93万块。完成二轮公示村委会154个，完成二轮公示村民小组共2795个，确认家庭承包的耕地面积28000公顷，确认家庭承包耕地的地块74万块，工作进度在桂林市前列。

【农产品质量安全监管】 2017年，临桂区开展农产品质量安全监管和农业环境资源保护监测工作，建立健全农产品安全监管责任体系。区政府与乡镇政府、区农业局与乡镇农技推广站签订农产品质量安全监管责任书，落实地方行政一把手负总责管理制度，落实辖区内部门、监管单位职责和生产经营者的主体责任。制定农产品质量安全监管和监测工作方案。监管站每月例行检测174个样本，各乡镇农技站每月例行检测65个果蔬样本，城区金山、二塘、桂康3个农贸市场每月快速检测2500个果蔬样品。全年例行检测果蔬样本1771个，合格率100%；11个乡镇农技站检测果蔬样本7732个，合格率100%；金山、二塘、桂康3个农贸市场快速检测果蔬样本31594个，合格率100%，均超额完成年度监测任务。第二季度，自治区农业厅在临桂抽样监测果蔬样品20个（水果3个，蔬菜17个），合格率100%；自治区农业厅农产品专项检测在临桂抽样监测豇豆样品21个，合格率100%。贯彻执行中央和自治区有关农产品质量安全的法律法规，开展农产品质量安全追溯项目，引导企业和合作社进行“三品一标”（无公害农产品、绿色食品、有机农产品和农产品地理标志）认证。“6·5”世界环境日期间，在城区金山广场发放关于农业环境保护和农产品质量安全宣传资料2000多份。做好临桂区优农中心无公害农产品稻谷的复查换证和临桂义宁果蔬专业合作社无公害农产品产地的复查换证工作，组织有意愿申请无公害农产品的企业（合作社）参加自治区农业厅在南宁举办的无公害农产品内检员培训。加强对取得“三品一标”证书的企业和合作社的监督检查，督促建好生产经营档案，做到农产品质量安全可追溯。

【农业法律法规宣传和农业执法】 2017年，区农业局利用“3·15”国际消费者权益日及“放心农资下乡宣传周”等活动，深入农村基层，开展《中华人民共和国种子法》《中华人民共和国农产品质量安全法》《中华人民共和国食品安全法》《农药管理条例》等法律法规宣传，并抓好农资打假。召开农资经销商培训会2次，执法人员下乡235人次，发放宣传资料3500份。完善投诉、举报制度，处理举报、投诉案件9起，为农户挽回经济损失4.9万元。整顿市场33个次，检查企业345个次，查处案件14起，查获假冒伪劣农资1623千克，货值1.53万元，处以罚款2.2万元。

【脱贫攻坚】 2017年，区农业局作为临桂区产业扶贫工作小组牵头单位，安排农业技术专家为贫困户进行技术指导。组建4个技术小组，每个组由26人组成，由局班子成员任组长，并建立农民教育培训资源库。以发展当地主导产业和优势产业为重点，选择农村实用新技术，定期组织专家进村指导，或将技术课件分发到户。全年举办各类培训68期，咨询服务15000人次，培训农民5600人次，发放技术资料15000份。向贫困村捐赠水稻种子1吨，复合肥63吨，价值25万元；赠送马铃薯种子66吨（可种植28公顷），价值10.5万元。招标采购价值100多万元的柑橘无病苗46万株，免费送给贫困农民种植。给扶贫对象四塘镇大湾村赠送超级稻综合防控生物农药220公顷。赠送四塘镇岩口村委油菜花种子200千克，价值0.8万元，并为岩口村委水田改善土质26.7公顷。

2017年6月29日，区农业局召开产业扶贫工作会

区农业局　供稿

【防治柑橘黄龙病】 2017年，区农业局落实“公共植保”“绿色植保”理念，坚持“预防为主，综合防治”的植保方针。全年发病虫情报18期，预报准确率98.5%。印发病虫预报资料8500多份。病虫情报覆盖全区99%的村委。建立四塘镇（横山村、李家村委南岸村、新村），两江镇（大洲村委新寨村），五通镇（三友村委、罗江村委罗江村、大塘村委），临桂镇（凤凰村委莲塘村、天华村委天美农场），南边山镇（玉联村委）等5个柑橘黄龙病综合防控示范基地，开展统防统治。投入资金，采购黄板90000块、太阳能杀虫灯100盏、频振式通电杀虫灯200盏，防治柑橘木虱农药4吨，统防统治面积2837.7公顷/次。砍伐黄龙病果园166.7公顷。项目区柑橘黄龙病病株率降低1个百分点以上，控制在3%以内。木虱防治所用化学农药使用量比农民自防区减少10%以上。项目区统防统治覆盖率100%。

【测土配方施肥项目及水稻重金属风险排查项目】 2017年，临桂区土肥站抓好测土配方施肥项目，加强耕地质量建设，做好土、肥、水工作，提升耕地综合生产能力，促进农业节本增效。测土配方施肥项目围绕“夯实土肥基础工作、强化示范样板带动、加强配方肥推广应用、大力推进测土配方施肥信息化服务”的工作要求，免费为5.7万农户提供测土配方施肥技术服务，推广测土配方施肥技术59000公顷。“测土信息公示、施肥方案上墙”和技术推广覆盖所有村委会。加强农企合作，引导推广配方肥，配方肥施用量0.45万吨（折纯），配方肥施用面积34000公顷。其中，在8个村开展整建制推进示范区域配方肥施用量810吨（折纯），应用面积2133.3公顷。发放施肥建议卡2.6万份，开展面对面技术指导服务30场次，培训基层技术人员392人次，培训肥料经销商80人次，培训农民0.8万人次，创建标准化配方肥服务网点1个。优选10个新型农业经营主体建立典型示范样板，建立3个666.7公顷示范区，带动配方肥的应用和推广。通过测土配方施肥，实现每公顷节本增效504元。

【“一事一议”公益事业】 2017年，临桂区做好村级公益事业建设“一事一议”财政奖补工作。全年“一事一议”财政奖补资金4889万元，审批财政奖补项目273个。其中，道路硬化项目189个，总长175.25千米；水渠1条，长0.25千米；村内小型水利设施项目10个，长2.5千米；村内公共活动场所项目15个，面积19300平方米；饮水工程项目5个，长13.82千米；其他路面项目4个，长4.14千米；亮化项目49个，安装太阳能灯599盏。

【实施科教兴农战略】 2017年，临桂区以农民增收为中心，实施科教兴农战略，加强农业综合生产能力建设。完成新型职业农民中等专业实用人才教育招生任务50人。完成新一届村“两委”干部农村新经济社会组织负责人培训50人，农村党员大培训1000人，种植大户技术培训班50人，建档立卡贫困户种养技术培训120人。完成新型职业农民培育生产经营前期招生工作200人。

【土壤重金属综合防控试验示范项目】 2017年，

2017年3月14日，区农业局召开重金属试验示范防控培训会

区农业局　供稿

临桂区为土壤重金属综合防控试验示范项目县（区）。在会仙镇睦洞村的重金属超标区建立早、晚稻实施土壤重金属综合防控试验水稻种植示范区，面积66.7公顷。在示范区发放生物有机肥200吨，钙镁磷肥50吨。建立效果监测点5个，采集土壤和谷子样品50个，进行重金属元素的化验工作。在会仙镇大活头村做早、晚稻土壤重金属综合防控小区试验。通过项目的实施，掌握水稻种植区重金属污染的有关情况，掌握金属污染对临桂区水稻的影响范围及其技术防范措施。

【耕地质量监测项目】 耕地质量监测项目工作是粮食安全首长责任制的重点考核项目之一。2017年，临桂区在原有自治区级耕地质量监测点3个的基础上，又在会仙镇燕山村配合自治区土肥站建立1个国家级耕地质量监测点。继续开展6个县（区）级耕地质量监测点（分布在六塘镇、会仙镇、四塘镇、两江镇、五通镇、中庸镇等6个乡镇）的监测工作。监测范围扩大，数量点增加，监测工作规范化，为临桂耕地质量保护和粮食安全政策提供重要依据。

【实施耕地保护与地力培肥项目】 2017年，临桂区利用县级预算每公顷15元的地力培肥专项资金，在南边山镇、四塘镇、两江镇、黄沙瑶族乡等10个乡镇实施耕地保护与地力培肥项目。完成绿肥种子补贴2133.3公顷，商品生物有机肥补贴386.7公顷，发放油菜、红花草、茹菜种子16000千克，商品生物有机肥330吨，并建立1个66.7公顷和2个333.3公顷的绿肥示范片。全年发展冬种专（兼）用绿肥面积8400公顷。

【推广增施商品有机肥和农家肥】 2017年，临桂区宣传发动群众发展猪、牛、鸡、鸭、鹅等家庭养殖业，配套沼气池建设，沤制火土肥、房前屋后的肥坭、塘坭等土杂肥。随着市场商品化肥的价位升高，农民开展农家肥积制、施用和增施商品有机肥代替化肥的面积增大。全区积制农家肥80.3万吨，比上年增加4万吨，施用商品有机肥面积2000多公顷。

【节水农业技术推广】 2017年，临桂区实施节水农业技术推广面积9000公顷，其中使用水肥一体化技术2333.3公顷。水肥一体化技术措施主要是农地膜覆盖，秸秆覆盖，实施的作物主要有柑橘、西瓜、西红柿、辣椒等。经多点测产验收，应用水肥一体化技术的增产：柑橘20%~30%，玉米12%~18%，西瓜25%~35%，西红柿、辣椒15%~20%。

【农业区划工作】 2017年，区农业局抓好国家级农业遥感地面样方监测工作。开展国家级3个样方点24次监测工作，完成监测数据24组，完成作物长势调查表58份，拍摄作物长势照片290张。监测上报率100%，无漏报、错报现象。开展大宗农作物种植面积遥感本底调查工作，调查覆盖全区11个乡镇，完成罗汉果、水稻、柑橘本底调查解译工作并形成书面报告，掌握全区的大宗农作物分布及面积，为宏观农业决策提供服务。做好各种农业数据的调查和填报工作。开展“广西休闲农业资源调查”“广西富硒资源调查”等工作。其中，休闲农业完成两个景区的视频制作，并增设一个新的景区的图片和文字报送。做好2017年广西美丽乡村遥感助建规划项目。通过对规划村航拍、村庄农户信息及相关材料的收集、村庄美丽乡村规划文本的编制等工作，制作出村庄美丽乡村规划3D系统，建设村庄美丽乡村规划3D展示平台，实现村庄简介、村庄新旧对比（视频）、乡村三维虚拟模型、自主漫游、居民室内展示、村庄规划、农田规划等功能模块，把写在纸上的规划变成三维画面，直接、直观再现乡村建设规划图景。

（秦慧琳）

农业机械及管理

【概况】 临桂区农机管理中心是临桂区人民政府直属事业机构，行使行政职能。2017年，设办公室、综合股、财务股、管理股等4个职能股室，下辖农机校、农机推广站、农机安全监理站3个二层机构，并负责11个乡镇农机推广站的业务指导。全系统人员编制54人，实有55人。其中，局机关编制8人，实有17人；下属二层单位农机校编制15人，实有14人；农机推广站编制14人，实有10人；农机安全监理站编制17人，实有14人。区农机管理中心被自治区农业机械化管理局评为“2017年度全区农机化工作先进单位”。

【农业机械拥有量】 2017年，临桂区拥有农机总动力36.41万千瓦，比上年增加1.27万千瓦，增长3.62%。各类农业机械拥有量10.07万台（套）。其中，大中型拖拉机71台，4163千瓦；小型拖拉机2558台，2.24万千瓦；耕整机和微耕机3.22万台，15.07万千瓦；小型多功能拖拉机1206台，1.95万千瓦；农用排灌机械1.60万台，6.85万千瓦；机动插秧机179台，664千瓦；联合收割机261台，7752千瓦；机动割晒机5542台，7803千瓦；机动脱粒机2.57万台，3.99万千瓦；农用运输机械1206台，1.94万千瓦；畜牧饲料机械1618台，3995千瓦；农副产品初加工机械2574台，2.12万千瓦；田间管理机械39978台（套），2417千瓦。其中，机动喷雾器2233台，农用水泵16676台（套），滴、喷灌机械21069套。谷物烘干和保鲜储藏设备29台（套）；果蔬烘干机315台（套）；水果分级机254台，189千瓦；水果打蜡机6台，60千瓦；谷物催芽机234台，950千瓦；水稻工厂化育秧设备2套，塑料大棚温室452500平方米，农田基本建设机械73台，3342千瓦。

【农机作业】 2017年，临桂区农机原值3.08亿元，比上年增加0.057亿元，提高1.87%；农机总作业值4.38亿元，比上年增加0.06亿元，增长2.02%；机耕作业面积74100公顷，比上年增加4517公顷，增长6.49%；水稻机插面积12807公顷，比上年增加3267公顷，增长34.25%；水稻机收面积4.75万公顷，比上年增加8010公顷，增长20.28%（其中跨区机收880公顷）。全年耕种收综合机械化水平56.97%，水稻耕种收综合机械化水平72.78%。

【农机科技下乡】 2017年，区农机管理中心通过发布公示、发放资料等形式宣传农机购置补贴政策。将2017年农机购置补贴实施方案、补贴流程图、补贴政策公示、补贴额一览表等重要信息编制成《临桂区2017农业机械购置补贴政策宣传册》和挂图，发放到辖区内各个经销商、各乡镇及各村委，并利用电视、报纸、手机短信、网站等媒体加大农机购置补贴政策的宣传力度。全年发放《2017年农业机械购置补贴政策宣传手册》2000多份，政策公示、办理补贴流程等宣传资料400多份。

【农机示范推广】 2017年，区农机管理中心围绕水稻、果蔬、养殖等产业，引进、推广应用微耕机、联合收割机、插秧机、催芽机、烘干机、畜禽粪便分离机、果蔬保鲜机械、滴喷灌机械等新机具、新技术，推广形式以举办培训班和现场演示为主。对全区农机合作社社长和农机管理人员进行系统培训2次。4月28日，在五通镇三友村水稻全程机械化示范基地举行桂林市水稻机械化耕作和育插

2017年4月28日，在五通镇三友村举行桂林市水稻机械化耕作和育插秧技术现场演示会　　区农机管理中心　供稿

秧技术现场演示会，区农机管理中心组织农机合作社、农机大户及村民500多人参加培训。

【农机产品质量监督管理】 2017年，临桂区农机质量投诉监督站组织开展农机质量投诉监督宣传活动，向群众发放普法宣传单和农机科学技术资料，引导农民正确购买、使用和维护农业机械，增强农民消费者维权意识。开展农机生产、销售企业及维修网点专项整治，检查维修网点26家、一级经销商5家及下级经销店，发放整改通知23份。“3·15”期间，开展农机质量投诉宣传，现场接受咨询，宣传购机知识、农机辨假识假和消费维权常识、农机具的“三包”责任，引导农民合理购买、使用农机具，督促销售企业把好产品质量，搞好售后服务。

【农机化教育培训】 2017年，临桂区农机校加强对农机手的培训工作，围绕新时期农机事业发展的战略目标，利用“阳光工程”培训基地，在原有培训的基础上，开展横向联系，争取有关部门的支持，开展新的培训业务。全年培训其他技术人员500人。

【农机修理】 2017年，临桂区有个体农机修理网点58个，分布在除黄沙瑶族乡以外的10个乡镇，从业人员83人。农机修理点的修理人员均经过区农机校培训，考试合格，有职业资格证书。全年修理各类农机具4.75万台次，修理总收入573.5万元。

【农机销售】 2017年，临桂区有个体、私营农机销售点31个，分布在除黄沙瑶族乡和茶洞镇以外的9个乡镇，从业人员81人。经营业务有小型拖拉机、耕整机、微耕机、插秧机、小型割晒机、农副产品加工机械、抽水抗旱机械、植保机械以及相关配套的农机具和零配件。全年推广各类农机新机具1500多台(套)。

【农机合作社】 2017年，临桂区农机专业合作社47个，农机大户(农机原值20万元~50万元)58个。合作社拥有机具1600台(件)，流转土地2000公顷，承担全区粮食生产领域40%以上的劳动作业量。

【平安农机宣传】 2017年，临桂区农机管理中心注重加强农机安全宣传教育，组织开展农机驾驶员集中教育学习活动、农机安全知识下乡活动、农机安全生产事故警示教育活动以及农机安全生产咨询日等活动。全年召开农机安全生产工作会议4次，组织开展农机安全生产咨询日活动、农机安全日学习活动以及到学校和安全示范村开展送农机安全知识下乡宣传活动9场次，发放农机安全宣传资料3500多份，受教育5000多人次。在节假日、雨雪冰冻天气、汛期、安全会哦的月期间，通过短信平台发送安全行车提示3000多条。与各乡镇、农机手签订农机安全生产责任状802份。

2017年3月10日，临桂区召开农机安全生产教育培训会

韦素妮 摄

【安全检查与专项整治】 2017

年，区农机管理中心加大农机安全隐患排查力度，加强道路巡查、执法监控，联合交警、交通开展联合执法行动，在易发生农机安全事故隐患的乡村路段树立警示牌，提醒机手注意行车安全。全年检查农业机械537台次，处理违章119起，树立警示牌29块。对拖拉机的年检审、拖拉机入户以及驾驶员的考核、发证工作严格把关。年内，拖拉机年检802台，驾驶员培训考试85人，办理新机入户52台。全年辖区未发生农机安全事故。

【农机购置补贴】 2017年，临桂区发放农机补贴资金232万元，完成全年绩效考核任务的210%，补贴各类农机具790台(套)，受益农户738户，拉动社会投资1000多万元。 （刘学峰）

林　业

【概况】 2017年，临桂区林业局以“美丽临桂、生态乡村”建设为抓手，加强林业建设生态建设，培育和发展林产业经济，实现社会效益、生态效益与经济效益增值增效。

【造林绿化】 2017年，临桂区完成造林563.4公顷，春季义务植树69万株。全区完成中幼林抚育1000公顷，其中中央财政补贴森林抚育任务402.6公顷。完成环广西公路自行车世界巡回赛临桂赛段村屯绿化种植大苗600株，荒山(迹地)绿化20公顷，通道绿化种植大苗850株，节点绿化面积3000平方米，整治木材加工厂8个。临桂区桂林之花特色林业(核心)示范区通过考评验收，获自治区级现代特色林业(核心)示范区认定。2013—2015年临桂区石漠化综合治理工程施工面积5191.3公顷。石漠化综合治理工程封山期限5年，完成石漠化治理成效监测50个固定样地的复测工作。

【林政资源管理】 2017年，临桂区审核林木采伐申请169份，发放林木采伐许可证337份，批准采伐面积496.64公顷，批准采伐蓄积40692.6(含征占)立方米，出材26699.9立方米。其中，皆伐面积491.7公顷，实际采伐蓄积40127.6立方米，出材26310.9立方米。林木采伐许可证签发采用全国林木采伐管理系统签发，办证合格率100%。依法依规完成签发省内及出省木材运输证3611份，办理木材运输86700.74立方米。根据自治区林业厅下发的疑似变化图斑卫星影像，组织各乡镇、国营林场、林科所、滩头水源林管理站开展外业核查工作。经核查，全区有疑似变化图斑2575个。其中，涉及非法征占用图班134个，非法征占用面积148.3公顷；涉及非法采伐26个，非法采伐面积26.1公顷。按时完成2014年度林地及森林资源变更调查成果修正，以及2015年、2016年度林地和森林资源变更调查工作。2016年10月1日—2017年9月30日，临桂区林业行政案件24起，按行为主体划分为公民案25起，企业1起；按案件名称分，擅自改变林地用途案件1起，非法收购盗伐、滥伐林木案件11起，非法经营、加工林材案件12起，滥伐林木案件1起，案件查处率100%。其中，罚款15.5万元，行政处罚24人次。

【古树名木资源普查】 2016年11月—2017年6月，区林业局组织开展第二次古树名木资源普查工作。普查工作内业组完成临桂行政界线范围内5571株林木调查数据录入。其中，Ⅰ级古树57株，Ⅱ级古树273株，Ⅲ级古树4203株，名木2株；准古树1037株。

【森林资源保护】 2017年，区林业局开展“国门利剑2017”打击珍贵濒危、珍稀野生动植物非法贸易专项行动，出动执法人员315人次，出动车辆66台次，清查整治花鸟市场、饭店等场所100处。年内，临桂区发生各类森林案件135起。其中，发森林刑事案件26起(盗伐3起、滥伐21起、失火1起、盗窃1起)，破20起；发林业行政案件109起，处理109起；查处率100%。处理109人次。其中，刑事拘留9人、提请批准逮捕5人、监视居住 12 人、起诉 18 人，林业行政罚款 109 人。损失林地 28.22 公顷，损失林木 1122.79 立方米，损失折款 36.05 万元。

【森林防火】 2017 年，临桂区利用电视、广播、手机天气预报、报纸、宣传车等各种形式，普及森林防火知识，营造森林防火氛围。发放森林防火宣传通告及宣传单 15000 份，出动宣传车 30 台次，悬挂森林防火横幅 8 条，张贴宣传标语 1200 多条，制作宣传板报 3 期，受教育 5 万多人。落实巡山护林制度，强化火源管理，及时处置火情，减少或避免火险隐患。年内，全区发生森林火灾 3 起，过火面积 11.94 公顷，受害森林面积 7.82 公顷，森林受害率 0.057‰，林木损失 241.95 立方米，无人员伤亡及重大财产损失。

【森林病虫害防治】 2017 年，临桂区发生林业有害生物 4373.3 公顷(其中轻度 3626.7 公顷，中度 540 公顷，重度 206.7 公顷)。其中，病害 2586.7 公顷，虫害 1687.6 公顷。全区有森林面积 12933.3 公顷，成灾率为 0‰，小于 4.2‰的指标。全年防治林业有害生物 1733.3 公顷。其中，生物防治 1613.3 公顷，其他 120 公顷，防治率 37.7%。无公害防治面积 1613.3 公顷，无公害防治率 100%，大于 82% 的指标。全区设固定标准地 40 个，临时样地 20 个，合计 60 个。全区实施监测面积 317420 公顷。年内，全区应实施产地检疫面积 41.33 公顷，实际实施产地检疫 41.33 公顷，种苗产地检疫率 100%，大于 97% 的指标。木材调运检疫率 100%，大于 97% 的指标。全区未发生松材线虫病疫情。

【林改查缺补漏纠错】 2017 年，区林业局开展林改查缺补漏纠错工作。年内，补办新林权证 7 本，13 宗地，面积 113.9 公顷；纠错林权证 115 本，341 宗地，面积 108.3 公顷。合计面积 222.2 公顷，宗地数 354 宗。

【林下经济】 2017 年，临桂区林下经济完成产值 8.3 亿元，完成面积 40200 公顷。其中，林下种植 14266.67 公顷，林下养殖 9600 公顷，林下产品及加工 3533.3 公顷，林下旅游 12800 公顷。惠及 12 万人。完成林下经济项目四海园林十大功劳中药材种植项目和临桂区两江镇曦阳生态庄园项目验收工作。

【调处山林纠纷】 2017 年，区林业局接待来访群众 720 人次，受理调处纠纷 43 件。其中，跨县(区)纠纷 6 件，区内纠纷 37 件。下裁定 1 起，下处理决定书 3 起，均走行政复议程序，调解完结、拟下处理决定书 3 起。区内纠纷主要集中在临桂镇、两江镇、南边山镇等乡镇，全年启动案件调查 12 件。跨县(区)纠纷有的长达 10 多年，涉及人多，案情复杂，区林业局多次到现场调解并配合桂林市林业调处部门调处办案，大部分案件达成和解。如五通镇板屋村委竹林村与灵川县联合村委各自然村争执金井、长岭山场，四塘镇新村村委凤凰村、下全村，李家村委西村，界牌村委文田村、五龙村与永福县苏桥镇大罗村委争执蜈蚣岭山场等，均通过调解处理，未发生因林地纠纷引发的上访事件。

【森林资源综合利用】 2017 年，临桂区年审木材加工经营许可证 193 家，其中审批新办木材经营加工许可 8 家。监管野生动物驯养场 26 户，督促做好动物卫生防疫工作，预防驯养动物疫情发生。受理林地流转申请 5 宗，面积 361.7 公顷。年内，审批采挖活立木 5974 多株。

【加强安全生产】 2017 年，区林业局会同相关部门抓好全县木材加工企业安全生产培训，落实安全生产制度，对全区 193 家木材加工企业进行安全生产检查。重大节假日，对重点木材加工企业进行检查和隐患排查，落实专人负责处理，并做到登记、建档和建立整改工作台账。全区林业企业未发生安全生产事故。完成全区 42053 公顷公益林以及 70380 公顷商品林政策性保险保障。

（张玲玲）

2017 年 6 月 15 日，区林业局在城区金山广场开展安全生产宣传活动　　李媛　摄

水产畜牧业

【概况】 2017 年，临桂区加快畜禽渔规模养殖场转型升级，发展生态养殖；稳定生猪、家禽两大基础产业，加大牛、羊、鱼、梅花鹿等产业发展力度。全年水产畜牧业生产总值 29.05 亿元，同比增长 3.02%；肉类总产量 10.16 万吨，同比增长 0.6%；水产品总产量 1.82 万吨，同比增长 5%。年末，临桂区水产畜牧兽医局（简称区水产畜牧局）设 6 个股室，局机关行政编制 12 人，后勤服务事业编制 2 人，实有 15 人。局属事业单位 19 个，编制 141 人，实有 112 人。

【养殖产业生产主要指标】 2017 年，临桂区水产畜牧业生产总值 29.05 亿元，比上年增长 3.02%。肉类总产量 10.16 万吨，同比增长 0.6%。其中，其中家禽出笼 4207.52 万羽，同比减少 0.13%；生猪出栏 44.42 万头，同比增长 2.66%；牛出栏 2.68 万头，同比增长 1.52%；羊出栏 1.56 万只，同比增长 1.96%；禽蛋产量 1.8 万吨，同比增长 2.33%；水产品产量 1.82 万吨，同比增长 5%。

【扶持养殖业发展】 2017 年，临桂区落实国家扶持畜牧业生产的各项政策措施，加大对温氏、桂柳、利源、科源等养殖企业及养殖专业合作社、养殖大户的扶持力度。落实自治区、桂林市、临桂区产业发展资金 300 万元，重点实施生猪标准化示范场、生态养殖技术推广、人畜混居“改圈”工程等。加强生猪、草食动物等标准化示范场建设，强化挂牌示范场监管，推进标准化养殖小区建设。建成生猪生态养殖示范场 7 个。重点指导南边山镇福龙兔业（肉兔）、宛田瑶族乡琳翔养殖场（肉鸡）、六塘镇时代猪场（肉猪）3 个养殖场申请创建自治区级标准化示范场。完成温氏家禽、秦氏养殖合作社肉牛场、秦氏养殖合作社九头山种羊基地 3 个自治区级挂牌畜禽养殖标准化示范场复查换证工作。临桂利源科技养殖有限责任公司、广西科源家禽养殖有限责任公司入选桂林市第七批农业产业化重点龙头企业。

【发展草食动物养殖】 2017 年，区水产畜牧局开展山羊圈养技术示范及牛、羊品种改良。全年配种牛 2650 头，产仔 1158 头；给山羊养殖户免费发放良种公羊 73 头。新增年出栏 100 头以上肉牛养殖户 1 户，年出栏 100 头以上肉羊养殖户 3 户，标准化种兔场 1 个，创建自治区级良种公羊供种单位 1 个（临桂会仙九头山起胜种羊养殖基地）。新建羊场 5 个，占地 1800 平方米；在建鹅场 2 个，占地 500 平方米。扶持抓好桂柳鹿业公司南方梅花鹿基地建设，年末基地有存栏梅花鹿 1500 头。支持开发以梅花鹿产品为主的餐饮业、酒业等多元化发展。

【推进生态养殖】 2017 年，临桂区扶持生猪舍外猪粪发酵处理大棚、集粪池、自动翻耙机及种鸭旱养外栏建设，发展生态畜牧业。完成养殖场生态养殖改造166个，改造完成率50.8%。166个规模养殖场获自治区生态养殖星级认证（其中五星级养殖场5个、四星级养殖场36个、三星级养殖场125个）。创建生态养殖助农增收示范村1个（五通镇西山村委新寨村），生态养殖助农增收示范点1个（会仙秦氏养殖专业合作社九头山羊场）。推进生态认证工作，从产业化扶持资金中安排30万元购买益生菌，免费发放给参与生态认证的养殖场使用。推进“改圈”工程，按每户2000元的标准安排补助资金，完成“改圈”任务。

【名特优水产品养殖】 2016年，临桂区稳定发展四大家鱼，推广名特优水产品养殖。重点抓好亚冷水鱼、龟鳖、黄颡鱼、泥鳅等名优品种养殖示范。临桂区老江河淡水鱼养殖专业合作社在黄沙瑶族乡黄沙村委开工建设1个山区流水养殖场。对临桂步州潭水产养殖专业合作社鳅鱼养殖场进行现场技术指导，该场工人孵化鳅苗形成规模，带动周边群众养殖鳅鱼。全区新增黄颡鱼和鳅鱼养殖面积25.3公顷。对茶洞镇定安村和会仙镇马皇村小龙虾养殖场作技术指导，小龙虾养殖16.67公顷，年产小龙虾8000千克。从自治区水产引育种中心引入长丰鲫和兴国红鲤父母本1500条，在会仙镇寺山临桂康富淡水鱼养殖专业合作社试养成功。全区有六塘镇鱼博士生态水产养殖场、桂林一驱渔业责任有限公司、康尊龟鳖养殖专业合作社等水产健康养殖示范场，其中桂林一驱渔业责任有限公司通过农业部水产健康养殖示范场复核。

【渔业资源增殖和保护】 2017年5月，临桂区在义江河的十二滩、翁洲村、义江缘、五通水厂、五通中学、鹅塘岭等河段，桃花江源头板屋村、临桂镇莫边桥，会仙湿地，相思江，环城水系，两江镇罗山湖水库等水域开展人工增殖放流活动，投放草鱼、鲤鱼、鲢、鳙、黄颡鱼、倒刺鲃等各类鱼种100多万尾、鳖苗6000多只。

【渔政执法】 2017年，临桂区加强中心城区、河流水域等生态环境整治工作，发放渔业法宣传资料5000多份；在五通篷莱村河段竖立渔政警示牌10块。全年查获电鱼机119台（套），其中收缴电鱼竹排两条（大功率电鱼瓶8块），立案查处违法电鱼1人，罚款2000元；收缴地笼170多条，全长1700多米；处理渔业污染事件4起。

2017年6月9日，临桂区举行渔业资源增殖放流活动启动仪式

秦小珍　曾文毅　摄

【动物重大疫病防控】 2017年，临桂区重大动物疫病防控工作，按照“五到位、五不漏”要求，组织实施春、秋两季重大动物疫病突击免疫和长年补免工作。开展督查指导2次，检查验收工作2次，抽查村委23个，自然村45个，畜禽散养户740户以及规模畜禽养殖场68个的重大动物疫病免疫情况。全年猪瘟免疫、猪口蹄疫免疫、高致病性猪蓝耳病免疫分别为40.16万头、38.33万头、34.24万头，牛口蹄疫免疫4.47万头，羊口蹄疫免疫1.63万只，禽流感

免疫 3827.75 万羽，鸡新城疫免疫 3090 万羽，免疫密度 100%。

【动物卫生监管】 2017 年，临桂区按照产地检疫规程实施检疫，核查畜禽标志、养殖档案。建成标准化动物产地检疫申报点 15 个，动物屠宰检疫申报点 6 个。与全区 261 个猪场、7 个牛场、30 个羊场、86 个家禽养殖场签订防控重大动物疫病、畜牧产品质量安全责任 384 份，并造册登记。发挥兽药 GSP、动物养殖场监管平台的作用，加强养殖、经营环节投入品的监管和兽药、动物养殖场信息化管理。对申领动物防疫条件合格证的养殖场和屠宰场，将建立与规模相配套的无害化处理设施作为硬性条件。83 个养殖场、6 个屠宰场建立无害化处理池 89 个，大型无害化生物降解机 2 台，大型无害化处理池 1 个，焚烧炉 1 个，提高病死动物及动物产品的无害化处理能力。全年立案查处销售假劣兽药案件 10 起，涉案金额 4078 元，罚没金额 9891 元。

2017 年 1 月 2 日，自治区水产畜牧兽医局对临桂温氏养殖公司进行五星级认证 王仁辉 摄

【水产畜牧产品质量安全】 2017 年，临桂区加强对养殖生产者、投入品生产经营者和产品质量安全监督管理者的宣传、教育、培训和技术指导。完成自治区下达的水产样品抽样送检任务 20 份，饲料样品抽样送检 8 份，协助桂林市畜牧水产兽医局完成水产样品抽样检测 20 份；完成桂林市下达给临桂区的监测任务猪尿样 100 份、猪肉样 20 份、水产样品 20 份；完成临桂区本级制定的猪（牛、羊）尿样“瘦肉精”快速检测 15018 份，实验室检测猪尿、猪肉、禽肉、禽蛋、鱼肉、饲料等样品 1840 份。监管检查饲料生产企业 7 个次、兽药经营企业 65 个次、规模养殖场（企业、合作社）1677 个次、屠宰企业 12 个次。全区获无公害产地（产品）认证资格企业 9 个，经现场核查通过到期复查换证养殖企业 2 个；自治区年度交叉检查通过 7 个。完成自治区下达给临桂区的农产品质量安全监管与体系建设项目 2 个。全区水产畜牧产品未出现质量安全事故。

【养殖技术培训】 2017 年，临桂区推广规模养殖污染治理技术、畜禽渔生态养殖技术、畜禽渔标准化养殖技术、水产健康养殖技术等。采取集中培训、入户培训、科技下乡、电视媒体、网络等多种形式开展养殖技术推广工作。全年举办各种培训班 3 期，入户培训 180 多次，培训农民 1500 多人次。

【畜禽养殖业污染治理】 2017 年，临桂区贯彻落实《畜禽规模养殖污染防治条例》，转变水产畜牧业发展方式。通过对养殖场搬迁拆除、基础设施改造、污染治理等，减少和消除畜禽粪污排放量，改善中心城区周边环境卫生和农村养殖环境。中心城区禁养区需要搬迁或拆除关停的养殖场（户）22 个，完成拆除 21 个。完成规模养猪场粪污舍外发酵床建设 105 户，猪场建设漏逢地板 50 户，规模养鸭场种鸭旱养外栏建设 30 户。与环保等部门联合现场调查和办理有关养殖业污染投诉 11 起。

2017年临桂区畜牧业生产情况表

单位：头、只、匹、箱、吨

甲	代码	当年出栏（头、只、匹）	肉产量（吨）	年末存栏（头、只、匹）	其中：能繁殖母畜	其中：当年生仔畜
甲	乙	1	2	3	4	5
一、大牲畜	01	26837	2576	54397	—	—
（一）牛	02	26802	2573	54146	26427	18449
1. 黄牛	03	14256	1353	32205	15449	11446
2. 奶牛	04	—	—	—	—	—
3. 水牛	05	12546	1220	21941	10978	7003
其中：奶水牛	06	—	—	—	—	—
（二）马	07	35	3	251	51	32
（三）驴	08	—	—	—	—	—
（四）骡	09	—	—	—	—	—
二、猪	10	444247	33316	253905	20932	—
三、山羊	11	15633	236	8631	4369	—
四、家禽（万只）	12	42021777	63453	13284737	—	—
鸡	13	35693206	50612	11223907	—	—
(1)专用型蛋鸡	14	359759	518	440236	—	—
(2)专用型肉鸡	15	33816334	47952	9979598	—	—
其中：黄羽鸡	16	32562562	46213	9495614	—	—
(3)兼用型鸡	17	1517113	2142	804073	—	—
鸭	18	6143922	12288	1967283	—	—
鹅	19	184649	553	93547	—	—
五、兔（万只）	20	318552	478	35587	—	—
六、蜜蜂	21	—	—	11003	—	—

甲	代码	产量（吨）
甲	乙	1
七、奶类产量	22	0
1. 牛奶产量	23	0
其中：水牛奶产量	24	0
2. 羊奶产量	25	0
八、蜂蜜产量	26	176
九、禽蛋产量	27	18215
其中：鸡蛋产量	28	4831
鸭蛋产量	29	13142
鹅蛋产量	30	242
十、蚕茧产量	31	215
其中：桑蚕茧	32	215
肉类总产量	33	101640
其中：猪肉	34	33316
牛肉	35	2573
羊肉	36	236
马、驴、骡肉	37	3
禽肉	38	63453
特种禽肉产量	39	170
兔肉	40	478
其他肉类（如狗肉）	41	1581

（王曙彤）

水　利

【概况】 2017年，临桂区水利局（简称区水利局）加强水资源节约、保护和管理，实施水利建设投资项目，增强城乡防洪保障、改善农村饮水条件和农业生产条件，为社会经济发展提供水利基础保障。年末，区水利局辖参公事业单位1个（临桂区水利工程管理站），财政全额拨款事业单位5个（临桂区水政执法大队、临桂区抗旱服务队、临桂区大江水电管理所、临桂区义江水电管理所、临桂区两江水电管理所）。局机关编制13名，实有13人；水利工程管理站编制30名，实有27人；水政执法大队编制6名，实有6人；抗旱服务队编制3名，实有3人；大江水电管理所编制62名，实有45人；义江水电管理所编制42名，实有24人；两江水电管理所编制29名，实有23人。

【中小河流治理工程】 2017年，区水利局继续实施的中小河流治理工程2处。其中义江河五通镇沙角至大洲段防洪治理工程，投资计划2166万元（中央资金1453万元，自治区资金363万元），从2015年年底开始施工，截至2017年年末，完成全部工程量的95%；义江河两江镇古岭至下山尾段防洪治理工程，总投资1997.82万元（自治区投资1398万元），2016年10月25日开工，截至2017年12月，完成全部工程量的90%。义江宛田瑶族乡江北至翁洲河段整治工程和相思江四塘镇土桥上屋至大湾江岸河段整治工程正在进行勘测设计。

2017年8月3日，临桂区义江河两江镇古岭至下山尾段防洪治理工程施工现场 何玉军 摄

【推行“河长制”】 2017年9月，临桂区委、区政府办公室印发《桂林市临桂区全面推行“河长制”工作方案》（临办发〔2017〕8号），成立以区长为组长，区委副书记、常务副区长等为副组长的临桂区全面推行“河长制”工作领导小组，领导小组下设办公室（简称“河长办”），办公室设在区水利局。方案中明确“河长制”实施范围、“河长制”组织体系、河湖管护目标、主要任务、责任分工和保证措施。10月，区河长办制定《桂林市临桂区“河长制”工作制度（试行）》等“河长制”相关工作制度，工作经费446.94万元列入2018年临桂区财政预算。11月6日，临桂区召开全面推行“河长制”工作动员会。年内，全区11个乡镇成立工作领导小组，乡镇级工作方案全部出台。

【六会自来水厂供水主管提升改造工程】 2017年，区水利局启动六会水厂改扩建工程，建设覆盖集镇周边农村的供水网管，解决南边山、六塘、会仙三个镇区供水水压低、水量小的问题，受益人口约12万人，投资约7000万元。年内，完成主管支管沿线地形勘测、乡镇供水人口统计和供水规模布置。

【农村饮水安全巩固提升工程】 2017年，区水利局实施农村饮水安全巩固提升工程9个，项目总投资217.99万元。其中，中央预算内资金38万元，自治区补助123万元，群众自筹资金56.99万元，受益人口2947人。年内全部完工。

【农业水价综合改革试点项目工程】 2017年，临桂区推进农业水价综合改革试点项目工程。通过改善项目区（会仙睦洞村）的灌溉条件，安装量水设施，建立水价、水费收取制度，达到农业生产节约用水、水费用于维护灌溉设施的良性循环。工程主要建设内容有：对骨干渠道2.5千米进行防渗改造，渡槽改造5座，新建末级渠道工程12.7千米，新增量水设备53套，设计灌溉面积233.3公顷，有效灌溉面积193.3公顷。年内，印发工程权属证、水权证，土建工程全部完工，量水设备全部运至项目村待安装。

【实施小型农田水利设施建设项目】 2017年，临桂区小型农田水利设施建设项目改造山塘5座、新建拦河堰坝8座、灌溉泵站8座、渠道清淤衬砌15千米。项目区连片四塘镇李家村、新片村、界牌村、大湾村和会仙镇四益村、燕山村、矮山村等7个村。建成后可恢复有效灌溉面积486.7公顷，改善灌溉面积360公顷。截至年末，项目完成总投资82.18%。

【小型水利工程管理体制改革】 2017年，区水利局制订《临桂区小型水利工程确权发证工作方案》,从调查摸底、审核、复核、公示各个步骤和环节把关,推进小型水利工程管理体制改革。临桂区纳入体制改革的小型水利工程有1158处。其中,小型水库20座,中小河流及其堤防4处,小型农田水利工程547处,农村饮水安全工程563处,小型水电站22座,水土保持工程2处。经过登记审批及公示,年底前将611处涉及公共安全的产权证全部发放。611处小型水利工程中,小型水库和水电站均建立健全管护制度,落实相应的管护主体,明确管护主体责任,确保工程正常运行。

【防汛抗洪】 2017年,区水利局编制临桂区洪涝灾害应急预案和《2017年临桂区重大气象信息和重要汛情旱情报告党政主要负责人实施工作方案》;签订水库安全度汛责任状,抓好防汛责任制落实;用好山洪地质灾害预警平台;开展冲锋舟培训演练及山洪灾害防御演练,做到思想、工程措施、领导责任、防汛预案、物资器材、抢险队伍“六到位”;对21座水库、2处在建中小河流治理工程、3处水毁修复堤防工程开展汛前安全大检查,核实下发2017年小型水库汛期安全运行水位。年内,境内虽然发生百年一遇的洪灾,但水库安全度汛,亦无因洪灾造成人员伤亡和重大财产损失。

【水政水保执法】 2017年,区水利局按照桂林市下达的“三条红线”的控制指标,实行严格水资源管理。根据各取水单位的实际情况,控制取水量。加强水资源论证审查、取水许可管理、水资源费征收和开发建设项目水土保持方案的审批,确保在源头上把好水土流失防治关。全年审查水资源论证3件,新发、变更取水许可证4件,完成水土保持项目批复13个。加强河道和水利设施的巡查,打击非法违规采沙和破坏水利设施行为,年内立案查处非法采沙和非法运输沙石案9起。在“世界水日”“中国水周”“科普大行动”等活动中,通过多种形式宣传相关法律,增强群众对水法律法规的认识。 (雷叶婷)

农村扶贫

【概况】 2017年,临桂区将脱贫攻坚作为重大的政治任务和民生工程,以发展贫困村集体经济、增加贫困群众收入为核心,推进基础设施建设、结对帮扶、产业扶贫、教育扶贫等工作,全区脱贫攻坚工作成效明显。年内,有6个贫困村,841户3386贫困人口脱贫摘帽。

【脱贫摘帽】 2017年,临桂区按照自治区制定的贫困村“十一有一低于”和贫困户“八有一超”脱贫摘帽标准,执行入户核验、村级评议、乡(镇)审核公示、县(区)级审定公告、桂林市和自治区备案个步骤,开展脱贫摘帽工作。年内,全区有6个贫困村,841户3386贫困人口脱贫摘帽。

【落实扶贫资金】 2017年,临桂区落实扶贫资金5564.8万元。中央、自治区、桂林市下达的财政专项扶贫资金2956万元(其中中央第一批资金917万元,第二批资金228万元,共1145万元;自治区第一批资金340万元,第二批资金191万元,共531万元;政府新增债券资金980万元;市级财政扶贫资金300万元)。临桂区本级配套资金2608.8万元,是上级下达资金的88.3%。资金主要用于基础设施建设、“雨露计划”、小额信贷风险补偿资金、异地扶贫搬迁、小额信贷贴息、贫困村集体经济项目建设、农业产业开发。

【干部帮扶工作】 2017年,临桂区选派30名贫困村第一书记和11支工作队161名“美丽广西”乡村建设(扶贫)工作队员,市、区、乡镇三级3800多名党员干部职工结对帮扶4673户贫困户,实现全区建档立卡贫困户结对帮扶全覆盖,并按照上级要求,做好贫困户的跟踪帮扶联系工作。各级帮扶单位累计投入帮扶资金(含物资折款)1500多万元,帮助贫困户解决问题10800多个,所有帮扶干部入户34000多人次，组织开展多种形式的社会募集捐赠活动70多次。春节期间，开展“大走访、大调研、送温暖”活动，区财政拨付慰问经费164.9万元。各单位、各部门送给贫困户大米、食用油、棉被等慰问品和慰问金。国庆、中秋期间，各乡镇、各单位开展走访慰问活动，慰问金、慰问品价值80多万元。

【基础设施建设】 2017年，区扶贫办制定《临桂区2017年基础设施扶贫项目实施方案》，规范基础设施扶贫项目的申报、审批、公示、公告、项目设计、预算、项目组织实施与监管、项目变更、项目验收、项目资金管理等工作。第一批贫困村基础设施项目建设26个项目，升级硬化道路25.63千米，投入资金824万元，惠及2361户、8472人；第二批贫困村基础设施项目建设21个项目，水毁修复1处，升级硬化、新修道路27.41千米，投入资金980万元，惠及1694户、7009人。

【重点产业扶贫】 2017年，制定《2017年临桂区脱贫攻坚发展农业产业实施方案》，财政投入850.4万元，用于贫困户农业产业奖补资金。围绕沙糖橘、罗汉果、百香果、红阳猕猴桃、西瓜、马蹄、蔬菜，以及鸡、鸭等种植、养殖特色优势产业，将政策、资金、人力等向基地、专业合作社、农业龙头企业和贫困户倾斜，形成“基地+合作社+贫困户”“农业龙头企业+贫困户”“基地+合作社+生态休闲旅游”的发展模式。年内，建成四塘镇李家和新村两个贫困村666.7公顷柑橘核心示范基地、两江镇保全贫困村连片100公顷沙糖橘示范基地、中庸镇穴田贫困村连片100公顷罗汉果和百香果示范基地、茶洞镇温良和仁义贫困村连片266.7公顷罗汉果和百香果示范基地、会仙镇燕山贫困村连片6.67公顷大棚蔬菜和20公顷露地蔬菜种植示范基地、五通镇西山贫困村年出栏50万羽温氏鸡高标准养殖示范基地。在国庆、中秋期间，通过政府引导，茶洞镇温良、仁义贫困村百香果基地合作社和村民自发举办融合文艺会演、河滩烧烤、徒步、瀑布观光等特色活动的首届百香果节。

【贫困村村级集体经济发展】 2018年，临桂区财政筹措1620万元，在全区30个贫困村（每个村54万元）建设村级集体经济项目。以温氏养殖、工艺品加工、农光互补+生态休闲旅游为主导产业，多样化发展村级集体经济。区财政投入150万元，在五通镇西山村委建成温氏养鸡场；投入250万元，在会仙镇燕山村委，为四益、燕山、矮山等村建成温氏养鸡场；投入200万元，在南边山镇靖远村委建设工艺品加工项目；“政府+企业”投入2500万元，以“光伏发电+农业开发+生态休闲旅游”模式，在五通镇集中建设25个贫困村集体经济示范项目。其中，建设占地4公顷的光伏发电站，装机容量3000千瓦；在4公顷太阳能光伏板下建大棚，种植食用菌等喜阴经济作物，在6.66公顷空地及沼泽地上种植观光蔬菜、瓜果和养鱼；建设用地约3.33公顷的饮食、娱乐场所。

【“雨露计划”扶贫教育培训】 2017年，临桂区“雨露计划”补助1087人次，补助资金159.84万元。其中，资助学生共792人次（本科生80人，高职新生68人，中职新生30人，高职续培生367人次，中职续培生173人次），补助总金额153.8万元，根据《自治区扶贫开发领导小组办公室关于做好审计署对自治区党政主要领导干部经济责任审计时指出雨露计划实施问题整改工作的通知》要求，整改74人次，发放17.05万元；建档立卡贫困家庭“两后生”中期技能培训8人，每人补助2750元，总额2.2万元；以奖代补44人，每人发放补助800元，总额3.52万元；农民实用技术培训233人，发放1.37万元。

【小额信贷扶贫】 2017年，临桂区缴存小额信贷风险补偿金860万元，按风险补偿金的10倍计算，全区可放贷8600万元。截至年末，临桂农商行发放小额贷款8561万元，贴息399.46万元，2167户贫困户受益。选定桂林五彩果蔬农业发展有限公司、桂林市桂华建材有限公司、临桂生源罗汉果专业合作社、桂林市果兴农产品发展有限公司4个经营主体办理贫困户委托经营贷款，委托经营贷款额分别为1000万元、500万元、200万元和150万元，600多户贫困户受益，户均每年收入2400元。

【贫困人口“应纳尽纳”】2017年7月开始，区扶贫办利用两个月的时间，做好贫困人口动态调整工作。“应纳尽纳”贫困户申请户数585户、2284人。临桂区贫困人口动态调整建档立卡分数线划定为59分（高出2015年精准识别分数线7分），根据该分数线和审定结果，纳入“应纳尽纳”贫困户276户、1057人。退出户返贫申请户数131户、521人，认定返贫退出户数109户、422人。剔除错评贫困户125户、495人。开展贫困人口动态调整“回头看”工作，增加“应纳尽纳”贫困户53户、218人，认定返贫退出户数12户、42人。

【精准扶贫档案管理】2017年，临桂区做好精准扶贫档案管理工作。组织各部门、乡镇、村委会开展档案管理工作业务培训，组织全区帮扶干部深入贫困户，完善户级脱贫攻坚档案。区财政投入50万元，完善区、乡镇、村三级档案室、购买档案柜及其他档案用品；投入70万元，聘请30个贫困村专职档案员（信息员）、131个面上村兼职档案员（信息员），区、乡镇、村三级开展2015年、2016年扶贫档案收集管理工作。区级、乡镇档案完成收集和整理，各乡镇完成30个贫困村的档案收集整理工作，并推进数字化录入。（唐江玲）

水库移民

【概况】临桂区水库移民工作管理局（简称区水库移民局）抓好库区和移民安置区基础设施工程建设、移民资金管理和全区水库移民劳动力培训工作。年末，区水库移民局设办公室、后扶安置股、法规信访股3个股室。编制18人，实有17人。

【落实水库移民后期扶持普惠政策】2017年，临桂区落实水库移民后期扶持普惠政策，大中型水库移民每人每年享受后扶款600元。全区核定扶持移民7231人，直补资金434.58万元。粮食补助采取直接发放粮食补助款的形式，全年粮食补助款100.88万元。

【推进为民办实事项目】2017年，临桂区为民办实事项目2个，分别是四塘镇石脉水库移民新村和五通镇汤家至竹林道路硬化。其中，石脉水库移民新村新建文化活动室一座，资金47万元；五通镇汤家至竹林道路硬化工程，长1.5千米，路面宽3.5米，资金59.5万元。两个项目年内完工，完成投资106.5万元，惠及水库移民87户，365人。

【移民新村提升改造项目建设】2017年，临桂区制定义江桂花产业核心示范区建设工作实施方案，将五通镇五里桥移民新村纳入五通桂花园建设规划范畴。项目分房屋风貌改造和村庄环境综合整治两个部分，预计投资513.64万元。年末，主体设施建设完工，正在进行环境综合整治。

【移民村屯道路建设】2017年，临桂区移民村屯道路设施建设项目2个，分别是临桂镇上全村屯互通硬化、五通镇板屋村屯道路硬化项目，总长2.1千米，总投资83万元，受益人数792人。

【接待水库移民来访】2017年，区水库移民局接待水库移民来访8批11人次，涉及人口1366人，内容涉及危房维修、土地纠纷、安全饮水、后期扶持等移民遗留问题。水库移民局根据相关政策，对所提出的问题进行逐一答复，大部分来访诉求得到解决。全年没有发生赴邕进京上访和群体性事件，库区和谐稳定。（羽宇）

财政·税务

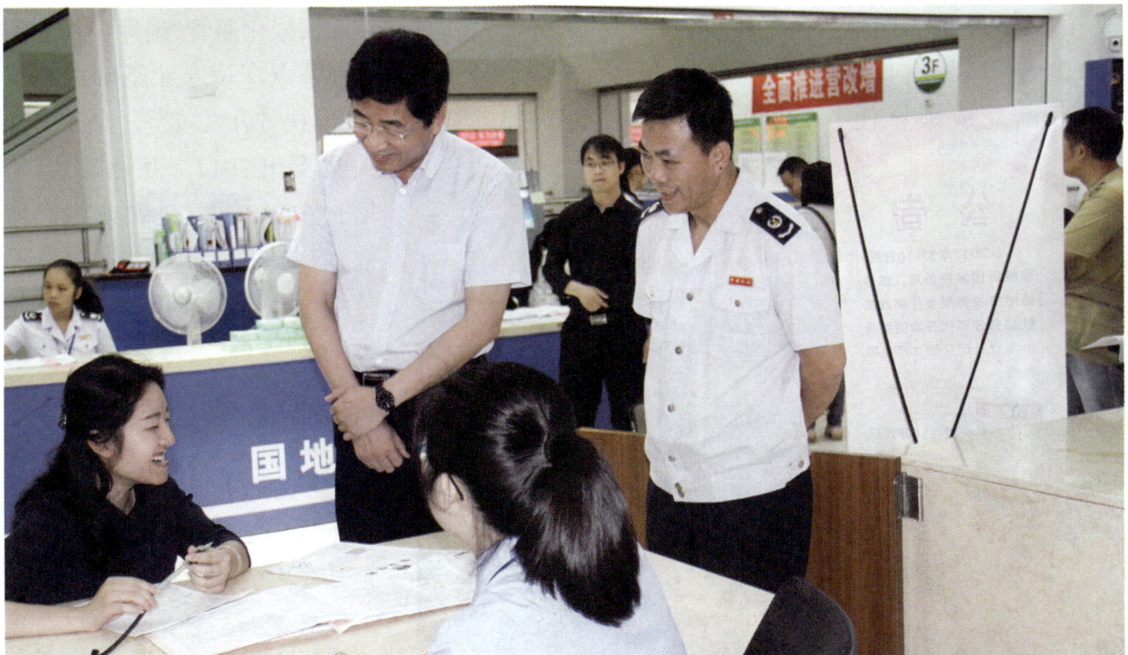

2017 年 5 月 24 日，桂林市市长周家斌(右二)在临桂区国地税联合办税大厅调研

赵明　摄

财　政

【概况】 2017年，临桂区财政局（简称区财政局）设办公室、财政信息管理股、经济建设股、企业股、地方金融股、农业股、预算股、农业综合开发办公室、教科文股、行政政法股、社会保障股、财政监督检查办公室、政府采购管理股、农村财政财务管理股、国有资产管理股、会计管理股、国库股、综合股、公务用车定编管理办公室等19个股室，辖非税收入管理局、民族资金管理局、国库支付中心、财政投资评审中心、干部教育中心5个单位，在职干部职工89人。11个乡镇财政所有干部职工55人。

【财政收入】 2017年，临桂区财政收入总量、增量、增速持续保持增长势头，全年组织财政收入完成307902万元，完成预算任务302043万元的101.94%，同比增收20997万元，增长7.32%。在地方财政收入中，公共财政预算收入完成198771万元，完成预算任务192201万元的103.42%，比上年增加2197万元，增长1.12%；基金收入完成68923万元，完成预算任务23750万元的290.20%，比上年增收55844万元，增长426.97%。按部门划分，国税部门组织收入133325.7万元，完成预算任务135000万元的98.76%；地税部门组织收入85499.3万元，完成预算任务95000万元的90%；财政口组织收入89077万元，完成预算任务72043万元的123.64%。按收入结构划分，税收收入完成215706万元，同比增收12954万元，增长6.39%，占组织财政收入的70.06%；非税收入完成92196万元，完成预算数75537万元的122.05%，比上年84153万元增收8043万元，增长9.56%。

【财政支出】 2017年，临桂区公共财政预算支出353976万元，完成年度调整预算的98.53%，增支34126万元，增长10.67%。

【资金调度】 2017年，临桂区新增政府债券12900万元，置换债券2200万元通过增量奖励以及贷款贴息等方式，搭建银企融资桥梁，鼓励信贷投放，并加大扶持中小微等非公有制经济力度，支持企业自行技术改造、自主开发产品，带动经济发展。对政府重大投资项目，配合业主单位，程序从简、审批从快、限时办结，强化监管，确保项目顺利实施；健全投入机制，重点支持农业基础设施建设、农业产业发展，助推扶贫开发攻坚。全年安排扶贫支出7012.7万元，比上年增长36.94%，促进农业增产增效、农村发展活力增强和农民持续增收；加大对市政、道路建设的支持力度，改善城乡基础设施。

2017年12月6日，区财政局举行学习贯彻党的十九大精神宣讲报告会　朱彬　摄

【民生保障】 2017年，临桂区民生支出278600万元，占公共预算支出的78.71%。落实教育惠民政策，春、秋季学期享受高中免费教育13073人，免费补助资金共1311.3万元；下达本级财政资金公办幼儿园公用经费

2017 年 11 月 8 日，区财政局在茶洞镇徐村核验“一事一议”项目　　朱彬　摄

127.95 万元；下达普通高中国家助学金补助 290.8 万元，惠及 6264 人次；寄宿生补助 696.26 万元，惠及 11884 人次；为迎接义务教育均衡发展工作自治区督导评估，全年投入义务教育均衡发展资金 21472 万元，新建小学 1 所，维修学校 78 所，办公教学楼 18 栋、食堂 1 座。下达中央补助地方公共文化服务体系建设专项资金 132 万元；下达文化馆、图书馆免费开放资金 93.1 万元；农民体育健身工程经费 15 万元；建设农家书屋 50 个村点，下达村级公共服务建设专项资金 730 万元，建立 11 个村级公共服务中心；城镇放映数码电影扶持资金 159 万元，农村电影放映补贴 48.3 万元，农村广播电视无线覆盖和村村通工程 33.92 万元。做好美国飞虎队桂林遗址公园纪念馆对外开放工作，下达飞虎队纪念馆专项资金 403.26 万元。社会保障和就业投入财政资金 36281 万元，提高城乡居民社保基础养老金、城镇和农村最低生活保障标准。投入 38950 万元，健全医疗卫生体系，实现医疗保障覆盖全体城乡居民。社会救助资金足额到位，保证困难群众基本生活。年内，安排村级公益事业“一事一议”财政奖补项目 272 个，其中，包括路灯亮化项目 49 个，资金 4889 万元。

【财政管理】 2017 年，临桂区做好行政及参公单位公务用车制度改革后续工作，完成公务用车统一标志喷涂、保留车辆调剂过户工作，并继续做好公务用车购置审批工作。继续完善国库集中支付管理，提升财政资金效益。规范预决算信息公开，增强透明度，公开率 100%。严格政府债务管理，防范政府债务风险。继续推进公务卡管理制度改革。全区累计办理公务卡 2115 张，当年新增 400 张，全年公务卡支出累计刷卡消费 2945 万元，比上年增长 18.9%。全年组织政府采购活动 1302 次，完成采购预算 101212 万元，实际采购支出 95180 万元，节约资金 6032 万元，节约率 5.96%。全年完成预算评审项目 640 个，送审金额 132211.57 元，核减金额 12860.12 万元，核减率 9.73%，有效控制建设项目工程造价，节约政府投资，提高财政资金使用效益。　　（朱彬）

2017 年 12 月 26 日，区财政局领导班子在两江镇信果村了解扶贫情况　　朱彬　摄

国家税务

【概况】 2017年，临桂区国家税务局（简称临桂国税局）设办公室、财务管理股、政策法规股、收入核算股、纳税服务股（办税服务厅）、征收管理股、人事教育股、监察室、机关党办、工会等10个机构，有1个直属机构（稽查局）和1个事业单位（信息中心）；下辖临桂税务分局、五通税务分局、两江税务分局3个征收分局。在职干部职工87人。全年累计入库税收143646万元，完成自治区国税局口径税收14.3亿元，比上年增收55263万元。

【税收收入】 2017年，临桂国税局坚持“依法征税、应收尽收、坚决不收过头税，坚决防止和制止越权减免税”的组织收入原则，落实各项税收优惠政策，把握依法组织税收收入主动权，提高组织收入质量，避免组织收入前松后紧或大起大落，实现收入进度与时间进度同步，确保税收收入及时足额入库。全年累计入库税收143646万元，完成自治区国税局口径税收14.3亿元，比上年增收55263万元。由于“营改增”的原因，税收增长62.53%；完成地方口径收入13.3亿元，同比增长47797万元，增幅55.78%。其中增值税完成106552万元，比上年增长56%；消费税完成80万元，比上年增长11%；企业所得税完成27669万元，比上年增长50%；车辆购置税完成8464万元，比上年增加7224万元。

【税收管理】 2017年，临桂国税局做好日常税收征管过程中的风险防控工作。从2017年5月8日起，所有纳税人在办理税务登记设立、变更、发票票种核定、发票领用、发票代开等涉税事项时，都要实名办税。做好金三系统的日常数据质量管理工作，每月对上级下发的数据进行清理和修改，对千户集团定时进行审核。与临桂区地方税务局合作，清理核对金三系统的数据6000多条；共同制定《桂林市临桂区国地税联合组建房地产及建安行业税收一体化管理团队实施方案》，双方抽调人员成立联合管理团队。

【税务稽查】 2017年，临桂国税局重点选取交通运输、房地产、建筑安装、金融保险、餐饮娱乐、商业批发与零售、药品与医疗器械、中介机构、广告传媒、纺织服装、家具、手机、黄金等13个行业发票使用情况开展检查。对其中开具金额1万元以上、内容为“办公用品”“会议费”“培训费”“餐饮费”“材料费”的发票进行重点检查，对违规使用发票的，依法处理。开展行业和区域性税收专项整治，选取21户企业进行自查、核查、检查，查补税款148万元，入库税款58万元。贯彻落实《重大税收违法案件信息公布办法（试行）》，做好重大税收违法案件公布工作，确保所有符合公布标准的案件全部按规定进行公布，公布案件信息真实准确，依照规定程序开展公布案件的撤除工作。加强“黑名单”管理与联合惩戒工作的宣传力度，营造“一处失信、处处受限”的社

2017年5月15日，桂林市委常委、副市长张晓武（左三）在临桂区国地税联合办税厅调研　　赵明　摄

会氛围。对虚开发票、骗税、造假账恶意偷逃税的涉税违法犯罪行为,列入“黑名单”,与多部门联合惩戒。打击虚开和制售非法发票等违法犯罪行为,营造公平有序的税收法治环境。

2017 年 5 月 16 日,临桂区国税局召开打击虚假发票专项座谈会
临桂区国税局　供稿

【纳税服务】 2017 年 7 月起,临桂国税局办税服务厅对车辆购置税征收业务实行同城通办,为 4000 多车购税纳税人提供便利服务。从 2017 年 3 月 1 日起,委托邮政代开增值税普通发票。推行网上办税、自助办税,建成使用国、地税联合 24 小时自助办税厅。推行自助申报、自助认证、自助领票、自助开票,提升纳税人办税便捷性。坚持营改增政策大辅导与税收宣传、优化服务、税负分析、工作改进、风险防控“五结合”,促进四大行业减负增效。组织业务部门 50 多人参加自治区国税系统营改增政策大辅导视频培训。举办房地产纳税人、建筑业纳税人、原增值税制造业一般纳税人和税负上升一般纳税人培训班 4 期,350 多人次参加培训。通过满意度入户调查回访,向纳税人发放宣传资料 1000 多份。召开“量身式”座谈会,特别对建筑业和短期税负上升明显企业召开有针对性的座谈会。　　　　（刘瑾）

2017 年 5 月 10 日,临桂国税局举办营改增大辅导培训班
赵明　摄

地方税务

【概况】 2017 年,桂林市临桂区地方税务局(简称区地税局)行政编制 87 人,实有 83 人;事业编 1 人,实有 1 人;后勤服务人员控制数 6 人,实有 4 人。内设办公室、监察室、征收服务股等 7 个股室,下设临桂、两江等 9 个税务分局,负责企业所得税、个人所得税、土地增值税、房产税、城市维护建设税、教育费附加、地方教育附加、残疾人就业保障金等税费(金)的征收管理。

【税收收入】 2017 年,区地税局组织入库公共财政预算收入 8.51 亿元,同口径(剔除营改增等因素)比上年增收 0.91 亿元,增长 11.94%;组织入库市(县)收入 8.52 亿元,同口径(剔除营改增等因素)比上年增收 0.91

亿元，增长11.94%，完成桂林市地税局和临桂区政府下达的年度收入任务。13个主体税种中，个人所得税、城镇土地使用税、土地增值税、车船税、契税、城市维护建设税实现增收，企业所得税、房产税、耕地占用税等其余税种减收。

【税收改革】 2017年，区继续实施“放管服”改革，规范行政权力运行流程，实施“多证合一、一照一码”和“两证整合”改革，营造良好营商环境，激发创新创业活力。推进征管体制改革，国地税共同创建联合24小时自助办税服务厅，组建房地产及建安行业税收一体化管理团队，共同委托邮政部门代征，联合开展税收宣传、纳税辅导，互派人员挂职交流。推进税收制度改革，做好“营改增”后续各项工作，加强对完善地方税体系的研究，继续深化资源税改革，统筹推进环境保护税开征准备工作。

【依法治税】 2017年，区地税局开展税收执法督察、内部财务审计、经济责任审计，按季开展税收票款安全自查，在办税服务厅推行标准POS机刷卡缴税，推行电子退税模式，为316户纳税人退税，办理退税业务541笔，退税金额1876.04万元。开展税法宣传，落实税收优惠政策，特别是国务院规定的6项减税政策、自治区降成本“新28条”措施等优惠政策。全年累计减免税4.13亿元。其中，为28户符合条件的企业减免企业所得税7100多万元；为78户盈利小微企业，减免企业所得税70多万元，政策受惠面100%。减轻纳税人税费负担，助推实体经济发展。

【税收征管】 2017年，区地税局受理年所得12万元以上个人所得税自行纳税申报704人，入库应补缴税款35.81万元，申报人数和补缴税款均创新高；下发自治区、桂林市局各4个批次风险防控任务，涉及纳税户238户，查补税款2500多万元；督促50户企业开展税收风险自查，自查税款及滞纳金483万元。全年确定评估对象37户，完成纳税评估16户，入库税款及滞纳金1994.25万元；对46户房地产企业开展土地增值税、企业所得税预缴专项评估，评估入库税款1600多万元；与人民法院协作，对3户企业实行代扣代缴，累计扣缴税款及滞纳金360多万元。

【纳税服务】 2017年，区地税局开展“便民办税春风行动”，完善首问责任、限时办结、预约办理、延时服务、24小时自助办税等服务制度，实施“互联网+纳税服务”建设，实现“线上线下”服务互补互促。建成国税、地税联合24小时自助办税服务厅，纳税人可自助办理网上申报、增值税发票代开、完税凭证打印和零申报等国税、地税业务。紧扣“深化税收改革、助力企业发展”主题，开展税收宣传活动，发放宣传资料1000多份。走访辖区企业，主动上门问需求，及时解答涉税疑问，指导226户企业下载使用广西非有制经济服务平台，促进非有制经济发展。

（熊丽群）

2017年7月28日，临桂国地税联合24小时自助办税厅正式启用

赵明　摄

金　　融

2017 年 1 月 17 日，广西临桂农村商业银行邀请书画家开展“写春联、送祝福”文化惠民活动　　屈显娟　摄

中国人民银行临桂支行

【概况】 中国人民银行临桂支行(简称人行临桂支行)设会计国库股、综合业务股和办公室3个内设机构,在职员工20人。2017年,人行临桂支行继续贯彻执行稳健的货币政策,加强窗口指导,加大合理运用货币政策工具的力度,开展调研监测,反映货币政策效应,引导辖区银行业金融机构优化信贷结构,增加有效投入,促进临桂经济金融协调、可持续发展。截至12月末,临桂辖区金融机构各项存款余额238.11亿元,同比增长21.57%;各项贷款余额244.32亿元,同比增长18.73%。

【落实货币政策】 2017年,人行临桂支行履行央行职责,继续贯彻执行稳健的货币政策,构建银企信息交流的平台,加强窗口指导,做好货币政策传导工作;组织召开经济金融运行分析会,引导辖区银行业金融机构合理信贷投放,优化资金配置。针对临桂农村经济快速发展,"三农"资金需求量增大的实际,对临桂农村商业银行发放支农再贷款2亿元。

【金融管理服务】 2017年,人行临桂支行以"两管理、两综合"加强对金融机构的运营管理。指导辖区银行业机构开业,督促金融机构落实重大事件报告制度。对广西临桂农村商业银行开展综合执法检查,对广西临桂农村商业银行无证经营支付业务开展专项执法检查,对中国邮政储蓄银行临桂城区世纪大道支行征信业务开展专项执法检查,对广西临桂农村商业银行的货币金银业务开展专项执法检查。强化金融监督管理,促进辖区金融业安全稳健运行,提高人行临桂支行履职监管水平。3月、9月,组织辖区各金融机构采取多种方式开展征信、反假人民币和IC卡等金融知识宣传,发放宣传资料2000多份,解答群众问题600人次。

【国库管理】 2017年,人行临桂支行强化国库资金风险管理,加大国库柜面监督力度,加强对国库资金出口监管。对辖区国库经收处办理国库业务进行检查。截至12月末,临桂支库办理预算收入93980笔,39.89亿元;财政预算拨款16331笔,40.35亿元;办理退库业务734笔,1.38亿元;编制各种报表32719份。在国库业务量较上年增长17.6%的情况下,抓好会计核算基础工作,无重大差错发生。

【改善农村支付服务】 2017年,人行临桂支行加快推进农村地区支付服务基础设施建设,改善农村地区支付服务环境;发展和推广农村地区非现金支付工具,提升农村金融服务效率和质量。年内,辖区办理个人银行结算账户119.6万户,人均拥有银行结算账户2.39个;发放借记卡119.13万张,贷记卡8.24万张,人均持有银行卡2.55张;设立银行卡助农取款服务点154个,其中惠农支付服务点154个,综合服务站34个,覆盖银行卡助农取款服务的村委会161个,覆盖率100%。银行卡助农取款服务点支付金额11779.14万元;所有银行网点全部接入现代化支付系统,现代化支付系统覆盖率100%;农信银机构网点28个,全部接入农信银支付清算系统,农信银支付清算系统覆盖率100%;布放POS机具(包括电话POS)2851台,每万人拥有POS机具(包括电话POS)57台;布放ATM机142台,每万人拥有ATM机2.84台。

【金融监测与分析】 2017年,人行临桂支行做好金融数据报送、数据核对、金融统计检查、金融统计数据集中管理、统计信息报送、内控制度完善和临时统计工作。注重货币监测和宏观分析报告质量,关注当地经济金融运行热点,反映央行货币政策对县域经济主体的影响。针对本地经济金融运行中的热点、难点问题及重大政策实施效应进行分析、上报情况反馈，为上级行掌握临桂经济金融形势提供参考依据。

【信用体系建设】 2017年，人行临桂支行开展农村信用体系建设，推进农村信用“四级联创”工作。截至年末，创建信用乡镇4个，覆盖率36.36%；创建信用村60个，覆盖率37.27%。建立信用档案的农户73977户，占辖区农户总数的83.85%；评定信用农户51170户，占辖内农户总数的52.27%。对建立信用档案农户发放贷款17798户，累计发放贷款79.38亿元，贷款余额23.17亿元。提供信用报告查询企业127户、个人506户。开展机构信用代码推广工作，加强机构信用代码专项宣传，严格制度规定，做好机构信用代码证的新增、作废、挂失、补发、换发等相关工作。截至12月末，新增机构信用代码证1377张，比上年增加218张，增长18.81%；机构信用代码证变更换发157张，机构信用代码证到期换发35张，机构信用代码证挂失换发22张，收回作废机构信用代码证186张。

【货币金银管理】 2017年，人行临桂支行加强人民币管理，对金融机构人民币管理工作进行监督、检查。做好反假货币宣传及假币收缴管理工作。年内，临桂区各金融机构及公安机关收缴假人民币2487张，金额228945元，其中公安机关88100元(含外币8000元)。 （袁树松）

中国工商银行股份有限公司临桂支行

【概况】 2017年，中国工商银行股份有限公司桂林市临桂支行(简称工行临桂支行)位于城区人民路99号，内设综合办公室、营业部及客户经理部，下辖金山支行和金水支行两个二级机构和3个离行式自助银行(城西、城北和奥林匹克)，在职员工55人。

【业务发展】 2017年，工行临桂支行继续以提质增效为核心，以提升服务为载体，推动各项业务发展。加强营业网点智能化建设，在3个营业网点配备智能自助设备，网络金融新增融e联、融e购和融e行等功能，提升金融服务能力。截至年末，各项存款余额21.93亿元，比上年增加4.37亿元。其中，储蓄存款增加1.12亿元，对公存款增加3.25亿元。各项贷款余额20.68亿元，比上年增加4.78亿元。其中，法人贷款增加1.02亿元，个人贷款增加3.76亿元。

【经营管理】 2017年，工行临桂支行继续围绕“效益提升、风险防控、从严治行”十二字方针，结合开展“两学一做”学习教育活动和“学规定、守纪律、防风险、保安全、促发展”主题教育，加强员工政治思想和职业道德教育，确保各项业务持续稳健发展和经营业绩提高。截至年末，不良贷款余额187万元，不良贷款率为0.09%。其中，法人贷款不良率为0，个人贷款不良率为0.12%，信贷资产质量继续保持优质。全年实现净利润比上年增加640.8万元，增长16.8%。内部管理工作得到加强，服务工作得到提升，运行质量提高，实现全年无重大安全事故、无重大风险事件和零案件目标，在桂林分行辖内12个一级支行综合业绩考核排名第一。

【客户服务】 2017年，工行临桂支行获工行桂林分行服务工作优胜单位，一季度业绩贡献先进集体、个人金融业务旺季营销先进集体和大零售旺季营销中间业务网均创效先进集体。辖属支行营业部和金山支行获工行广西分行2017年度优质服务网点，支行营业部被评为2016—2017年度桂林市银行业“文明优质服务网点”、工行桂林分行优质服务“十佳”网点和广西分行2017年度中国银行业文明规范服务星级营业网点(四星级)，并继续保持工行广西分行文明单位称号。

（黄保强）

中国建设银行股份有限公司临桂支行

【概况】 2017年，中国建设银行股份有限公司临桂支行（简称建行临桂支行）有员工35人，设支行营业部、人民大道支行、世纪东路支行3个网点，附行式自助银行3个，离行式自助银行5个，有自动柜员机（ATM）14台，自动查询终端2台，95533电话银行、网上银行、手机银行等电子银行为客户提供24小时高效、快捷服务。年内，建行临桂支行围绕区分行“综合金融服务突破年”“3210”发展目标、“十百千万”工程和“强基础，抓创新，促转型，在风险可控的前提下加快发展”的工作主基调，抢抓机遇、探索新模式，以转型发展为主线，以综合金融服务为抓手，提升市场份额和系统排位，各项业务实现快速增长。

【业务发展】 2017年年末，建行临桂支行一般性存款时点余额28.9亿元，比年初新增12.5亿元。公司类非贴贷款余额20.9亿元，比年初新增14.3亿元；投放个人类贷款6亿元。全年营销小微快贷67笔（新增61笔），授信金额2435.2万元（新增2014.52万元），个人存单质押消费贷款新增513万元。完成全年普惠金融任务的237.12%。

【经营管理】 2017年，建行临桂支行整合行内资源，以专项分期、小微企业快贷、一码付、个人贷款等产品为主导，加大业务产品宣传力度。专业团队牵头，发展普惠金融，营销小微快贷，拓展信用卡专项分期全员营销，实施移动优先战略，实行网点全员营销的经营模式，效果明显。 （蒙方明）

中国农业银行股份有限公司临桂支行

【概况】 中国农业银行股份有限公司临桂支行（简称农行临桂支行）机关位于上海路26号。2017年，设综合管理部、运营财会部、风险管理部、公司业务部、个人金融部（含三农小组）和支行营业室，辖支行营业室、榕山支行、人民支行、新世纪支行、西城支行、义宁支行、两江支行、六塘支行、会仙支行（2017年11月16日新设）9个营业网点和2个离行式自助银行（世纪大道离行式自助银行、金水路离行式自助银行）。年末，农行临桂支行在职员工119人，平均年龄43岁，大专（含）以上学历92人。

【存贷款指标】 2017年年末，农行临桂支行各项存款余额37.21亿元，比年初减少1.73亿元，未完成年度计划。其中，储蓄存款余额25.63亿元，个人存款时点增量1.84亿元，完成年度计划的108.32%，个人资金日均增量1.94亿元，完成年度计划的126%，个人存款时点增量与日均增量均排桂林分行辖内第二位；对公存款余额11.58亿元，比年初减少3.57亿元，如按要求调入的理财6600万元，实际比年初减少2.91亿元，完成年度保底计划，对公存款日均增量1.01亿元，完成年度计划的112%。全行各项贷款余额27.35亿元，比年初减少12.68亿元。其中，法人贷款余额12.99亿元，比年初减少3.81亿元；三农个人贷款余额4997万元，比年初减少27万元；非三农个贷余额12.94亿元，比年初增加9409万元；票据转贴现余额比年初减少10.07亿元。全年中间业务收入、拨备后利润、营业收入与净利润分别完成年度计划的81.85%、106.6%、96.64%、99.2%。

【业务发展】 2017年，农行临桂支行开展“春天行动”、免费“送春联送福”“六进”综合营销、“激情仲夏”“收获金秋”、网点6S导入和“为客户我可以做得更好”等活动，推动全行储蓄存款稳步增长。以列为总行县域“放权搞活”试点行为契机，为桂林经济技术开发区华为、浪潮、比亚迪等知名企业和碧桂园房产开发公司等提供专业化融资和融信服务；营销临桂区社会保险事业局基本账户及收入、支出户，加大营销土地出让金力度，支撑对公存款日均增量。将E商E农管家和直连商户有效户的营销作为服务“三农”的主要工作抓实，共营销农E管家128户，布放惠农通机具80多台，覆盖11个乡镇30个村委，有效点46个，交易12900笔，交易金额1.85亿元，点月均交易笔数排名桂林分行辖内第二位；惠农卡有效发卡增量1900多张，发放农户贷款500多万元，小额农户贷款1400多户，覆盖11个乡镇，普惠金融服务面扩大。为农业产业化龙头企业和个人生产经营性项目融资担保提供新型金融产品支持，创新推出由广西大律农业科技有限公司为柑橘种植专业大户提供技术指导、农资供应和综合管理服务，区农业担保公司、桂林市中小微企业融资担保公司提供担保的农户贷款新产品(柑橘贷)，发放个人生产经营种植户贷款200万元，储备农户个人贷款2000万元。对公业务指标、非三农个贷、收单商户、信用卡发卡和专项分期业务等零售业务排名桂林分行辖内前列。

【经营管理】 2017年，农行临桂支行推动“三线一网格”管理模式的推广实施。通过强化组织保障、工作部署、系统应用、学习培训、宣传引导和考核督导等工作措施的落实，保障推广实施效果。持续提升运营监管水平，防范业务操作风险。通过加强柜面业务专项排查、员工“三基本”学习培训和“三化三铁”“三化三达标”创建，提升各项业务风险的管控能力。 （蒋翔燕）

中国银行临桂辖区机构

【概况】 中国银行桂林分行临桂辖区机构(简称中行临桂辖区机构)有临桂支行和西城开发区支行，员工25人。其中，管理人员6人，普通职工19人。2017年，中行临桂辖区机构加强各类风险管控，业务稳步增长。年末，人民币存款余额5.56亿元，贷款余额17.89亿元。

【业务发展】 2017年，中行临桂辖区机构履行“担当社会责任”的战略目标，支持临桂新区房地产、公路建设、教育等行业的发展。结合中行“中银e社区”“中银易商”“爱家分期”等产品推介，加大个人住房、商铺投资贷款的投放力度。各项贷款较上年新增7.25亿元，增长68.13%。其中，个人贷款新增1.94亿元。

【客户服务】 2017年，中行临桂辖区机构做好文明优质服务工作，强化网点服务管理，提升文明优质服务水平。开展“2017年金融市场投融资者教育”主题宣传活动，提高市民的金融安全防范知识。走进当地中小学校园开展学费代收工作，远赴桂三高速龙胜项目段为职工激活工资卡。在2017年度中国银行业协会星级网点创建评选活动中，中行临桂支行获“中国银行业协会三星级网点”荣誉称号。

【风险内控管理】 2017年，中行临桂辖区机构持续增强员工内控和案防意识，推进全行案防内控工作建设，提升员工责任意识，防范案件发生，保障客户资金安全，确保各项业务健康发展。其中，西城开发区支行成功识破传销骗局一起，及时挽回客户资金损失，并协助临桂区打击传销工作领导小组办公室抓获疑似传销骨干人员2人。

（蒋俊熠）

交通银行桂林新城区支行

【概况】 2017年，交通银行桂林新城区支行在职职工17人。其中管理人员2人，对私客户经理2人，零贷客户经理4人，大堂经理3人，客户经理协理1人，营运人员5人。截至年末，交通银行新城区支行各项存款余额35072万元，比上年度增加8246万元，增长30.74%；零贷投放28505万元，比上年度增加17036万元，增长148.64%。

【客户服务】 2017年,交通银行桂林新城区支行秉承“拼搏进取、责任立业、创新超越”的企业精神,发挥自身优势,在金融产品、金融工具和金融制度领域探索创新,形成产品覆盖全面、科技手段先进的业务体系。通过人工网点“一对一”服务和全方位的现代化电子服务渠道相结合,为客户在公司金融、私人金融、国际金融和中间业务等领域提供全面周到的专业化服务。

【业务发展】 2017年,交通银行桂林新城区支行以“私人银行”“沃德财富”和“交银理财”等品牌,为中高端客户提供高附加值的服务和产品;以“外汇宝”“蕴通财富”“太平洋卡”“手机银行”“展业e贷”“基金超市”等为代表的品牌产品,市场份额在同业中排名前列。

【经营管理】 2017年,交通银行桂林新城区支行坚持“以客户为中心”的经营理念,注重通过管理机制、产品技术、流程架构、服务管理等方面创新,推动经营管理水平提高。到社区、学校、企事业单位举办金融知识普及活动。注重标准化服务,建立“人工网点+自助银行+客户经理”的“三位一体”新型服务渠道。网点内设置有零售客户经理室、零贷客户经理室、大堂经理服务区、沃德理财柜、对公理财柜、交银理财柜、现金业务柜等人工服务区,配备有智能叫号机、查询机、取款机、存取款一体机、网银体验机、自助回单机等电子化设备;提供WiFi网络服务、最新金融资讯、自动饮水机、便民箱等免费的增值服务及便民设施;为弱势群体增设爱心服务窗口、无障碍通道、博爱座等特殊服务;设置公众教育区,为客户预防电信诈骗等提供相关知识及信息。 (刘小荣)

桂林银行临桂支行

【概况】 2016年,桂林银行临桂支行践行桂林银行“六德”企业文化,坚持“以客户需求为导向,为客户创造价值”“您的烦恼、我帮解决”“开放、分享”三大发展理念,业务发展和合规经营相结合,业务平稳运行。

【存款业务】 2017年12月末,桂林银行临桂支行各项存款应计时点312483.4万元,较年初增加122435.4万元,增长64.42%。其中,对公存款120376万元,较年初增长60233万元,增长100%;储蓄存款表内130764.4万元,较年初增加22933.4万元,增长21.27%;储蓄存款表外61343万元,较年初增加39269万元,增长56.21%。各项存款应计日均203290万元,较年初增加76455万元,增长60.28%。其中,对公日均存款92623万元,较年初增加29800万元,增长47.43%;储蓄日均存款110667万元,较年初增加46655万元,增长72.88%。表外存款时点、个人资产、个人客户数、手机银行、微信动态提醒、POS收单全面完成任务指标。

【贷款业务】 2017年,桂林银行临桂支行累计发放贷款1950笔,合计金额136760.88万元;累计收回贷款金额64409.39万元;签发银行承兑汇票264笔10128.30万元。截至12月31日,桂林银行临桂支行各项贷款共计2170笔,余额235129.96万元。对公有效户164户,较年初新增36户。完成外汇结算量2526万美元。完成2户供应链核心企业的准入,完成微链贷授信9户,授信金额2860万元。

【会计管理】 2017年,桂林银行临桂支行每季加强银企对账工作,通过各种渠道联系客户进行纸质和电子对账,均达到总行要求。在临桂区银行业机构反洗钱分类评级中,获AA级。

【机构和营销模式改革】 2017年,桂林银行临桂支行将综合业务部细分为公司业务部和零售业务部,并细化职责,强化工作责任。改一线网点人员单打独斗、散兵游勇式的营销为全员整体联动、公私联动的多层次、全方位营销,各项存款增长明显。

【恢复开展按揭业务】 2016年12月，桂林银行临桂支行恢复开展按揭业务。公司金融部、零售业务部明确职责分工，按揭业务发展迅速。2017年，按揭贷款占个人贷款余额的82.49%。

【加强内控管理】 2017年，桂林银行临桂支行通过网点双周例会、晨会、夕会和员工大会，组织学习传达银监会、人民银行，以及管理银行总行的新政策、新制度。通过以老带新、业务知识培训和考试等方式，提高员工的内控合规意识和业务技能水平，树立“内控无小事”意识，控制内控风险案件的发生。对总行内部监督和上级部门外部监督检查出的问题进行整改，坚持“谁经办、谁整改、谁不整改处理谁”的原则，将责任落实到位。

【网点布局】 2017年8月，桂林银行临桂支行和二级支行西城支行完成整体搬迁，搬迁后两个新网点的业务均较之前均有大幅提高。6月10日，庙岭镇自助网点投入使用，开始对外试营业。世纪大道社区网点、人民路社区网点进行装修。选定在临桂区五通镇和两江镇各设立一家离行式自助银行。年末，五通网点已进行装修，两江网点正在选址。 （曾奎瓒）

临桂农村商业银行股份有限公司

【概况】 2017年，广西临桂农村商业银行股份有限公司（简称临桂农商银行）设13部3室1中心，即人力资源部、党群工作部、财务会计部、计划信贷部、市场开发部、电子银行部、资产风险管理部、稽核审计部、法律合规部、安全保卫部、统计信息部、资金综合运营部、营业部、党委办公室、办公室、纪检监察室、后勤服务中心，有18个支行、4个分理处及营业部23个对外营业网点和2个社区金融服务点，在职员工269人。营业网点及从业人员分别占临桂银行业金融机构的41.35%、37.68%，是临桂辖区营业网点和从业人员数量最多、覆盖面最广的金融机构。

【存款业务】 2017年4月5日，临桂农商银行各项存款突破90亿元，连续7年每年以10亿元的速度递增。年末，各项存款余额91.43亿元，比上年增加12.99亿元，增长16.56%，存款总量、增量市场份额分别占临桂金融同业的38.41%、30.73%，连续11年(2007—2017年）保持临桂区金融同业第一。

【贷款业务】 2017年7月1日，临桂农商银行各项贷款突破70亿元。年末，各项贷款余额75.06亿元，比年初增加11.42亿元，增长17.94%。其中，涉农贷款余额50.31亿元，比年初增加6.76亿元，增长15.52%，涉农贷款占各项贷款的67.03%；小微型企业贷款余额43.83亿元，比年初增加6.71亿元，增幅18.08%，完成小微企业贷款“三个不低于”指标，支持地方“三农”和小微企业经济的发展。贷款总量、增量市场份额分别占临桂辖区金融同业的30.72%、29.63%。

【企业效益】 2017年，临桂农商银行资产总额突破100亿元，财务总收入5.08亿元，实现经营利润2.46亿元，缴纳税款5021万元。各项指标均符合银监会审慎监管及央行票据后续监测的要求：资本充足率15.71%，拨备覆盖率207.13%，拨贷比3.60%，资产利润率1.3%，成本收入比34.33%，单一集团客户集中度8.12%，单一客户集中度7.75%。

【经营管理】 2017年，临桂农商银行将党建工作写入公司章程，明确党委在公司治理中的领导作用。制定《广西临桂农村商业银行党委深入学习宣传贯彻党的十九大精神的实施意见》，通过专题学习讨论、党委书记上党课、党委专题民主生活会、业务知识竞赛、主题党日活动等形式，将政治学习与经营发展相结合，推动基层党组织和党员

2017年2月27日，广西临桂农村商业银行金水支行搬迁至名人邸商住楼　　屈显娟　摄

立足岗位，创先争优。按照“抢机遇、调结构、转模式、强管理、促发展、保平安”的工作要求，坚持立足临桂、服务三农、服务中小微企业、服务地方经济的市场定位，强化存款“有质量的发展，有效益的增长”。执行国家宏观经济政策，把握信贷投放节奏和力度，发挥农村金融主力军的作用，创新信贷业务，提升服务质量和效率。开展市场乱象整治工作，以及“违法、违规、违章”“监管套利、空转套利、关联套利”“不当创新、不当激励、不当交易、不当收费”等专项治理工作自查自纠，完成对全行审慎经营、业务规范及员工行为的全面检查，营造安全经营环境。全年未发生安全事故和经济责任事件。

【普惠金融】 2017年，临桂农商银行农户小额信用贷款余额35584万元，比年初增加5568万元；发放计生贴息贷款89户，174万元；青年创业贷款2114户，48087万元；库区移民贷款162户，671万元；农民工创业担保贷款72户，704万元；与广西再担保有限公司、桂林市小微企业融资担保有限公司签署小微企业比例再担保业务三方合作协议，构建新型政银担合作模式，破解企业融资难题。全年累计发放个体工商户、小微企业贷款1307户，75803万元；公务员消费贷款95户，3092万元；个人住房贷款1446户，46617万元。截至年末，临桂农商银行设有离行式自助银行5个，安装ATM、自助发卡机等自助服务终端75台；设立便民服务点154个，覆盖率100%。全年办理助农业务74817笔；签约POS特约商户1394户，全行电子银行渠道业务替代率87%。实现机构网、人员网和电子网“三网”普惠金融服务全覆盖，是临桂区网点、自助服务设备覆盖最全的金融机构。

【金融精准扶贫】 2017年，临桂农商银行制定《金融精准扶贫工作方案》，为辖内贫困户建立信用档案，并做好贫困户评级授信和扶贫小额贷款发放工作。截至年末，实现对所有“四有两好一项目”贫困户信用信息采集、评级授信两个“全覆盖”，发放贫困户（个人）贷款2334户，9866万元；产业精准扶贫贷款5850万元。与8户贫困户进行结对帮扶，全年投入帮扶资金2.3万元，年内脱贫1户。

【新兴业务】 2017年，临桂农商银行按照财政部、民政部、国家工商总局印发《政府购买服务管理办法（暂行）》要求，为政府服务承担主体提供信贷资金支持，发放本辖区政府服务承担主体贷款1笔，金额12亿元。年内，临桂区第一批社会保障卡发卡量16.3万张，临桂农商银行涉及发卡数量133993张（城镇职工12107张，农民社保卡121886张）。领导班子带头，组织工作人员利用周末时间加班发卡。截至年末，发放社保卡11.99万张，激活社保卡9.74万张。　　（屈显娟）

深圳农村商业银行广西临桂支行

【概况】 2017年，深圳农村商业银行广西临桂支行（简称深圳农商行临桂支行）秉承深圳农村商业银行“合规经营、稳健发展”的经营理念，坚持以“社区零售银行”的市场定位，改进管理模式，因地制宜，扬长避短，坚持“抓大带小”业务发展策略，做强零售业务，推进业务转型，支行稳健发展。截至2017年12月31日，存款余额65377万元，比上年增长19.75%；贷款余额205899万元，比上年增长34.70%。

【存贷款业务】 截至2017年12月31日，深圳农商行临桂支行存款余额65377万元，比年初增加10784万元，增长19.75%；贷款余额205899万元，比上年增加53046万元，增长34.70%。实际不良贷款余额17100万元，较年初下降682万元，不良贷款率8.31%，下降3.32个百分点。发信用卡2011张，较年初增加1924张，其中有效卡1677张，较年初增加1667张。全年实现利润1097万元。

【扶持中小微企业】 2017年，深圳农商行临桂支行贯彻深圳总行以中小微企业和社区居民为主要服务对象的宗旨，发挥自身在支农、支持中小微企业发展方面的优势，秉承“与你更进一步”的服务理念，针对中小微企业融资难及其实际需求和特点，在引进、吸收深圳地区信贷服务和产品的基础上，因地制宜创新推出金融服务和产品。成立零售小组提供专业服务，助力小企业和个体工商户发展，为有金融需求的小企业、个体户提供普惠金融服务。

【惠民减负】 2017年，深圳农商行临桂支行发挥深圳农村商业银行在加快推进社会主义新农村建设中的作用，加大对农户购房按揭贷款的金融支持，帮助农民改善生活环境、提升生活品质、推进城镇化建设。与万达城、华润中心、恒大、花样年·麓湖国际、彰泰、漓江大美、雁山新城、棠棣之华、麒麟湾畔等20个项目楼盘建立按揭合作关系，为购房者提供按揭贷款便捷服务。加大对农户购房按揭贷款的金融支持，坚持创新产品、实施贷款利率优惠、除利息外零费用、贷款条件相对宽松等政策，探索农户住房贷款形式。成立按揭小组提供贴心服务，农户只需提供个人资料，其余手续由开发商和银行协调完成，简化流程、提高效率。截至年末，审批通过住房按揭贷款3800笔，总发放金额13多亿元，其中农户按揭贷款2194笔，总发放金额超5亿元。　（蒙瑞海）

中国人民财产保险股份有限公司临桂支公司

【概况】 中国人民财产保险股份有限公司临桂支公司（简称财保临桂支公司）是国有控股的中国人民财产保险集团下属的业务经营子公司。2017年，财保临桂支公司领导班子3人，业务骨干4人，内勤人员3人，理赔人员5人，营销人员16人。

【业务发展】 2017年，财保临桂支公司保费收入5000.7万元，比上年增加1219.61万元，增长32.26%；赔款1939.36万元，直接赔付率38.78%，同比下降10.85%。其中，机动车险保费收入3427.75万元，赔款1186.11万元，赔付率34.6%；非车险保费收入527.43万元，赔款598.13万元，赔付率113.4%；农险保费收入1045.58万元，赔款155.11万元，赔付率14.83%。

【客户服务】 2017年，财保临桂支公司坚持为客户服务的理念，围绕集团“转方式促发展、强合规增效益”工作要求，以服务标准化建设为基础，提高保险服务质量。车险VIP客户实现手机自助理赔服务，从出险报案到获知赔款金额，可通过手机办理。“95518”服务专线提供24小时全天候保险服务。坚持实事求是、“迅速、及时、准确、合理”的原则。只要接到报案，无论事故大小，无论白天黑夜，均第一时间赶到现场，掌握第一手资料。按照快速赔付流程，为客户提供方便。坚持双人查勘，双人定损，交叉做案，限时赔付；坚持24小时值班制度。车险查勘服务实现“六个一”，即送一句温馨话语、赠一瓶水、递一份理赔指南、一张服务监督卡、一次理赔服务升级、做一次满意回访。建立人保之友俱乐部，客户均有积分赠送，可用于洗车、汽车保养及各项保险救援。

【经营管理】 2017年，财保临桂支公司加强公司市场拓展能力及盈利能力建设，制定保费管理、单证管理、理赔及出单管理、财务管理、劳动纪律等多方面的经营目标责任制考核办法，并加大考核、督查力度。不定期组织时点销售活动，与电销、外呼同步进行，促进业务发展。实行团队管理与团队考核，提高团队凝聚力，促进员工间的相互协作。利用车险业务平台，搭售意外险、家财险、随车行李货运险等，推动非车险业务发展。对员工承保车险业务时，赠送或搭售意外险、家财险等采取奖励措施。把稳固车险和拓展家用车市场作为重点业务工作，丢弃屡保屡亏的"垃圾"业务，确保续保业务及时回笼。与政府相关部门、汽车销售商建立合作关系，收集提供新车信息，把握潜在的新业务、新市场，强化创新意识，提高公司效益。做好防灾防损工作，实行分管领导负责制，拟订重大客户防灾防损工作预案，做好夏季防汛、冬季防火工作，做到提前介入，会同相关业务部门对预案执行情况进行检查落实，对可能出现的问题采取措施，以减少损失，增强防范风险的能力。

（曹小美）

中国人寿保险股份有限公司临桂支公司

【概况】 2017年，中国人寿保险股份有限公司临桂支公司（简称中国人寿临桂支公司）有员工和销售人员近400人，其中销售人员300多人。下设经理室、综合管理部、客户服务部、团体业务部、个险销售部、银行保险部等6个部门，设置四塘、六塘、五通、两江、会仙、临桂6个乡镇营销网点。年内，中国人寿临桂支公司继续坚持以市场为导向，以"与客户同忧乐"作为企业价值观，以"与时俱进、争创一流"的精神，拓展业务，按照"快速、主动、优质"的理赔原则，抓好理赔管理。公司总保费市场份额占79.7%，全年内赔付金额3012万元。

【保险业务】 2017年，中国人寿临桂支公司实现保费9688万元，同比增长21.49%。其中，新单保费4548万元，首年期交1859万元，10年期及以上期交1149万元，短期险保费642万元。

【履行社会责任】 2017年，中国人寿临桂支公司坚持"以人为本、诚信服务、价值至上、永续经营"的经营管理理念，坚持以市场为导向，以客户为中心，履行企业的社会责任，依法纳税。全年纳税额110.35万元，纳税额在当地寿险公司中均名列前茅。创造就业岗位，吸纳就业人才。代理营销人员300多人。开展小额人身保险工作，扩大小额保险覆盖面，缓解意外事故和疾病等风险对低收入家庭造成的影响。年内，农村小额保险业务承保0.92万人；计生爱心保险保费收入15.39万元，为3078户独生子女家庭提供保险保障。投保家庭成员因病住院或者意外死亡获理赔14人次，给付金额3.04万元，赔付率20%。

【经营管理】 2017年，中国人寿临桂支公司完善个人代理渠道、银邮代理渠道及团体业务渠道在内的三大业务渠道的组织架构设置，配齐配强相关管理人员；开展业务竞赛，营造积极向上的营销氛围；组织辖内员工签订业绩目标合同，完善薪酬考核体系。

【队伍建设】 2017年，中国人寿临桂支公司将"尊重人、关心人、爱护人、激励人、发展人"作为管理道德，以保险业基本法经营为核心，打造包括扬帆启航训练营及初级主管训练营在内的多个营销员训练平台，加强销售队伍的教育培训，提高营销员的自身素质及客户服务能力；持续推进营销员诚信教育，整治销售误导，防范销售违规风险，做到"用心服务，诚信经营"；为员工投保意外伤害保险、团体医疗保险、养老金保险等。

（唐斐菲）

行政管理

2017 年 6 月 26 日，临桂区举行安全生产月咨询日活动　　区安监局　供稿

宏观经济管理

【概况】 临桂区发展和改革局(简称区发改局)设办公室、国民经济综合股、项目股(行政审批办公室)、经济体制综合改革股、国民经济动员股、项目督查办公室、服务业发展办公室等股室,编制13人,实有13人。下辖临桂区经济信息中心、临桂区重大项目建设管理办公室。其中,临桂区经济信息中心编制3人,实有5人;临桂区重大项目建设管理办公室编制人员5人,实有5人。2017年,临桂区发改局落实稳增长工作措施,抓好经济社会建设,实现各项经济指标平稳增长。但受客观因素影响,部分指标下降。全区完成地区生产总值178.05亿元,同比下降8.7%。固定资产投资完成250.01亿元,比上年下降19.8%。

【主要经济指标】 2017年,临桂区地区生产总值完成178.05亿元,同比下降8.7%;组织财政收入30.79亿元,同比增长7.3%;固定资产投资完成250.01亿元,同比下降19.8%;社会消费品零售总额完成45.72亿元,同比增长11.6%;城镇居民人均可支配收入36505元,同比增长9.0%;农村居民人均可支配收入15935元,同比增长10.0%。

【固定资产投资】 2017年,区发改局做好固定资产投资安排,每月将预期目标下发到相关责任单位和乡镇,抓好责任和任务落实。每月召开一次工作协调会议,开展项目投资统计调查工作,并加强与项目业主对接。全年固定资产投资完成250.01亿元,比上年下降19.8%。

【重大项目建设】 2017年,区发改局执行重大项目月报制度,以简报形式上报区四家班子领导。多次召开工作协调会议,解决项目推进中的重难点问题。临桂区重大项目共74项,项目总投资851.08亿元,年度计划投资110.9亿元。其中,计划新开工项目8项,续建项目40项,竣工项目14项,前期项目12项。累计完成投资112.09亿元,占年度计划投资的101%。开工4项(浪潮、桂林至柳城高速、云轨、通达综合物流园、中兴产业园),竣工17项(温氏畜牧有限公司、桂南500千伏输变电、临桂新区市民广场、西二环路、莱茵生物科技、汇荣小学、复兴小学、桂林至三江高速、万平路山水大道平桂西路、博道金贸中心、洋田变电站、新区防洪排洪),其中14项重中之重项目,年度计划投资39.35亿元,累计完成投资35.01亿元,占年度计划投资的88.97%。

【深化服务业综合改革】 2017年,区发改局组织召开第三产业鼓励扶持政策需求座谈会,征求区内重点服务业企业及项目对临桂区出台第三产业鼓励扶持政策和设立专项基金的意见和建议;与自治区发展与改革委员会对接,学习借鉴南宁市等服务业相对发达地区的激励政策,制定《临桂区发展服务业引导资金管理办法(草稿)》和《临桂区服务业企业发展扶持管理办法(草稿)》。组织推荐区内优秀的服务业项目争取自治区服务业发展专项资金和桂林市本级服务业发展引导资金,帮助企业解决问题。区政府将11月定为“四上”企业(规模以上工业企业,资质等级建筑业企业,限额以上批零住餐企业,规模以上服务业企业)培育入库突击活动月,相关部门开展服务业企业上限上规入统培育工作。年度新增限额以上商贸企业和规模以上其他营利服务业企业12家。全区服务业增加值完成58.42亿元,比上年增长10.05%。社会消费品零售总额完成45.47亿元,同比增长11.0%。

【节能减排】 2017年,区发改局制定工作方案,将节能减排工作目标任务下发到各有关部门和重点企业,推动节能减排目标任务落实。推进节能减排项目建设,四塘、会仙、南边山、中庸镇污水处理厂等污水处理项目开工建设,管网铺设完成,厂区正在建设中;茶洞镇污水处理厂项目建议书获批复,其他前期工作正在进行。组织开展以“节能有我，绿色共享”“工业低碳发展”为主题的节能宣传周和低碳日宣传活动。

【医疗卫生体制改革】 2017年，临桂区根据“保基本、强基层”的工作总要求，推进医改重点工作。安排财政补助资金342.12万元，用于公立医院药品销售零差率补偿。其中，区人民医院319.33万元，区妇幼保健院22.79万元，均拨付到位。开展乡村医生签约服务工作，乡镇卫生院负责督导和考核工作，全区有服务团队213个。临桂区常住人口423504人，家庭总户数107625户，总签约率超过40%，其中重点人群签约率66%，贫困人口签约率100%。推进“城乡医联体”试点工作。落实分级诊疗制度，通过带量采购和药事改革，降低药品价格，破除以药补医机制，11个乡镇卫生院均实施基本药物制度零差率销售。健全全民医保体系，全区新农合参合40.81万人，参合率99.95%。城乡居民健康档案规范化电子建档41.52万人，建档率90.79%。

【公务用车改革】 2017年，临桂区参加公务用车改革的党政机关、行政事业单位93个，参改人员2483人，参改车辆505辆。区发改局协同区财政局、行管局组织297辆公车封存工作。分3批次拍卖车辆211辆，拍卖所得749.1万元；报废车辆84辆。会同区财政局、机关事务管理局抽调9人分成3个检查组，对11个乡镇、区直机关、四家班子的公务用车管理情况进行检查。公务用车一律纳入统一平台管理、喷涂统一标志。

【投资管理】 2017年，区发改局审批项目133个、备案项目124个，共计257个，总投资2233.13亿元。其中，储备千万元以上项目55个。启用“广西投资项目在线审批监管平台”，加强事中事后监管，制定优化行政审批流程，对项目审批进行提速，其中备案承诺提速30%，审批、核准提速50%。

【统筹城乡综合配套改革】 2017年，区发改局按照完善功能、提升质量、集约节约、突出特色的要求，坚持产城融合、园镇互动，着力建设一批经济强镇、魅力小镇、旅游强镇。用好用活城镇化建设贷款工程包，加快老城区重要节点、街道、城中村、私人住房规划改造。继续把新区建设作为建设的重中之重，争取新区80亿元城镇化建设贷款工程包，搭建好融资平台，加快推进新区建设。

【石漠化综合治理工程】 2017年，区发改局协调做好2012年度工程结算审计，整理2014年项目验收材料，做好2015年度项目建设收尾工作，抓好2016年、2017年度项目建设，年底前完成上级下达的建设任务。2016年石漠化综合治理项目实施地点涉及会仙镇、六塘镇、南边山镇，计划总投资920万元。截至2017年末，完成投资840万元，其中中央投资完成728万元，中央投资完成率91%。2017石漠化综合治理项目建设地点位于会仙镇，计划投资897万元，完成总投资635万元，其中完成中央投资535万元，中央投资完成率71.33%。

【新增千亿斤粮食产能规划项目田间工程】 2017年，区发改局整理2013年第二批验收材料，抓好2014年、2015年、2016年项目收尾工作。2016年新增千亿斤粮食产能规划项目田间工程建设项目，计划总投资2125万元，其中中央资金1700万元，2017年11月完工。2017年新增千亿斤粮食产能规划项目田间工程建设项目，计划总投资2550万元，其中中央资金2040万元，完成总投资1580万元，其中中央资金1380万元，中央资金完成率67.65%。

【易地扶贫搬迁工程和扶贫生态移民工程】 2017年，区发改局完善2011—2017年易地扶贫搬迁工程验收材料，协调做好相关资金拨付工作。抓好2016年度易地扶贫搬迁工程项目建设，2017年5月，将易地扶贫搬迁工程移交区水库移民管理局。

（莫桥林）

人力资源和社会保障

【概况】 2017年，临桂区人力资源和社会保障局（简称区人社局）设办公室、综合股、专业技术人员管理股、工资福利保险股、社会保障股、仲裁监察股、培训就业股等7个职能股室。编制17人（行政编制16人，后勤控制数1人），实有17人。下辖临桂区就业服务中心、临桂区人才服务管理办公室、临桂区社会保险事业局、临桂区劳动监察大队4个二层单位。年内，区人社局围绕民生为本、人才优先的工作主线，发挥人力资源和社会保障的职能作用，做好社会保险，就业服务，人事人才服务等工作。

【公务员队伍和事业单位工作人员管理】 2017年，区人社局加强公务员和事业单位工作人员的管理，做好年度考核和年度统计上报，公务员（参公人员）转正任职，登记上报，网络培训等工作。完成2017年招录公务员及参公人员38人的考察、公示、录用工作和工人职业资格等级74人的上报审核等工作。

【专业技术人员管理】 2017年，区人社局完成专业技术资格证书注册，审核推荐高、中、初级职称452人，转正定职132人，重新确认职称15人，办理岗位变动1416人，办理调动、公招等调配705人次。

【工资福利】 2016年，区人社局完成机关事业单位各类工作人员的工资福利审批工作。办理全区机关事业单位工作人员考核称职（合格）以上工资正常晋升、职务晋升、岗位变动、津贴变动等各种调资，累计增资134.62万元。做好新入职机关事业单位工作人员、到龄退休人员、调动人员的工资核定、办理发放遗属生活困难补助及离退休生活补助审批等工作。

【人事人才服务】 2017年，区人社局为1544人办理人事档案托管业务，为1494名毕业生办理报到手续，为583人办理人才流动手续。

【事业单位招聘】 2016年，区人社局按照“公平、公正、公开”原则，招聘事业单位工作人员37人，招聘中小学教师231人。

【临桂区社会保险事业局成立及社保机构改革】 2017年1月，临桂区机构编制办公室根据《广西壮族自治区人民政府关于整合城乡居民基本医疗保险制度的实施意见》（桂政发〔2016〕53号）精神，下发《关于整合城乡居民基本医疗保险制度的通知》（临编发〔2017〕6号），将区卫生和计划生育局原承担的新型农村合作医疗工作管理职能划转至区人力资源和社会保障局，将临桂区新型农村合作医疗管理中心的职责、事业编制、实有在职人员及退休人员整体划转至临桂区社会保险事业局（简称社保局）。原区社会劳动保险事业管理所、区机关事业单位养老保险所、区城镇职工基本医疗保险管理中心、区失业保险所、区农村社会养老保险所、区新型农村合作医疗管理中心的在职人员、退休人员和单位资产全部划入临桂区社会保险事业局。原区社会劳动保险事业管理所、区机关事业单位养老保险所、区城镇职工基本医疗保险管理中心、区失业保险所、区农村社会养老保险所、区新型农村合作医疗管理中心不再保留。年初，城镇职工养老保险、城乡居民养老保险、失业保险、机关事业单位社会保险、城镇职工基本医疗保险等5个社保经办机构统一办公。对社保经办服务大厅进行区域划分，在服务大厅的显眼位置张贴工作内容和范围，优化服务设施，设置政策业务咨询发布办理区、便民服务等候区等，提供休息座椅、饮水机、写字台、规范文本、阅读报架等人性化服务设施。根据社保局“三定”方案和“五险合一”经办流程，对职责进行划分，对各业务环节的岗位和人员设置进行调整，明确岗位、人员的职责和权限。2017年6月，临桂区“五险合一”系统（即桂林市“智慧人社”信息系统）正式上线；

7月，新型农村合作医疗信息系统并入桂林市“智慧人社”信息系统，并实现新系统顺畅运行。社会保险实现“三个统一”（统一数据中心、统一网络平台、统一业务系统），“四个全覆盖”[网络全覆盖（机构、网点）、业务全覆盖（全过程、全险种）、人群全覆盖（各种人群）、功能全覆盖（经办、服务、监管）]，“六个一致”（覆盖范围一致、筹资政策一致、保障待遇一致、医保目录一致、定点管理一致、基金管理一致）。年内，临桂区城乡居民基本医疗保险系统与全国跨省异地就医直接结算平台对接，全区近47万城镇职工和城乡居民医保参保人实现跨省异地就医即时结算。

【各项社会保险数据】 2017年，区人社局统筹协调，实现“五险合一”业务整合，并继续加大“阳光社保”工作力度，扩大社会保险覆盖面。构建扶贫医疗、养老体系，落实上级对贫困人口参保缴费、医疗待遇、大病保险等相关政策。全区城镇企业职工基本养老保险参保23056人，完成任务的100%；城镇企业职工基本养老保险基金收入21345万元，完成任务的125%，社会保险基金支出17750万元。城乡居民基本医疗保险参保466066人，完成参保任务数的100.6%；城乡居民基本医疗保险支出21831万元。城镇职工基本医疗保险基金收入10749万元，完成任务的117%，支出7268万元。生育保险参保16682人，完成任务的101.36%；基金征缴收入466万元，完成任务的125%；生育保险支出693万元。工伤保险参保23750人，完成任务的100%；基金征缴收入587万元，完成任务的125.58%；工伤保险支出238万元。失业保险征缴单位609个，参保23340人，完成任务的122.84%；失业保险基金征收收入912万元，完成任务的107%；失业保险支出771万元；享受失业保险金待遇5449人次，基金结余4155万元。城乡居民基本养老保险参保219257人，其中在职参保149938人，参保率96.5%；特殊困难人员参保人数13323人（重度残疾人2624人，贫困残疾人927人，五保户2169人，低保人员7603人），参保率100%；城乡居民基本养老保险缴费137589人，缴费1601.73万元，续保率91.8%。根据《关于印发广西全面实施“全民参保登记计划”工作方案的通知》（桂人社发〔2016〕55号）及《临桂区全民参保登记工作实施方案的通知》精神，年内完成入户调查工作。调查人数为13117人，信息录入完成率100%，按时完成任务。

【劳动监察】 2017年，区人社局加大劳动保障执法力度，维护劳动者的合法权益。组织开展清理整顿人力资源市场秩序、劳动用工和社会保险法落实情况、劳动合同签订情况等专项检查活动，出动执法人员10人次，检查891家单位。对2500家用人单位进行劳动用工备案，涉及劳动者19054人，合同签订率98.72%；劳动保障监察“两网化”覆盖率94.08%，“两网化”（网络化、网格化）案件录入51起，录入率100%。年内，接到劳动者投诉举报51起，涉及劳动者154人；立案51起，结案51起，结案率100%，为劳动者追回工资待遇168.47万元，督促用人单位为劳动者2649人补缴社会保险费275.45万元。有351家用人单位参加书面材料年审。28家企业参加自治区2016年企业薪酬调查工作。

【劳动人事争议仲裁】 2017年，临桂区劳动人事争议仲裁院受理劳动争议案件66起，结案65起，结案率98.48%。

【就业服务】 2017年，临桂区组织举办以“促进转移就业，助力脱贫攻坚”为主题的春风行动招聘会等各类招聘会12场；为194家企业提供招工登记，发布就业信息23000多条，为4000多名求职者提供求职登记，促成2100多人就业；开发公益性岗位167个，安置167名就业困难人员上岗就业。年内，全区新增城镇就业5182人，城镇失业人员再就业1257人，就业困难人员再就业528人，农村劳动力转移就业新增6759人，均超额完成任务。城镇登记失业率2.3%，低于4.5%的控制数。举办维修电工、中式烹调、育婴师等培训班

2017年2月9日，临桂区在城区金山广场举办春风行动招聘会

阳树柱　摄

4期，培训171人。其中，在四塘镇贫困村委——李家村委组织中式烹调培训班，培训46人(建档立卡贫困户44人)。完成职业资格鉴定205人，其中高技能人才54人。截至年末，办理3批农民工创业担保贷款，发放贷款72笔，贷款金额704万元，支出贴息资金47.47万元。　　（莫惠）

物　价

【概况】 2017年，临桂区物价局(简称区物价局)设价格综合(办公室)、价格管理、收费管理3个股室，有物价检查所、价格认证中心2个二层机构。编制21人(其中物价局8人、物价检查所8个人、价格认证中心5人)，实有20人。年内，区物价局做好价格调控、管理、监督和服务工作。

【市场监测】 2017年，区物价局为保持市场物价稳定，及时掌握市场价格动态，对价格波动及早预警，提高应急能力。每月5日、15日、25日，对主要食品、成品油、液化气、生猪、农资、居民生活必需品及重要生产资料等价格进行定时、定点监测，并对监测数据进行分析，制作《临桂区市场价格动态简报》12期，报桂林市物价局、区委、区政府及相关部门，为区政府及相关部门价格决策提供参考依据。元旦、春节、“五一”、国庆等重要节日期间，加强对液化石油气、医疗卫生、交通运价、旅游价格和市场粮油、肉禽蛋、蔬菜等重要商品价格的监管，确保节假日市场物价稳定。

【收费管理】 2017年，区物价局落实国家和自治区关于取消、降低一批行政事业性收费的有关政策，取消(或停征)收费项目17个；调整和公示相关部门的行政事业性收费目录，并实行动态管理。开展涉企收费清理规范专项工作，对区国土局、住建局、市容局、桂林港华燃气有限公司、临桂供电公司、气象局等部门(单位)涉企经营服务性收费9项，区人民法院、人防办、环保局、交警大队等部门涉及与行使行政权力有关的涉企收费8项，进行梳理清查，确保政策落地。履行收费审批职能，按照本级政府定价管理权限，审核批复金山市场停车场机动车停放服务收费标准、首都师范大学附属桂林实验中学初中学费收费标准和桂林文化广场停车场机动车停放服务收费标准。对本辖区奥林匹克花园、山水凤凰城、国奥小区、雍王府等7个住宅小区停车场设施配备情况进行场审，抓好住宅小区停车收费政策落实。根据《广西壮族自治区关于推进价格机制改革的实施意见》(桂发〔2016〕30号)，制定出台《桂林市临桂区车辆停放服务收费管理办法》(临政规〔2017〕1号)，规范停车收费管理，缓解城市交通拥堵。加强对行政事业性收费的事中事后监管，通过不定期检查监督，规范执收单位收费公示制度，推进执收单位的收费行为规范化、制度化。

【价格管理】 2017年，区物价局根据广西定价目录，做好辖区内的调价和定价工作。对临桂红溪

景区和罗山湖·水上民族风情岛景区门票价格进行审核。其中,红溪景区批复门票试行价格为75元/人次;对桂林港华燃气公司的管道燃气销售价格(从2017年1月起)由4.60元/立方米调整为3.60元/立方米;落实对华能桂林燃气分布式能源有限公司的上网电价的核定申报工作。贯彻落实桂政发〔2017〕23号文件精神,降低实体经济成本。通过督促广西电网临桂供电局继续落实降低工商企业销售电价和免征新增电力用户临时接电费用、改进企业停产期间基本电费计费方式等若干政策措施,全年降低企业用电成本480多万元,优化企业投资和发展环境。推进医疗服务价格机制改革。转发并执行广西新增医疗服务价格(1~5批)和公立医疗机构医疗服务项目价格(第1批)的调整,调整临桂区14所公立医疗机构病房床位价格。贯彻落实最严格水资源管理制度,落实城区推行居民阶梯水价制度的政策性文件和城区推行非居民用水超计划超定额累进加价制度的政策性文件。

【价格检查】 2017年,区物价局与桂林市价格主管部门采取联合检查的方式开展涉企经营收费和电力价格专项检查,通过对临桂供电局、国土资源局、住建局、房地产管理所等单位(部门)的价格和收费进行检查,督促有关部门落实国家的收费减免优惠政策,减轻企业负担。联合区住房与城乡建设局按照双随机原则开展商品房销售价格行为专项检查,对部分房地产开发企业和房地产中介机构的价格行为进行抽查。开展城市供气价格价格专项检查。发现临桂某燃气有限公司存在不执行政府定价销售天然气的价格违法行为,查处违法所得11817.60元,并立案处理。组织价格执法人员不定期开展市场价格巡查,对与群众生活紧密相关的城区农贸市场、超市、车站、车行、餐饮、服务和旅游等行业的明码标价情况进行检查,纠正各种不规范价格行为。规范办案程序,健全本系统行政裁量权基准,科学编制、公示行政执法权力运行流程图,推行行政执法公示制度,理清投诉处理程序及政策理解上一些模糊不清的问题,推进透明、文明、公正执法。

【价格举报】 2017年,区物价局做好"12358"价格举报平台的受理和查处工作。全年收到群众投诉和咨询71件,办结率100%。投诉的问题主要集中在管道燃气初装费、小区停车收费、网络购物、商品明码标价等方面,均做及时有效处理。派员参加自治区、桂林市举办的价格举报办理人员实际运用和操作能力培训班学习,保证12358价格举报平台的运行。

【价格认定】 2017年,区物价局价格认证中心根据国家发改委《价格认定规定》,做好公、检、法、纪检监察等执法执纪部门及政府机关委托的涉嫌违纪违法案件、行政诉讼案件、复议案件及处罚案件的价格认定工作。全年受理价格认定案件173件,认定总额2369.53万元。其中,受理涉纪检监察价格认定案件10件,标的金额2072.23万元。

【价格政策宣传】 2017年,区物价局做好价格政策宣传工作。利用"3·15"消费者权益保护日和宪法宣传日,在城区金山广场举行价格政策宣传活动,现场发放价格宣传资料7000多份,受理群众政策咨询16件。更新制作400多块价格政策服务公示牌,张贴到各社区、各乡镇自然村屯,将群众常用的教育、医疗、建设、国土、电力、供水等12个行业(部门)的价格和收费标准以及相关的价格法规进行汇总公示,让价格政策更透明。

(刘雪峰)

工商行政管理

【概况】 2017年,临桂区工商行政管理局(简称区工商局)设办公室、人事股、财务股、法规与行政执法督察股、反不正当竞争执法与商标广告监督管理股、消费者权益保护股、市场与合同规范管理股、企业与个体私营经济监督管理股、"12315"

消费者申诉举报指挥中心、经济检查大队等10个机构，另设有监察室、机关党委。下辖二塘工商所、庙岭工商所、四塘工商所（与庙岭工商所合署办公）、两江工商所、茶洞工商所（与两江工商所合署办公）、五通工商所、宛田工商所（与五通工商所合署办公）、六塘工商所、南边山工商所（与六塘工商所合署办公）、会仙工商所10个工商所。年末，有公务员编制75人（局机关编制20人，工商所编制55人），机关事业后勤编制6人。在职73人（公务员70人，工勤人员3人）。年内，区工商局履行市场监管、行政执法、服务发展、消费维权等职能，营造宽松平等的准入环境、公平竞争的市场环境和安全放心的消费环境。

【推行商事制度改革】 2017年，临桂区实施“多证合一、一照一码”登记制度改革。与自治区同步，提前一个月实行“多证合一”。整合35个办理证照事项，办理证照由13个部门变为1个窗口。发放“多证合一、一照一码”营业执照1113张（其中发放新设立企业营业执照606张，换发营业执照507张），发放“两证整合”营业执照3881张。实施全程电子化登记改革，推行电子营业执照。全年通过广西红盾系统申请网上名称预先核准和网上提交设立材料的企业1465户次。继续进行“先照后证”改革，履行“双告知”制度，推动市场主体登记信息在工商与审批部门、行业主管部门间联通。向企业和同级行政许可部门发送工商“先照后证”后置审批市场主体登记注册信息抄告表52次，发送信息1345条。推行企业简易注销登记，实现市场主体退出便利化，解决准入后“退出难”问题，57户企业完成简易注销手续。优化创业环境。创业者为企业“起名”后，比法定时限缩短10天以上，开办企业由2012年的14个环节、35天压缩到2017年的7个环节、8.75天。

【“双随机一公开”工作】 2017年，区工商局落实“双随机一公开”（即在监管过程中随机抽取检查对象，随机选派执法检查人员，抽查情况及查处结果及时向社会公开）工作。2017年9月—11月，自治区工商局随机摇号抽取检查对象，按照抽查类型、抽查事项、抽查对象、抽查期限等要求组织开展抽查工作。在抽查工作中，对同一市场主体涉及多个检查事项的，实现一次多查，提高执法效能，避免重复检查，降低市场主体成本。全区抽查市场主体615户（企业205户，农民专业合作社17户，个体工商户393户）。经检查，通过登记的住所无法联系的市场主体有12户（企业1户，个体工商户8户，农民专业合作社3户），未完成年报的有19户（企业1户，个体工商户18户），经营场所与登记不一致的1户。抽查工作结束后，通过国家企业信用信息公示系统（协同监管平台——广西）进行公示。

【企业注册管理】 2017年，临桂区新核准设立企业1667户（内资企业82户，私营企业1585户），同比增长70.8%；新增注册资本56.4亿元，同比增长51.24%;新核准设立农民专业合作社154户，同比减少11.93%；新增注册资本2.64亿元，同比减少19.29%；新设立个体工商户3881户，同比增长48.19%；新增注册资金3.52亿元，同比增长55.18%。全区实有企业6558户，注册资本198.15亿元，从业人员37530人;农民专业合作社679户，注册资本10.4亿元;个体工商户14498户，注册资金10.51亿元，从业人员36189人。

【企业信息公示】 2017年6月10日，区工商局提前完成2016年度市场主体年报公示任务。推进行政处罚信息公示，所有案件均及时公示网站，接受公众监督，行政处罚信息公示率100%，准确率100%，及时率100%。

【市场管理】 2017年，区工商局按照“宽进严管”要求，加大监管执法力度。利用开展市场主体年报契机，对无照经营户进行摸底排查。按照“分类处置、疏堵结合”的原则，针对不同行业、不同群体采取疏导与取缔、指导与规范、教育与处罚、整治与帮扶相结合的措施治理无照经营。全年开展专项检查19次，发放办照通知书241份，引导办照 256 户，发出限期整改通知书 56 份，立案查处无照经营案件 7 件，罚款 1.16 万元。贯彻落实国务院、国家工商总局打击侵犯知识产权和制售假冒伪劣商品工作部署，打击侵权假冒违法行为，遏制假冒伪劣商品。加强互联网领域侵权假冒治理，并对农资、家用电器、建筑材料、汽车配件、儿童用品等重点商品，组织开展集中整治，围绕重要节庆时点和春耕、夏种等重要时段，针对农村市场侵权假冒易发多发的商品，加强市场监督检查。开展红盾护农行动，出动执法人员 326 人次，车辆 105 台次，对全区 223 户农资经营户进行清理整顿。经过检查，对“两账两票一卡一书”制度落实不到位、不规范的 20 余户农资经营户进行口头警告，督促指导辖区 223 户农资经营户建立健全“两账两票一卡一书”制度，实现农资商品追溯监管。组织开展流通领域农资商品质量定向监测，抽检化肥、农药 5 个品种批次，检验结果全部合格。与区烟草、公安、检察院、法院等部门联合，对卷烟市场进行专项检查，检查卷烟经营户 240 余户，发现无资质经营卷烟行为 73 户，暂扣价值 250000 多元的卷烟，并对无照经营处以 52560 元的罚款。协调区教育、食药监、消防等部门，对校外午托机构进行整治，年内对校外午托机构进行摸底排查 5 次。

【打击传销违法行为】 2017 年，区工商局协同区打击传销办公室及公安等部门，出动执法人员 8264 人次，车辆 1484 台次，开展专项行动 5 次，清查出租屋 1608 处，行政查处涉传人员 494 人，教育遣散、劝返传销人员 22862 人，带回教育（审查）1839 人，解救受骗群众 251 人，遣送传销人员 169 人，行政拘留 3 人，刑事拘留 49 人，提请批准逮捕 8 人，缴获传销物品 181 册，取缔传销窝点 184 个，行政立案查处传销案件 401 件，结案 59 件，罚款 90 万元，处理投诉举报 11 次，停水停电 7 户，处罚违规房主 12 户，发布打传公益广告 5000 多条、发放宣传资料 8200 份，发表专项行动宣传报道 7 篇。

【合同管理】 2017 年，区工商局采取发放宣传资料、悬挂横幅、制作展板、行政约谈等方式，开展《中华人民共和国合同法》《中华人民共和国消费者权益保护法》《合同违法行为监督处理办法》《侵害消费者权益行为处罚办法》等法律法规的宣传，向公众宣传合同法律法规知识。开展合同格式条款的检查工作，对辖区内经营汽车销售的 5 家 4S 店进行巡查，收到汽车 4S 店提供的销售合同预订单共 6 份，并要求经营户按照《广西壮族自治区合同格式条款监督管理条例》的规定，在经营者门店的显著位置以及工商部门的网站公示合同格式条款。

【商标管理】 2017 年，区工商局加大对商标工作的宣传，利用“3·15 消费者权益保护日纪念活动”“知识产权日”第九届中国国际商标节，出动工作人员 25 人次，向群众发放商标宣传资料 1300 多份，宣传商标基本知识和商标法律法规。推进“商标品牌”战略，加大名牌培育力度，对辖

2017 年 3 月 15 日，临桂区工商局在城区金山广场开展国际消费者权益保护日宣传活动　　李璇　摄

区内的优势产业、特色农业等进行梳理，对符合驰名、著名商标条件的企业进行引导和帮扶。开辟“特色农产品地理标志商标注册”绿色通道，开展商标注册行政指导，对茶洞罗汉果、四塘马蹄、会仙板鸭等符合地理标志商标注册条件的特色农产品，进行地理标志商标注册培育保护，促进特色农产品品牌化发展。截至年末，临桂区商标的有效注册量771件，商标申请302件，成功注册143件。

【广告管理】 2016年，区工商局加大对互联网、医药、保健食品等重点领域广告执法力度；创新“互联网+广告监管”手段，依托国家工商总局广告监管平台，查看和处理辖区传统媒体、主要网站涉嫌违法广告。结合临桂区综合治理和文明城市创建工作，加强对临桂区级广告媒体的广告日常监测和执法力度，采取巡查拍照形式，对违法的广告开展查处工作，维护正常的广告市场秩序。责令拆除3个涉嫌违法广告，查处广告违法案件（贬低他人商品广告）1件，罚款1000元。

【消费者权益保护】 2017年，区工商局接受消费者咨询、投诉、举报200多件，涉及消费标的金额100多万元。正式受理消费者投诉85件，解决85件，处置成功率100%，为消费者挽回经济损失30多万元。6月6日，成功制止涉嫌欺诈老年人的会议营销事件发生。（陈金萍）

统　计

【概况】 2016年，临桂区统计局围绕区委、区政府工作部署，提高数据质量、深化统计改革、加强统计监测、优化统计服务、强化统计管理，发挥统计工作职能，推进各项统计工作开展。

【常规统计调查工作】 2017年，临桂区统计局贯彻实施2016年统计年报和2017年定期统计报表制度，通过联网直报和纸质报表相结合的方式，开展统计调查，收集、整理、审核统计资料，全面、准确、及时完成地区生产总值、农业、工业、服务业、贸易、房地产、能源、固定资产投资、粮产调查、劳动工资、城乡居民收入等10多项涉及社会经济发展重要指标的统计调查工作，完成了2016年统计年报及2017年每月数据的监测、收集、整理上报任务，为临桂区经济社会发展提供数据资料。

【第三次全国农业普查】 2017年1月1日开始，临桂区开展第三次全国农业普查入户登记工作。通过会议培训、督查指导、每日进展情况通报、集中审验核查等方式，完成普查数据采集、数据整理核实、处理汇总及普查事后质量抽查等工作。召开业务培训5次，120余人次参加。登记上报普查对象97917个，审查修订登记对象情况13524个，按照普查进度完成年度工作。

【2017年人口变动抽样调查】 2017年，临桂区统计局采取宣传发动、调查员培训、入户登记、数据上传和数据纠错等方式，组织2017年人口变动抽样调查。派出专人逐一走访抽取的5个调查小区，完成摸底户主姓名底册561户和调查小区图的绘制，入户登记调查住户561户，登记人口2201人，完成进度100%，并完成平台上报工作。在人口变动调查现场登记阶段质量随机抽查的5户调查登记资料中，核查结果和调查登记结果均为零差错。

【粮食产量抽样调查样本轮换】 2017年是5年一次的粮食产量抽样调查样本轮换年。经确定样本区域、桂林市调查队无人机拍摄样本区影像、临桂区统计局组织勾画样本田块、组织业务培训等程序，并首次使用PDA数据直报平台，完成样本轮换工作。新样本涉及除茶洞镇、黄沙瑶族乡以外的9个乡镇，共15个调查点。

【住户调查样本轮换】 2017年，临桂区统计局原有的15个住户调查点152户调查户调整为10个住户调查点100户调查户。其中,桂林市调查队负责60户,临桂区统计局负责榕山社区、金水社区、环湖社区、两江镇车梁村委会40户。年内,按程序完成样本轮换工作。

【名录库更新维护】 2017年,临桂区统计局名录库更新维护采取名录工作日更制。截至年末,临桂区统计局名录库维护法人单位新增1399家、变更5803家、注销1083家,产业活动单位新增326家、变更2354家、注销1186家,实现由"三证合一"到"五证合一"的过渡,确保名录库企业数据的时效性。

【"四上"企业培育】 2017年,临桂区通过会商会、"四上"企业(规模以上工业企业、资质等级建筑业企业、限额以上批零住餐企业、限额以上服务业企业)培育入库突击活动月和中大型服务业企业培育入库活动,做好"四上"企业培育工作。年内,临桂区申报企业入库36家。通过桂林市、自治区、国家三级审核,新增规模以上工业企业5家、重点服务业企业8家、限额以上批零住餐企业7家、房地产企业9家、建筑业企业2家。

【统计服务】 2017年,临桂区统计局按月份和季度对全区GDP及各项经济指标运行情况进行多层面的预测、分析、预警,通过分析、报告、信息或表格等形式报送区委、区政府,为领导决策提出意见和建议。完成12个月的主要经济指标预测,撰写有关工业、服务业、固定资产投资、整体经济运行等方面的分析、报告14篇。每个月将全区主要经济指标完成情况的最新数据和分析报告,以《临桂统计》《临桂统计信息季报》等形式呈送给区委、区政府主要领导,分发到相关部门负责人,向社会各界公布统计数据信息,确保统计服务对象掌握准确、完整的统计信息资料。全年发放《临桂统计信息季报》4期600余册、《临桂统计》9期500余份、更新政府信息统一公开平台和临桂门户网站统计信息10余次。针对相关部门来函、来电查询数据的需求,按规程向外界提供统计信息数据100余条。组织人员开展调研,撰写《临桂区主要经济指标急速下滑引起的思考》《临桂工业经济发展风险分析》《服务业发展情况汇报》《临桂区2017年第三季度经济运行情况分析》《临桂区2017年1月—10月经济运行情况分析》等多篇预警预测分析,上报区委、区政府,为区委、政府领导应对经济下行形势、调整经济策略提供参考。

【基层统计规范化建设】 2017年,临桂区统计局通过随机检查和统计执法检查相结合的方式,加强对联网直报企业的报表、台账和原始资料的规范化、标准化管理,对统计流程不规范等问题进行指导纠正和提醒警告,确保整改落实到位。12月,在五通镇统计站召开临桂区乡镇统计基层基础规范化建设现场会,按照自治区统计局关于乡镇(街道)统计规范化建设考核标准,对统计站硬件建设、机构建设、资料收集整理和存档、统计报表的上报等进行统一规范,五通镇和会仙镇分别做经验介绍发言。会仙镇被自治区统计局评为2017年"乡镇(街道)统计规范化建设示范单位"。开展数据质量大检查活动,涉及工业、批零住餐业、重点服务业、固定资产投资、建筑业、房地产等7个行业213家企业和55个重大投资项目。全区各行业做到依法统计、依规统计,提高统计数据的真实性和可靠性。

【队伍建设】 2017年,临桂区统计局采取业务对口培训、参加上级集训、选送人员参训等方式,加大统计业务培训力度。10月底,组织各乡镇统计工作分管领导和统计员、"四上"企业统计员120余人,在广西师范大学进行为期3天的统计法律法规和业务能力培训。选送1人参加国家统计局在西安组织的统计基础班培训。全局22名干部职工全部参加桂林市统计局组织的2期统计业务能力培训。年内,开展各类业务培训20余次,培训各乡镇、企业统计员300多人次。

(朱生方)

审　计

【概况】 2017年，临桂区审计局人员编制23人，在编21人。设有办公室、财政审计股、行政事业审计股、法规股、经济责任审计股、固定资产投资审计股，二层机构政府投资审计办公室。

【审计成果】 2017年，临桂区审计局完成审计项目9个。查出管理不规范资金82200万元，提出审计建议9条；完成政府投资审计项目102个，送审金额59383.3万元，核减造价5299.77万元，核减率9%。

【财政审计】 2017年，临桂区审计局完成临桂区2016年度预算执行和其他财政收支情况，四塘镇、黄沙瑶族乡2016年度财政决算及其他财政收支情况审计项目3个，查出主要问题金额77431万元。在区本级预算执行审计中，延伸审计调查区国土资源局、区地产公司、区房地产管理所等单位，把握财政资金的流向，突出预算管理和资金分配的审计。在审计内容上，重点关注财政管理水平和财政资金使用效益情况。审计结果表明总体情况向好，财政收入保持逐年增长，实现财政收支平衡，略有结余的目标。针对存在的问题，提出审计建议。对审计发现的普遍性、倾向性、苗头性问题，从制度上找原因、提建议、促规范，实现由单纯监督型向监督服务型转变，发挥审计部门在财政宏观调控中的作用。

【民生审计】 2017年，临桂区审计局继续完成对龙胜各族自治县2016年保障性安居工程跟踪审计，并按时完成审计任务。派出审计组对临桂区新型农村合作医疗管理中心及各乡镇新农合管理办公室经费结余、新农合基金结余及资产负债情况开展清产核资和财务审计工作。完成2017年4个季度重大政策措施贯彻落实情况跟踪审计，抽查区财政局、扶贫办、教育局、民政局、住建局、工信局、发改局、国地税等部门及单位，涉及财政资金217523.5万元。

【经济责任审计】 2017年，临桂区审计局完成对区工信局局长梁樾林和区统计局局长谭利华的任中经济责任审计。重点反映被审计单位在重大经济决策、执行财经政策、国有资产管理、工程项目建设等方面存在的问题。提交审计报告和结果报告各2篇，对被审计单位领导任职期间经济责任进行客观评价，为组织部门对干部考察、综合评价、任用和奖励兑现提供重要依据。

【固定资产投资审计】 2017年，临桂区审计局以规范建设行为、节约政府投资、提高投资绩效为目标，加强对基础设施等方面重大投资项目的审计监督。通过审计对其中因虚增数量、高套定额、核算错误等问题造成的虚增工程造价部分予以核减，节约基建投入，节省财政资金。针对投资审计中发现工程审定价超估算价问题多发的情况，从体制、机制和管理层面分析原因，提出针对性意见和建议，年内，临桂区审计局开展或组织审计中介机构配合实施的政府投资审计项目102个，总送审额59383.3万元，核减工程造价款5299.77万元，核减率9%。 （阳永宏）

国土资源管理

【概况】 2017年，临桂区国土资源局(简称区国土局)设办公室(人事教育股)、党纪办(行政监察室)、财务室、规划利用股、耕地保护股、档案室、审批办、政策法规股、地籍测绘管理股(土地纠纷调处办)、矿产开发管理股、测绘股、征地股、土地开发整理中心、信访办等14个股室，下辖临桂区地质环境监测站、临桂区不动产登记中心、临桂区国土资源执法监察大队、土地储备交易中心、临桂区地产公司、临桂区国土资源信息中心等6个财政全额拨款事业单位。全系统在职在编干部职工87人。年内，区国土局围绕全区经济社会发展大局，坚持保护资源与保障用地并举，服务发展与维护权益并行，主动服务，规范管理，全面完成各项工作任务。

【水田开垦获益大】 2017年，临桂区安排新增建设用地指标（含2016年剩余指标）137.3公顷（水田37.6公顷），均按"占优补优，占水田补水田"的要求落实占补平衡。临桂区从2014年开始实施优质耕作层剥离再利用开垦水田，至2017年年末，经桂林市国土资源局验收确认88.5公顷水田，既完成本年度用地报批工作，项目用地得到落实，又创造良好的经济效益。该项工作的创新性、前瞻性得到上级领导的肯定。

【不动产登记】 2017年，临桂区完成"不动产权籍调查管理系统""不动产登记信息管理系统""临桂区房产登记信息系统"查询客户端的安装。不动产登记办事流程优化，抵押登记业务的办结时限由刚运行时的30个工作日，减少到20个工作日，再缩短至18个工作日。房产档案全部移交到位，数据整合正在进行。针对临桂不动产办证增量大的实际，开通房地产企业批量受理窗口，解决去库存房产企业的急需。8月起，不动产登记中心克服人员少、任务重等困难，开展商品房登记业务攻坚服务活动，成立商品房登记业务攻坚小组，加班加点，解决房地产企业的办证积压问题。活动期间，为6家工业企业办理抵押登记业务9件，抵押土地总面积292337.09平方米，融资金额2.08亿元；办理36家房地产企业积压权证4065本。

【矿山标准化建设】 2017年，临桂区两江镇白岩采石场、茶洞镇木鱼山采石场两家采石场获批为桂林市采石场标准化建设试点矿山。年内，两家采石场完成申报工作，正按照"三化"要求，"五化"标准建设当中。白岩采石场属已设矿权的试点采石场，年内完成矿山建设；木鱼山采石场属预设矿权的试点采石场，年内尚未完成矿山建设。

【土地储备交易】 2017年，区国土局依法依规依程序出让土地。储备交易程序到位，做到权属来源不清晰的不予收储，未征收补偿到位的不予收储，有纠纷的不予收储，不符合收储条件的不予收储，保证净地出让的要求；价格评定合法，出让条件合规，每宗出让土地都报桂林市国土资源局进行合规性审查，严守规矩、确保合规。年内，临桂区公告挂牌出让国有建设用地26宗，面积1066908.0平方米，挂牌成交总价127891.21万元。正在挂牌和拟挂牌出让土地6宗，面积229215.5平方米。

【用地报批】 2017年，区国土局做好用地报批工作。截至12月，组卷用地材料上报16宗，总面积120.39公顷，涉及新增建设用地面积118.15公顷，其中农用地95.78公顷（耕地33.29公顷）。报批材料中使用2017年市级指标上报总面积83.33公顷，涉及新增建设用地81.56公顷，其中农用地61.29公顷（耕地20.07公顷）；使用往年指标上报总面积37.06公顷，涉及新增建设用地36.59公顷，农用地34.49公顷（耕地13.22公顷）。年内，获自治区人民政府的农转用批复建设用地1宗，总面积0.32公顷，农用地0.32公顷；获桂林市人民政府农转用批复建设用地3宗，总面积10.95公顷，全部为国有未利用地；2宗材料报自治区政府办理批文，面积13.18公顷；3宗材料通过自治区审查，正在缴费，面积2.47公顷；1宗用地材料上报自治区国土资源厅审查；1宗上报自治区国土资源厅待受理；3宗用地材料正在补正；2宗用地材料报桂林市国土资源局审查。

【保护耕地】 2017年，桂林市人民政府下达给临桂区的耕地保护目标任务为44870公顷，基本农田保护面积35639公顷。临桂区将目标责任进行分解下达，落实耕地保护工作。区政府与乡镇政府、乡镇政府与村委会、村委会与村民小组逐级签订耕地保护责任状，落实耕地保护责任人。全年各项建设项目用地未占用基本农田。根据国土资源部、农业部联合下发的《关于进一步做好永久基本农田划定工作的通知》(国土资发〔2014〕128号)等相关精神,完成临桂区永久基本农田划定工作。2017年6月底前,落实永久基本农田"落地块、明责任、设标志、建表册、入图库"等工作任务,形成永久基本农田划定成果。

【耕地开垦】 2017年,临桂区经验收确认开垦水田面积88.5公顷,均为八等水田,保障了临桂新区项目用地报批需求。年内,正加快推进耕地开垦项目。其中,会仙镇社会资金开垦项目实施面积16.15公顷,预计新增耕地13.09公顷,已完成预算初审;四塘镇新村村委下全村开垦项目正在申请立项,实施面积5.71公顷,预计新增水田5.05公顷,立项材料上报桂林市国土资源局等待批复;四塘镇2014年第二批耕地开垦项目(清水河)实施面积72.65公顷,预计新增水田53.24公顷,该项目年内完成所有工程量。

【土地整治】 2017年,临桂区完成两江镇信果、古定村委土地整治项目,六塘镇大村土地整治项目,中庸乡义江土地整治项目,四塘镇岩口土地整治项目的确认工作。

【旱改水提质改造】 2017年,区国土局立项实施的旱改水项目2个,总面积78.01公顷,预计新增水田面积62.54公顷,均通过市级规划设计及预算评审,正在进行招投标工作。其中,四塘镇旱改水项目实施面积39.97公顷,预计新增耕地面积29.11公顷;南边山乡旱改水项目实施面积38.04公顷,预计新增耕地面积33.43公顷。正在申请立项的旱改水项目2个,分别为四塘镇四塘村委绕江村、大湾村委东官庄旱改水项目,两江镇车梁村委泮塘岭、梁村旱改水项目,面积共40.7公顷,预计可新增耕地面积38.61公顷,年内完成可研报告编制,立项材料报桂林市土地整理中心审核。

【防范地质灾害】 2017年,区国土局编制地质灾害防治方案、应急预案,做好隐患点巡查工作,并落实值班制度。做到汛期前有排查,汛期重巡查,预警有值班,点上有监测。开展地质灾害防治工作培训及应急演练。7月—8月,六塘镇、南边山镇遭遇百年一遇的特大暴雨,受灾群众及时撤离,虽造成较大的经济损失,但无人员伤亡现象发生。完成四塘镇太平村委神山东村地质灾害应急治理工程设计评审、财政评审、工程招标等工程前期的各项手续,并于7月下旬开工建设,8月底野外工作全部完成,9月通过桂林市国土资源局验收,消除地灾隐患对当地群众的威胁。

【国土执法监察】 2017年,国土资源部下发的临桂区2016年土地变更调查及遥感监测图斑237个,监测面积217.13公顷,耕地面积67.73公顷。新增建设用地图斑128个,变更面积155.95公顷,变更耕地面积91.44公顷。其中,合法图斑108个,面积149.6公顷,耕地面积86.87公顷;违法图斑20个,面积5.34公顷,耕地面积4.15公顷,另有拆除图斑16个,面积3.62公顷,耕地面积2.33公顷,全部拆除完毕。经核实,违法比例6.67%。20个违法图斑中,除2宗以非立案处理上报外,其余18宗已全部立案查处到位,罚款112.04万元,全部结案。自治区国土资源厅下发的临桂区2017年度土地资源全天候遥感监测图斑87个,监测面积148.69公顷,耕地面积39.3公顷。分别为:合法图斑41个,面积98.12公顷,耕地面积26.95公顷;违法图斑10个,面积26.23公顷,耕地面积5.51公顷;伪变化图斑36个,面积24.34公顷,耕地面积6.79公顷。(其中设施农用地图斑34个,面积20.11公顷,耕地面积3.27公顷)。年内,5个设施农用地图斑已完善手续,剩余29个正在办理中;10个违法图斑全部立案查处,结案4个,共缴纳罚款21.5万元。

【信访维稳工作】 2017年,区国土局处理土地权属纠纷案件6件,新区征地土地权属纠纷案件2件,采矿纠纷2件,接待、答复来信来访群众200余次。收到信访件16件次,比上年减少8件次,办结14件次。配合区委、区政府做好信访维稳工作,全年没有因接访不当而造成集体上访、越级上访和恶性事件的发生。配合区政府对涉及土地、矿山采矿的维稳工作2次，配合桂林市国土资源局及自治区检察院跨县调处工作2件。

（赵敏）

质量技术监督

【概况】 2017年，临桂区质量技术监督局（简称区质监局）是临桂区人民政府直属科级单位，设办公室、综合管理股、特种设备安全监察股、质量兴区办4个股室，下辖临桂区计量检定测试所、临桂区产品质量检验所2个二层机构。年内，区质监局做好标准化、计量、质量、认证认可、特种设备安全等工作的综合管理和行政执法工作。

【计量监督执法检查】 2017年，区质监局组织开展产（商）品定量包装计量专项监督检查。重点抽查城区金山市场、二塘市场、南城百货和百汇超市等市场、商场。抽查在用计量器具20台（件）、公平秤2台，主要检查计量器具检定情况，经检查，检定率100%，合格率100%；抽查定量包装商品17批次（食用油1批次、米3批次、面4批次、酒1批次、包装小食品8批次），主要检查定量包装食品的净含量及标注情况，经检查，合格率均为100%。对辖区内计量、机动车、环境监测、木材检测、岩矿检测、基础探查、疾病控制、食品检测、医院、眼镜店、交警、气站、加油站等54家单位使用的计量器具进行综合执法检查。现场执法检查显示，大部分单位较规范，能按规定申报检定，未发现超范围开展检测检验活动违法行为，均按相关规定正常运行质量体系；医疗卫生机构、眼镜店、个别气站存在在用医疗计量器具未检定、超期未检定问题；对于未按规定实行报检的单位，现场下达责令改正通知书，限期改正，年内整改合格，未出现因计量器具未检定而引发的安全事故及投诉现象发生。对辖区内13家重点用能单位进行能源计量执法检查，将能源管理办法、计量器具配备标准等要求送达到各用能单位，要求企业自查，查漏补缺。结合"世界计量日"活动，开展形式多样的能源和计量的宣传活动，发放宣传资料200多份。5—8月，按要求比例(20%)随机抽取5家企业进行现场核查，经现场核查材料，各用能单位计量器具能按照GB17167-2016标配备，并在检定有效期内使用。

【质量监督管理】 2017年，区质监局开展以食品用塑料包装容器工具为重点的专项监督执法活动，检查食品相关企业10家次，获证生产食品相关产品企业4家，涉及产品有食品包装用复合袋、饮用水用聚碳酸酯饮水桶和密封盖、饮料用饮料瓶等食品用塑料包装容器，监督抽查产品10批次，合格10批次，合格率100%。从检查结果看，食品包装生产企业总体情况良好，大部分获证企业持续保持获证时生产条件，执行原辅材料进货验收、生产过程控制、出厂检验等制度，没有存在使用非食品用原辅材料或回收料进行生产及超许可范围生产等行为。针对个别企业出厂检验频率不高问题，责令限期整改。开展"农资打假下乡"，监

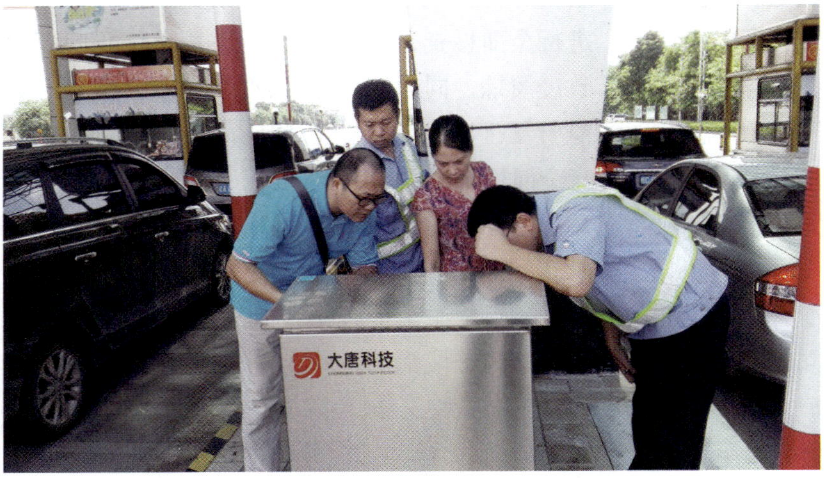

2017年7月26日，临桂区质监局开展电子汽车衡专项检查

区质监局　供稿

督检查农资生产企业9家，监督抽样8批次(喷雾器1批次、肥料产品3批次、农用育秧盘4批次)，合格7批次，不合格1批次，合格率87.5%。不合格产品为复混肥料，不合格项目为含氯标志不合格。对监督抽查不合格企业立案查办1起，结案1起，涉及违法货值1.3万元，行政处罚3180元。开展汽车配件及矿山机械产品“质检利剑”打假行动，对2家生产汽车配件及矿山机械产品生产企业生产的产品进行监督抽查，监督抽样4批次(汽车配件1批次、矿山机械3批次)，合格4批次，合格率100%。开展建材产品质量监督抽查，抽查烧结砖、蒸汽砖、水泥砌块建材产品23批次，合格23批次，合格率100%。开展其他工业产品(瓦楞纸箱、塑料编织袋、婴幼儿服装、棉胎、滑石粉、细木工板、电线电缆、聚氨酯清漆)监督抽查，抽查产品26批次，合格23批次，不合格3批次，合格率88.5%。不合格产品为瓦楞纸箱、塑料编织袋，由于货值较小，不合格项目非关键指标，故对不合格企业进行现场处罚，涉及货值5000元，行政处罚1600元，并限期整改，年内整改完毕。

【专项打假整治工作】 2017年，区质监局开展违法生产销售“地条钢”专项整治工作。按照“严厉打击、坚决取缔、彻底消灭、不留后患”的目标，对辖区范围内铸造冶炼企业进行梳理排查，检查使用感应炉(工频炉、中频炉)铸造冶炼企业6家，未发现非法生产销售“地条钢”的行为。开展危险化学品整治工作，检查危险化学品企业5家，其中，由质监系统发证的危险化学品获证企业4家，涉及产品有农药、松节油，3家处于停产状态；由安监部门发证的危险化学品1家(临桂顺华爆竹厂)，已退出生产。正常生产危险化学品获证企业均按照获证产品实施细则、危险化学品管理办法及生产许可证管理办法要求组织管理、生产、储存、销售、运输，不存在超出生产许可证证书产品范围，都保持获证时的生产条件。针对个别企业存在生产环境差、产品出厂检验记录不完善、产品标志标注不规范、产品抽查不合格的危险化学品等问题，提出整改要求，责令限期整改，未发现生产安全事故发生。开展电线电缆整治工作，出动执法车辆9台次，执法人员36人次，对2家电线电缆生产企业进行不定期监督巡查4次，配合广西监督抽查产品1批次，合格率100%，开展分类评价1次，评为B类企业。在巡查中，主要检查电线电缆生产企业证照是否齐全，是否按要求取得生产许可证或“CCC”认证；质量保证体系是否完善、是否正常运行；产品出厂检验能力是否达到要求，是否正常开展出厂检验；对原材料进厂是否进行把关等。

【特种设备安全监察】 2017年，区质监局针对医院、宾馆、小区住宅、人口密集区域使用的电梯进行专项安全检查，检查主要内容包括电梯是否在检验合格期间内、电梯检验合格标志是否张贴在轿厢醒目位置、安全管理制度和应急救援预案是否完善、电梯使用单位的安全管理人员和操作人员是否持证上岗、电梯维保是否规范。在检查中，对群众投诉的电梯进行重点监察。5月，对某公司使用检验不合格电梯案进行立案查处，责令停止使用不合格电梯，整改复检合格后方可使用，并处以3万元的罚款．对辖区内2个液化气充装站进行专项检查，重点检查气瓶充装站储罐以及安全附件使用情况，人员持证情况，充装站管理体系，气瓶管理情况，充装站是否按规定充装等情况。对检查中发现的问题，督促充装单位进行整改，从而消除事故隐患对辖区内在用的游乐设施进行全面检查，督促游乐设施使用单位开展应急救援演练。同时，对举办大型活动的公共场所及商场、酒店、医院等人员密集场所在用特种设备进行全面检查，打击使用“三无”流动式游乐设施违法行为，消除未登记设备、超期未检验设备安全隐患。联合区工信局对辖区内的锅炉进行摸底排查，做好燃煤锅炉节能减排整治工作，并邀请广西特检院桂林分院锅炉检验人员，对辖区内在用锅炉进行定期检验工作，消除安全隐患，有效保障了在用锅炉的运行安全。全年出动执法人员286人次、检查企业72家、检查特种设备253台(套)、下达指令书72份、完成整改72份。

【"质量兴区"工作】 2016年,区质监局制定名牌培育计划,对重点企业、名牌企业实行上门服务。通过现场调研和座谈,了解企业质量发展状况、市场拓展,企业在品牌建设过程中遇到的困难、问题,引导企业进行新产品研发。加大政策扶持力度,加强对名牌产品、地理标志产品的跟踪服务和保护,发挥质量把关作用。年内,全区获得广西名牌产品4个。临桂柑橘农业综合标准化示范区通过自治区考核验收。 (李娟)

食品药品监督管理

【概况】 2017年,临桂区食品药品监督管理局(简称区食药监局)挂临桂区食品安全委员会办公室牌子,设办公室、食品安全综合协调股、食品安全监管股、药品医疗器械安全监管股、保健食品化妆品监管股、政策法规宣教股6个股室,下辖临桂区食品药品稽查大队,为区食药监局管理的财政全额拨款事业(参公)单位。11个乡(镇)食品药品监督管理所,为区食品药品稽查大队的派出机构,实行区食品药品监督管理局和所在乡镇双重领导。局机关行政编制19名,机关后勤服务人员控制数3名,实有21人;区食品药品稽查大队(参公)事业编制67名(其中区本级18名,派驻乡镇49名),实有59人(稽查大队17人,乡镇所42人)。年内,区食药监局履行"四品一械"(食品、保健食品、化妆品、药品、医疗器械)安全监管工作职责,保障群众食品、饮食用药安全。年内,全区未发生重特大或较大及以下级别食品药品安全事件。

【基层执法队伍建设】 2017年,区食药监局通过公招和调剂调入,落实11个乡镇食药监所工作人员42人,到位率85.7%;在原有11个所长的基础上,配齐副所长。乡镇所统一配备执法文书、执法仪器、执法服装和办公设施,6个乡镇所配备执法车辆;南边山、六塘、五通3个乡镇所重新租赁符合规范标准的办公用房。通过集中培训(18期)、跟班学习、经验交流(12次)等形式,对稽查大队和乡镇所执法人员进行培训。组织参加自治区食品药品监督管理局举办的法律法规、日常监管、稽查办案、应急管理、快速检测等内容培训13期,培训覆盖率100%。局领导班子成员分别挂点11个乡镇所,指导、检查和督促乡镇所"四品一械"业务工作。

【食品药品安全宣传】 2017年,区食药监局开展"3·15"消费者权益日、"12331"食品药品投诉举报、知识产权、食品安全宣传周(月)、政务公开日宣传、质量安全宣传月、"6·26"国际禁毒日宣传、十月科普大行动、"12·1"防艾宣传日、"12·4"全国宪法日等宣传活动,重点宣传《中华人民共和国食品安全法》《中华人民共和国药品管理法》《食品安全法实施条例》《药品安全法实施条例》及食品药品维权知识。举办预包装食品标签标注要求解读、食品生产加工小作坊生产、安全生产、治理餐桌污染、药品零售企业GSP认证等培训班20多期,对企业负责人、从业人员进行培训,印发

2017年6月27日,临桂区食药局举办食品药品稽查与法规培训班
区食药监局 供稿

培训资料 35000 多册，培训 1000 多人次。乡镇食药监所制作大型跨街横幅、食品安全固定标语牌，利用农村集市圩日发放宣传资料 6 万多份（册）。在政府门户网站和政府信息公开统一平台公布工作职责、办事指南、行政审批项目、邮箱、联系方式、地址及食品药品监管信息 1000 多条。继续使用食药监系统 QQ 群，“四品一械”企业加入到 QQ 群中，便于法律法规学习及监管信息沟通交流。年内，上报区委办信息 48 条，上报政府办信息 48 条，上报区纪委报道 12 条，上报政务中心信息 18 条，上报安全生产信息 48 条，上报区绩效办信息 4 条，制作局内部宣传简报 12 期。

【行政审批】 2017 年，区食药监局完成食品生产许可申请 12 家，协助桂林市食品药品监督管理局完成食品生产许可现场审查 31 家；完成小作坊登记申请 42 家，发证 41 家；完成食品流通婴幼儿配方乳粉经营户 88 户，互联网经营 27 户；完成餐饮环节 298 家，小餐饮登记证 162 家；审批新开办药品零售（连锁）企业 13 家、药品零售（连锁）企业变更 5 家、药品零售（连锁）企业换发药品经营许可证 47 家；开展药品零售（连锁）企业药品 GSP 认证换证 47 家；受理办结保健食品经营企业行政许可 65 家。年末，临桂区有食品生产企业 81 家，食品生产小作坊 420 家；食品流通企业 1715 户；餐饮服务企业 1730 家；保健食品化妆品企业 378 家，美容美发店 173 家；药品生产企业 5 家，药品批发企业 3 家，药品零售连锁公司 3 家，药品零售连锁门店 93 家，药品零售门店 107 家，药品医疗机构 284 家；医疗器械生产企业 3 家，医疗器械经营企业 168 家。

【食品安全专项整治】 2017 年，区食药监局组织开展区域性、针对性、范围和期限更灵活的专项治理，推进食品药品专项整治工作。开展春节、三月三、清明节、五一节、国庆节食品流通专项检查、旅游景区餐饮安全专项检查、食用油专项整治、鲜湿米粉包装和标签专项检查、桶装饮用水专项整治、绿豆糕生产现场检查和隐患排查、现制现售食用植物油专项行动及保健品蓝剑专项行动，出动执法 8970 多人次。将大宗食品和高风险食品如婴幼儿配方奶粉、乳制品、食用油、肉及肉制品作为重点品种监管，以农村地区、城乡接合部、中小学校及其周边、旅游景点、车站码头等为重点区域，以商场、超市、批发市场、集贸市场、食品店等为重点场所，加大监管力度，重点查处销售不符合食品安全标准的食品和餐饮服务食品加工操作违法违规行为。以食品经营过程中的共性问题和顽疾问题为重点，加大对进货查验记录制度不落实、生鲜及散装食品储存销售和标签标志不规范、从业人员操作不合规、冷库冷冻肉品管理混乱等问题的监管力度，强化对食品经营者非法添加非食用物质和超范围超限量使用食品添加剂等“一非两超”问题的监督检查和专项治理。强化农村食品安全源头治理、过程监管，净化农村食品安全环境。

【学校食堂安全监管】 2017 年，区食药监局继续加强对学校食堂监管，建立学校监管档案，开展食品安全知识进学校活动。重点检查学校食堂安全管理制度、餐饮从业人员持证上岗情况及食品加工操作是否规范、环境卫生、原料贮存、索票索证、清洗消毒、食品留样管理等。结合食物中毒的季节特点，督促学校食堂做到“三个严禁”（严禁采购来源不明和野生的蘑菇；严禁在后厨投放灭鼠饵药，避免发生污染和误食；严禁购买使用腐烂霉变的食品原料）。利用快速检测设备抽取检测样本，对农残、餐具洁净度等项目进行检测，合格率为 100%。督促学校建立健全食品安全事故处置应急预案，提高应急处置能力。

【“两考”期间学校餐饮安全监管】 2017 年高考、中考期间，区食药监局成立以局长为组长，分管领导为副组长的“两考”期间餐饮监管工作领导小组，部署落实全区“两考”期间考生的餐饮安全保障工作。组织“两考”考点食堂工作人员 100 多人进行餐饮操作规范和食品安全法律法规知识培训。重点检查食堂的餐饮操作流程、采购票证、上岗证件情况。"两考"期间,全区未发生餐饮安全事故。

【餐饮服务食品安全专项检查】 2017年,区食药监局开展春季开学、秋季开学及中、高考期间学校食堂联合检查,出动执法人员1211人次,检查学校食堂460家次;3月和9月,联合区教育局对中小学校、幼儿园食堂食品安全进行检查,出动执法人员652人次,检查263家次;联合区工商局、教育局、卫计局、公安消防大队开展校外午托机构餐饮服务专项检查。检查83家,针对检查中存在的问题,要求限时整改,限时复查,并提出"规范校外午托机构餐饮环节监管的建议"。开展鲜湿米粉专项整治"回头看"专项检查及旅游景区专项检查;开展网络餐饮服务专项检查,核查入网餐饮服务经营者相关信息,打击网络餐饮服务违法违规行为;推行餐饮服务色标管理,完成5家餐饮服务单位的色标管理工作。继续推进"明厨亮灶"工程,在学校食堂、中大型餐饮企业、连锁餐饮企业、风味特色餐饮店、餐饮服务食品安全示范街和"A"级食品安全等级餐饮服务单位重点推进"明厨亮灶"工作,完成"明厨亮灶"75家,明厨亮灶率12%。开展分类分级等级评定,完成量化分级评定661家。其中,大笑67家、微笑562家、平脸32家。对确定量化分级管理等级和形象标志的单位发放餐饮服务分类分级综合评估的统一标志,悬挂(张贴)在就餐场所的醒目位置,对C级餐饮单位要求按规定完成整改。完成市、区政府及人大、政协重大会议期间餐饮保障工作。强化农村集体聚餐食品安全管理,防控食物中毒等食源性疾病的发生。加强重大会议、法定节假日及国庆长假期间餐饮保障工作。

【餐饮服务食品监督抽检工作】 2017年,区食药监局与日常监管相结合,加强监督抽检、快速检测工作。全年完成餐饮环节抽样75批次,合格率98.6%;完成快检任务176批次,未发现食品安全隐患,合格率100%。

【药品安全专项整治】 2017年,区食药监局开展禽流感病毒感染专项检查。成立人感染H7N9禽流感疫情防控工作领导小组,开展对二塘市场、金山市场及11个乡镇农贸市场活禽销售专项检查。开展对储备抗病毒药物经营和使用单位专项检查,及对城区大中型饭店食用禽肉情况专项检查。开展基本药物电子监管工作,对基本药物配送企业专项检查全覆盖、无遗漏;处置基本药物预警957次,处置率100%。开展无菌植入类、定制式义齿、避孕套、体外诊断试剂等医疗器械专项检查,辖区59家重点医疗器械经营企业经营秩序好转。加强药械化妆品不良反应事件监测。完成药品不良反应监测215例、完成任务的143.3%;医疗器械不良事件上报53例,完成任务的128.5%。

【特殊药品专项整治】 2017年,区食药监局开展特殊药品及含特殊药品复方制剂、冷藏药品、终止妊娠药品、非法制售假冒壮阳药品、疫苗等专项检查。检查药品批发企业3家、县(区)级公立医院2家、民营医院3家、乡镇卫生院11家、药品零售

2017年2月14日,区食药监局在会仙镇举办餐饮服务单位后厨食品安全知识培训会

区食药监局　供稿

企业110家、乡镇卫生室72家、医疗诊所30家。

【保健食品化妆品专项整治】 2017年，区食药监局开展保健食品化妆品专项检查。确定毕生药业、百汇超市、南城百货、惠仁大药房、桂林倍好等5家企业为专项整治重点单位。对涉及29个批次不合格祛痘类化妆品进行全面检查；开展功能饮料类保健食品专项检查；开展代号为"颜色行动"的染发类化妆品专项检查和整治。化妆品不良反应监测上报27例，完成任务的225%。

【查处违法案件】 2017年，区食药监局队加大对重点区域、重点环节、重点产品案件的查处力度。全年立案57件，结案46件，货值8.05万元，罚款32.63万元。全年无举报投诉、行政复议现象发生。

（蒋晓莲）

安全生产监督管理

【概况】 临桂区安全生产监督管理局（简称区安监局）位于临桂区世纪东路4号，挂桂林市临桂区安全生产委员会办公室（简称区安委会）牌子。下设工矿股、危化股、职业健康股、综合股和办公室5个股室。2017年，区安监局细化措施，加强监管，有效控制较大以上安全生产事故发生。全区水上交通、工矿商贸、危险化学品、烟花爆竹、农机、铁路路外无事故，全区安全生产形势持续稳定，未发生较大以上事故。四项指标控制数与往年相比，死亡人数下降9%，事故起数、受伤人数和直接经济损失持平。

【安全生产指标控制情况】 2017年，临桂区发生各类生产安全事故23起，死亡10人，受伤4人，直接经济损失83.93万元。其中，建筑施工7起，死亡6人，受伤1人，直接经济损失43.67万元；生产经营性道路交通11起，死亡4人，受伤3人，直接经济损失39.15万元；城乡火灾5起，无伤亡，直接经济损失1.1万元；水上交通、工矿商贸、危险化学品、烟花爆竹、农机、铁路路外无事故，全区安全生产形势持续稳定，未发生较大以上事故。四项指标控制数与上年相比，死亡人数下降9%，事故起数、受伤人数和直接经济损失基本持平。

【安全生产大检查】 2017年1月12日—18日，区安委办组成4个检查考核组，对全区11个乡镇、50个区安委会成员单位进行安全生产履职督查，对道路交通、非煤矿山、建筑施工、危险化学品、烟花爆竹、消防、民爆物品和人员密集场所等50多家重点企业开展春节前安全生产大检查，排查整治安全隐患，打击非法违法生产、经营、建设行为。1月24日，区委书记、区人民政府区长带队，分组对花生唐购物中心、二塘市场、枫林美食街及临桂汽车总站等场所检查春节前安全生产工作。3月24日—3月29日，组织对道路交通、建筑施工、非煤矿山、工商贸、消防等重点行业领域及辖区内的旅游景点、商场、医院、学校、宾馆、饭店和娱乐场所等人员密集场所开展节前安

2017年，国务院安委会综合督查组在桂林福达股份公司检查安全生产工作　　区安监局　供稿

全生产大检查，排查整治安全隐患。7月—10月，组织开展为期4个月的安全生产大检查行动。各行业组织检查督查组96个，参加检查督查人员1450多人次，对辖区内重点行业领域企业和人员密集场所进行检查。查处一般违法违规行为137起，严重违法违规行为1起，事故隐患企业33家，违规经营企业18家，下达限期责令整改通知书63份，曝光不符合安全生产条件企业11家，责令停业整顿企业2家，关闭取缔无证经营企业1家，暂扣安全许可证15家，开展警示约谈9次。

【"两会"期间安全生产专项整治行动】 2017年，全国"两会"期间，临桂区采取"四不两直"（不发通知、不打招呼、不听汇报、不用陪同接待、直奔基层、直插现场）的方式对非煤矿山、危险化学品、烟花爆竹、道路交通、建筑施工等重点行业领域开展专项整治行动。其中，检查非煤矿山企业9家，现场检查记录9份，排查出安全隐患10项，责令停产整顿1家；检查危险化学品和烟花爆竹企业12家，烟花爆竹零售经营点89家，查出隐患12项，当场整改7项，限期整改5项。投入警力470余人次，警车50辆次，深入汽车站以及客运企业2家、重点线路8条，开展隐患排查20余次，排查重点车辆200余辆，设置更新道路标志、标牌70余块，更新道路标线900余米，重点排查整治道路安全隐患点3处；对学校、医院、商场、网吧、超市、娱乐场所等56家人员密集场所开展消防安全大检查，发现火灾隐患25处，督促整改火灾隐患或违法行为25处，下发责令改正通知书8份；检查建筑施工在建项目25个，发出安全隐患整改通知书8份，并安排专人督促隐患整改落实工作。

【"打非治违"】 2017年1月12日—26日，区安监局联合区公安、工商、质监和各乡镇成立4个小组，对11个乡镇和城区烟花爆竹违法违规行为开展"打非治违"专项行动，重点检查烟花爆竹生产、批发企业及零售经营点，打击烟花爆竹违法违规生产、经营、运输、仓储行为。缴获私炮130多箱，雷王300多枚，查处违法经营摊点5个。对无证销售、一证多点、异地经营、越界销售和超量存放等违法违规行为予以整顿。3月24日—3月29日，区安委办组织开展烟花爆竹"打非治违"专项行动，对烟花爆竹行业产、储、运、销各环节开展专项督查检查。取缔异地经营、一证多点经营3家，非法销售2家，收缴私炮20多箱，雷王2箱；对超门槛经营、超量存放及违规仓储等问题责令整改。

【隐患排查治理】 2017年，临桂区人民政府继续从区财政拨付30万元隐患整改专项资金，采取"以奖代补"的方式开展隐患排查整改。按期完成市、县、乡、村四级隐患103项。其中，市级隐患2项，县级隐患12项，乡级隐患56项，村级隐患33项。完成6项临水临崖生命防护工程安全隐患整改。完成烟花爆竹生产企业退出工作。

【职业病防范】 2017年，临桂区涉及职业病防治企业134家。其中，规模企业11家，中小型企业123家，所有企业均与劳动者签订劳动合同，并购买工伤保险和医疗保险。企业职工总数7452人，接触职业病危害人数1993人。其中，粉尘类1173人、化学性504人、物理性715人，放射性3人，其他类90人。申报职业危害项目、建立职业卫生档案、设立职业健康管理机构企业118家，开展职业卫生评价、检测工作企业55家。职业卫生管理人员50人和接触职业病危害劳动者1993人，均培训合格。近3年，全区报告职业病病例2例。

【安全宣传教育培训】 2017年，临桂区承办桂林市"安全生产月"咨询日活动。区安监局围绕"全面落实企业安全生产主体责任"活动主题，制定方案，成立领导小组和后勤安保小组，定订制宣传资料及宣传品。活动当天，开展横幅一条街、板报一条街、游园一条街、安全知识有奖竞猜、文艺会演等形式多样的宣传活动。展出文化宣传长廊约200米，安全宣传板报132块，横幅180条，悬挂高空气球10个，发放宣传资料55000多份，发放环保袋、毛巾等宣传品74000余份；利用金山广场电子广告屏幕滚动播放安全生产警示标语。期间，通过移动、电信和气象平台发送安全生产短信 12 万余条，在电视台播放安全生产警示教育片；组织开展应急救援演练周活动、隐患排查治理活动和送戏下乡宣传活动。在城区西城大道、金水路、大圆盘等重点路段、高层建筑和电子广告屏幕制作安全生产宣传标语、横幅和文化长廊。年内，组织举办各类安全生产教育培训 8 期，培训企业负责人、安全管理人员和执法人员 1300 多人次。

【安全生产执法】 2017 年，区安委会对发生一般生产安全事故和存在重大安全隐患的企业，组织相关部门成立事故调查组，按照《生产安全事故报告和调查处理条例》（国务院令第 493 号）有关规定及“四不放过”（事故原因未查清不放过、责任人员未处理不放过、责任人和群众未受教育不放过、整改措施未落实不放过）原则，对负有事故责任的企业、监管单位和相关责任人员，依法从重从严实施行政处罚。全年实施行政处罚 9 起。其中，工商贸隐患处罚 1 起，事故处罚 8 起，实施行政处罚 134.7 万元。（蒋指金）

招商引资

【概况】 临桂区招商促进局（简称区招商局）设办公室、综合股、财务股等 3 个股室，编制 10 人，在职 11 人。2017 年，内资新录入系统 16 个项目，区外实际到位资金 78.47 亿元，完成全年目标任务的 104.6%（任务数 75 亿元），大口径实际利用外资 4366.66 万美元，完成全年目标任务的 101.55%（任务数 4300 万美元）。

【招商引资协调服务】 2017 年，区招商局继续实施“走出去，请进来”战略，开展招商引资工作。赴广东（东莞、深圳）、河北、江苏（南京）等地开展企业考察，走访河北华德钢板有限公司、深圳市启虹智能科技有限公司、上海东方龙商务深圳分公司、广东春润实业有限公司、奇柯（上海）投资管理有限公司、太平洋建设（南京总部）等企业。邀请上海中昆投资（集团）有限公司，上海园林工程设计有限公司，上海同沃景观规划设计有限公司，上海昆谷文化发展有限公司，中科合创（深圳）实业有限公司，深圳启虹智能科技有限责任公司等到临桂区考察交流，推动项目合作。

【招商活动】 2017 年，临桂区组织参加自治区、桂林市举办的各类招商活动。6 月，赴宁波、大连参加加工贸易行业招商推介会；10 月，参加东莞桂林商会成立大会；11 月，参加上海桂林商会成立大会，以各种形式推介临桂招商项目。

【中国—东盟博览会签约项目】 2017 年 10 月，临桂区参加第十四届中国—东盟博览会系列活动。与福达・桂林义江湾文化旅游度假区达成投资 30 亿元的项目签约，与碧桂园集团达成 25 亿元投资房地产项目签约，与桂林航天科技文化产业达成总投资 50 亿元的航天小镇项目签约，与桂林市“新城・吾悦广场”达成总投资 40 亿元的项目签约。（银华）

教　育

2017 年 1 月 17 日，临桂区召开义务教育均衡发展攻坚暨"全面改薄"推进会　秦小珍　摄

基础教育

【概况】 2017 年，临桂区教育局以“办人民满意教育”为宗旨，以推进义务教育均衡发展为重点，加快学校新建和改扩建步伐，解决“入学难”和“大班额”问题；推进教育精准扶贫，实施惠民工程，促进教育公平。以提高教育教学质量为核心，发展学前教育、义务教育、高中教育、民族教育、特殊教育，其中义务教育均衡发展工作通过桂林市复核和自治区评估。区教育局驻临桂镇人民路 19 号。年末，局机关及下属二层机构编制 83 人，在职 101 人（在编 60 人，挂职和借调 41），设局长 1 人，副局长 4 人（含副书记 1 人和挂职副局长 1 人）。设行政办公室、党委办公室、人事股、基础教育股、计财股、项目勤工办、德育与语言文字办公室、校园安全稳定管理办公室、体卫艺职成股等 9 个职能股室，下辖教育督导委员会办公室、教学研究室、招生考试委员会办公室、电教站、学生资助管理办公室 5 个二层机构。2017 年 8 月 31 日，中共临桂区委员会批复同意成立中共临桂区教育系统委员会。12 月 22 日，中共临桂区教育系统党委召开第一次党员代表大会，选举产生第一届区教育系统委员会，谢富明为党委书记，袁红波、廖翠红为党委副书记。

2017 年 12 月 22 日，中共临桂区教育系统委员会召开第一次党员代表大会　　韦桥送　摄

【办学规模】 2017 年，临桂区有中小学、幼儿园 182 所，在校（园）生 79772 人。其中，幼儿园 94 所，在园幼儿 18771 人；小学 67 所、教学点 72 个，在校生 37098 人；独立初中 15 所，在校学生 14862 人；九年一贯制民族学校 1 所，在校生 1281 人；特殊教育学校 1 所，在校生 85 人；普通高中 3 所，在校学生 6076 人；完全中学 1 所，在校生 1148 人。全区每万人口在校生数 1690 人。其中，幼儿园 398 人、小学 797 人、初中 342 人、高中 153 人。学前三年教育毛入园率 89%，九年义务教育巩固率 113.22%，高中阶段教育毛入学率 88.52%。

【基本办学条件】 2017 年，临桂区各类中小学及幼儿园占地面积及生均情况：幼儿园 12.58 万平方米，生均 6.66 平方米；特殊教育学校 0.44 万平方米，生均 29.21 平方米；九年一贯制学校 3.13 万平方米，生均 24.43 平方米；小学 91.78 万平方米，生均 24.75 平方米；初中 45.64 万平方米、生均 30.29 平方米；普通高中 36.54 万平方米，生均 50.79 平方米。校舍面积及生均情况：幼儿园 9.9 万平方米、生均 5.24 平方米；特殊教育学校 0.21 万平方米、生均 13.69 平方米；九年一贯制学校 1.34 万平方米，生均 10.46 平方米；小学 31.18 万平方米，生均 8.41 平方米；初中 17.21 万平方米，生均 11.42 平方米；普通高中 15.03 万平方米，生均 20.9 平方米。

【教育经费】 2017 年，临桂区教育经费总收入 70639.3 万元，比上年增加 2220.2 万元，增长 3.24%。其中，财政拨款收入 63479 万元，比上年减少 78.2 万元，减少 0.12%；其他教育经费收入 105.4 万元，比上年减少

1598.4 万元，减少 93.81%；事业收入 7004.8 万元。教育经费总支出 71720 万元，比上年增加 4046.9 万元，增长 5.98%。其中，财政拨款支出 64947.2 万元，比上年增加 1469.7 万元，增长 2.31%；民办学校支出 6772.8 万元。总支出中，人员经费支出 37937.9 万元，公用经费支出 22663.7 万元，基建支出 0 万元，其他费用支出 11118.4 万元。

【学前教育】 2017 年，临桂区有取得办学资质（含批准筹设）幼儿园共 95 所。其中，公办幼儿园 13 所，公建民营幼儿园 11 所，有办学许可证民办幼儿园 63 所，筹设中幼儿园 8 所。有自治区示范幼儿园 1 所，桂林市示范幼儿园 2 所，桂林市一类幼儿园 1 所，临桂区示范幼儿园 3 所，自治区多元普惠幼儿园 18 所。在园幼儿 18771 人，学前三年毛入园率 89%；公办和普惠幼儿园就读幼儿 15392 人，占在园幼儿的 82%。年内，区教育局实施《临桂区第三期学前教育行动计划（2017—2020 年）》，实现“一乡（镇）一公办中心园”的目标。获中央和自治区发放的多元普惠幼儿园和集团化办园奖补资金 89.56 万元，市级 10 万元。开展幼儿园办学行为督导评估工作，促进各类幼儿园规范办园。其中，睿宝幼儿园被评为桂林市绿色学校，佳佳幼儿园通过自治区卫生优秀学校复评。培养骨干教师，培训教师 590 人次。获“桂林市教学能手”称号 1 人，入选“桂林市千名骨干教师”8 人；幼儿园教师参与实施教育部《3~6 岁儿童学习与发展指南》优质课、优秀论文等评比 200 多人，127 人获得奖项，其中 19 人获市级一等奖。

【义务教育】 2017 年秋季学期，临桂区有完全小学 67 所，小学教学点 72 个。其中寄宿制小学 19 所，有教学班 979 个，在校生 37098 人，小学学龄儿童入学率 100%，辍学率为 0。初中 15 所，全部为寄宿制学校，有教学班 285 个，在校生 14862 人。其中，九年一贯制学校 1 所（宛田民族学校），在校生 1281 人；特殊教育学校 1 所，在校生 85 人。初中入学率 100%，年辍学率为 0.39%。执行九年义务教育免试就近入学制度，实行“零收费”和“两免一补”政策。加大“控辍保学”工作力度，全区九年义务教育巩固率 113.22%。2017 年 8 月，新建临桂区汇荣小学招生，为义务教育提供近 1500 个学位。全区义务教育学校接收外来务工人员随迁子女 8395 人次，在校留守儿童 4434 人。当年，体育中考分数提高到 60 分，将示范性普通高中临桂中学面向全区义务教育学校学区生招生比例提高至 50%，面向全区义务教育学校招收免试保送生 41 人。

【高中教育】 2017 年，临桂区有高中 4 所，全部为寄宿制学校。其中，完全中学 1 所，即两江中学；高级中学 3 所，分别是临桂中学、临桂区第三中学、五通中学，其中，临桂中学为自治区示范性普通高中。全区高中有教学班 129 个，在校生 7224 人，其中寄宿生 6420 人。2017 年秋季招生 2646 人，普通高中录取取消指导性计划招生。全区公办高中继续实行临桂籍学生免费教育。

【改善办学条件】 2017 年，临桂区完成 2016 年农村中小学校舍维修改造项目南边山镇初级中

2017 年 9 月 3 日，临桂区汇荣小学举行揭牌仪式　韦桥送　摄

学学生食堂和四塘镇自信小学教学综合楼两个项目，建成校舍面积4770平方米，完成投资856万元。完成2016年农村义务教育薄弱学校改造项目中庸镇初级中学初中部教学综合楼、临桂镇二塘小学综合楼，建成校舍面积11500平方米，完成投资1838万元。完成2016年度廉租房项目宛田瑶族乡庙坪小学教师公共租赁住房和五通镇初级中学教师公共租赁住房，共60套，总投资559万元。启动本年度全面改善薄弱学校基本办学条件土建项目工作，开工建设会仙镇中心小学教学综合楼、五通镇保宁中心小学、庙岭初级中学学生宿舍楼3个项目建设。做好临桂老城区和新区义务教育学校的新建工作。完成汇荣小学建设(校舍面积10349平方米，总投资约2000万元)，2017年秋季学期招生，缓解城区小学招生压力。继续抓好学前教育项目建设工作，落实第二期学前行动计划项目建设任务。完成2016年两个新建幼儿园项目临桂区榕山幼儿园和两江镇渡头中心幼儿园，建成校舍面积7070平方米，完成投资1201万元。实施普通高中基础能力建设项目，完成2016年度改扩建项目临桂区第三中学艺体教学楼，建成校舍面积3136平方米，完成投资533万元。开工建设本年度高中项目临桂中学学生宿舍楼和两江中学教学办公楼，其中临桂中学学生宿舍楼完成主体建设，进入装修阶段，两江中学教学办公楼仍在进行主体施工。年内，自治区投入临桂区“改薄”资金685万元，临桂区均衡发展财政资金7804.37万元，为82所学校添置教学仪器一批、学生电脑3961台、“班班通”设备741套及图书一批。同时，投入90多万元建设临桂区第一中学、临桂区环湖小学录播室，投入39万元建设城区第二小学“创客教室”。

六塘镇中心校设有塑胶跑道的操场　　李璇　摄

【义务教育均衡发展通过自治区评估】 2017年，临桂区继续实施“薄改”计划和推进义务教育学校标准化建设项目，落实义务教育均衡发展专项资金3.5亿元。其中，采购教学设施设备以及图书、电脑等1.1亿元，校园文化建设3000万元，校舍、运动场建设及维修改造等2.1亿元。统筹校舍安全工程、校舍维修改造和全面改薄等项目资金，加大对薄弱学校和学校薄弱环节的改造力度，改变教学楼陈旧、学生宿舍和食堂低矮潮湿的状况，消除D级危房和陈旧平房。在资金安排上向薄弱学校倾斜，缩小校际间办学条件差距，促进辖区各中小学教育设施设备均衡。至年末，全区所有中小学校舍均实现砖混结构，有塑胶运动场的学校占全区学校的50%。全区学校楼房变新，仪器设备上档次，阅览室图书富足，校园环境美化，文化氛围浓郁，各项管理得到提升。9月，临桂区义务教育均衡发展工作通过桂林市复核，11月通过自治区级督导评估。

【德育工作】 2017年，临桂区开展德育评估工作，两江中学、六塘中心校申报自治区第一批文明校园，其中两江中学获自治区文明校园称号。开展中小学生评优表彰活动，推荐评选桂林市三好学生589人，优秀学生干部289人，先进班集体115个。组织各中小学开展“网上祭奠英烈”活动，开展“以迎接党的十九大为主线，引领广大儿童听党话、跟党走”“以立德树人为核心，广泛开展特色鲜明的主题实践活动”“以传承良好家风家训为主题，推动形成良好家庭育人环境”“以为儿童办好事办实事为抓手，积极营造有利于儿童健康成长的良好社会氛围”等一系列活动。开展德育竞赛活动，组织区直各中学学生利用晚自习时间观看爱国电影，并参加全区“爱国电影观后感”征文比赛；组织临桂区中小学第五届世界读书演讲、讲故事比赛；选拔优秀学生、教师代表参加桂林市中华经典诵读大赛决赛等。开展专题教育，组织全区中小学生深入开展“爱学习、爱劳动、爱祖国”教育，组织城区各学校开展庆祝中国共产党成立96周年系列活动。组织开展临桂区中小学开学校门贴对联活动。加强中小学心理健康教育，各校建立心理咨询室，配备心理咨询老师，各咨询室均正常开放；开展心理健康教育培训，全区中小学教师参训700人次。临桂区青少年活动中心免费开放图书室、阅览室、科技展览室，免费举办绘画、棋艺（象棋、围棋）、少儿舞蹈、童声合唱、书法、经典诵读等兴趣班。截至年末，临桂区创建市级乡村少年宫11所，区（县）级乡村少年宫6所，区青少年活动中心1所。与区妇联、民政、文明办等部门及社区联合推进家庭教育工作。聘请桂林市家庭教育公益巡讲团到区内中小学、幼儿园进行巡讲，参与培训家长3000多人次。

【校园安全稳定工作】 2017年，区教育局和各学校均成立以“一把手”为组长的校园安全工作领导小组，建立安全管理岗位责任制，形成层层负责的安全工作网络。完善学校安全常规管理制度、安全工作目标考核制度和安全隐患督办制度。强化宣传教育和督查，开展安全宣传教育、安全演练、安全知识竞赛和家庭、学校、社会联动安全教育等各类活动，发放宣传资料60000多份，印发“暑期致全区中小学生家长一封信”60000份。年中，由区政府办牵头，组织安委会各成员单位，对全区涉校安全工作进行专项督查。主要督查开展防溺水、校车安全、上下学交通、消防、校舍建筑、内宿生管理、食品卫生防疫、危险化学品管理、学校“三防”（人防、物防、技防）建设、校园周边环境综合治理等方面的工作情况。

【综合素质教育】 2017年，临桂区各中小学执行国家课程计划和课程标准，开齐、开足国家规定课程。规范办学行为，全区没有重点校，学校不分快慢班、重点班。建立学生体质状况监测、公布制度，推进“阳光体育”活动，保证中小学生每天一小时体育活动时间，全区中小学生体质健康合格率达到自治区规定标准；举办中小学生篮球比赛、第二届“千里杯”中小学生足球赛、中小学田径运动会等。推进艺术教育，与区文新广体局、区妇联联合举办青少年美术书法大赛，组织各学校参加临桂区青少年才艺大赛，区直各学校举办校园文化艺术节，组织参加市级以上舞蹈、朗诵、书画、征文、科技创新等各类科技文体竞赛，获奖项30多人次，其中临桂一中学生李凤丹参加全国中学生运动会，获中学组女子400米比赛项目冠军。

【落实教育惠民政策】 2017年，临桂区完成的学生资助项目有：建档立卡贫困户家庭幼儿入园

2017年10月24日，临桂区在新龙中学举办中小学生篮球赛

秦小珍　摄

免保教费项目，发放入园补助资金 12.1 万元，惠及幼儿 157 人次；义务教育阶段家庭经济困难寄宿生生活费补助项目，发放补助资金 696.26 万元，惠及学生 11884 人次，资助率为全区寄宿生人数的 55%，资助标准小学 500 元 / 生 · 学期，初中 625 元 / 生 · 学期；普通高中助学金项目，发放助学金 239.7 万元，惠及学生 2752 人次，资助率 20%，资助标准一等 1750 元 / 学期 · 生，二等 500 元 / 学期 · 生；普通高中库区移民子女免学费项目，补助资金 5.19 万元，惠及学生 113 人次；普通高中免学费项目，全区所有公办普通高中的临桂籍应届高中学生免除其全部学费、住宿水电费、课本费，补助资金 1311.33 万元，惠及学生 13073 人次；资助贫困大学新生路费和短期生活费项目，发放资金 40.9 万元，惠及大学新生 487 人；办理生源地信用助学贷款合同 1840 份，发放助学贷款 1242.4 万元；企业、机关团体资助特困生 23 人，资助资金 10.9 万元。奖励优秀学生 44 人，发放奖金 9.94 万元；下拨学校维修资金、添置办公设备款 14 万元。

【社会捐资助学】 2017 年，桂林市临桂东源房地产开发有限责任公司资助品学兼优贫困大学生 20 人（临桂中学 10 人，临桂三中 6 人，两江中学 2 人，五通中学 2 人），资助标准 5000 元 / 生，资助资金总计 10 万元，资助金由公司存入受助学生银行账户。临桂民族宗教事务局资助特困少数民族优秀大学应届生 3 人，其中临桂中学 2 人，五通中学 1 人，资助标准 3000 元 / 生；资助特困少数民族初升高优秀学生 3 人（宛田民族学校、临桂一中、六塘初中各 1 人），资助标准 1000 元 / 生，资助金直接存入受助学生银行账户。

【教师学历及职称】 2017 年，临桂区有中小学、幼儿园专任教师 3853 人。其中，高中专任教师 857 人，初中专任教师 1223 人，小学专任教师 1611 人，幼儿园专任教师 127 人，教师进修学校专任教师 18 人，特殊教育学校专任教师 17 人。高中专任教师中，研究生学历 22 人，本科学历 786 人，大专学历 40 人，高中阶段及以下学历 9 人；初中专任教师中，研究生学历 5 人，本科学历 883 人，大专学历 324 人，高中阶段及以下学历 11 人；小学专任教师中，在职研究生 13 人，本科学历 373 人，大专学历 895 人，中师、中专学历 311 人，高中及以下学历 19 人；幼儿园专任教师中，本科学历 33 人，专科学历 94 人；教师进修学校专任教师中本科学历 11 人，专科学历 4 人，中师、中专学历 2 人，高中阶段及以下学历 1 人；特殊教育学校专任教师中本科学历 12 人，专科学历 5 人。高中专任教师中，副教授及相当职称 190 人，讲师及相当职称 466 人，助教及相当职称 166 人，助教以下职称 14 人，未定职称 14 人；初中专任教师中，副教授及相当职称 239 人，讲师及相当职称 813 人，助教及相当职称 155 人，助教以下职称 11 人，未定职称 14 人；小学专任教师中，副教授及相当职称 27 人，讲师及相当职称 680 人，助教及相当职称 492 人，助教以下职称 63 人，未定职称 348 人；幼儿园专任教师中副教授及相当职称 2 人，讲师及相当职称 18 人，助教及相当职称 10 人，助教以下职称 66 人，未定职称 21 人；特殊教育学校教师中副教授及相当职称 2 人，助教及相当职称 9 人，未定职称 6 人；教师进修学校专任教师中，副教授及相当职称 3 人，讲师及相当职称 8 人，助教及相当职称 2 人，助教以下职称 3 人，未定职称 1 人。

【教师队伍建设】 2017 年，区教育局贯彻落实《中小学教师职业道德规范》，各学校与教师签订师德师风承诺书，年终进行师德专项考评，并加强对师德考评结果的应用；开展师德师风集中培训，教育局局长做报告 5 场，全区 4000 多名教师参加培训。做好寻找“桂林市‘四有’老师”推选工作。公开招聘录用中小学及幼儿教师 231 名（其中幼儿教师 22 名，小学教师 159 名，小学全科教师 24 名，初中教师 9 名，高中教师 10 名，特殊教育学校教师 5 名，教育部直属 6 所免费师范高中教师 2 名）。从乡镇学校选调 102 名教师补充到城区学校。与桂林师范高等专科学校签订 60 名小学全科教师定向培养协议；组织选派 199 名教师开展支教、走教、挂教活动，充实农村学校教师队伍，推进区域内师资均衡配置。年内，采取集中培训、分学科培训等形式，举办教师继续教育集中培训20期，参加培训8000人次；选送中小学校长20人次，学科教师30人次参加“区培计划”和“国培计划”培训。

【教育科研】 2017年，临桂区立项“十三五”规划的自治区级课题7个，市级个人课题12个。邀请市教科所专家到本区指导课题开题、课题研究和现场结题4次。召开3次全区科研课题负责人培训会和2次区（县）级课题结题现场会，全年有10个市级课题结题。组织开展全国“一师一优课、一课一名师”活动，有19名教师的优课推为县级优课并挂网。其中，有2名教师的晒课获部级优课，有4名教师的晒课获省级优课。组织指导3名教师参加“桂林市第五届中小学教师实验操作技能大赛”，获一等奖、二等奖、获三等奖各1人，区教育局获团体优秀组织奖；组织7名教师参加桂林市实验教学说课评选活动，所有选手全部获奖；组织3名教师参加自治区中小学实验教学说课活动，获二等奖2人，获三等奖1人；指导3名教师参加“2017年桂林市信息技术与课堂教学融合创新展示观摩活动”，全部选手获奖；组织教师参加2017年自治区中小学教育信息技术优秀作品评选活动，获奖作品6个。组织全区小学语文、数学、英语、思想品德、音乐、美术、科学和中学数学、化学、英语、政治、历史等优质课竞赛，评出临桂区级一等奖78人，二等奖89人。推送教师参加桂林市、自治区优质课竞赛，获自治区三等奖1人；市级一等奖17人，二等奖29人，三等奖9人。在市级论文评比中，一等奖42篇，二等奖173篇，三等奖221篇。评选临桂区第二批学科带头人30人，教学能手68人。

【教学指导】 2017年，临桂区区教研室各学科教研员开展教学调研，通过听课、评课、座谈，检查教学计划、教案、作业等方式，对学校教学常规工作进行督导和检查。召开高考、中考各学科复习研讨会，组织高三相关学科教师参加桂林市教科所举办的各类高考复习研讨活动。10月、11月，组织召开全区中小学教育教学工作总结表彰会，对当年中小学教学成绩突出的单位和个人进行表彰。

【中考】 2017年，临桂区中考报名3411人。其中，应届生3399人，往届生12人，参考率为76.41%，比上年有较大幅度提升。笔试设临桂第一中学、六塘初中、会仙中学、两江中学、五通中学5个考点，113个考场；体育测试考点设在临桂中学。普通高中计划招生2600人，实际招生2649人，完成计划的101.88%。总分等级获6A的考生12人，其中临桂第一中学3人，会元学校9人。

【普通高考】 2017年，临桂区普通高考报考2668人，其中报理科综合1691人，报文科综合977人。全区设临桂中学、临桂三中2个考点，90个考场，参加高考工作人员近400人。全区本科上线人数1530人，上线率57.35%。其中，一本上线231人（含艺体生），二本上线1299人（含艺体生）。全区理工类最高分644分，文史类最高分608分。本专科共录取2521人，录取率96.4%。其中，本科录取1523人，录取率58.28%（一本录取231人，录取率8.84%）。

【成人高考】 2017年，临桂区成人高考2214人报考，比上年少123人。其中，报考高中起点升专科1372人，报考专科起点升本科795人。全区设临桂中学、临桂三中2个考点，共76个考场。

（韦桥送）

职业教育

【概况】 2017年，临桂区域内有中等职业教育学校1所、高等职业教育学院1所，乡级农村成人文化技术学校11所，村级农村成人文化技术学校 161 所。

【中职送生】 2017 年,桂林市下达临桂区中职送生任务 1562 人,其中全日制 1332 人,非全日制 230 人。完成中职送生 1592 人,其中全日制送生 1338 人,非全日制送生 254 人。

【高等职业教育】 桂林山水职业学院位于临桂区人民路 318 号,招收 3 年制高职大专生和 5 年一贯制(2+3)中职学生。2017 年,学院有 3 系 2 部 46 个专业,教职工 125 人,专任教师 55 人。生源来自全国 14 个省区,在校学生 1651 人。其中,高职在校学生 1432 人,中职学生 219 人。

【成人文化技术学校】 2017 年,临桂区农村乡级成人文化技术学校和村级成人文化技术学校有专职干部 35 人,专兼职教师 158 人。11 个乡镇建立乡镇、村委、自然村成人文化技术学校或文化室“三级网络”平台,对返乡农民工、农村新增劳动力及退伍军人开展各类科技培训 3.9 万人次。11 月,11 个乡镇和社区组织开展全民终身学习活动周活动,参加活动 5000 多人。其中,临桂镇环湖社区开展“重阳享健康,百善孝为先”孝老爱亲活动,会仙镇开展“老年书友与留守儿童书香之家”演出活动;两江镇、五通镇、中庸镇及宛田瑶族乡等乡镇组织开展法律进校园宣讲活动。 (韦桥送)

民办教育

【概况】 2017 年,临桂区有民办幼儿园 71 所,民办培训机构 15 所,民办小学 1 所,民办初中 1 所,民办完全中学 1 所。

【民办幼儿园】 2017 年,临桂全区有办学许可证民办幼儿园 63 所,筹设中幼儿园 8 所。其中,城区 38 所,临桂镇 14 所,会仙镇 3 所,六塘镇 1 所,四塘镇 2 所,两江镇 4 所,五通镇 7 所,中庸镇 1 所,宛田瑶族乡 1 所。有自治区示范幼儿园 1 所(金水湾幼儿园),桂林市示范幼儿园 1 所(佳佳幼儿园),桂林市一类幼儿园 1 所(小红帽幼儿园),临桂区示范幼儿园 3 所(奥林匹克幼儿园、道明幼儿园和机关国际幼儿园),在园幼儿 14014 人,占全区在园幼儿的 74.6%。全区民办幼儿园有教职工 1340 人。其中,园长 111 人,专任教师 667 人,保育员 333 人,保健医生 29 人,其他 180 人。

【民办小学】 2017 年,临桂区有民办小学 1 所即临桂区金山小学,位于城区金水路 29 号,占地面积 1.2 公顷,有教学班 22 个,在校生 1280 人。有教职工 50 人(专任教师 45 人)。其中,本科学历 22 人,大专学历 23 人;中共党员 5 人。

【民办中学】 2017 年,临桂区有民办初中 1 所即会元学校,位于临桂镇会元路 161 号,有教学班 20 个,学生 1252 人,教职工 59 人,专任教师均具有大学本科及以上学历,其中硕士 3 人,教师学历合格率为 100%。民办完全中学 1 所即首都师范大学附属桂林实验中学(简称“首附”),学校位于临桂镇临政路 45 号,是桂林市教育局直属的民办寄宿制高完中。学校占地 9.33 公顷,有教学班 59 个,在校生 3021 人。有专任教师 177 人,其中本科学历 144 人,研究生学历 33 人。2017 年 4 月,学校晋升为自治区示范性普通高中,是桂林市第一所民办示范性普通高中。

【民办培训机构】 2017 年,临桂区有民办教育培训机构 15 所,14 所位于城区,1 所在乡镇。主要有新城少年宫、培正教育培训学校、李彦舞蹈艺术学校、百分文化艺术学校等。有教职员工近 200 人,参加培训学员 10000 人次。 (韦桥送)

科学技术

2017年11月24日，临桂区举办高新技术企业认定申报和科技成果转化业务培训班

区科技局　供稿

科技管理

【概况】 临桂区科学技术局(区科技局)为临桂区工业和信息商贸局挂牌机构,编制7人(含工勤编1人),在职14人。2017年,区科技局以科技知识普及为基础,以提高自主创新能力为核心,以发展高新技术产业、加强农业科技示范为主旨,加大科技服务力度,推进科技进步和科技创新。年内实施的科技项目19项,其中自治区、桂林市级以上项目8项。全年获自治区、桂林市科技项目立项18项,获科技经费988.5万元。

【高新技术企业培育】 2017年,区科技局举办高新技术企业申报暨科技成果转化工作业务培训班,培训内容包括高新技术企业认定申报和申报科技计划项目的相关业务,以及科技成果转化的相关政策解读,72家企业90多人参加培训。推动中小企业科技服务平台建设,为企业聘请创业导师4人,引进南宁科泰、桂林科易网、轻创、持衡、华杰等5家机构为企业提供专利咨询、培训、项目申请和创业指导等服务。建立企业联系制度,开展高新企业和科技型企业调研活动,了解企业的技术需求和知识产权状况,组织专家深入企业,开展专利挖掘、高新技术企业培育认定申请和科技成果转化工作。全年走访企业20多次,挖掘专利74项。

【科技项目实施】 2017年,临桂区实施科技项目19项,其中桂林市级5项,自治区级3项。

2017年临桂区获桂林市立项科学研究与技术开发项目统计表

序号	合同编号	项目名称	项目类别	承担单位	起止年月	总投资(万元)				
						合计	科技经费	单位自筹	部门提供	银行贷款
1	20170101-3	先进制造与现代装备技术研究与应用	重点研发计划	桂林航天工业学院、桂林鸿程机电设备有限公司	2016.11—2019.11	120	40	80	0	0
2	20170104-1	汽车及零部件关键技术研究	重点研发计划	桂林福达股份有限公司、桂林电子科技大学	2017.01—2019.12	400	60	340	0	0
3	20171015-2	抗衰老“纳米粒”精华液研究与开发	技术应用推广计划	广西师范大学、桂林莱茵生物科技股份有限公司	2017.01—2019.12	110	20	90	0	0
4	20170118	生产力促进中心等公共技术服务机构培育	创新平台与人才计划	桂林市生产力促进中心、秀峰、兴安、全州、恭城、灌阳、永福、资源、阳朔、龙胜生产力促进中心,平乐、临桂科技情报研究所	2017.05—2018.05	48	48	0	0	0
5	20170211	年产100万套离合器智能制造关键技术研究及产业化	“1020”创新驱动计划重点应用	桂林福达股份有限公司	2016.01—2018.12	3000	80	2920	0	0

2017 年度临桂区获自治区级财政科技计划项目统计表

序号	项目名称	下达部门	项目下达文号或合同编号	承担单位	科技经费（万元）	备注
1	原位氧化法生产中高活性钢渣微粉技术研究与示范	自治区科技厅	桂科计字〔2017〕129 号	桂林理工大学 45.5 万元，广西柳钢环保股份有限公司 32.5 万元，广西鱼峰混凝土有限公司 19.5 万元，桂林鸿程矿山设备制造有限责任公司 19.5 万元，柳州市亿森物资贸易有限公司 13 万元	19.5	
2	桂林莱茵天然甜味剂海外专利布局试点	自治区科技厅	桂科计字〔2017〕129 号	桂林莱茵生物科技股份有限公司 20 万元，广西曙光知识产权服务有限公司 20 万元	20	
3	临桂区贫困村科技特派员服务创业基地及科技能力建设示范	自治区科技厅	桂科计字〔2017〕90 号	桂林市临桂区科学技术局	40	
合计	3 项				79.5	

【绩效评价】 2017 年，区科技局对项目实施过程及完成结果进行抽查性的综合考评与评价，把绩效评价的结果作为项目承担单位和项目负责人以后申请科技计划项目立项的重要参考依据以及下年度项目实施安排的重要参考依据，包括资源的配置，成本、费用的预算和费用的控制等项工作。

【科技项目结题验收】 2017 年，区科技局组织完成“桂林西城经济开发区企业孵化与科技创新服务平台建设”“临桂区知识产权区域专利创造与运用服务能力建设”等 2 项自治区、桂林市科技项目结题工作，并通过验收。

【工业科技】 2017 年，临桂区继续实施“工业强区”战略，推动工业科技进步，培育发展先进装备制造、生物医药、电子信息、新能源新材料、食品材料、新型建材化工、新型农产品加工等 7 大主导产业以及高新技术企业、科技创新平台、企业研发中心的创新体系。年内，桂林众阳光能科技有限责任公司、桂林富华金属制品有限公司等 5 家企业被认定为自治区级高新技术企业。截至年末，全区有高新技术企业 13 家；完成科技成果转化 15 项，其中交易额在 10 万元以上的发明专利技术转让 4 项。

【农业科技】 2017 年，区科技局引进台湾泥鳅、沃柑、W. 默科特、安吉白茶、桂红 8 号猕猴桃等新品种，建立试验示范基地（点）10 个，面积 33.3 公顷。推广有机微生物技术，改良土壤，增强土壤活性和作物的抗病能力，提高农产品的品质。鳗鳅人工配种繁育取得成功和新突破，夏花苗繁育成活率达 60%，夏花苗至成鳅饲养成活率达 85%，每公顷产量 22500 多千克，成鱼饲养 6 个月平均尾重 100 克，大的达 150 克。年内，基地繁育鳗鳅夏花鱼苗 1100 多万尾。通过基地示范，技术带动辐射五通、茶洞、两江等乡镇及外县（市）养殖 30 公顷。“临桂区红阳猕猴桃高效生产技术研究与示范”项目经桂林市科技局组织的田间现场产量测定实施，超额完成示范面积、产量和产值计划任务目标。

【科技扶贫】 2017 年，区科技局制定临桂区贫困村科技精准扶贫实施方案，建立贫困村科技特派员服务制度，落实农业科技人员 15 人，定点为全区 30 个贫困村开展科技服务工作。建立柑橘、罗

2017年6月9日，贫困村科技特派员开展农村实用新技术培训

县科技局 供稿

汉果、蔬菜、百香果等产业示范基地32个，128公顷，引进试验、示范和推广柑橘、桂红8号猕猴桃、安吉白茶等农业优新品种、实用新技术8个（项），开展技术培训21期，培训953人次。投资16.5万元，为南边山镇靖远村、四塘镇李家村和自信村、五通镇罗江村、宛田乡瑶族中江村、黄沙瑶族乡翻水村和围岭村、茶洞镇仁义村等配置电脑、打印复印机、LED电子显示屏、高效会议平台等科技办公服务设备。投入20460元，对18户贫困户进行产业扶持。

【科技宣传普及】 2017年，区科技局制组织开展“元旦新春”“五月科技活动月”“十月科普大行动”等科技下乡活动。以悬挂横幅、科技展板展示、设立咨询服务台、发放科技宣传资料及图书等方式，在会仙、六塘、南边山、四塘、茶洞、五通、中庸等乡镇开展宣传、咨询服务13次，发放科技资料、图书1.2万多份（册），其他宣传品6500多个（件）。利用“电视频道开展科技培训”项目，在临桂有线电视台设立《农村科技新视野》电视科技培训专栏，每天在图文点播频道播放3次，在新闻综合频道播放1次科技节目。全年播放科技培训节目52期，1436次，21600多分钟。与临桂区电影发行放映公司联合，利用送电影下乡契机，在161个村委放映科普宣传片。

【项目经费管理】 2017年，临桂区获批区级11个项目，科技经费合计120万元。临桂区项目管理实行专款专用制。项目经费纳入区财政统一管理、单独建账、专款专用，经费支出按照合同经费预算执行，核算符合财务制度规定。区级财政拨付的应用技术研究与开发项目经费管理通过实行日常监督检查与专项监督检查相结合的方式，对项目实施有效监督管理。 （李欣蕾）

知识产权

【专利工作】 2017年，临桂区完成专利申请

2017年4月26日，临桂区在会仙镇举行知识产权活动周宣传活动

区科技局 供稿

量 518 件。其中,发明专利 350 件,完成任务的 113.3%;实用新型 142 件,外观设计 26 件。发明专利授权量 62 件;有效发明专利 214 件,完成任务的 103.3%。根据《临桂区专利申请资助及奖励暂行办法》,兑现资助奖励政策,核定批准专利资助与奖励项目 525 件。其中,发明专利 423 件,实用新型 60 件,外观设计 17 件,授权(发明专利)25 件,金额 94.22 万元。

【知识产权宣传】 2017 年"4·26"知识产权宣传周期间,临桂区知识产权局到会仙、五通、临桂镇等乡镇,发放《专利及相关知识产权政策指南》《科普知识读本》等宣传手册。利用科普宣传周、科技下乡、科技活动月等活动发放知识产权宣传资料,开展专利和知识产权法律法规的宣传活动,增强全民知识产权意识。 (李欣蕾)

防震减灾

【概况】 2017 年,临桂区地震局设办公室和震灾防御股;有编制 7 人,实有 9 人。年内,区地震局开展地震监测预报、地震灾害预防、地震紧急救援防震减灾三大工作体系建设,推进防震减灾工作与经济社会融合式发展。区地震局获自治区防震减灾工作综合考核县级一等奖、全国县级防震减灾工作综合考核先进单位。

【地震现场工作队演练活动】 2017 年 3 月 2 日,区地震局组织地震现场工作队在中庸镇义江边开展演练活动。活动模拟地震发生后,在地震现场成立应急指挥部,将工作队分成秘书与协调、震情监测、灾情调查、后勤保障 4 个组,各组按照分工、各负其责。组织地震流动台的架设和操作培训,演练震情信息收集报送等内容,同时对地震应急包内电筒、罗盘、收音机、绑带、保温膜、铁铲等应急装备进行使用演示,随后还在义江沿岸农村进行灾情调查统计。

【地震应急避震疏散演练】 2017 年 5 月 2 日,区地震局与区教育局联合下发《关于做好 2017 年全区各级各类学校防震减灾宣传教育工作的通知》(临震发〔2017〕5 号),要求区直各学校、各民办学校做好防震减灾宣传教育工作,结合校舍布局、学生年龄阶段、学习生活等实际情况,组织师生开展地震应急疏散演练。5 月 11 日和 5 月 12 日,分别在临桂镇中心小学、临桂一中指导开展地震应急疏散演练。7 月 21 日,会同临桂区民政局、气象局以及 11 个乡镇救灾部门,在五通镇江门小学举行自然灾害应急部门协作演练。

【健全监测网络】 2017 年,区地震局继续加强对区气象局、大江水库、熊森熊虎山庄、会仙湿地、五通古井以及金凤养殖场等 6 个宏观观测点管理,保障正常运转。推进 3 个地震台站建设工作,邀请自治区、桂林市地震局技术专家对 3 个地震台站进行防雷系统、地震台墩回弹力检测,3 个地震

2017 年 3 月 2 日,区地震局组织地震现场工作队在中庸镇义江边开展演练活动
区地震局 供稿

2017年5月24日，广西“防震减灾月月行”桂林站防震减灾宣传活动在六塘镇举行　　区地震局　供稿

台站通过验收达标。临桂一中站安装玻璃钢罩。

【防震减灾示范点建设】 2017年，临桂一中防震减灾科普教育基地配备拟真心肺复苏练习仪，并对学校教师进行培训，对学生开展应急心肺复苏训练。其他县区及地震系统组织共计100多人到临桂区国家级地震安全示范社区环湖社区、临桂区第一中学防震减灾教育基地参观交流学习。建成临桂一中自治区级防震减灾科普示范学校。

【抗震设防管理】 2017年，区地震局推进简政放权，免费为项目业主提供技术咨询，做好建设工程的抗震设防行政审批工作。全年完成抗震设防行政审批项目73个。

【防震减灾宣传教育】 2017年，区地震局在“5·12”防灾减灾日、6月安全生产月、“7·28”唐山地震纪念日、十月科普大行动等时间节点，制定宣传方案，利用报纸、网络、微信等媒体宣传防震减灾知识，通过板报展览、发放宣传资料、调查问卷、开展有奖竞答等多种形式进行防震减灾科普知识宣传。5月24日，广西“防震减灾月月行”桂林站防震减灾宣传活动在六塘镇启动，自治区、桂林市地震局，区地震局以及区水利、民政、科技、气象等有关部门参加启动仪式。接待群众咨询100多人次，发放宣传册5000多份，发放挂图500册。

【应急避难场所建设】 2017年，临桂区以创建全国文明城市为契机，建成临桂新区市民广场和临桂一中应急避难场所。该避难场按照所有关要求规划设计，制定好应急标志牌、开凿应急水井，完善配备应急避难场所设施。

（秦德息）

气　　象

【概况】 2017年，临桂区气象局有在职职工17人（在编人员9人，外聘人员8人）。其中工程师5人，助理工程师7人。

【气象业务】 2017年，临桂区气象局发布《气象服务信息》137期，《专项服务材料》13期，《重大气象专报》10期，发布灾害天气预警信号150次，服务效果显著，对灾害防御起到好的作用。

（屈红梅）

文化·体育·卫生

2017年1月16日，临桂区举行春节联欢晚会　　李璇　摄

文 化

【概况】 2017年,临桂区文化新闻出版广播电视体育局(简称区文新广体局)围绕区委、区政府中心工作,推进公共文化体育服务基础设施建设、开展群众文体活动、文艺创作演出、文物保护和利用、文化市场监管、文化产业发展等方面工作。位于临桂区临桂镇人民路3号。年末,设办公室、财务股、市场管理办公室、文化事业股、体育事业股、新闻出版事业股、广播电视事业股、公共服务股等8个股室,下辖文化市场综合执法大队、广电新闻中心、文化馆、文物管理所、非物质文化遗产保护传承中心、图书馆、业余体校7个二层机构,在职在编89人。其中,局机关行政编制7名,实有人员11人,工勤编制2名,实有2人;文化市场综合执法大队编制31名,实有18人;广电新闻中心编制15名,实有11人;文化馆编制14名,实有14人;文物管理所核定编制3名,实有人数3人;非物质文化遗产保护传承中心编制21名,实有17人;图书馆编制5名,实有7人;业余体校编制6名,实有6人。

【农村公共文化设施建设】 2017年,临桂区建设村级公共服务中心建设项目12个。分别是:南边山镇南新村委大村、南边山镇东山村委牛路村、会仙镇文全村委安龙村、会仙镇矮山村委下炉村、五通镇罗江村委冲尾村、六塘镇诚桂村委刘家庄、六塘镇羊田村委黄家庄、茶洞乡花岭村委褚村、临桂镇上全村委上塘村、两江镇沙河村委黎村、中庸镇高田村委、宛田乡中江村委摆脚村。完成农家书屋出版物补充更新点40个。加大农村体育基础设施建设,完成全民健身工程3个,村级篮球场30个。临桂区人均体育场馆面积增加0.05平方米。

【公共文化服务】 2017年,区文新广体局组织实施《临桂区加快构建现代公共文化服务体系实施方案》,下发《桂林市临桂区人民政府关于公布临桂区基本公共文化服务目录的通知》。文化馆公共文化机构法人治理结构建设试点工作通过文化部验收。做好图书馆、文化馆(站)免费开放工作。图书馆、文化馆(站)免费开放工作均向社会公示,有场馆标志和免费开放公示牌(标注有服务时间、服务场所、服务内容、联系电话)。各项免费开放资金均按要求及时下达。图书馆、文化馆(站)均开展系列免费开放活动。

【文化产业发展】 2017年,区文新广体局推进文化产业结构优化升级。重点跟进临桂五通农民画产业园等文化产业项目,推动文化产业规模化集约化发展,培育扶持文化产业示范基地建设。

【群众文化活动】 2017年,区文新广体局坚持"以赛带训",推进文化品牌创建活动。区文化馆开创"以赛带训"的公共文化服务新模式,即"天天练、周周训、月月演、季季赛",每天开展培训辅导,每周组织强化训练,每月组织汇报演出,每季举办全区性大型文艺文化活动比赛,并实现公共文化服务区、乡、村三级全覆盖。春、夏、秋、冬四季,依次举办"村屯(社区)广场舞蹈暨民族健身操、健身舞大赛""少儿才艺大赛""唱响临桂乡村歌手大赛""村屯(社区)彩调大赛",参与并惠及群众50万人次,成为临桂区文化惠民的品牌活动。

【戏曲进校园活动】 2017年,区文新广体局组织本区域及周边地区较高水平的20多名业余彩调演员成立"群英彩调艺术团",集中编排新创古装大戏《福寿图》、传统经典彩调剧《阿三戏公爷》到各中小学演出,并开展宣传活动。以流动宣传板报的形式,展出彩调简介、艺术特征、角色行当、经典剧目剧照等资料。举办公益性少儿彩调培训班,发挥临桂彩调传承基地的优势,聘请专家授课,推动彩调的传承与发展。年内,完成戏曲进校园活动任务43所学校。

2017 年 11 月 1 日，临桂区“戏曲进校园”活动在临桂镇中心小学举行　　临桂镇人民政府　供稿

【读者服务活动】 2017 年，区文新广体局开展图书“三下乡”、年度“读者之星”“4·23”“世界读书日”讲故事演讲比赛、图书馆服务宣传周、“临图国学讲堂”中国传统文化讲座等系列读者活动。“全民读书月”活动期间，开展英语童话剧阅读推广活动、临图国学讲堂—中华传统故事中的智慧、学习贯彻中共第十九次全国代表大会精神图书、图片展、第十二届文津图书奖巡展、“我的读书心得”征文比赛等系列活动。

【文艺精品创作】 2017 年，区文新广体局创作舞蹈《卷·念》代表桂林市参加第九届广西音乐舞蹈比赛，获创作三等奖、优秀表演奖。彩调《替身》参加自治区在南宁举办的“2017 年全区基层院团地方戏曲展演”资格赛，获优秀剧目展演奖；参加由中国戏剧家协会在东莞举办的第四届“中国剧协小戏小品创作基地交流演出研讨会”和“‘常平杯’全国小戏小品邀请赛”，获全国三等奖。群舞《奔赴》获第五届广西基层群众文艺会演舞蹈类优秀奖。歌伴舞《一带一路连起五彩画廊》获第五届广西基层群众文艺会演音乐类的优秀奖。组织 5 个节目参加桂林市第 38 届“漓江之声”比赛活动，获一等奖 2 个，二等奖 1 个，三等奖 2 个，创作奖 1 个，辅导奖 2 个。其中，歌伴舞《山歌飞出漓江水》获音乐创作节目一等奖，独舞《茶馆》获少儿才艺类一等奖。歌曲《唱起彩调迎客来》获桂林话歌曲大赛二等奖，歌曲《豆腐要卖肉价钱》获桂林话歌曲大赛三等奖。协助组织临桂区合唱队参加“迎十九大，感恩祖国”桂林市庆祝中华人民共和国成立 68 周年歌咏大赛，获二等奖。

【文艺演出】 2017 年，区文新广体局组织编排的板凳龙舞参加中央电视台春节联欢晚会桂林分会场的演出活动。年内，结合区委、区政府中心工作，组织的演出活动有：宣传党的十八届六中全会精神、贯彻落实自治区第十一次党代会精神、创建全国文明城市暨临桂区理论政策宣讲活动文艺巡

2017 年 7 月 1 日，临桂区举行文化志愿者活动暨五通镇大塘村委庆“七一”文艺晚会　　周荣华　摄

演，“金鸡报晓·喜迎新春”临桂区2017春节联欢晚会，桂林市鸡年春节广场文艺演出，2017年临桂区“彩调下基层巡演”活动，新春广场彩调展演，“唱响临桂”乡村歌手新年演唱会，新春广场综合文艺演出，乡镇新春文艺晚会，“闹新春”馆办艺术团彩调下乡演出，“送文艺进企业巡演”活动，“铭记历史、面向未来C-47飞机捐赠仪式”专场文艺演出，桂林市安全生产宣传日启动仪式及文艺巡演活动，“六月六·义水情”中庸镇红溪景区文艺专场演出，“桂林百姓大舞台”临桂专场文艺演出、“树正气，扬清风，颂祖国，喜迎十九大‘临桂区廉政文艺巡演’”活动，全区社会科学普及联合大行动之广场科普活动演出，“第十三届广西名特优农产品交易会”临桂区专场文艺演出，“临桂区学习宣传贯彻党的十九大精神文艺宣讲”巡演等。全年演出350多场。

【文物保护利用】 2017年，区文新广体局开展全区文物保护单位的巡查和文物法律法规宣传工作。修缮旧村清真寺后座。对全区33处文物保护单位进行日常巡查看护和不定期全面巡查，加大美国飞虎队桂林遗址公园纪念馆、博物馆的安全监管、安全检查和巡查力度，发现问题及时整改。6月—7月，临桂区遭遇百年不遇大水灾，区文新广体局立即巡视排查各文物保护单位的受损程度，并组织抢修。年内全区未发生文物违法案件和文物安全案件。

【文物保护单位申报】 2017年12月，自治区人民政府下发通知，核定发布的第七批自治区文物保护单位，临桂区共有6处：桂柳运河、六塘湖南会馆、横山陈氏宗祠及石刻、白崇禧故居、秧塘机场飞虎队指挥所旧址和广西省立师范旧址。茶洞镇褚村褚氏宗祠、五通镇厄口村李氏祠堂、五通镇军营村王氏宗祠、中庸镇桐木村王氏宗祠、四塘镇榕门中学礼堂、五通镇塘边村百岁坊、下山尾凉亭、中庸镇王世则祖母墓、中庸镇泗林村祠堂、五都神庙等10处不可移动文物拟申报列为临桂区（县）级文物保护单位。开展本土历史的调查与研究，加强对境内碑刻的调查与资料收集，做好馆藏文物和野外文物保护单位的档案建设工作。

【临桂区博物馆和美国飞虎队桂林遗址公园免费开放】 2017年，临桂区博物馆周一至周五实行免费开放，展厅以临桂“状元之乡、将军之乡、冠军之乡”为布展主线，展示临桂的历史文化。与区内中小学合作，利用寒暑假，组织未成年人参观。做好美国飞虎队桂林遗址公园免费开放工作。参观者有区内、外各大、中、小学校学生，机关企、事业单位，社区街道办，旅行社游客等。全年接待各单位团体参观240批，游客约29.5万人次，其中未成年人3万多人次。

2017年4月11日，五通初中学生参观美国飞虎队桂林遗址公园
李耐霜　摄

【文化市场管理】 2017年，区文新广体局转变职能，简政放权，优化审批流程，规范文化市场经营项目许可审批工作。全年出动执法人员2000多人次，检查文化市场经营单位、印刷企业500多家（次）。开展暑期文化市专项整治行动、“创城”

期间文化市场专项整治行动，规范文化市场经营行为。处罚违法违规经营网吧8家，查处取缔违规经营娱乐场所2家，对8家没有建立落实印刷企业“五项制度”的印刷厂给予行政警告。加大整治境外卫星电视传播秩序力度，联合公安、工商等部门开展夏季、冬季“卫星地面接收设施综合治理行动”，打击非法生产、销售、走私、安装和使用卫星电视接收设施的违法行为。清理非法安装、售卖的地面卫星接收设备，对非法销售市场及城区小区非法安装情况进行清理整治，查缴天线（锅盖）30面，高频头19个，接收机26台，集中销毁近年查缴的非法地面卫星接收设备160面（套）。结合安全生产月活动及夏季、冬季火灾防控工作，抓好文化市场安全生产检查，全年发现安全事故隐患80多处，并责令业主全部整改。引导组织网吧业主做好网吧转型升级工作，完成5家网吧的转型升级。加强网吧场所内环境整治，城区内网吧基本达到整洁敞亮健康的上网要求。联合公安、工商等“扫黄打非”工作领导小组成员单位，开展“清源”“净网”“秋风”“护苗”“固边”等专项行动，收缴非法音像制品3000多张、色情淫秽光碟800多张，非法出版物共5000多册，取缔城区金山广场无证经营书刊点2处，处罚音像、图书制品零售出租店3家。印制“扫黄打非”漫画宣传册10000多份，制作宣传板报，公布举报电话方式，发动各方力量参与“扫黄打非”活动。对政府机关部门使用正版软件情况进行督促检查30家次，督促区内机关、企业、事业单位带头使用正版软件，形成尊重知识、保护知识产权的环境。召开文化市场、印刷企业业主培训会及文化市场安全工作会议，组织学习《中华人民共和国安全生产法》《互联网上网服务营业场所管理条例》《娱乐场所管理条例》《出版物市场管理规定》《印刷业管理条例》及《出版管理条例》等相关法律法规。与业主签订安全生产责任书、守法经营承诺书。在“3·15”“4·26”“6·16”“12·4”等活动日，利用发放宣传资料、文艺表演等形式，组织开展文化市场法律法规和安全生产的宣传教育活动，发放各类宣传资料9000多份。（赵丽）

体　　育

【群众体育活动】 2017年，区文新广体局继续贯彻落实《全民健身条例》，每周一至周五上午免费对社会开放体育馆，接纳各类体育爱好者到体育馆进行体育活动，全年到体育馆进行体育活动的居民10000多人次。组织开展“三八”妇女节运动会。配合临桂区总工会举办“五一”职工气排球赛，参赛约700人，观众5000人次。开展“我爱足球”中国足球民间争霸赛临桂赛区比赛，来自娃娃组、青年组和中年组3个组别的22支代表队参加为期12天的比赛，参赛300人，观众约2000人次。举办2017年临桂区全民健身“中国体育彩票杯”气排球联赛，参赛480人，观众约5000人次。举办“农商银行杯”篮球邀请赛，18支队伍参赛，教练及运动员200人，观众约6000人次。

2017年3月8日，临桂区妇联、区文化新闻出版广播电视体育局在区体育馆联合举办女子趣味体育运动会　　吴婷　摄

【开展国民体质监测工作】 2017年，区文新广体局组织对200名成年人和老年人(20~69岁)进行体质检测，其中包括机关公务员、企业人员和农民，为临桂区国民体质调研报告提供有效数据。

【竞技体育】 2017年，区文新广体局加强各运动队训练和运动员的日常管理，重点培养表现优秀且有潜力的运动苗子。组织参加2017年全区青少年锦标赛，获金牌15枚。 （赵丽）

今日临桂报社

【概况】 2017年，今日临桂报社围绕区委、区政府中心工作，发挥本地主流媒体阵地作用，创新工作方式，提高传播力和引导力。开辟各种专栏、专版，宣传党的建设、十九大精神、脱贫攻坚、美丽临桂、创建全国文明城市、临桂新区建设、新农村、社会主义核心价值观以及各级党委政府重要决策部署，并对全区各行各业涌现出来的先进典型以及各单位先进工作方法进行采访推送，刊登各种公益标语和公益广告，注重提高时效性和可读性，以及报纸的美观性，为全区经济社会发展营造良好的舆论氛围，推动临桂区经济社会发展。

【出版情况】 2017年，《今日临桂》每周逢星期一或星期四出版。在临桂区政府网站开通网络版。全年发行58期，296个版面，共280多万字。每期印刷8000份，全部为赠阅，除向行政机关事业单位赠阅外，在城区中心超市和城区、乡镇连锁药店增设赠阅点，对城区主干道所有铺面实行赠阅，方便市民阅读。

【版面设置】 2017年，《今日临桂》报纸版面内容的设置，一般为4个版面：一版为要闻版，主要报道本区重大新闻；二版为综合新闻版，主要登载临桂区经济社会中的成绩、经验、先进典型、好人好事等方面的消息和通讯，以及理论学习、工作研究等方面的文章；三版以文艺副刊为主，开设临桂文史、养生与健康、时事政治、小学生作文园地“晨曦”等栏目；四版为专刊，刊登创城工作、社会主义核心价值观或文明树新风等公益广告，或者以专版形式，报道各乡镇、各行业、各系统取得的成绩。全区“两会”期间和服务其他区委、区政府中心工作，报纸扩充至8版。

【新闻宣传】 2017年，今日临桂报社按照区委、区人民政府的部署和要求，推出践行社会主义核心价值观、党的建设、精准扶贫、美丽临桂、创建全国文明城市、新农村建设，以及党的十九大精神专栏等，营造良好舆论氛围，为临桂全面深化改革、创新转型发展，推进服务临桂新区和桂林国际旅游胜地建设提供有力支持。全年发稿各专栏新闻作品700余篇，16万多字。

【队伍建设】 2017年，《今日临桂》报社注重新闻策划和新闻创新，围绕区委、区政府中心工作，做好重大主题和重大活动报道。注重典型挖掘和宣传，以群众喜闻乐见的形式，宣传先进事迹。鼓励记者在抓好报纸编辑出版工作的同时，利用报社平台，向自治区、桂林市级报刊投稿。与《广西日报》《桂林日报社》领导和编辑记者联系沟通，并结合实际，共同策划有一定影响力的报道。加强对报社记者、编辑和通讯员的业务培训。 （杨浩）

广播影视

【电视节目采制】 2017年，临桂电视台做好贯彻落实党的十九大精神，“两学一做”学习教育、创建全国文明城市、精准扶贫、美丽乡村建设、生态旅游、招商引资、临桂新区建设重点项目等重点工作的宣传报道。《临桂新闻》全年用稿量1150条。其中，中央电视台采用的新闻有《六塘斗鸡》《全区党员干部群众喜迎十九大》《环广西公路自行车世界巡回赛》等3条，广西电视台采用32条，桂林电视台采用326条。配合区委、区政府及各部门、单位完成专题片制作15部。其中，纪录片《C-47飞机重飞驼峰航线纪实》在桂林电视台《影像桂林》播出。开设《喜迎十九大》《临桂旅游》《临桂美食》《创国家文明城》《精准扶贫》《平安临桂》《临桂生态乡村旅游》《示范镇建设》《两学一做》《生态乡村》《临桂警事》《纠正“四风”问题回头看》等新闻专栏。全年播放公益广告时长45360分钟。

【农村电影放映】 2017年，区文新广体局筹集资金近20万元，购买5套全新数字电影放映设备，用于更换老化的放映设备。结合“迎接党的十九大，共圆小康梦”电影展映，组织播放系列爱国主义教育影片。全年农村电影公益放映目标任务1932场，完成放映1949场。其中，故事片1529场，科教片1261场，观众18.5万人次。放映188场校园电影及70场广场社区公益电影。

【做好户户通工程建设规划】 2017年，区文新广体局完善农村广播影视公共服务体系，解决边远、分散居住的群众听广播看电视难问题。年内，做好农村广播电视户户通工程用户1872户的调查摸底、统计造册、审核上报等用户信息采集工作。

（赵丽）

卫　生

【概况】 2017年，临桂区卫生与计划生育局（简称区卫计局）设办公室、人事股、规划和信息股、财务股、法制与宣传股、体制改革股、基层卫生股、疾病预防控制股、艾滋病防治股、医政医管股、妇幼健康服务股、计划生育基层指导股、考核督查股、计划生育家庭发展股、流动人口计划生育服务管理股等15个股室。局机关行政编制人员26人，事业编制人员17人。

【公立医院综合改革】 2017年，临桂区进行公立医院综合改革，加大药品零差率销售补偿力度，深化医保支付方式改革，调整医疗服务价格。区财政全额承担区妇幼保健院符合国家规定的离退休人员费用。安排108.14万元专项资金，补贴县级公立医院符合规划的投入。加大财政对药品销售零差率补偿力度，全年安排财政补助资金342.12万元。其中，区人民医院319.33万元，区妇幼保健院22.79万元，均拨付到位。区人民医院开展单病种付费工作，付费病种165种。区医改办会同区物价局等部门下发第一批医疗服务调价方案，提高医疗床位价格，其中乡镇卫生院床位价格上调200%。

2017年11月17日，临桂区举行城乡医疗联合体成立大会暨签约仪式　　区卫计局　供稿

【开展医疗联合体试点工作】 2017年，临桂区以区人民医院为牵头单位，联合区域内其他12家公立医疗机构，建立城乡一体化的医疗联合体。临桂区人民政府下发《桂林市临桂区城乡医疗服务一体化管理工作试点方案（试行）》等相关文件，明确工作任务和时间节点，组建临桂区医联体理事会，由区人民医院院长任理事长，医联

体运行实行理事会负责制。区人民医院选派 2 名业务骨干担任六塘、五通卫生院常务副院长，派遣 15 名专家下基层卫生院进行业务指导。医联体前期在六塘和五通中心卫生院进行医联体信息平台与 HIS、PACS、LIS 等系统的互联互通信息化建设，实现基层接诊，上级医院诊断，方便群众享受优质医疗。

【推进药品采购“两票制”】 2017 年，临桂区制定《桂林市临桂区公立医疗机构药品采购“两票制”实施方案（试行）》，督促区内各公立医疗机构根据本单位实际情况制定“两票制”实施方案。区内 13 家公立医院，均与药品配送企业重新签订药品购销合同和廉洁协议。要求企业将执行“两票制”列入采购合同条款，明确约定配送具体事宜和药品质量安全责任等相关要求，保证药品安全、及时配送。

【推进家庭医生签约】 2017 年，临桂区选取中庸镇卫生院为试点单位，以点带面逐步推开乡村医生签约服务工作。6 月 23 日，区卫计局在中庸镇召开家庭医生签约推进会。乡村医生开展签约服务工作，由乡镇卫生院负责督导和考核。全区有服务团队 213 个。全区常住人口 423504 人，家庭总户数 107625 户，截至 12 月底，总签约率 38.3%，其中重点人群签约率 66.9%，贫困人口签约率 100%。

【母婴工作】 2017 年，临桂区活产数 7303 人，住院分娩活产数 7303 人，住院分娩率 99.99%；孕产妇死亡 1 例，孕产妇死亡率 13.69/10 万；婴儿死亡 17 人次，死亡率 2.33‰；5 岁以下儿童死亡 23 人次，死亡率 3.15‰；出生缺陷 82 例，出生缺陷率 111.78/ 万。婚前医学检查率 100%；地中海贫血基因诊断补助率为 100%；产前筛查率 84.96%；新生儿疾病筛查率 96.62%；新生儿听力筛查率为 96.63%，“两癌” 9000 农村妇女筛查圆满完成任务，各项指标均已达标。

【疾病预防控制及计划免疫】 2017 年，区卫计局落实 12 类 45 项基本和 6 类 19 项重大公共卫生项目。建立城乡居民电子健康档案 417070 份，电子建档率 90.27%%。公共卫生 3 级配套资金落实到位，拨付到各乡镇卫生院 1752.88 万元。规范开展预防接种工作，八苗单苗合格接种率 95% 以上，加强接种率 90% 以上，麻疹基础及加强接种及时率 95% 以上。落实艾滋病和结核防治工作，做好手足口病防控工作，成立应急处理及技术指导领导小组，实行分片包干负责制，定期对各乡镇进行督导检查。流动儿童免疫建卡、建证率 95%，儿童计划免疫单苗、“四苗”及乙肝疫苗全程接种率达到国家要求。

2017 年 6 月 23 日，区卫计局在中庸镇召开家庭医生签约推进会
区卫计局　供稿

【卫生监督执法】 2017 年，区卫计局利用信息化等监管手段，围绕社会关注的热点难点问题，强化医疗卫生、计划生育、放射卫生、公共场所卫生、生活饮用水卫生及学校卫生等监督工作，打击违法行为。全年办理案件 12 起。其中，日常卫生计生监督检查中发现 9 起，社会投诉举报 2 起，上级卫

生计生行政机关交办1起。案件涵盖医疗卫生、放射诊疗、计划生育、消毒产品及公共场所领域，当事人包括医院1家，卫生院1家，一体化卫生室2家，村卫生室3家，诊所3家，酒店1家，母婴用品店1家。其中，违法开展静脉用药占33.3%，使用非卫生技术人员开展卫生技术工作占25%，未取得许可证占16.7%，诊疗活动超出登记范围占8.3%，产品质量不合格占8.3%，施行人工终止妊娠手术前未查验有关证明材料占8.3%，购置具有鉴定胎儿性别功能的超声诊所设备未按规定向当地卫生行政部门进行报送备案占8.3%，总计罚款28000元。继续开展医疗机构依法执业专项监督检查工作，规范医疗机构的执业行为，打击非法行医。全年出动监督员120人次，发现并取缔游医摊7处。

2017年8月25日，崇华中医街党员经营户在临桂镇麒麟村委开展下乡扶贫免费巡诊活动　　李璇　摄

【乡镇卫生院建设】 2017年，临桂区2个自治区60周年大庆项目(六塘中心卫生院改造项目和五通中心卫生院改造项目)8月开工建设，年内基本完工。2个卫生院机构能力提升项目(南边山卫生院改造项目和茶洞卫生院改造项目)10月开工建设，年内完成中央投资15万元。对各乡镇卫生院进行人才摸底，8月为六塘镇中心卫生院考核提拔院长；配合区人力资源和社会保障局为区卫生监督所和区疾控中心招录工作人员5人；通过“绿色通道”招录定向医学毕业生4人。

【健康扶贫工作】 2017年，临桂区新型农村合作医疗(简称新农合)和大病保险制度对建档立卡贫困人口实行政策倾斜。建档立卡贫困人口(13188人)新农合普通住院费用补偿，在原有补偿比例的基础上提高5个百分点(建档立卡贫困参合人员普通住院补偿比例，乡镇卫生院提高至90%、县级和市二级75%、市三级60%、自治区级55%)。建档立卡贫困人口参合人员大病保险补偿起付线从2016年的7000元降低至4000元。对农村建档立卡贫困人口住院治疗实行先诊疗后付费，在县级医疗机构设立“一站式”综合服务窗口，在定点医院实行医保政策、救助制度“一站式”信息交换和即时结算服务。对临桂区域内未享受参加新农合个人缴费政府补助的新农合建档立卡贫困人口，其个人缴费部分由临桂区政府财政部门给予自治区文件要求标准补助。为全区65岁以下建档立卡贫困人口11759人购买1份“健康扶贫商业医疗保险”(保费每人每年25元，保额为一般疾病住院报销1000元/人，意外伤害住院报销2000元/人，意外伤害死亡补偿13000元/人)。　(刘斌)

【创建文明卫生村】 2017年，临桂区投入资金50万元，群众自筹30万元，创建桂林市文明卫生示范村3个，分别是茶洞镇富合村委登云村、五通镇北塘村委华岩坪村和宛田瑶族乡洞头村委下洞村。3个创建村的主次干道和巷道全部硬化，主干道两侧和公共场所全部绿化，村民改建和使用卫生厕所均达到80%以上，并建立健全卫生保洁制度，生活垃圾实行集中处理，公共场所完善娱乐、运动设施。村容村貌得到改善，村民的卫生意识、防病意识增强。

【除“四害”工作】 2017年，临桂区爱国卫生运动委员会(简称区爱卫会)制订《临桂区2017年春夏季“除四害”达标工作方案》和《临桂区2017年秋冬季“除四害”达标工作方案》，完善病媒生物监测措施和防治设施，在春、秋两季组织开展以灭鼠为重点的除“四害”(鼠、蚊、蝇、蟑)工作，控制生物病媒传播。全年鼠药投放量12000千克，放置毒鼠盒5000个。在城区范围内清除内外环境杂物、堆放物，生活垃圾，日产日清，杜绝老鼠的食源、水源，并封堵房前、屋后、垃圾道周围、上下水井周围的鼠洞，全年堵鼠洞6200多个，并对食堂、仓库等重点场所，加大投药和预防力度，专人、定时、定量进行药物投放。发动各有关单位和社区重点对农贸市场、公共场所、单位食堂、仓库等地方进行整治，采取自行投药和专业消杀相结合的方法，开展灭蟑灭蚊工作。全年投灭蟑药16500盒，投入灭蚊、蝇药300千克。

【健康素养教育】 2017年，临桂区组织开展以提高人民群众的健康卫生知识和卫生意识为目标的健康教育。区政府成立健康教育领导小组，做到“四有”(健康教育有人抓，有计划安排，有考核检查，有总结讲评)。全区中小学校健康教育开课率100%，学生健康知识知晓率95%，健康行为形成率89%。辖区各医院和卫生院将健康教育列入常规工作，定期举办讲座，为老年人建立健康档案，开展社区医疗卫生服务；通过电子显示屏、院内闭路电视、咨询台、活动室、讲座等形式，对病人及亲属开展健康教育，住院病人单病种健康知识的知晓率80%以上。企业探索健康教育新模式，提高职工健康水平。区直卫生部门对食品和公共场所实行量化分级管理，推行卫生安全信息公示，开展卫生法规和知识培训，“五小”行业卫生合格率上升，严重违法经营现象基本杜绝，相关行业自律性增强，从业人员体检率、培训率、“五病”调离率均为100%。建立健全以区疾控中心、乡镇防保站、村卫生室为主线的区、乡、村3级传染病防治体系。宣传贯彻《中华人民共和国传染病防治法》，健全院感、疫情登记和报告制度，规范处理排放医疗废弃物和医源性污水，提高传染病和突发公共卫生网络直报率及质量。年内，全区共出版健康教育宣传栏150多期，举办咨询活动70场，派发宣传资料80000多份。

【控烟及健康宣传】 2017年，区爱卫会制订《临桂区机关单位全面禁烟工作实施方案》，区直各有关单位都在办公区主要入口处设置明显的“禁止吸烟”警示牌，在办公室、走廊、楼道等重点区域都张贴悬挂“请勿吸烟”等明显的禁烟标志及“吸烟危害健康”等警示标语牌，提醒单位职工和外来人员不在室内吸烟。各卫生单位在门诊、住院患者指南中告诫病人、家属和来访者禁止在非吸烟区域内吸烟。全区各医疗卫生机构门诊设立健康教育咨询台190个，设立不小于2平方米的健康教育宣传栏250块，全年更换健教宣教内容6期次。开展医务人员健康教育专业培训4次，培训覆盖率90%以上。全年发放各类健康教育资料13.6万份，开展健康讲座72期次，公众健康教育现场咨询活动12次，义诊8次，控烟宣传教育覆盖全区。

【开展爱国卫生月活动】 2017年3月，区爱卫会下发《临桂区关于开展第29个爱国卫生月活动的通知》，围绕“灭蚊防病，健康你我”爱卫月活动主题，重点对窗口单位、集贸市场、背街小巷、城乡接合部、单位和居民楼院及农村环境卫生进行综合治理。全区参与部门和单位160个，参与11520人，组织集中清理活动5030人。全区举办各种宣传活动16次，电视、报纸宣传12次，宣传覆盖30多万人；清除卫生死角202处，清除乱堆杂物13452处，清理垃圾650吨。 (李忠)

社会事务

2017 年 10 月 28 日，临桂区举行重阳节文艺会演　　秦小珍　摄

民政事务

【概况】 2017年,临桂区民政局设办公室、法制办公室、优抚安置股、救灾救济股、社会救助股、基层政权和社区建设股、区划地名股、社会福利股、社会事务股、民间组织管理股、财务股等11个职能股室,局机关在编干部职工22人。年内,区民政局做好社会福利、救灾救济、基层政权和社区建设、城乡低保、双拥和优抚工作、军队离退休干部职工和退役士兵安置工作,以及行政区划和地名管理及勘界、民间组织管理、婚姻、收养、殡葬等有关社会行政事务工作。

【城乡低保】 2017年,临桂区城镇低保累计19487人次,发放城镇低保金650.75万元,月人均补助333.94元;农村低保累计212058人次,发放农村低保金额4001.62万元,月人均补助188.7元。全区城乡低保人员信息系统录入9572户、17778人。

【特困人员生活】 2017年,临桂区特困供养人员2943人,供养标准每人每月375元。全年发放特困供养经费(含生活费、照料护理费、丧葬费)1287.81万元。

【城乡医疗救助】 2017年,临桂区上级财政安排城乡医疗救助资金800.3万元。全年医疗救助23241人次(含住院救助1855人、门诊救助58人、参合参保救助21328人),800.3万元(住院救助603.26万元、门诊救助3.67万元、参合参保救助193.37万元)。

【救灾救济】 2017年,临桂区民政局发放冬春荒救济资金17.2万元,保障灾民和困难群众保暖过冬需要。做好住房恢复重建工作,及时出台倒房恢复重建方案和重建补助标准。全区175户重建户全部按期完工,发放倒房重建补助资金352.8万元。做好农房政策性保险理赔,全年农村住房出险理赔1126户,获赔677.77万元。

【双拥优抚工作】 2017年,临桂区发放优抚对象抚恤定补和60岁以上农村籍退伍老兵生活补助1842.5万元;给义务兵家庭、烈属、因公牺牲军人家属、病故军人家属、在乡伤残军人、带病回乡退伍军人、在乡老复员军人等发放优待金583.2万元;春节、"八一"期间,给优抚对象发放慰问金、慰问品和困难补助182.5万元。慰问驻地部队和在辖区驻训官兵,慰问金和物品价值28万元。接收退役士兵152人(转业士官12人),办理部队转移地方伤残军人4人。举办秋、冬季自主就业退役士兵挖掘机和汽车驾驶培训班。

【基层政权和社区建设】 2017年,临桂区完成11个乡镇161个村、3个居委和7个社区"两委"换

2017年7月27日,临桂区四家班子领导率慰问组慰问驻地部队官兵　　杨浩　摄

2017 年 10 月 17 日，临桂区召开社会救助工作推进会暨 2018 年低保工作培训会议　　区民政局　供稿

届选举工作和村务监督委员会换届选举工作。落实 48 万元，重点建设 10 个乡镇共 21 个村务公开民主管理示范村。制定《关于印发〈关于开展农村社区建设试点工作的实施方案〉的通知》（临办发〔2017〕24 号），落实 30 万元，完成自治区级试点社区宛田瑶族乡瓮洲村，市级试点乡镇中庸镇，市级试点社区五通镇江门村和中庸镇穴田村、华镜村、江泉村、合峰村、三联村、高田村等社区试点建设工作。年内，临桂镇新增七里坪社区和岩塘社区，两个社区完成办公活动场所和社区服务站建设工作并挂牌成立。

【民间组织管理】 2017 年，临桂区有民间组织 107 个，其中民办非企业 46 个，社团 81 个（其中农村经济协会 13 个），全部年检合格。

【社会救助和社会福利】 2017 年，临桂区符合审批条件的孤儿 32 人，发放孤儿保障金 384 人次，23.04 万元。救助流浪乞讨人员 120 人次，救助 97.5 万元。开展"接送流浪孩子回家"专项行动，未发现有街头流浪未成年人。

【区划地名工作】 2017 年，临桂区第二次全国地名普查成果通过市级、自治区级领导小组验收，并根据国家验收小组第一轮的审核意见进行整改。完成地名词典（广西卷）第一部分（桂林市临桂区）的编纂工作。安装村名标志牌 1100 块。完成茶洞乡撤乡改镇工作。

【婚姻登记】 2017 年，临桂区办理结婚登记 3627 对。其中，初婚 5991 人，再婚人数 1263 人（复婚人数 184 人）。离婚登记 1098 对，补发结婚证 606 对，补发离婚证 99 份，出具（无）婚姻登记记录证明 131 份。

（温桂庆　李宗傧　彭全红　唐靖　秦小钧　杨冰　秦明珍）

人口与计划生育

【人口出生】 2016 年 10 月 1 日—2017 年 9 月 30 日，临桂区人口出生率为 14.97‰，同比增加 1.02 个千分点；死亡率为 5.68‰，同比增加 0.16 个千分点。人口自然增长率为 9.28‰，同比增加 0.85 个千分点。自然增长人数为 4677 人，同比增加 494 人。二孩出生 3527 人，二孩率 58.33%，同比上升 6.04 百分点。

【生育管理与服务】 2017 年，临桂区落实计划生育目标责任制，对计划生育工作实行"一票否决"。落实"全面两孩"政策。提升计生信息数据质量，建立信息共享制度，核对出生人口信息。优化服务环境，加强流动人口服务管理。强化考核督查，实行领导包片、工作人员包镇（办）工作制度。推行人口计生主要质量指标预警机制。落实各项优惠奖励政策，实施"母亲健康工程"，推进免费孕前优生健康检查项目。全年为符合享受计划生育家庭奖励扶助 932 人发放奖励资金 134.21 万元。全区各乡镇农村领取"独生子女父母光荣证"的独生子女户和依法生育的双女结扎户 6500 户

19670人，每人按130元标准代缴新型农村合作医疗费255.59万元。审批符合计生中考加分政策183人，普通高考加分政策227人。审核符合城镇居民养老奖励70人，资金约8.5万元；享受非财政增资5%或10%的人数1139人，资金约108万元。推进流动人口基本公共卫生计生服务均等化，开展多项活动服务流动人口，促进示范企业、学校和健康家庭建设。（刘斌）

老龄工作

【概况】 临桂区老龄工作委员会办公室（简称区老龄办）核定编制3人。2017年，临桂区老龄工作委员会办公室（简称区老龄办）贯彻“党委领导、政府主导、社会参与、全民行动”的老龄工作方针，抓措施抓落实，维护老年人合法权益，为老年人办实事、做好事，丰富老年人文化生活，提高老年人的生活质量。抓好基层老年协会的创建星级活动，发挥基层老年协会的作用。

【尊老敬老】 2017年，区老龄办围绕区委、区政府的中心工作，开展尊老敬老活动。春节和重阳节期间，区四家班子及区老龄办工作人员，赴11个乡镇的28个村委会慰问高龄老人2275人，发放慰问品、慰问金价值24.2万元。组织28支老年艺术团开展文艺演出活动，演出节目28个，参演700多人，观众5000多人。当年“敬老月”活动主题为“敬老爱老，全民行动”。活动期间，通过在城区和乡镇悬挂横幅、张贴标语，在电视台播放敬老祝词等形式，加大《中华人民共和国老年人权益保障法》和《广西壮族自治区实施〈中华人民共和国老年人权益保障法〉办法》的宣传力度，发放宣传手册10000份、宣传资料6000多份。组织代表队参加桂林市第十五届老年人文艺调演，枫叶红艺术团的舞蹈《把一切献给党》获优秀奖。在临桂中庸美术馆举办老年人书画汇展活动，参展书画作品100多件。

【高龄补贴】 2017年，区老龄办做好高龄老人补贴的申报、复审和发放工作。年内，全区享受高龄（80岁以上）补贴11998人，发放高龄补贴822.96万元。

【核发老年优待证】 2017年，区老龄办继续在临桂区政务服务中心设立服务窗口，做好老年优待证的登记和发放工作。年内，为60岁以上老年人免费办理老年人优待证1538本。

2017年10月28日，临桂区开展尊老敬老宣传活动

区老龄办　供稿

【老年协会建设】 2017年，区老龄办抓好村级老年协会建设，给予老年协会物力、财力资助，价值7万多元。创建示范性老年协会5个，制作协会牌匾，做好各种制度上墙及档案归档工作，完善各协会工作职责、制度及娱乐设施。将新修订的《广西壮族自治区实施〈中华人民共和国老年人权益保障法〉办法》发放到各老年协会。依托老年协会，开展适合老年人特点，有益于老年人身心健康的文体活动。杜绝各种邪教

和不良思想的侵蚀,用科学、文明、健康的生活方式陶冶老年人的情操。检查老年协会资金使用情况。

【百岁老人】 2017年,临桂区百岁以上老年人51人。其中男4人,女47人。年内,区老龄办对百岁老人进行慰问走访。

2017 临桂区百岁老人名录表

序号	姓名	性别	出生日期	身份证号	住址
1	徐翠嫂	女	1915.09	450322191509011021	会仙镇矮山村委炉头村
2	李养弟	女	1912.07	450322191207241024	会仙镇陂头村委陂头村
3	万息珍	女	1914.03	450322191403211025	会仙镇会仙村委街上2队
4	秦荣嫂	女	1915.11	450322191511011020	会仙镇会仙村委下罡贝村
5	秦次妹	女	1915.12	45032219151206102x	会仙镇睦洞村委七星村101号
6	秦神苟	女	1917.11	450322191711221022	会仙镇睦洞村委七星村2号
7	廖勤嫂	女	1915.10	450322191510201025	会仙镇四益村委高岸村
8	李连息	女	1912.06	450322191206031025	会仙镇新民村委老屋
9	阳香娥	女	1916.11	450322191611161026	会仙镇新民村委潘家
10	张付嫂	女	1916.03	450322191603011028	会仙镇燕山村委上合陂
11	谢有嫂	女	1913.10	450322191310102524	两江镇两江村委建新村44号
12	李七成	男	1914.01	450322191401053019	两江镇罗城村委靠山村60号
13	易福喜	男	1915.10	450322191510033017	两江镇谢家村委大路村
14	莫二嫂	女	1917.04	450322191704113023	两江镇油蔴村委油蔴街96号
15	姚顺弟	女	1911.02	450322191102046521	临桂镇大律村委山枣二组
16	李顺嫂	女	1916.09	450322191609112022	临桂镇独峰村委僚田村46号
17	李才喜	女	1917.11	450322191711116521	临桂镇二塘村委黄家村49号
18	游礼妹	女	1913.12	450322191312282020	临桂镇上全村委上全村
19	龙年德	女	1913.09	450322191309242028	临桂镇水口村委刘家地
20	谢天嫂	女	1917.07	45032219170708052x	六塘镇保联村委桃子园
21	李富娥	女	1917.01	450322191701020526	六塘镇诚桂村委岗上村8号
22	滕细嫂	女	1915.09	450322191509160529	六塘镇诚桂村委皇望村29号
23	周义嫂	女	1915.04	450322191504070524	六塘镇诚正村委汉山村
24	周陈嫂	女	1917.10	450322191710030566	六塘镇诚正村委汉山村
25	李换嫂	女	1915.06	450322191506240523	六塘镇诚正村委侯庄71号
26	李配嫂	女	1917.03	450322191703210526	六塘镇广洞村委矮山底村6号
27	秦启嫂	女	1915.01	450322191501080524	六塘镇广洞村委广洞村4号
28	李珍嫂	女	1915.01	450322191501100521	六塘镇广洞村委果赤岩2
29	李长嫂	女	1912.12	450322191212160528	六塘镇广洞村委雷田村
30	陈琼英	女	1915.10	450322191510170521	六塘镇六塘村委升厂街50号

续表

序号	姓名	性别	出生日期	身份证号	住址
31	石黑妹	女	1916.08	450322191608040522	六塘镇六塘村委升厂街一片
32	韩付嫂	女	1916.06	45032219160606052x	六塘镇六塘村委文安街 102 号
33	张香嫂	女	1916.06	45032219160630052x	六塘镇清泰村委高陂寨村
34	张桂发	男	1915.09	450322191509080510	六塘镇清泰村委坪冲村 3 号
35	王玉嫂	女	1916.03	450322191603050529	六塘镇清塘村委清塘村
36	黄青嫂	女	1916.08	450322191608180525	六塘镇小江村委东计岭 1 号
37	李水妹	女	1917.12	450322191712120522	六塘镇羊田村委铁路头村
38	何成嫂	女	1912.08	45032219120819002x	南边山镇南新村委窑门 9 号
39	蒋双秀	女	1912.03	450322191203060023	南边山镇塘头村委堡里村 73 号
40	邱为嫂	女	1917.02	450322191702230023	南边山镇玉联村委玉罗 77 号
41	秦喜妹	女	1916.06	450322191606071529	四塘镇土桥村委山上村
42	郑耐生	女	1915.12	450322191512211526	四塘镇岩口村委田心村 34 号
43	李玉珍	女	1917.12	450322191712101524	四塘镇自信村委乌塘里村 56 号
44	黄美珍	女	1917.06	45032219170602602x	宛田瑶族乡楠木村委上楠木村
45	李友贵	男	1916.06	450322191606296014	宛田瑶族乡平水村委上叭哈 5 号
46	陆良花	女	1912.10	450322191210254045	五通镇板屋村委下欧村 21 号
47	吴胜弟	女	1915.07	450322191507234520	中庸镇华境村委金岭村 5 号
48	王连嫂	女	1917.04	450322191704054529	中庸镇华境村委上侣村
49	莫三嫂	女	1911.01	450322191101074520	中庸镇三联村委桐木村 137 号
50	李金招	女	1916.12	450322191612164528	中庸镇穴田村委厄口村
51	谢春嫂	女	1916.02	450322191602074529	中庸镇中庸村委中庸街 130 号

（蒋开华）

乡　　镇

2017 年 9 月 29 日，桂林市第三批新型城镇化示范镇建设工作现场交流会在四塘镇召开

四塘镇人民政府　供稿

临桂镇

【概况】 临桂镇为临桂区人民政府驻地，地跨北纬25°05′14″~25°08′56″、东经110°07′34″~110°09′53″之间。东邻桂林市秀峰区甲山街道办事处，西连五通、两江镇，南界四塘镇，北靠灵川县定江镇。镇人民政府驻庙头街。辖7个社区、16个村委会、146个自然村。2017年，有37409户，118635人。世居民族有壮、汉族。居民使用二塘、庙头话，通用桂柳官话。

地处平原。较高的山为侯山，主峰海拔581米。总面积213.43平方千米。耕地面积4474.5公顷，其中水田4208.3公顷，旱地266.3公顷。潦塘河（桃花江）流经凤凰、乐和、庙头、塔山村委会，境内长28.17千米，出境后经灵川县、桂林市注入漓江。还有金陵、木叶寨、古窑里、南场水库和青狮水库西干渠灌溉农田。交通便利，两江国际机场路、桂（林）柳（州）高速公路、桂（林）梧（州）高速公路、桂（林）三（江）高速公路、321国道、306省道、西二环路、贵广高铁、湘桂铁路经过镇境。农贸市场有金山、二塘、榕山、桂康、枫林市场和庙岭、秧塘圩。旅游景点有雄森熊虎山庄、美国飞虎队桂林遗址公园、水仙岩、桃花潭、大岩史前遗址等。

2017年，临桂镇粮食产量2.84万吨，蔬菜产量5.63万吨，水果产量2.38万吨，猪肉产量6717吨，禽肉产量3.39万吨，鱼类产量0.32万吨。完成农业总产值13亿元，全社会固定资产投资35.7亿元，财政收入3.57亿元，城镇居民人均可支配收入36505元，农民人均纯收入15936元。

【发展实体经济】 2017年，临桂镇坚持把产业做强升级作为稳增长的重要举措，推进新型工业、旅游服务业、现代农业融合发展。完成工业固定资产投资35.7亿元，技术改造投资9.34亿元。抓好优粮、优果和“菜篮子”工程，粮食作物良种种植面积5494公顷，良种覆盖率90%，产量28384吨；蔬菜种植面积2438公顷，产量56254吨；柑橘类水果种植面积797公顷，产量21242吨。加强科学养殖的普及和畜牧的防疫、检疫等工作，依托温氏、科源、利源等养殖龙头企业，发展“公司＋基地＋农户”养殖模式。全年出栏肉猪8.81万头，家禽出栏2134.2万羽。

【推进项目建设】 2017年，临桂镇实施项目带动战略，实行重大项目动态管理，确保项目尽早开工、建设、投产。破解新区征地拆迁拆违等难题，组织开展强制拆除行动18次，拆除违法建筑21户，建筑面积5000平方米。创新工作机制，开展一线工作法、夜访夜谈，为群众解决因征地而引发的各种矛盾纠纷。抓好山口垃圾场焚烧项目等产业项目建设，培育新的经济增长点。突出抓好桂林医学院临桂新校区、桂林师范高等专科学校等一批教育建设项目，推进一批自然观光和农业观光项目。雄森熊

2017年9月4日，临桂镇组织拆除违章建筑

临桂镇人民政府 供稿

虎山庄搬迁扩建项目完成征地约 52 公顷，完成办公楼、栏舍、饲料加工厂、大象馆、长颈鹿馆、犀牛馆、科普馆等基础施工，道路、高压线迁移均施工。世外人间完成征地 20 多公顷；桂林师范高等专科学校临桂校区实现部分搬迁，桂林中学临桂校区、桂林旅游综合医院等项目进展顺利。枫林农贸市场拆除房屋 12 栋，面积 5632.79 平方米，安置 76 人。完成华能蒸汽燃气管道征地拆迁工作，完成华为项目征地 86.67 公顷。服务信和信、桂林世外人间等旅游健康养老、康复养生、乡村休闲项目建设。年内，桂三高速顺利通车。

【基层组织建设】 2017 年，临桂镇坚持基层组织建设与经济社会发展协同推进。制定《临桂镇党建品牌创建项目化管理实施方案》，实施党员领导干部联系党建品牌创建点制度，将党建品牌创建工作进行量化考核，并帮助解决创建过程中遇到的重难点问题。全年发展党员 21 名，培养积极分子 46 名。组织成立七里坪、岩塘 2 个新社区，并完成 7 个社区“大党委”和 23 个村（社区）“两委”换届选举工作，提前完成自治区级“两委”换届选举试点（榕山社区）工作。在全镇 23 个党支部实施“星级化”管理，打造“五个好”党支部，并实施党员积分管理。开展“评星定级”活动，整顿软弱涣散基层党组织，提升基层党组织服务能力。环湖社区获自治区级“五星”党支部荣誉，塔山村获自治区级“四星”党总支部荣誉。坚持“五好”标准，重点打造环湖社区、信和信、油茶基地和花堽村委等高标准党建示范点。其中，花堽村委围绕服务临桂新区建设，党员定岗定职，带头认领岗位、签订协议、拆迁房屋、做群众思想工作，带动其他村民主动配合和参与新区建设；实施“一区两路旅游精品党建示范带”规划，建设桂林油茶产业示范区非公有制党建示范点。在凤凰—天华—上全 30 多千米的精品徒步旅游路线沿线，以“党建 + 精品旅游 + 非公经济”模式打造特色党建示范点。年内，4 个高标准党建示范点接待上级部门和其他市县单位参观调研 68 次。

【生态文明建设】 2017 年，临桂镇借助临桂新区建设优势，将城镇化建设的重心放在“两个熊虎山庄”之间，即沙塘大圆盘到熊虎山庄新址。投资 585 万元，新建文化服务活动中心完工并投入使用；投资 211 万元，完成庙岭市场渠道至西二环道路修建、绿化工程；投资 88 万元，完成西二环路红绿灯至桂林油茶品鉴中心的太阳能路灯工程。以旅游精品路线建设为重点，利用西干渠的自然风光，结合桂林油茶特色产业基地，发展乡村旅游建设。投资 235 万元，完成茶园坡道及景观台工程；投资 16 万元，完成凤凰至天华道路设施工程；投资 235 万元，完成园区停车场基础；投资约 500 万元的一级、二级红色驿站动工。结合第一产业发展，壮大现代农业核心示范区，抓好桂林天美农场柑橘无病苗木示范基地建设。以新农村建设为契机，将金龟河农庄建设成自治区级四星级农家乐。

【社会民生】 2017 年，临桂镇继续加大民生投

2017 年 9 月 18 日，临桂区第一批城乡居民社会保障卡在临桂镇塔山村委进行测试发放　　临桂镇人民政府　供稿

人，抓好惠民工程。开展低保摸底调查工作，按时足额发放城乡居民最低生活保障。发放城镇低保金 396.6 万元，惠及 12902 人；发放农村低保金 2226.6 万元，惠及 11397 人；发放“五保”生活费 53 万元。通过“一卡通”发放 8430 户农资补贴资金 552 万元，退耕还林补贴资金 14.72 万元。做好全镇 73 户的危房改造动员工作，完成 52 户的危房改造任务，并调查核实，部分危房改造户搬进新居。发布更新招聘信息、海报，组织大型现场招聘会 4 场，农村劳动力输出 432 人，城镇新增就业 253 人，城镇失业人员再就业 73 人，就业困难再就业人员 56 人。坚持优化教育资源，加强师资队伍建设，抓好学校安全工作，巩固义务教育均衡发展。做好基本公共卫生服务、地中海贫血防治、艾滋病防治、免费孕前优生健康检查等工作，全镇新农合参合率 99%。

【精准扶贫】 2017 年，临桂镇发挥驻村第一书记作用，引进扶贫资金。向后盾单位申请并获资金 27 万元，贫困村（麒麟村）用于基础建设方面资金累计 171.26 元，新修 5 条道路并硬化廖家进村道路。“雨露计划”补助 29 人，惠及 5.05 万元。发放小额贷款 425.98 万元，贴息 20.34 万元，101 户贫困户受益。加强贫困人口动态调整，纳入“应纳尽纳”贫困户 21 户 80 人，认定返贫困退出户数 5 户 16 人。年初，全镇精准扶贫户共 221 户，754 人。年内，脱贫 36 户，154 人。

【加强精神文明建设】 2017 年，临桂镇开展中共十九大精神宣讲，举办理论宣讲活动 25 场。开展“十星级文明户”评选工作，二塘村委沙子路村阳科养等 6 户为评为区级“十星级文明户”。在镇区主干道、各社区悬挂社会核心主义价值观等公益广告 10000 多平方米，制作创文明城宣传栏、展板及楼道文明宣传海报 5000 多份。镇区各单位通过 LED 电子屏等多种形式，发布社会主义核心价值观标语和公益广告。印制《致市民的一封信》《创建全国文明城市宣传册》等宣传资料 50000 份，利用圩日向居民发放，村委、社区干部入户走访宣传创城工作。依托理论宣讲等平台，开展社会主义核心价值观、公民道德和素质教育宣讲、座谈会等活动 45 场次。制定志愿者活动方案，期组织机关、社区干部、志愿者开展志愿者活动 23 余次。举办临桂区第六届广场舞大赛临桂镇选拔赛，并组织 6 支队伍参加临桂区第六届村屯（社区）健身操、广场舞大赛，获二等奖 1 个、三等奖 1 个、优秀奖 1 个；组织 15 支队伍参加“源泓杯”篮球邀请赛；组织参加临桂区纪念“三八”妇女节女子趣味体育运动会。

【环湖社区自治区级党代表工作室】 2017 年，临桂镇按照“十个有”的标准，建设环湖社区自治区级党代表工作室。环湖社区有党代表 65 人。其中，自治区党代表 4 人、桂林市党代表 20 人、临桂区党代表 64 人。工作室设联络员 2 人，负责联络服务代表、接待党员群众、开展活动记录、资料归档管理、意见汇总报送等工作。党代表实行网格化管理。将辖区内 247 幢具名楼分成 8 个大网格，23 个子网格，形成“社区—大网格—子网格”三级网格管理体系。按每个网格配备“1 名党代表 +1 名社区干部 +1 名机关党员 +1 名志愿服务居民 +1 名社区警员”的模式，党代表每个月入户 1 次，掌握民情，了解和反映群众诉求。年内，环湖社区受理群众反映的意见建议 36 件。其中，当场解决 9 件，跟踪督办 27 件，办结率 95%，群众满意度 96.5%。

【改进社区管理】 2017 年，临桂镇构建以社区党组织为基础，以辖区内各单位党组织为依托的“社区大党委”，实行“组织共建、设施共享、党员共管、社会共治、事务共商”的运行模式，7 个社区完成“大党委”选举工作。试行“1 名社区民警 +1 名社区干部 +1 名在职党员志愿者 +X 名居民志愿者”的“3+X”工作法，将 280 人分成 7 个义务巡逻队伍，设立 16 个固定宣传点，开展群众安全感、满意度宣传 27 场，开展义务巡防 38 次，发布综治宣传 10 篇。

（陈佳琮）

南边山镇

【概况】 南边山镇位于临桂区境南部，地处北纬24°50′33″~24°58′17″、东经110°11′24"~110°20′02″之间。东、南邻阳朔县，西接永福县，北靠六塘镇。镇人民政府驻南边山（狮子口）圩，故名。距城区公路里程44千米。2017年年末，辖13个村委会，145个自然村，266个村民小组，8868户，总人口约31794万人。世居民族有壮、汉、回、瑶族。居民操桂林官话及本地平话。

地处架桥岭山区及丘陵地带。全镇面积159.7平方千米，耕地面积27642公顷（水田21783公顷，旱地5859公顷）；林地182238公顷（公益林17854公顷）。主要河流有大江、古里河。大江水库是临桂区境内最大的水库，总库容4001万立方米。另有塘头、竹篙岭、赖家冲、五喜庙4座小型水库。公路有城区至南边山、六塘路口至南边山军洞（县道）和南边山狮子口至升平、永忠、靖远、东山、五敬村委（乡道）公路。

2017年，全镇粮食产量1.6万吨，蔬菜产量3.1万吨，水果产量1.4万吨，猪肉产量0.26万吨，禽肉产量0.06万吨，鱼类产量0.04万吨。完成农业总产值3.26亿元，工业总产值3.89亿元，全社会固定资产投资5.8亿元，组织财政收入680万元（地税195万元，国税485万元），农民人均纯收入15900元。

有南边山圩和塘头圩两个农贸市场。旅游景点有双凤桥、大江水库、深里河峡谷、秦家大院、观音庙等。

【工业】 2017年，南边山镇工业园区内有企业20家，安置剩余劳动力700多人，主要以电子产品、木材加工、竹制品深加工为主。年内，靖远村委以原小学校园为场地，以临桂区支持的扶贫资金入股方式成立的靖远金源科技有限责任公司，运营良好。

【特色农业】 2017年，南边山镇抓好粮食生产，全镇粮食播种总面积4100公顷，年产量1.6万吨。培育农民专业合作社，打造特色农产品，建立葛根、淮山种植示范基地，茂谷柑、红心猕猴桃种植示范基地，发展百香果、沙糖橘、金橘等特色水果种植。

【新型城镇化示范镇建设】 2017年，南边山新型示范镇建设总投资约1.06亿元。实施项目18个，包括基础设施建设、旅游、教育、产业发展等方面，重点推进道路扩建、镇区立面改造、环镇路、综合市民广场等基础设施建设。截至年末，道路扩建、镇区立面改造、永忠村委发广槽整村搬迁、1600米的环镇路、市民广场、污水处理厂及管网建设等工程项目均完工。获“桂林市第三批新型城镇化示范乡镇”称号。

【基础设施建设】 2017年，南边山镇投入资金89

2017年12月6日，建设中的新型城镇化示范镇南边山镇镇区一角

秦小珍 摄

万元，实施13个村委水毁河堤、灌溉水渠修复工程；落实资金拨付水泥1232吨，新安装太阳能路灯115盏；投入53万元，完成南新大村、永忠头陂两个生态乡村建设。年内，全镇争取“一事一议”项目20个，硬化道路总长31769米，受益村屯27个，受益5547人。

【社会保障】 2017年，南边山镇新型城乡居民社会养老保险参保9222人，60岁以上符合领取待遇人数达5230人。新型农村合作医疗缴费26269人，参合率98%。危房改造230户，落实危改资金378.6万元。享受低保政策533户，844人，发放低保金186.7万元。土地确权登记颁证试点工作全面完成。

【精准扶贫】 2017年，南边山镇投入560万元，新建占地面积1816平方米住宅楼2栋，完成永忠村委发广槽村易地扶贫搬迁集中安置项目，搬迁安置总规模32户109人。投入205万元，新修永平、靖远两个村委5条扶贫公路；投入61万元，用于拓宽靖远村委至香草岩进村扶贫路；投入63.75万元，硬化钱村村委浪石圩、新村、老村的3条巷道。享受危房改造指标贫困户59户，享受民政倒房补贴重建贫困户8户。26名符合条件的贫困学生，通过“雨露计划”获助学金7.8万元，发放小学贫困学生寄宿补贴1.8万元，发放初中贫困学生寄宿补贴40.9万元。11户重度残疾贫困户享受重度残疾人护理补贴6600元，7户生活困难的残疾贫困户获困难残疾人家庭生活补助4200元。年内，全镇81户315人实现脱贫，剔除识别错误贫困户27户116人，尚有未脱贫户340户1278人(含返贫户35户127人和应纳尽纳37户136人)。

【文化事业】 2017年，南边山镇建成东山村委牛路村、南新村委大村两个村级文化活动中心。截至年末，全镇建有文化室13个、“生态宜居示范村”文化小广场7个、灯光篮球场及健身设施8座、百姓戏台7座，市民广场、戏台等文化设施建设正在建设中。对镇区内的彩调队、广场舞队给予资金支持并免费开放彩排场所、表演场地，朗联村委狮子口村获自治区文联“千村万户文艺惠民工程”文艺村荣誉称号，并连续2年获临桂区群众文化活动一等奖。 (廖园园)

六塘镇

【概况】 六塘镇位于临桂区境南部，为中国人民解放军总参谋部原副总参谋长李天佑上将故里。地处北纬24°56′17″~25°02′07″、东经110°10′49″~110°20′02″之间。东北接桂林市雁山区，东南连阳朔县，南邻南边山乡，西界永福县，北依会仙镇。六塘镇人民政府驻六塘街。距城区公路里程38千米。2017年年末，总面积108平方千米。辖15个村委和1个居委、111个自然村，有12903户，45728人。世居民族有壮、汉、回族。

【民俗风情】 六塘麻布久负盛名，除被选作贡品上交朝廷外，还吸引省内各地及湘、黔商贾慕名前来采购。山歌、彩调、斗鸡、斗鸟、舞龙、舞狮等民间文化活动丰富多彩，其中斗鸡比赛中央电视台和广西电视台均作过报道。

【名胜景点】 六塘镇名胜景点有六塘清真寺、济湘桥、何家桥、廖家花园及江背和上岚岩村枫树林、十八洼溶洞和全国最大的间歇冷泉犀牛泉等。

【农业】 2017年，六塘镇新增水果种植面积66.67公顷，主要发展百香果、葡萄和红心蜜柚等水果。其中，百香果种植26.67公顷；建立1个面积4公顷的葡萄标准化种植示范点，和1个4公顷的红心蜜柚示范园。加强“菜篮子”工程建设，全年蔬菜种植面积4133.3公顷，产量5.68万吨，产值1.05亿元。继续抓好反季节蔬菜即蔬菜大棚种植项目，新建大棚种植面积1.5公顷，推广种植莴苣笋、辣椒、苦瓜、生菜等新品种6.7公顷。稳定粮食种植面积和产量，粮食种植面积4260公顷，产量2.48万吨，并创建1个高产示范基地。全年植树造林37.8公顷，退耕还林41.33公顷，生态公益林1313.3公顷。

【乡镇企业】 2017年，六塘镇加大招商引资力度，完善小城镇基础设施，推进工业化、城镇化，促进全镇经济健康稳定发展。发展壮大柚子湾旅游工业集中区。加快政府职能转变，加强软环境建设，从立项、报批、建厂等各个环节全程做好服务，使其尽快投产，早出效益。

【乡镇建设】 2017年，六塘镇投资975万元，进行农业综合水利基础建设。其中，硬化羊田、广洞、清塘、大村、诚桂5个村委田间机耕路路面7条，修建羊田、广洞、罗塘、清塘、岩岭、小江等田间灌排三面光渠道7条，修复广洞村委上庄拦河堰坝1处和机耕路桥1座。投入316.8万元，完善农村水利基础设施建设。其中，修复清泰、船岭、广洞、小江、岩岭、清塘、羊田和保联8个自然村20处水毁工程111.8万元，修复小江、岩岭、清塘、羊田4个村委的水毁河堤205万元。投资44万元，硬化清泰滚古岭至五指界进村道和岩岭、蛇岭共1130米的进村道，完成自然村巷道硬化7.6千米。安装太阳能路灯208盏，覆盖的自然村占全镇的75%。

【小城镇建设】 2017年，六塘镇在主要路口和公共场所安装16个高清探头，实现镇区天网工程全覆盖。镇区所有街道"绿化、亮化、美化"工程全部完工，镇区街道硬化率100%。建成集镇公共绿地25860平方米，主要道路绿化普及率100%。

【新农村建设】 2017年，六塘镇对桂阳公路柚子湾两侧75座房屋进行立面改造，并添置竹栅栏、绿化等；对村文化活动中心、戏台和篮球场进行升级改造。投入100万元，修建刘家庄、黄家庄2个村级文化服务中心；投入123万元，修建何家桥等11个村文化广场。

【扶贫工作】 2017年年初，六塘镇有精准识别建档立卡贫困村3个，贫困户458户1647人。年内，对401户贫困户发放产业扶持资金80.2万元，落实贫困村集体经济发展资金(在原定每个村54万元的基础上，区财政又追加每个贫困村10万元)。年末，3个贫困村特色产业覆盖率均达到90.9%以上(小江村90.9%，清泰村91.6%，岩岭村91%)，全镇脱贫163户，638人；清泰村委脱贫摘帽。

2017年8月24日，六塘镇举行新任村"两委"干部岗前培训会议　　秦盛友　摄

【社会保障事业】 2017年，六塘镇发放民政低保户低保金672.1万元、特困人员补助金154万元、高龄补贴100.8万元、重残补贴20.76.万元、困难生活补贴13.67万元；耕地补助402.86万元，粮食补贴4.152万元。全镇"一事一议"财政奖补24个项目资金394万元，结付305万元。退耕还林补贴3.67万元；农机补贴161台，12.64万元；城乡居民社会养老保险参保率93%。城镇新增就业人数82人，完成任务的100%；农村

劳动力转移就业1120人，完成任务100%。完成城镇居民医疗保险缴费40374人。（丁艺琳）

会仙镇

【概况】会仙镇位于临桂区西南部，地理位置坐标介于北纬25°03′14″~25°05′09″、东经110°09′45″~110°10′51″之间。东与桂林市雁山区交界，南和六塘镇相连，西邻永福县罗锦镇，北抵四塘乡。镇人民政府驻会仙圩，距临桂城区30千米。2017年，辖16个村委，145个自然村，14139户，56098人。面积175.4平方千米，耕地总面积7108.17公顷（水田面积5187.94公顷，旱地面积1920.23公顷），镇区规划面积3.5平方千米，常住人口1.1万多人。全社会固定资产投资9.6亿元。是临桂四大古镇之一，素有桂林鱼米之乡的美誉。境内有闻名全国的会仙喀斯特国家湿地公园。2017年，完成农业总产值6.46亿元，同比增长5.2%；完成工业总产值12.95亿元，规模以上工业产值9.25亿元；固定资产投资9.6亿元。

【工业】2017年，会仙镇党委、政府对会仙镇工业园区基础设施和环境保护设施进行提档升级。修建工业园门楼，并在工业园的道路安装节能太阳能路灯。截至年末，会仙工业园区共引进松泉林化、益天香粮油等企业54家，建成投产45家，其中规模以上企业13家。园区安排周边村民就业近5000人，全年完成工业总产值12.95亿元。

【农业】2017年，会仙镇升级“五个一万亩”产业基地（万亩粮食高产示范基地、万亩生态水产养殖基地、万亩无公害蔬菜基地、万亩葛根、淮山种植基地和万亩无公害水果基地）。全镇粮食种植面积6453公顷，粮食总产量3.5万吨；蔬菜种植面积2666.6公顷，蔬菜总产量13.4万吨；水果产量近1.2万吨，肉类总产量0.9万吨，畜禽、水产品养殖和柑橘成为会仙镇优势农业产业。

【旅游】2017年，会仙镇依托会仙湿地、沐宦头玻璃田、干贝风光、文全山楂花等旅游资源，形成3条精品旅游路线。引导文全村委安龙村、新民村委岭上村投入200多万元，营造景观、美化村屯环境，发展生态乡村旅游。依托中央财政林业补助资金、中央预算内资金及地方配套资金，投入2418万元，开展退塘（耕）还湿、有害生物防治及清理、古运河修复工程（清淤工程、环境综合整治工程）、农村生活污水处理设施建设等工作。新增种植荷花27公顷、睡莲7公顷、千屈菜5公顷，以及农业休闲观光花海7公顷等景观项目。2017年8月，会仙喀斯特国家湿地公园通过国家级验收。年内，全镇新增农家乐20余家，酒店4家。

【精准扶贫】2017年，会仙镇落实项目资金，建立高标准温氏鸡养殖基地。基地占地1.73公顷，主体基础设施投入250万元，配套设施投入80多万元，累计投入330万元，10月建设完工。在温氏鸡养殖基地成立临桂兴顺养殖合作社，并通过“温氏公司+村委+贫困户”模式，吸收燕山村、四益村、矮山村等三个贫困村入股。临桂兴顺养殖合作社有养殖大棚3个，每个大棚可养鸡10000羽。2017年10月，养殖合作社投入运营，12月实现第一批收入6.3万元，每个贫困村村级集体经济收入2万多元。落实小额扶贫信贷贷款731.98万元，支持贫困农户发展种植业、养殖业，燕山贫困村发展沙糖橘种植200多公顷。全镇发放产业扶持奖补资金87.6万元。

【推进“平安会仙”建设】2017年，会仙镇健全综治管理网络，扩宽和畅通信访渠道，及时排查和化解各类矛盾。年内，调解各种矛盾纠纷30起，调解率100%，调结率98%，三大纠纷明显下降，社会稳定。加强安全监管，处理违法行为。镇农机站年检拖拉机95台，配合临桂区农机安全监理站在辖区内进行农机安全检查25人次，检查拖拉机160多台次，纠正农机违章行为20人次。巡查违法建筑，查出违法建筑32户。将食品安全日常监督检查工作和各项专项检查工作结合开展，出

2017 年 6 月 25 日，会仙镇禁毒志愿者在向群众发放禁毒及平安临桂建设宣传材料　　廖斌　摄

动执法人员 800 多人次，执法车辆 30 多台次，检查各类食品生产经营单位 70 余家。全镇未发生重大群体性事件、重大公共安全事件、重大治安和刑事案件。

【社会保障】 2017 年，会仙镇城乡居民基本养老保险缴费完成上级下达任务 20330 人(其中政府代缴 288 人)，发放待遇 8923 人，发放率 100%。为 299 名符合条件的死亡人员办理丧葬补助金。全镇新增城镇就业 141 人，完成任务的 141%；新增劳务输出人员 1176 人次，完成全年任务的 138%。办理农机购置补贴 229 台，拨付国家惠民补贴专项款 34 万余元。危房改造户完工 87 户，竣工率 95%；发放农村建房规划许可证 81 份。全镇最低生活保障 791 户，1780 人。其中，A 类保障 80 户，98 人；B 类保障 10 户，247 人；C 类保障 568 户，1435 人；全年发放保障资金 339.8 万元。2017 年 7 月，辖区发生特大洪水后，发放生活过度物资 8 万多元，救灾夏凉被 150 床；救助受伤群众 1 人，发放救助金 1 万元；倒房重建 32 户。

【基础设施建设】 2017 年，会仙镇“一事一议”修路项目 20 个，投入资金 486.5 万元，惠及 20 个自然村、1 万余人。至年末，全镇 149 个自然村通村路基本实现道路硬化。投入 22 万余元，养护道路 49.5 千米；投入 15 万元，修复水毁道路 2.8 千米，桥梁 2 座。安装太阳能路灯 195 盏，惠及 12 个自然村，3000 余人。修复水毁水渠 1.8 千米，新修渠道“三面光”17.5 千米，新建睦洞村委兰头村电灌站机房 1 座，四益村委上高桥村 68 户自来水通村到户。落实资金 190 多万元，在会仙黄山底、沐宦头等 12 个自然村修建休闲小广场。总投资约 1200 万元，修建镇级污水处理厂，工程设计日处理水量 1000 吨，配套管网长度 7.88 千米，出水排放标准为 1 级 A 类。创建村级综合服务中心平台，落实资金 21 万多元，为各个村委配备电脑、电视机等设备，并安装宽带。

【村“两委”换届选举】 2017 年，会仙镇各村按照规定的程序开展“两委”(支部委员会、村民委员会)换届选举工作。产生新一届村“两委”班子成员 130 人。其中，支部书记、主任“一肩挑”6 人，村党支部委员交叉兼职进入村委会班子 25 人；有女性 30 人，每个村“两委”至少有女性 1 人；党员 108 人，占总数的 83%。整顿软弱涣散党组织 2 个。结合村“两委”换届，完成妇联和团委换届。16 个村委产生村委妇联执委 176 人。其中，主席 15 人(村委支部书记任村委妇联主席 1 人)，均进村委“两委”；专职副主席 41 人，兼职副主席 7 人。16 个村团支部书记中，全部为 35 岁以下农村青年，其中女性 2 人。　　(秦燕梅)

四 塘 镇

【概况】 四塘镇位于临桂区中部，为清代名臣陈宏谋故里。地处北纬 25° 04′ 27″ ~25° 14′ 31″、东经 110° 03′ 12″ ~110° 13′ 23″之间。东邻会仙镇，南连永福县苏桥镇，西接两江镇，北依临桂镇。镇人民政府驻四塘圩。距临桂城区12千米。2017年，辖15个村委会，111个自然村，11902户，47744人，世居民族有汉、回族，其中少数民族1853人，占全镇人口的0.039%，人口自然增长率8.9‰，居民操桂柳官话及本地平话。

地处平原、丘陵，土地总面积166.45平方千米，其中森林面积6043.5公顷，森林覆盖率61.03%。

【经济综述】 2017年，四塘镇农业总产值5.45亿元，工业总产值3.21亿元，规模以上工业企业实现产值2.56亿元，社会固定资产投资11.02亿元。水稻种植面积4632公顷，年产粮食2.42万吨，蔬菜种植面积2319公顷，水果种植面积3499.99公顷；养鱼面积366.4公顷，年产量2730吨，生猪出栏4.36万头，牛出栏0.29万头，家禽出栏253.3万羽。新型农村合作医疗参保44199人，参保率达到93.8%。

【特色农业】 2017年，四塘镇建设以相思湖柑橘特色产业园为核心的“万亩特色水果核心示范区”，新增水果种植面积133公顷，水果核心示范区总面积2000公顷。马蹄种植266.66公顷，西瓜种植666.67公顷，柑橘类水果种植2300公顷，葡萄种植133.33公顷。生产豆腐乳300多万瓶，产值2000多万元。

【服务重大项目建设】 2017年，四塘镇开展维护项目施工秩序专项行动30次，打击抢搭抢建违法违章建筑、阻挠施工等行为。桂南变电站主体建设完成，华能分布式燃气管道完成铺设，华为、浪潮等项目开始施工，中兴前期2公顷土地完成征收并开工建设，三金、莱茵生物公司建成，大源物流、申通快递等项目开始营业。为柳明玻璃、佳源矿业等企业协调解决排污及与周边群众纠纷20余次；为桂南变电站、侯寨变电站塔基协调项目用地20多公顷；打好新一轮打击“两违”攻坚战，依法拆除违法建筑5000多平方米，维护正常施工秩序。

【城镇化示范镇建设】 2016年9月，四塘镇被列为桂林市第三批新型城镇化示范镇建设。计划投资1.35亿元，建设项目有道路硬化、管线下地、(带状)市民公园等24个大项。2017年，建成占地近6000平方米的汽车客运站，日处理能力50吨的垃圾中转站、日处理污水能力1000吨的污水处理厂，高标准公厕3座；硬化镇区道路3千米，铺设雨污管道1300米，地下管线1800米，自来水管网7000米，安装路灯86盏，安装天网工程监控摄像头16个；新建占地3000平方米的农贸市场，设有300个摊位，其中固定摊位160个；配套完成交通道路标志及绿化、亮化、美化工程；投入资金220多万元，完成村级文化活动室（建筑面积600平方米）、戏台、篮球场周边绿化以及巷道硬化项目建设；完成“一建一改”目标；建成四塘镇中心幼儿园，完成五联小学幼儿园校区改造；重新补充12个标准化村级卫生室医药用品，完成卫生院标准化建设。建成2000平方米带状市民公园，一比一仿制承熏门，新建解元、会元、状元三座牌坊，重塑陈宏谋雕像，将“一门九进士”“三元及第”“宏谋

示范镇建成后的四塘镇入口鸟瞰　　　四塘镇人民政府　供稿

廉政”等文化元素与公园绿化融合。9月29日，桂林市第三批新型城镇化示范镇现场交流会在四塘镇举行。年内，四塘镇新型城镇化示范镇建成并通过检查验收。

【“生态乡村”建设】 2017年，四塘镇继续推进美丽乡村建设，强化“四位一体”长效保洁，开展“优美庭院”创建活动。投入保洁经费125万元，清运各类垃圾6000多吨；对镇区、公路沿线等重点区域的卫生进行常态化管理，新配备小型垃圾运输车1辆，洒水车1辆，电动三轮车1辆，铲车2辆；增设界牌、田心、下伏龙等6个自然村移动公厕；推进“三改”工作，完成改厨497间、改厕791座。

【落实惠农政策】 2017年，四塘镇实施“一事一议”财政奖补项目16个，总投资346万元。发放农业补贴658.8万元；办理各类小型机具补贴60台，补贴资金31.44万元，惠及农户62户。配合完成临桂区发展与改革局“新增千亿斤粮食产能规划项目田间工程”基地的勘测、选点、施工，在太平、土桥、面村3个村委总投资600万元。维修人畜饮水工程6处，投资60万元。投资700万元，完成临桂区水利局实施渠道“小农水”工程。投资70万元，完成修复水毁工程30处。投资88万元，完成冲口村机耕路、渠道维修。完成太平村委太平街、神山东3个样方、界牌村委店里3个粮食抽样调查以及高产示范点工作任务，在示范点发放水稻种子1100千克，大豆种子1200千克，肥料50.15吨。完成水稻品种对比试验1个，甘蔗品种对比试验1个，两个试验均通过验收。开展农产品安全生产宣传11次，培训600人次。

【社会保障】 2017年，四塘镇有农村低保对象1216户2004人，城镇低保对象有17户33人。发放农村低保金328.5万元，城镇低保金9.3万元；发放五保金270人，109万元。对临时困难户临时救助169人次，发放救助金27万元。勘察倒房87户、理赔56户，投入资金7.2万元。发放80岁以上老年人高龄补贴215.7万元。发放贫困残疾人子女助学及残疾学生助学金7.2万元，重度残疾人参加新农合补贴共0.7万元，残疾人两项补贴发放34.2万元。城乡居民养老参保缴费人数15163人，缴纳保费169.06万元，缴费参保率85.9%，新增参保人员130人，新增领取养老金待遇369人，养老金待遇发放100%。完成城乡居民养老保险（五保、低保、重残、三无、贫困等特殊群体和60岁以上未参保老人）摸排工作，实现特殊群体应保尽保。完成四塘镇全民参保登记计划，入户调查及信息录入1419人；发放第一批社会保障卡13000多张；完成全镇90%以上缴费代扣协议的签订，同时完成3000户参保家庭的信息核对与修正工作。

【脱贫攻坚】 2017年，四塘镇率先在临桂区建立首个乡镇级标准化扶贫工作办公室，配备4名扶贫助理和3名扶贫信息员。按照自治区精准化扶贫工作要求，对贫困户实行“一户一档”建档管理，精准识别、精准帮扶，遵循“八有一超”程序，有序做好贫困户脱贫工作。实行“一对一”帮扶，市直及区直各单位干部结对帮扶贫困户620户，镇政府及各站所干部结对帮扶132户，村委干部帮扶44户。落实产业扶贫、教育扶贫等帮扶项目，发放产业帮扶资金129.2万元，小额扶贫贷款1394.13万元，“雨露计划”补助资金21.4万元。支持贫困村、贫困户发展特色农业产业，依托相思湖特色农业（核心）示范区，引导农户扩大柑橘种植面积，实现柑橘特色产业覆盖贫困户65%。年内，脱贫129户，脱贫549人，贫困村新村村委实现脱贫摘帽。

【基层党组织建设】 2017年，四塘镇有党总支部6个，党支部50个，党员1036名，其中女性党员262名，占25.29%。有15个村党（总）支部，支委委员81名，其中支部书记和支部副书记30名，均享有村干补贴。15个支委中，有女性13名，35岁以下的支委成员12名。以“村党支部建设年”活动为契机，优化党组织结构，夯实党建基础。全镇设置党小组125个；改扩建、维修村级组织活动场所4个，场所达标率94%；完善村党组织“星级化”管理，巩固五星级村1个，提升四星级村4个、三星级村3个，整顿转化软弱涣散村2个，完成50个党组织和1000多名党员信息采集工作。实行农村党员积分制动态管理。推进“两学一做”学习教育常态化、制度化。做好软弱涣散基层党组织整顿工作。加强基层党组织带头人队伍和班子建设，形成一级抓一级、层层抓落实的党建工作格局。把好党员进出口关，强化党员的管理和经常性教育培训。

【社会事业】 2017年，四塘镇加强社会治安防控体系建设，提升群众安全感和满意度。开展综治平安建设宣传、组织综治宣传车辆下村宣传15次，发放宣传资料4860份，悬挂横幅85条。完成镇区、各自然村入村主道安装监控摄像头168个，提升社会动态控制能力；推进网格化服务管理建设，建设网格员队伍16支，实现网格化管理100%覆盖。广场舞队伍不断扩大，在镇区、东畔村、界牌、太平、刘村等地，均有业余舞蹈队和文化活动，并组织参加群众文化“季季赛”活动，如临桂区第六届村屯广场舞蹈、青少年才艺大赛、“唱响临桂”乡村歌手巡演、临桂区第十一届彩调大赛等。镇区建成文体综合楼、文化广场，15个村委实现村村有文化室，农家书屋，并配备兼职管理人员，完善相关管理制度。建成四塘镇中心幼儿园，并完成五联小学幼儿园园舍改造，两所幼儿园均在秋季学期前完成验收并招生，解决周边幼儿的入园难题。（易连锡　康必波）

两 江 镇

【概况】 两江镇位于临桂区西南部，地理位置坐标介于北纬25° 07′ 50″ ~25° 22′ 05″、东经109° 54′ 16″ ~110° 06′ 26″之间。东与临桂镇、四塘乡交界，南和永福县相连，西同茶洞乡接壤，北与五通镇毗邻。镇人民政府驻两江街，距城区19千米。306省道贯穿镇域东西，桂柳高速公路、机场高速公路在镇域交会。2017年，全镇总面积259平方千米，下辖26个村委，1个居委，共228个自然村，20675户，79965人，有汉、壮、瑶、回、侗5个民族。全镇耕地面积8079公顷，农业人口7万余人。境内有国家级文物保护单位李宗仁故居，以及建于汉代至宋代的车头古墓群、两江古镇、城联明朝宝塔等。义江自北至南纵贯全镇。

2017年，两江镇工业总产值7906.4万元，组织国税收入903万元，比上年增长8.5%；地税收入281万元；农民人均纯收入15863元，比上年增长9.4%；城镇居民人均可支配收入35902元，比上年增长7.1%；工业总产值7906.4万元；社会固定资产投资8.77亿元；金融机构存款余额10.21亿元，金融机构贷款余额2.87亿元。

【特色农业】 2017年，两江镇水稻种植96676公顷，粮食总产量5.6万吨。种植柑橘3466.7公顷（新增400公顷），创建2个标准化生产果园；举办各类技术培训会40场次，受益2600多人。继续推进3个常年蔬菜基地（车梁村委4公顷、宝山村委3.33公顷、两江菜园村4.67公顷）建设，冬种绿肥面积173.64公顷；蔬菜复种面积800公顷，其中种植毛节瓜80公顷，公顷收入60000元。东方红示范园66.67公顷、保全上龙示范园80公顷；改造低产果园420公顷，实现每公顷增产19500千克，每公顷增收105000元。

【新农村建设】 2017年，两江镇完成渡头村委大安头村和古定村委西寨村2个新农村示范点建设，并通过验收。落实“一事一议”项目28个，向上级申请财政奖补资金502万元，完成硬化道路19180米，休闲广场40000平方米，受益人口7836人；完成义江河两江段河堤建设；落实“一事一议”扶贫村委项目6个，申请财政奖补资金198万元，完成道路硬化5700米，受益人口2100人；完成“三改”任务1300套，完成农村住房信息调查，完成农村危房改造指标252户；全年完成不动产权证申报48宗，审批建房136宗，总建筑面积44235

平方米。投资50多万元,完成引水工程维修7处。办理农机补贴94台(套),发放农机补贴9.04万元;发放耕地地力保护补贴1017.39万元,订单粮补贴47万元。

【精准脱贫】 2017年,两江镇落实“雨露计划”,帮扶普通高校本科学历教育建档立卡贫困生15人,补助7.5万元;帮扶职业学历教育扶贫补助138人次,20.7万元;帮助13户贫困户落实小额信贷贴息贷款51万元。申请并获上级扶贫专项资金279万元,分两批为保全、高妙、高塘三个贫困村委和渡头村委(2016年脱贫)修建村道或路面硬化,13条硬化道路,1条新修沙石路全部竣工。年内,全镇131户502人脱贫,“十三五”贫困村高塘村委脱贫摘帽。

【第三产业】 2017年,两江镇依托罗山湖文化体育休闲项目、李宗仁故居等著名景区(点),引进资金发展特色休闲旅游业。金融业发展稳中有进。年末,中国农业银行两江镇分理处存款余额3.5亿元,贷款余额2000万元;邮政储蓄存款余额3200万元;农村商业银行存款余额6.39亿元,贷款余额2.67亿元。

【“美丽两江·清洁城乡”活动】 2017年,两江镇推进“三清”“三化”“四园”三大工程实施。投入130多万元,实现全镇228个自然村保洁员全覆盖,在公路沿线及自然村配备移动垃圾桶220个,更新60辆垃圾清运斗车,用于镇村保洁及环境整治。发挥保洁员队伍、垃圾清运队伍、包村挂点干部队伍、乡村办4支队伍作用,动员组织群众定期开展“三清”大活动,集中清除垃圾、卫生死角。积极动员和引导群众在村中空地、房前屋后打造“小公园”“小果园”“小花园”“小菜园”等“微田园”“生态园”。

【计生服务】 2017年,两江镇开展“两户”(独生子女户、双女结扎户)子女升学加分、奖励扶助、特扶、特殊困难家庭的摸底初审上报工作,帮助独生子女和纯女户发展经济,兑现奖励扶助、免费服务、贴息贷款等计生家庭优先优惠待遇。开展全面二孩政策的宣传、培训和督查活动,全镇出生人口性别比控制在113以内。开展免费孕前优生检查和产前筛查,落实流动人口免费技术服务。

【社会保障】 2017年,两江镇参加城乡居民社会养老保险26128人,缴费254.05万元;年满60周岁领取相关待遇的人员11059人,待遇发放率100%;到龄办理领取待遇人数780人;办理丧葬补助金513人。城镇新增就业100余人,城镇登记失业率4%;农村劳动力转移就业新增1000人,完成全年任务的100%。完成企业离退休人员资格认证339人,遗属抚养对象认证24人。城市低保19户、23人,发放低保金9.8万元;农村低保2430户、3672人,发放低保金880.6万元;五保人员635人,发放五保金228.6万元;发放2017年度义务兵55人优待金118万元;高龄津贴100.8万元,发放重度残疾人帮扶资金36.8万元,困难残疾人帮扶资金46万元。全年发放冬春荒等救

2017年4月13日,正在建设中的义江河两江镇古岭至下山尾段防洪治理工程施工现场　　何玉军　摄

灾大米2000千克，棉被40床；倒房重建12户，协助保险公司赔付倒房户148户，资金68.5万元。

【文化活动】 2017年，两江镇组织参加临桂区群众文化“季季赛”活动、广场舞等比赛，书法、美术作品参展参赛，并有作品获一、二、三等奖；组织成立两江镇彩调队，参加临桂区第十届村屯（社区）彩调大赛，获三等奖。做好村级全民健身工程建设和服务工作。至年末，全镇建有村级篮球场地58个，村级公共服务中心7个。指导村级“农家书屋”建设，为农家书屋赠送新书。

【小城镇建设】 2017年，两江镇完善农贸市场、道路交通、供排水、绿化亮化等基础设施建设。以开展“创城”活动为契机，投入80多万元，铺设306省道镇区段约2千米的柏油路面，镇区车辆停放等标线划设，修建镇区临时停车场；投入约280万元完成环广西公路世界自行车邀请赛两江赛段的绿化美化。推进城联果木蔬批发市场征地工作，镇区污水处理厂通过上级验收，并投入运行使用。“天网”工程投入使用。加大卫片执法和未批先建房的整治力度，规范土地使用。镇区8条道路改造完成立项、用地、规划及设计等前期工作，自来水管网完成立项、初设等前期工作。

【基层党建】 2017年，两江镇召开6次党委会专题研究部署党建工作，分别就村“两委”换届工作、村党支部建设等工作做专题布置和督查反馈。对镇干部、新一届村“两委”干部进行党课培训，传达辅导党的十九大精神。山口村党支部开展党建品牌创建并获“五星级”党支部称号。针对村党支部和镇直站所党支部组织生活不严、“三会一课”制度落实不到位问题，镇党委分别约谈党支部书记40人次，集体约谈全体支部书记4次。完善党委班子议事制度和党委中心组学习制度。完善镇政府公务接待、公车使用、财务管理和干部职工日常管理等管理制度。完成镇团委、妇联换届选举和村“两委”换届工作，并对新一届村“两委”干部进行上岗培训。采集全镇13个党总支、78个党支部、186个党小组、1679名党员的基本信息，完善组织机构信息资料。对14名党员违纪违法问题进行处理。全年发展党员19名。全年收缴党费126509.3元。投入资金10万元，推进村级党组织“星级化”管理巩固提升；投入37万元，新建谢家村级办公场所并投入使用；投入20万元，完成上宅、大厦村委办公楼会议室扩建；投入25万元，对宿棠、贺村、高寨、罗城等村级活动场所进行升级改造；投资近200万元的高妙村委办公场所完成征地和设计等前期工作。

（赵春媛）

茶洞镇

【概况】 茶洞镇位于临桂区西部，地处北纬25° 11′ 57″ ~25° 23′ 30″、东经109° 63′ 44″ ~109° 54′ 14″之间。东与五通镇交界，南和两江镇相连，西、北同永福县毗邻。乡人民政府驻茶洞街，距临桂城区公路里程28千米。2017年，茶洞乡辖11个行政村、104个自然村（组）。全乡共有6347户，22404人，世居民族有壮、汉族，居民操茶洞方言，通用桂柳官话。

地处山区。土地总面积217.5平方千米，耕地面积1832公顷（水田1142.67公顷、旱地689.33公顷），林业用地8620公顷。境内主要河流为北江河（茶洞河）。有富合水库，总库容103万立方米。乡境有两江至茶洞、茶洞至温良村委、茶洞至永福县龙江乡公路。地势北高南低。茶洞、护山、花岭、定安、富合5个村委地处丘陵，其余6个村委属山区。

农贸市场有茶洞圩。特产主要有罗汉果、百香果、夏橙、沙糖橘、茂谷柑、韭菜花、中华鲟、竹鼠等。名胜古迹有古花岭圩、仁义川岩、褚村等。

2017年，粮食播种面积3606.67公顷，粮食总产量1.29万吨。罗汉果种植面积670多公顷，水果种植面积近940公顷，水果产量11066吨。蔬菜种植933.3公顷，总产量1.98万吨。肉类总产量达 4100 吨，水产品总量 317 吨。完成农业生产总产值 3.2 亿元，工业总产值 1.2 亿元，社会固定资产投资 2.7 亿元。

2017 年国庆节期间，茶洞镇仁义村委与温良村委联合举办第一届百香果节　　石云　摄

【基础设施建设】 2017 年，茶洞镇仁义至温良、江洲至安乐、保合、三合通村水泥路全部完工，306 省道至三合、保合公路基础工程完工，并完成花岭村委褚村大桥建设。落实“一事一议”项目资金 276.8 万元，新建和维修、硬化村内道路总长 7870 米，为仁义村委慈洞村、江湾村及温良村委茶贝、大茶地、安治等村安装自来水管，为温良村委安治村修建滚水坝一座。

【新农村建设】 2017 年，茶洞镇修建村屯道路 5000 米，硬化村级公共活动场所 4500 平方米。完成改厨 343 户，改厕 491 户。改善垃圾池等卫生基础设施 20 多处，清理垃圾死角 100 多处，清运垃圾 2000 多吨，发放垃圾桶 600 多个，发放宣传资料 5000 多份，下村宣传 500 多人次。

【精准扶贫】 2017 年，茶洞镇通过贫困户动态调整，新增“应纳尽纳”贫困户 32 户，贫困人口 93 人；返贫退出户 10 户，贫困人口 33 人。通过上级财政资金帮扶 3 个村委用于修建贫困村基础设施建设 3733.4 万元，对 203 户贫困户实行免担保、免抵押、免利息发放扶贫小额信用贷款 732.3 万元，为 239 户贫困户申请产业帮扶资金 47.8 万元。通过“雨露计划”为 69 名贫困学生申请补助资金 12.65 万元。年末，96 户、374 人脱贫，1 个村脱贫摘帽。

【经济发展与安全生产】 2017 年，茶洞镇把社会固定资产投入和招商引资工作作为发展经济的第一要务来抓。全镇有企业 22 家，从业人数 810 多人。其中水电站 4 座，重晶石矿 3 家，采石场 2 家，木材加工厂 2 家，年总产值超过 1.1 亿元。召开安全生产工作会议 8 次，签订安全生产责任状 37 份，组织开展安全生产大检查 17 次。全年辖区未发生重大安全生产事故。

【教育文化事业】 2017 年，茶洞镇有 29 名学生考上临桂区重点高中。春节期间，举办篮球赛、龙灯巡游、舞狮表演、彩调演出、广场舞联谊等活动。全年举办文艺会演、村民篮球赛、彩调和广场舞等各类文化体育健身活动 50 多场次。6 月，组织参加临桂区文新广体局举办的青少年才艺大赛，其中的书法比赛分别获得一、二、三等奖数名；8 月，协助临桂区文新广体局在茶洞镇举办“唱响临桂”乡村歌手巡回演唱会；12 月，参加临桂区文新广体局举办的彩调大赛，获三等奖。

【落实惠民政策】 2017 年，茶洞镇发放农资综合直补 4797 户，213.3 万元；农机补贴 8400 元。发放农村低保 747 户、1521 人，235.3 万元，发放五保供养金 225 人，88.68 万元。发放临时救助 104 人次，救助资金 14.82 万元；发放高龄补贴 7116 人次，31.23 万元。发放冬春两季救济救灾物资大米、棉被、棉衣，价值 9130 元。新农保待遇发放 3637 人，实际发放完成率 99.9%。签订协议代扣代缴缴费 7026 人。农村计划生育家庭爱心保险项目 171 户，其中独生子女 119 户，农村双女户 52 户。农村计划生育家庭小额贷款贴息项目种养户 6 户，金额 11.9 万元。完成农村危房改造 184 户，补助农户资金 368 万元。

【发展生态乡村旅游】 2017 年，茶洞镇按照“生态 6+1”的工作思路，着重发展生态休闲旅游。以千年古村落褚村为龙头，进行创建百亩花田、恢复青石板路、打造民宿民居等规划，完善旅游公厕、旅游导向牌，生态停车场、徒步道建设，指导村民发展民宿、农家乐，提高旅游收入，并借助网络、微信等现代媒体进行宣传。4 月，褚村以“企业 + 合作社 + 旅游”的方式，举办花海彩雕艺术节；国庆节期间，褚村格桑花海游客近 10 万人次。褚村获 2017 年“全国生态文化村”。举办茶洞镇第一期乡村旅游厨艺培训班。仁义村委白水滩 6 级瀑布群，以绿色生态、乡村休闲徒步游吸引游客。国庆节期间，仁义村委与温良村委联合举办第一届百香果节，吸引大批游客。休闲旅游成为贫困村群众增收致富的新途径。 （阳灵丽）

五 通 镇

【概况】 五通镇位于临桂区北部，地处北纬 25° 19′ ~25° 32′，东经 109° 35′ ~110° 09′ 之间。东接灵川县公平乡、临桂区临桂镇，南连两江镇，西邻黄沙瑶族乡、茶洞镇，北靠中庸镇、宛田瑶族乡。镇人民政府驻五通街。2017 年，辖 22 个村委 1 个居委，139 个自然村，15965 户，61350 人，人口自然增长率 0.26%。有汉、瑶、壮、回、苗等民族。全镇总面积 263.72 平方千米。地处越城岭南缘，地势东西高，中南部低；西北部为山区，余为丘陵。最高的的山有围岭界、马径界、光头岭、祖庙界，主峰海拔最高点分别为 1389 米、1372 米、1205 米、1159 米。主要河流有义江河、浔江河、祖庙河等。有 321 国道、县道五（通）潭（下）公路、五（通）两（江）公路、五（通）保（宁）公路，五（通）黄（沙）公路（在建）经过镇境，年内通车的桂（林）三（江）高速公路亦经过镇区；已建成的贵（州）广（州）高速铁路在五通镇区附近设立一个镇级站。农贸市场有五通永业新城市场、山货街老市场、第二市场和保宁圩市场。五通农贸市场是临桂区西北部乡镇农产品的集散地，年成交额约 11 亿元。旅游景点有国家级 AAAA 景区的义江缘景区，国家农业旅游示范点刘三姐茶庄、广福山景区和结宅村江心洲农庄。全年接待游客 71.8 万人次，营业收入 1800 多万元。

2017 年，全镇耕地面积 4667 公顷（水田 3868 公顷，旱地 799 公顷）。粮食总产量 3.89 万吨，水果产量 6.4 万吨，蔬菜 5.45 万吨，猪肉 0.4 万吨，禽类产量 1 万吨；农民画产值 2.3 亿元。全年实现农业总产值 8.5 亿元，工业总产值 7.6 亿元，全社会固定资产投资 6.5 亿元，镇财政收入 914.17 万元，农民年人均纯收入 15175 元。

【产业结构调整】 2017 年，五通镇种植桂花成年树及苗木树 2666.7 公顷，年产值 1.8 亿元；种植沙糖橘 2466.7 公顷，年产值 2.2 亿元。规模以上的养猪、养鸡、种鸭养殖户 360 多家，年产值 2.9 亿元。

【农业基础设施建设】 2017 年，五通镇完成桐山河堤、板屋河堤、牛路河堤、茅山河堤和赵家水坝等水利水毁修复加固工程 15 处。落实资金 195 万元，完成罗江村、柳山村等人畜饮水工程，解决 2030 人饮水问题。投资 123 万元，修缮人畜饮水工程 5 处。

【扶贫工作】 2017 年，五通镇争取项目 4 个，投资 135 万元，修建通村公路 11.3 千米。为 173 家贫困户发放贷款 762.8 万元。开展产业帮扶工作，筹措资金 69 万元，为 345 家贫困户每户帮扶 2000 元。年内，北塘村委实现脱贫摘帽，全镇 119 户 477 人经“双认定”核实认定脱贫。

【小城镇建设】 2017 年，五通镇抓好百镇建设项

五通镇农民画一条街　　五通镇人民政府　供稿

目。水源街等街道的小街小巷维修改造工程启动，老321国道镇区段道路工程(一期)、新街、山货街道路建设工程完成投资260万元。义江公园建设完成。保宁街垃圾转运站建成并经过验收。镇区至高铁站自来水扩容改造管线铺设竣工，桐山路至高铁站柏油路建成。

【“美丽乡村”建设】 2017年，五通镇通过公开招投标，镇区以及五通、罗江、西山等12个村委的“三清洁”实行公司化管理，全镇的垃圾清运也实行公司化运作。投资60多万元，完成沙角村、步洲村生态乡村建设，并通过市级验收。

【落实惠农政策】 2017年，五通镇下发农业三项补贴739.82万元，粮食直补48.17万元，退耕还林补贴14万元；临时救助332人次16万元，五保供养金134.49万元，城乡低保金682.4万元；农村危房改造115户231.58万元；发放农机补贴49台(套)，共11.87万元。

【基层组织建设】 2017年，五通镇23个村“两委”一次性完成换届选举工作，每个村(居)委都按要求配备一名以上的女性干部。培养入党积极分子35人，吸收预备党员15人，预备党员按期转正10人。交纳党费9.8万元。组织党员上党课4期，受教育党员800多人。组织开展廉政书画展、廉政文艺演出等活动。

【农村文化建设】 2017年，五通镇建设罗江村委冲尾村公共文化服务中心，配备篮球场、戏台、文化活动室及健身器材等设施。在永业新城举办“义江杯”广场舞联谊赛；协助举办城乡歌手团体(北部赛区)决赛。组建军营村、西板村、邓家村、夏榴村、祥田村、莲塘门、保宁街等7支彩调队。（周荣华）

中庸镇

【概况】 中庸镇位于临桂区西北部，地处北纬25° 24′ 43″ ~25° 30′ 11″，东经110° 00′ 46″ ~110° 06′ 54″之间。东与灵川县青狮潭镇交界，西、南与五通镇相连，北界宛田瑶族乡。镇人民政府驻中庸圩，距城区32千米。总面积59.6平方千米，耕地面积1645公顷，其中水田1455公顷，旱地209公顷。2017年，辖7个行政村，47个自然村。2017年年末，户籍总人口20995人，农业人口20633人，人口自然增长率8‰。全镇镇村道路通村委会100%，通自然村达99%，巷道硬化率97%。全镇农业总产值17009.9万元，固定资产投资5亿元，财政收入556万元(国税146万元，地税146万元)，农民人均纯收入8820元。

【农业水利】 2017年，中庸镇建设现代特色农业核心示范区1个(果舞人间生态休闲农业示范区)，核心区面积100公顷，辐射带动周边206.67公顷。种植罗汉果400多公顷、百香果200多公顷、金钱草130多公顷，罗汉果鲜果及罗汉果初加工产值3000多万元。有农民专业合作社27家，

2017 年 12 月 12 日，临桂镇人大代表在中庸镇泗林村参观
临桂镇人民政府 供稿

行改造。投入 1000 多万元，完善中庸中小学及幼儿园设施建设，新建中庸初中宿舍楼、教学综合楼。投资 700 万元，新建占地 1 公顷的市民广场，新建 1 座镇中心卫生院综合业务楼，增配一批医疗设备。投入 100 多万元，添置环卫三轮车、洒水车、垃圾清运车等设备，聘请镇区城管中队特勤人员 3 名、环保工作人员 90 名。投入 200 万元，整治移动、电信等综合管线 4000 米。

实行合作社 + 基地 + 农户的产业经营模式生产，带动 2000 多户发展现代农业产业。开展重大动物疫病防控和水产畜牧产品质量安全监管，促进养殖业健康发展。水产品总产量 418 吨，生猪出栏 1.6 万头，家禽出笼 77 万羽。投资 36.2 万元，维修人饮工程设施 4 处、修复水毁灌溉设施 6 处；配合区水利局开展小型水利权属登记工作。推行河长制，成立中庸镇河长制办公室，明确镇村两级河长及职责。

【新型城镇化示范镇建设】 中庸镇被列为桂林市第三批新型城镇化示范镇建设，2016 年 10 月启动。2017 年，中庸镇以打造"生态休闲旅游特色小镇"为发展目标，坚持一本蓝图绘到底。以项目建设为抓手，实施基础和民生项目 26 个，总投资 1.04 亿元。新建一座日处理量 600 吨的污水处理厂，新建一座占地 1600 平方米的垃圾中转站；新建 2 个占地近 5000 平方米的便民停车场、2 个便民候车亭、1 座高标准公厕；硬化镇区道路 4 千米、铺设雨污管道 4000 米，地下管线 6000 米，安装路灯 100 盏，安装天网工程监控摄像头 61 个；新增果皮箱 150 个；配套完成交通道路标志及绿化、亮化、美化工程；投入 1100 多万元，对镇区 151 户 3.2 万多平方米房屋进行立面改造；投入 200 万元对中庸老街按照修旧如旧的风格进

【建设生态休闲旅游精品线路】 中庸镇生态休闲旅游精品线路项目南起义江缘景区，北至中庸镇葡萄村，伴义江而行，全长约 13 千米，串联义江缘、莲花岛、红溪、水车湾等景区以及义江田园风光。一期精品段（于村至泗林村）建设长度为 4.8 千米，工程有自行车道、徒步亲水步道、田园采摘区、竹林烧烤区。2017 年 11 月开工建设，年内即将完工，具备自行车骑行、徒步、烧烤等功能。

【人大代表履职平台建设】 2017 年，中庸镇以创建桂林市人大代表联系人民群众履职活动平台示范点为契机，对代表履职平台提档升级。投入近 5 万元升级改造履职活动中心和代表接待室。建立并运行人大公众号，成为全市最早开通人大公众号的乡镇之一。推进代表履职活动常态化，把人大代表之家延伸到自然村和企业，按照统一标准，领导和指导建设人大代表之家 9 个，其中村委会 7 个，实现全覆盖，并创建泗林村、红溪景区人大代表之家。在桂林至龙胜的黄金旅游通道上，竖立两个面积近 220 平方米的人大履职平台高炮宣传牌。各级人大代表向群众发放印有联系选区、代表电话和人大公众号的连心卡 1500 多张。创新做法得到自治区、桂林市、临桂区人大常委会领导的肯定，并接待宁夏回族自治区固原市、桂林市象山区、灵川县等 20 多批人大领导学习交流。年

内，人大代表履职活动中心开展集中培训4次，组织代表座谈100多人次，开展专项视察5次，收集、办理代表意见和建议41件。

【“美丽乡村”建设】 2017年，中庸镇继续打造怡乐、东洲生态宜居示范村，怡乐村发展形成沙糖橘、火龙果、罗汉果3大优势产业，以红溪景区旅游资源为依托，开设多家农家乐，解决30多名农村剩余劳动力就业，道路硬化到村到户，安装太阳能路灯15盏，投入35万元资金的休闲小广场完成建设并使用。东洲村形成苗木、金钱草、百香果3大村优势产业，道路硬化到村到户，安装15盏太阳能路灯，投入20万元建设完成休闲小广场并使用。全镇村委会通水泥路、自然村巷道硬化率100%。完成改厨改厕约400户，发放金额约90万元。生活用水安全保障，有自来水的村庄达80%。全镇垃圾池70个，保洁员92人，垃圾中转站1座，生活垃圾实现集中处理。农村危房改造完成83户。所有自然村实现宽带联网，是全区率先建设“雪亮工程”的两个乡镇之一。

【精准扶贫】 2017年，中庸镇围绕“六个精准”和“七个一批”总体要求，开展脱贫攻坚工作，实现39户160人脱贫，“十三五”贫困村穴田村顺利摘帽，贫困发生率由精准识别时的6.4%下降至2.4%，被桂林市委、市政府评为2017年度脱贫攻坚工作先进单位。（于政捷　石婧晓）

宛田瑶族乡

【概况】 宛田瑶族乡位于临桂区北部，地处北纬25°30′20″~25°40′47″、东经109°55′00″~110°07′47″之间。东靠灵川县兰田瑶族乡、公平乡，北接龙胜各族自治县，南连中庸镇、五通镇，西与黄沙瑶族乡相邻。乡人民政府驻宛田村委林家村，距临桂城区公路里程40千米。2016年，辖15个村委会，138个自然村；6131户，23291人。有瑶、壮、苗、汉等四个世居民族，其中瑶族人口有11266人，占全乡人口的48.3%。居民操桂柳官话及瑶话、壮话、义宁平话。

全乡总面积342.32平方千米，为临桂区内土地面积最大的乡镇。耕地面积11478公顷，其中水田面积7802公顷，旱地面积3676公顷。森林1万公顷，森林覆盖率85%。大竹山、叽吓界、深湾界、横岭界、阴棚界、四马槽界、岩岭坳等山海拔均在1000米以上。主要河流有义江、流丰河、合作河、中江、平水江等。321国道、桂（林）三（江）高速及宛（田）黄（沙）公路过境。

境内有桂林康源矿业有限公司、桂林瑶品淡泉水业有限公司、桂林聚信水业有限公司等乡镇企业283家，从业人员4106人。2017年，全乡工业总产值3.27亿元；全社会固定资产投资总额4.15亿元；财政收入456万元；农民人均纯收入8105元。农贸市场有宛田圩、庙坪圩，为大米、肉类、竹木农具以及野生香菇、木耳、冬笋、蜂蜜、中草药材等特产集散地。

境内山水资源丰富，旅游景点有东宅江蝴蝶谷、十二滩漂流、王能望情谷、红滩瀑布、吉瓮瀑布、永安梯田等。

【农业】 2017年，宛田瑶族乡因地制宜发展发展罗汉果、百香果等特色种植；鼓励种植大户创办专业合作社和农技协会。全乡种植罗汉果800多公顷，柑橘类水果10多公顷，百香果26.67公顷。

【林业】 宛田瑶族乡盛产毛竹和杉木，是临桂区境内林业大乡。2017年，完成绿化造林140公顷，毛竹病虫害防治200多公顷。有毛竹9200公顷，产毛竹87.33万根，年产值1400万元。

【为民办实事】 2017年，宛田瑶族乡多方筹措资金，完善山区基础设施建设，解决群众出行难题。落实“一事一议”财政奖补资金528万元，实施瓮洲、东江、陶善、洞头、流峰、中江、平水的14个自然村村道硬化18.27千米；完成东江村委通村道路硬化工程，项目总投资1243万元，惠及800多人;投入2400余万元,硬化陶善至平水通村道路,年内完工通车。投入少数民族发展资金152万元,实施柳厄村委罗江、中江村委摆脚人畜饮水工程;完成平水村委石灰窑村至东江村委上东江村0.6千米的通村道路硬化和流峰村委寨底村0.5千米道路硬化项目。支持水泥772.5吨,实施柳厄村委上柳二组、楠木村委南江、中江村委流清、平水村委上寨、合作村委高枧村、小河村委高寨、大村等自然村巷道硬化工程。实施乡村“亮化”工程,在321国道沿线安装150盏太阳能照明路灯,为每个村委配发太阳能路灯,方便群众夜间出行。

【“美丽宛田·生态乡村”活动】 2017年,宛田瑶族乡开展“美丽宛田·生态乡村”活动。实施翁洲司坪、中江王能两个自然村的生态乡村休闲广场建设项目。投入10万余元,新建小型垃圾池12座,修缮弃旧垃圾池37座。完成700户的“改厨”“改厕”任务。开展多次环境卫生大整治行动,清理321国道段及集镇区道路沿线垃圾,做好集镇、村屯常态化保洁工作。

【惠农工程】 2017年,宛田瑶族乡617户低收入家庭得到低保救助和临时救助。提高城镇居民医保覆盖面,完成全乡2万余人的城乡居民医疗参合工作,参保率97.92%。上报危房改造户154户,年内完成危房改造的住户占80%。落实“三农”惠民政策,为全乡967.65公顷水田购买政策性保险。

【精准扶贫】 2017年,宛田瑶族乡有“十三五”贫困村委3个,贫困户321户,贫困人口1164人。建立完善精准扶贫结对帮扶工作机制,实现贫困村驻村帮扶全覆盖。落实扶贫相关政策,争取资金帮助贫困村委及贫困户解决实际困难。实施教育精准扶贫,落实贫困户子女各阶段资助政策,为9名贫困学生申请1.7万元助学补助。开展贫困劳动力职业技能培训。实施健康精准扶贫,加大对因病致贫、因病返贫的排查力度,多方面解决补贴,给予救助。实施产业帮扶机制,为贫困村寻找集体经济增长点,通过成立村民合作社,发展特色种植业,让贫困村拥有稳定的经济收入,变“输血”为“造血”。落实资金54万元,帮助中江贫困村发展光伏发电扶贫项目,壮大集体经济。做好结对帮扶、产业脱贫工作,帮助290户贫困户申请产业帮扶资金58万元。年内,动态调整,全乡新增贫困户18户61人,做到应纳尽纳。年末,48户191人脱贫,7户列为易地搬迁户。

【传统古村落保护】 2017年,宛田瑶族乡投入500万元,完成东宅江村传统瑶寨居民62户吊脚木楼的乡土化特色改造,铺设石板巷道路面1800米,新建具有民族特色的瑶族博物馆和一座旅游公厕,安装太阳能路灯38盏。

【新农村建设】 2017年,宛田瑶族乡落实新农村建设资金约200万元,完成翁洲村委樟村、瓮潭、司坪,宛田村委村东宅等6个自然村生态休闲广场建设和路灯安装;新建村级组织活动场所4个,新建村委文化活动中心1个,修缮村委办公场所3个,修建篮球场1个;建立瓮洲、下柳、双河、下

2017年12月28日,实施传统古村落保护后的宛田瑶族乡东宅江村

宛田瑶族乡人民政府 供稿

东江等4个儿童家园；帮助高枧、宛田、下洞等村屯新增一批农民健身运动器材。

【教育与卫生】 2017年，宛田瑶族乡坚持教育优先，促进教育公平。解决好撤点并校后出现的问题，严防辍学，强化素质教育，提高教育质量，推进义务教育均衡发展。实现中小学入学率、巩固率“双达标”。加强青少年法律知识培训，加大对留守儿童及贫困儿童的关爱力度。推进乡卫生院、村委卫生室标准化建设。卫生院联合乡妇联，开展关爱女性健康工作，免费为561名农村妇女进行乳腺癌筛查。 （戴雨君）

黄沙瑶族乡

【概况】 黄沙瑶族乡位于临桂区西北部，地跨北纬25°32′03″~25°26′25″、东经109°58′38″~109°50′39″之间。东靠宛田瑶族乡，北接龙胜各族自治县三门镇、花坪林区，南连五通镇，西与永福县龙江乡、融安县板榄乡相邻。乡人民政府驻黄沙村委，距城区公路里程78千米。2017年，辖5个村委会，66个自然村，1610户，5541人。世居民族有瑶、壮、苗、汉族等。居民操瑶话、桂柳官话和义宁平话。

地处山区，总面积202.89平方千米，耕地面积1316公顷，森林面积17422.5公顷，森林覆盖率98%。境内广福顶海拔1524米，为临桂区最高的山峰。另有雨档岭、熊罢岭、小厄头岭、宇庙岭、川崖岭、祖庙岭、雨落岭、五里界、太阳岭、钟家界等，海拔均在1000米以上。主要河流有黄沙河、滩头河。公路有宛（田）黄（沙）、黄（沙）滩（头），以及黄沙至翻水通村公路。农贸市场有黄沙圩，有野生香菇、木耳、冬笋、蜂蜜、药材等特产。旅游景点有九滩瀑布、九洞岩瀑布、鸡公岩、安江坪景区等。

【经济综述】 2017年，黄沙瑶族乡财政收入437万元，同比增长8%。其中，国税完成210.2万元，占任务数的49%；地税完成218.8万元，占任务数的51%；完成农业生产总值6113万元，同比增长5%；全社会固定资产投资完成9000多万元，实现农民人均收入6598元，同比增长8%。

【特色农业】 2017年，黄沙瑶族乡继续做好山地种植、养殖文章，建设产业基地，发展乡村特色种养，实现农业增效、农民增收。全乡罗汉果种植253.3公顷，百香果33.3公顷，灵香草100公顷。持续加大黄沙茗仁谷有机茶产业示范区投资力度，种植龙井、大红袍、铁观音等名贵茶叶品种。拓展业务范畴，建设老江河冷水鱼养殖基地，稳定提升黄沙村委朱家村、宇海村委、围岭村委渔业流水养殖基地产值收入。退耕还林754户，252.3公顷，发放资金47.32万元。落实畜牧业专项工作经费，完成春防、秋防工作。全乡免疫家禽5000多羽，牲畜4000多头次，辖区内无动物疫情发生。完成肉类总产量260吨，同比增长3%；生猪、牛、羊出栏3000头，同比增长15%；家禽出笼30000羽，同比增长5%。

【基础设施建设】 2017年，黄沙瑶族乡多方筹措资金，继续实施交通大会战。完成五通至黄沙公路路基建设，并完成6千米水泥路面铺设。完成黄沙民族休闲广场风雨桥二桥项目建设工程并实现通行。完成上宇宙进村道路硬化1.5千米，单江村何家新屋场至甘子坪进村道硬化2千米，大坪村潘家门口变电房进村道1千米；完成翻水长滩、枫木坪的滚水坝工程、石床村道路维修、翻水蚂拐塘进村道路硬化等扶贫项目。

【综治工作】 2017年，黄沙瑶族乡加强法治宣传教育。完善信访工作长效机制和矛盾纠纷排查化解机制，化解信访矛盾。梳理历史遗留和发展中的信访案件，依法处理各类信访矛盾。及时处理初信初访问题，加强重信重访矛盾的调处，提高信访案件的化解率。健全社会稳定风险评估机制，对重大决策、重点项目开展风险评估，预防和减少影响社会稳定的隐患。

2017 年建成的黄沙风雨二桥　　黄沙瑶族乡人民政府　供稿

【精准扶贫】 2017 年，黄沙瑶族乡实行差异化、精细化、“滴灌式”帮扶，做好“挂图作战”，确保项目、资金、力量精准帮扶到位。对年内脱贫户(20 户，69 人)任务目标按月按时走访，了解其生产情况，落实帮扶政策，完成扶贫“双认定”工作。结合“扶贫日”活动，春节和中秋节期间，开展访贫问苦活动。其中，春节前慰问贫困户 111 户，364 人，慰问金 44400 元；中秋节期间慰问贫困户 40 户，8000 元。全乡 54 户贫困户申请结对帮扶资金 10.8 万元。做好与企业的沟通协调工作，落实贫困村的帮扶资金。桂广滑石有限公司是围岭村委的定点帮扶单位，有结对帮扶贫困户 1 户，7 人。该企业每月给帮扶户在校生 2 人每人 300 元的教育资助；捐助贫困户 3000 元的电视机 1 台；出资 2 万元，帮助硬化 200 米的上围岭村道；出资 6500 元，修整蕨菜坪村进村道路路肩；出资 7.2 万元，为围岭村委的 3 个自然村安装太阳能路灯 20 盏；春节前出资 3100 元慰问贫困户及困难党员 11 户。“七一”期间，慰问困难党员 14 人，3800 元。安装太阳能路灯 102 盏，解决翻水、围岭等 10 村屯的亮化问题。“雨露计划”学历教育做到精准补助、应补尽补。

【“美丽乡村”建设】 2017 年，黄沙瑶族乡加大美丽乡村活动力度，推进生态乡村建设，整合资源开展“三改”工作。改厨开工 45 间，完工 34 间；改厕开工 53 户，完成 44 座。危房改造完成全年工作任务 15 座。做好日常清洁卫生工作，组织大型清洁活动 6 次，清理村庄、河道、田园垃圾 1000 余吨。全乡生活垃圾实行有效处理。

【人口计生工作】 2017 年年末，黄沙瑶族乡总人口 5541 人，常住人口总数 5225 人，已婚育龄妇女 1021 人。全乡出生人口 77 人，其中，男孩 35 人，女孩 42 人，性别比 100 : 83。孕前优生健康检查任务完成率 102%；计生贴息贷款完成任务数的 100%。组织计生家庭户参加关爱儿童、关爱家庭数共计 303 人。全乡计生家庭户脱贫率 37%，独生子女保健费、奖励扶助等惠农政策、资金均按政策落实到位。

【社会保障】 2017 年，黄沙瑶族乡坚持以人为本，做好民政优抚等工作，关注和关心农村弱势群体，关爱留守儿童，维护弱势群体合法权益。发放城镇低保 1.69 完元，农村低保 121.77 万元；发放临时困难救助和医疗保障资金 2.73 万元；发放五保资金 11.52 万元，高龄补助(含慰问金)9.53 万元。新型农村合作医疗参合实现全覆盖。新型农村养老保险正常参保数 2895 人，其中领取待遇 839 人。办理丧葬补助 11 人。

【教育文化卫生事业】 2017 年，黄沙瑶族乡推进义务教育均衡发展，继续做好控辍保学工作，全乡适龄少年无辍学现象发生。开展戏曲进校园，城乡歌手巡演等活动。获临桂区第十一届村屯(社区)彩调大赛一等奖，第六届村屯(社区)广场舞大赛中三等奖，临桂区群众文化工作一等奖。完善卫生院标准化建设程，做好地中海贫血、艾滋病等疾病的防治宣传工作，为符合条件的群众免费检测。

(石庭有)

附　　录

中庸镇市民公园及文化广场　　　　中庸镇人民政府　供稿

桂林市临桂区全面推行河长制工作方案

为贯彻落实中共中央办公厅、国务院办公厅《关于全面推行河长制的意见》和广西壮族自治区党委办公厅、人民政府办公厅印发的《广西壮族自治区关于全面推行河长制的实施意见》、《广西壮族自治区全面推行河长制工作方案》等文件精神，落实绿色发展理念、推进生态文明建设，完善水治理体系、维护水生态功能，扎实做好全面推行河长制工作，确保各项目标任务如期完成，结合我区实际，制定本方案。

一、总体要求

（一）指导思想

全面贯彻党的十八大和十八届三中、四中、五中、六中全会精神，深入学习贯彻习近平总书记系列重要讲话精神和治国理政新理念新思想新战略，紧紧围绕统筹推进“五位一体”总体布局和协调推进“四个全面”战略布局，牢固树立新发展理念，认真贯彻落实自治区第十一次党代会精神，结合“美丽广西”乡村建设重大活动，在全区江河湖库全面推行河长制，构建责任明确、协调有序、监管严格、保护有力的江河湖库管理保护机制，加强水资源保护和水污染防治，改善水环境和修复水生态，为维护江河湖库健康生命、实现江河湖库功能永续利用提供制度保障。

（二）工作原则

1．坚持生态优先、绿色发展。把尊重自然、顺应自然、保护自然的理念贯穿到江河湖库管理保护与开发利用全过程，强化规划约束，促进江河湖库休养生息、维护水生态功能。

2．坚持党政同责、部门联动。建立健全以党政领导负责制为核心的责任体系，实行分级负责、属地管理、联防联控，明确各级河长职责，协调各方力量，形成一级抓一级、层层抓落实的系统性网格化工作格局。

3．坚持问题导向、因地制宜。立足不同地区、不同江河湖库实际，兼顾流域统筹、区域协作、系统治理，实行一江一策、一河一策、一湖一策、一库一策，解决好江河湖库管理保护的突出问题。

4．坚持强化监督、严格考核。依法治水管水，建立健全江河湖库管理保护监督考核和责任追究制度，拓展公众参与渠道，营造全社会共同关心和保护江河湖库的良好氛围。

二、主要目标

（一）到2017年10月底，在洛清江、桃花江建立河长制，形成覆盖区、乡、村三级河长体系。

（二）到2017年11月底，在相思江（临桂区段）、良丰河（大江水库）、三门河（临桂区段）、会仙河、佛殿河（临桂区段）、遇龙河（临桂区段）、古桂柳运河等主要河流建立河长制，形成覆盖区、乡、村三级河长体系。

（三）到2017年12月月底，全区江河湖库全面建立河长制，形成覆盖区、乡、村三级河长体系，出台相关配套制度及考核办法。

（四）到2020年，水资源得到有效保护，水域岸线合理利用，水环境质量总体保持优良，水域面积总体保持稳定，城市建成区黑臭水体基本消除，水生态持续向好，逐步实现“水清、岸绿、河畅、景美”的江河湖库管理保护目标。

三、组织体系

（一）河长体系

全面建立行政区域与流域相结合的区、乡、村三级河长体系。

区、乡镇分别设立总河长、河长。区总河长由临桂区党委和政府主要领导担任，乡镇行政区域河长由同级党委、政府主要领导担任。洛清江（宛田乡庙坪村丁岭底自然村至临桂区两江镇与永福县苏桥镇分界点）、桃花江（五通镇板屋村板屋自然村至临桂镇桥头自然村）、相思江（临桂镇沙塘村沙塘街至四塘镇新村与永福县罗锦镇交界点）、良丰河(南边山镇靖远村香草岩至六塘镇羊田村社桥背自然村)(大江水库)、三门河(黄沙乡黄沙村上黄沙自然村至滩头村红岭自然村流入龙胜县大罗乡)、会仙河(六塘镇广洞村雷田自然村至会仙镇上高桥自然村汇入相思江)、佛殿河(会仙镇新立村白藤崴自然村至会仙镇新立村秦村自然村汇入雁山区)、遇龙河(南边山镇靖远村谭家自然村至永平村韩家自然村汇入阳朔)、古桂柳运河(四塘镇大湾村至会仙镇新民村与雁山的交界点)分别设立区河长,由区领导担任;九条主要河流流经的乡镇、村的相应河段,分别设立相应的乡镇、村河长,由乡镇党委、政府主要领导和村党组织书记担任。其他江河湖库所在乡镇按行政区域分级分段分片设立河长,由同级领导担任;村河长由乡镇根据实际设定,可由村支部书记、主任或其他村干部担任。

(二)工作机制

实行以河长负责制为核心的各项责任制,形成由河长负责组织领导、河长会议会商决策、部门分工负责、河长制办公室督导考核的闭环管理机制。分级建立河长会议制度,各级河长会议由本级总河长、河长、相关负责同志、成员单位负责同志出席。

区级河长会议成员单位由区委办、区政府办、宣传部、水利局、发展改革局、财政局、人力资源和社会保障局、国土资源局、环保局、住房和城乡建设局、交通运输局、农业局、林业局、水产畜牧兽医局、文新广体局、工信局、卫生计生局、旅游局、市容局、法制办、公安局、气象局、中心水文站等组成。如因工作需要,可相应增加成员单位,各乡镇结合实际参照执行。

除区领导担任河长的九条主要江河外,其他乡镇领导担任河长的跨乡镇的江河湖库,建立河长联席会议工作机制。河长联席会议召集人原则上由最长河段的乡镇河长担任,跨乡镇大型湖库由湖库防汛抗旱指挥长所在乡镇河长担任。

(三)工作机构

临桂区成立河长制办公室,设在临桂区水利局,办公室主任由区政府分管领导兼任,办公室副主任由区水利局和区环保局主要负责人兼任,办公室日常工作由临桂区水利局牵头承担。各乡镇设置河长制办公室。

(四)工作职责

1. 河长工作职责

(1)总河长对本行政区域江河湖库管理保护负总责。负责组织领导本行政区域江河湖库的管理保护工作,承担总督导、总调度、总协调职责;负责指导、督导同级河长、下级河长和组织协调同级有关责任部门履行职责,协调解决江河湖库管理保护工作中的重大问题。

(2)区河长是所负责江河湖库管理保护的直接责任人,负责组织开展宣传解读、贯彻实施相关江河湖库管理保护的法律法规和政策,加强和创新江河湖库管理保护工作。负责协调解决江河湖库管理保护工作中的具体问题,牵头组织开展江河湖库管理保护,抓好水资源管理、水域岸线管理保护、水污染综合防治、水环境保护和治理、水生态保护与修复、水域保洁和执法监管等工作;依法整治侵占河道、侵占湖库水域、超标排放污水、非法河道采砂等突出问题;指导同级河长制办公室工作,督导下级河长、同级有关责任部门履行职责,向同级总河长和上一级河长报告重大事项。

(3)乡镇河长是所负责江河湖库管理保护的直接责任人。负责组织做好本行政区域内江河湖库管理保护工作,开展宣传教育,发动做好水域岸线保洁等工作,督导村河长履行职责,对突发水污染问题和检查发现的重大问题及时报告上一级河长。

(4)村河长协助乡镇党委和政府以及有关部门做好江河湖库管理保护工作。负责组织引导村民制定和遵守村规民约、参与江河湖库管理保护工作,配合乡镇做好本区域江河湖库保洁、管护、巡查等工作,发现违法活动等问题及时报告上一级河长。

2. 河长会议职责

协调解决江河湖库管理保护、全面推行河长制工作中的重点难点问题、重大事项。研究制定河长制相关制度和办法。组织协调有关综合规划和专业规划的制定、衔接与实施。协调解决部门之间、地区之间有关江河湖库管理保护的重大争议。组织开展综合考核工作。

3. 河长会议成员单位职责

各级河长会议成员单位应按照职责分工,各司其职、各负其责,协同推进河长制的各项工作。

区河长会议成员单位的职责如下:

宣传部、区文新广体局负责加强河湖管理保护的宣传教育和舆论引导。

区发改局负责协调推进有关江河湖库保护治理重点项目,协调江河湖库管理保护相关的产业规划布局,会同有关部门积极引导和鼓励社会资本参与水环境保护和治理,按规定权限对江河湖库管理范围内建设项目进行立项审批、核准、备案。

区工信局负责指导推进工业企业水污染控制和工业节水,加快淘汰落后产能,合理确定产业发展布局、结构和规模,以工业水、再生水利用等推动循环发展、绿色发展、低碳发展。

区财政局负责落实整合区江河湖库管理保护与治理所需资金和河长制工作经费,加强资金使用监督管理。

区机构编制委员会办公室负责落实区河长制办公室工作机构和人员编制。

区国土资源局负责加强矿产资源开发整治过程中的矿山地质和水环境保护治理工作,做好江河湖库治理重点项目建设用地保障工作,严格水域岸线土地用途管制和江河湖库管理范围内建设项目的用地审批;会同水利局督导推进江河湖库管理范围、水利工程管理范围和保护范围的划界确权工作。

区环保局负责水污染防治监管、指导,组织实施水污染防治规划、地表水水质监测、发布有关监测信息,制定严格的入河排污标准,实行排污许可,组织开展入河污染源的调查和达标排放监管工作,组织水污染事件应急处置和调查处理。

区水利局负责实行最严格水资源管理制度,督导推进江河湖库水域岸线的管理保护、水土流失预防和综合治理;会同国土资源局督导推进江河湖库管理范围、水利工程管理范围和保护范围的划界确权工作。

区住建局负责推进城市建成区范围内由住建系统管理的水域环境治理工作,推进城乡污水等基础设施的建设与监管。

区法制办负责提供法律服务、宣传与法制研究。

区市容局负责督促、指导推进城乡生活垃圾处理设施和农村卫生改厕等相关建设工作,做好城市建成区范围江河湖库、水域岸线的环境卫生管理工作。

区交通运输局负责组织、协调、指导和监督道路整治、疏通等工作。

区农业局负责农业面源污染防治,加强农业标准化建设,推进农业废弃物综合利用。

区林业局负责生态公益林保护和管理,水源涵养林和水土保持林建设,组织、协调、指导、监督湿地保护与修复及江河湖库滨水带生态建设。

区卫计局负责指导饮用水卫生监测。

区水产畜牧兽医局负责畜禽养殖、水产养殖污染防治和服务,负责畜禽养殖、水产养殖环节病死动物无害化处理监管,负责打击电鱼、炸鱼、毒鱼等在江河湖库的违法行为。

中心水文站负责行政区界水质、水量监测评价,协助做好河长制工作所需河流水系图的编制工作。

区旅游局负责指导协调涉及江河湖库旅游资源开发利用和保护工作,指导协调涉及江河湖库的重点旅游区域、旅游度假区和旅游景区等各类旅游业态的规划开发,负责江河湖库旅游资源的普查和规划。

区气象局负责本行政区域内气象事业发展规划的制定及气象工作的组织实施,对本行政区域内的气象活动进行指导、监督和行业管理。

区公安局负责组织开展依法打击破坏江河湖库管理保护的违法行为及危害水生态环境安全、水资源安全、防洪公共安全的违法犯罪行为。

各乡镇党委和政府要明确本级河长会议成员单位的具体职责。

4. 河长制办公室工作职责

河长制办公室承担河长制组织实施具体工作。负责向总河长、河长提出江河湖库管理保护工作意见建议；贯彻落实总河长、河长确定的事项和河长制会议作出的工作部署，督促成员单位和有关部门履行职责；做好组织协调、工作调度、监督考核和信息报送等工作。督导下级河长制办公室工作。

四、主要任务分工

（一）落实最严格的水资源管理制度

1. 严守水资源开发利用控制、用水效率控制、水功能区限制纳污三条红线，严格考核评估和监督。（区水利局牵头，各乡镇人民政府及相关部门按职责分工负责）

2. 实行水资源消耗总量和强度双控行动，严格执行重大规划和建设项目水资源论证、环评审批制度，切实做到以水定需、量水而行、因水制宜。（区水利局、区环保局、区发改局牵头，各乡镇人民政府及相关部门按职责分工负责）

3. 大力推进节水型社会建设，落实建设项目节约用水"三同时"制度（同时设计、同时施工、同时投产），推行合同节水管理模式，加快实施农业、工业和城乡节水技术改造，全面提高用水效率，坚决遏制用水浪费。（区水利局、区住建局、区工信局牵头，各乡镇人民政府及相关部门按职责分工负责）

4. 严格水功能区管理监督，根据水功能区划确定的河流水域纳污容量和限制排污总量，切实加强入江河湖库排污口监管，加强规模以上排污口监测，落实污染物达标排放要求，严格贯彻执行主要污染物排放总量控制制度。持续深入推进主要污染物减排，确保江河湖库功能持续发挥、资源持续利用。（区水利局、区环保局牵头，各乡镇人民政府及相关部门按职责分工负责）

（二）加强江河湖库水域岸线管理保护

1. 严格水域岸线等水生态空间管控，依法依规划定江河湖库管理范围、水工程管理范围和保护范围，明确管理职责。（区水利局、区发改局、区国土资源局牵头，各乡镇人民政府及相关部门按职责分工负责）

2. 严格江河湖库管理范围内建设项目规划许可，禁止建设不符合江河湖库水域岸线管理和防洪安全管理要求的项目，实行水域岸线分区管理和用途管制，强化岸线保护和节约集约利用，科学划分水域岸线保护区、保留区、限制开发区、开发利用区。（区水利局、区国土资源局、区住建局、区发改局牵头，各乡镇人民政府及相关部门按职责分工负责）

3. 严格涉江河湖库活动的监督管理，严禁侵占河道、围垦湖岸、非法采砂，清理整治岸线乱占滥用、多占少用、占而不用等突出问题，确保江河湖库水域岸线得到有效保护和科学利用。（区水利局、区国土资源局、区住建局、区交通运输局牵头，各乡镇人民政府及相关部门按职责分工负责）

（三）全面加强水污染综合防治

1. 按照《桂林市水污染防治行动计划工作方案》确定的水污染防治目标和任务，持续深入开展水污染综合防治。加强源头管控，实行水陆统筹、联防联控，深入排查入江河湖库污染源，统筹治理工矿企业污染。（区环保局牵头，各乡镇人民政府及相关部门按职责分工负责）

2. 推进工业绿色低碳循环发展，淘汰落后产能，促进产业转型升级。严控污染物排放浓度与总量，建立突发事故应急预案。（区工信局、区环保局牵头，各乡镇人民政府及相关部门按职责分工负责）

3. 加快城乡生活污染防治，提高城乡污水、生活垃圾收集处理率。（区市容局、区环保局牵头，各乡镇人民政府及相关部门按职责分工负责）

4. 科学划定畜禽养殖和水产养殖禁养区、限养区，重点防治畜禽养殖污染、水产养殖污染，大力发展生态养殖。（区水产畜牧兽医局、区环保局牵头，各乡镇人民政府及相关部门按职责分工负责）

5. 调整种植业结构与布局，大力发展生态农业，科学合理使用化肥农药，控制农业面源污染。（区农业局牵头，各乡镇人民政府及相关部门按职责分工负责）

6. 优化排污口布局，实施入江河湖库排污口专项整治。完善入江河湖库排污管控机制和考核体系，实施水量水质达标过境管理制度，加强对江河湖库跨界断面、主要交汇处等重点水域的水量水质监测。（区环保局、区工信局、区水利局、区水文站牵头，各乡镇人民政府及相关部门按职责分工负责）

（四）加大水环境保护和治理力度

1. 强化水环境质量目标管理，加强监测和考核，按照水功能区确定各类水体的水质保护目标。推行水环境治理网格化和信息化建设，建立健全水环境风险评估排查、预警预报与响应机制。（区环保局牵头，各乡镇人民政府及相关部门按职责分工负责）

2. 大力推进水生态文明城市建设，结合城市总体规划，因水制宜建设亲水生态岸线，加大黑臭水体治理力度，着力打造海绵城市。（区住建局牵头，各乡镇人民政府及相关部门按职责分工负责）

3. 依法依规划定饮用水水源保护区、落实保护措施、强化监督管理，依法依规清理饮用水水源保护区违法建筑和排污口，切实保障饮用水水源地安全。（区水利局、区环保局牵头，各乡镇人民政府及相关部门按职责分工负责）

4. 加快城乡水环境综合整治，综合考虑水生态、水景观、水安全、水文化等各种功能，打造整洁优美的宜居环境。（区住建局、区市容局、区水利局牵头，各乡镇人民政府及相关部门按职责分工负责）

5. 持续深入开展“美丽广西”乡村建设重大活动，综合整治农村水环境。依法大力打击填河、占河等违法行为，禁止建筑垃圾、弃土弃渣填占江河湖库。（区市容局、区住建局、区旅游局、区水利局牵头，各乡镇人民政府及相关部门按职责分工负责）

6. 建立江河湖库保洁长效机制，落实江河湖库保洁责任主体和职责。积极发动社会各界力量参与江河湖库保洁管护工作。（区市容局牵头，各乡镇人民政府及相关部门按职责分工负责）

（五）加大水生态保护与修复力度

1. 加大江河源头区、水源涵养区、生态敏感区、湿地保护力度，禁止在地表水饮用水水源一级、二级保护区内和农村饮用水水源保护区范围内新种轮伐期不足十年的用材林，禁止采用全垦整地、炼山等掠夺式经营方式。（区林业局牵头，各乡镇人民政府及相关部门按职责分工负责）

2. 加强水土流失预防监督和综合治理，加快推进石漠化片区综合治理。（区水利局、区发改局区、林业局牵头，各乡镇人民政府及相关部门按职责分工负责）

3. 根据《桂林市生态修复和城市修补总体工作方案》的相关内容和要求，加快水源涵养林和江河湖库滨水带生态建设，建设江河湖库沿岸植被缓冲带和隔离带。（区林业局、区农业局牵头，各乡镇人民政府及相关部门按职责分工负责）

4. 稳步实施退田还湿、退渔还库，恢复江河湖库水系自然连通，加强水生生物资源养护和增殖放流，提高水生生物多样性。（区农业局、区林业局、区水利局、区水产畜牧兽医局牵头，各乡镇人民政府及相关部门按职责分工负责）

5. 实施山水林田湖系统治理，大力实施河湖水系连通工程。开展江河湖库健康评估，积极推进建立生态保护补偿机制。（区水利局、区环保局、区发改局、区财政局、区林业局、区农业局牵头，各乡镇人民政府及相关部门按职责分工负责）

（六）加大执法监管力度

1. 建立健全部门联合执法机制，提高执法效力。完善行政执法与刑事司法衔接机制，加大对各类违法活动的打击力度。（区公安局及各乡镇人民政府及相关部门按职责分工负责）

2. 建立高效的水环境监管体系和执法网络，实施网格化、精细化、全方位的江河湖库巡查和违法行为报告制度，及时掌握江河湖库岸线动态变化和开发利用情况。（区环保局、区水利局、区公安局、区国土资源局及各乡镇人民政府及相关部门按职责分工负责）

3. 加强执法能力建设，落实江河湖库管理保护执法监管责任主体、人员、设备和经费。加强跨区域跨部门信息沟通，建立上下游、左右岸联合交叉执法和突发性水污染事故的综合调度机制。（区政府办、区财政局、区人力资源和社会保障局、区水利局、区环保局牵头，各乡镇人民政府及相关部门按职责分工负责）

4. 严厉打击涉及江河湖库违法犯罪行为。加强社会监督、群众监督工作，有效扩大监督覆盖面，严厉打击江河湖库非法采砂、非法采矿、非法占用水域及岸线资源行为以及非法取水、排污、养殖、捕捞、围垦、设障等活动。（区公安局、区法制办牵头，各乡镇人民政府及相关部门按职责分工负责）

五、实施步骤

围绕全面推行河长制主要目标任务，分阶段分步骤明确主要工作和时间节点，统筹协调推进各项工作。

（一）动员部署阶段(2017 年 1 月至 9 月）。召开动员大会，对全面推行河长制进行部署；举办相关业务培训，开展江河湖库名录调查，编制分级分段的江河湖库名录和水系分布示意图；筹建临桂区河长制办公室；

（二）全面推进阶段(2017 年 9 月至 2017 年 11 月）。建立临桂区河长会议制度、信息共享制度、工作督察制度、考核问责和激励制度、验收制度；临桂区及所辖各乡镇编制出台全面推行河长制工作方案和相关配套制度，按照一江一策、一河一策、一湖一策、一库一策要求全面推进河长制各项工作。

（三）检查落实阶段(2017 年 11 月至 2017 年 12 月）。采取自查、全面检查、重点抽查的方式，对全面推行河长制工作进行全面对照检查，督促整改落实措施，总结经验做法，完善相关工作机制，做好总结验收准备工作。

（四）验收总结阶段(2017 年 12 月至 2018 月 6 月）。按分级负责原则组织验收，对乡镇全面推行河长制进行验收考评。对验收不合格的乡镇挂牌督导整改。

六、工作要求及保障措施

（一）加强组织领导，落实工作责任。各级党委、政府和各部门要落实全面推行河长制的主体责任，把全面推行河长制作为推动生态文明建设的重要举措和有力抓手，列入重要议事日程，切实加强组织领导，及时研究解决全面推行河长制重大问题，统筹部门力量，严格按照各自职责分工，强化协调联动，形成工作合力，扎实推进各项工作，尽快制定出台全面推行河长制工作方案。各乡镇要在 2017 年 10 月底前印发工作方案，并报上一级党委和政府；2017 年 12 月底前制定出台相关配套制度及考核办法，并报上级河长制办公室。

（二）落实工作机构，保障工作经费，建立长效机制。各级党委、政府和各部门要落实全面推行河长制的工作机制，明确工作职责，落实工作人员和工作经费，建立保洁和巡查机制，将江河湖库监测监控、日常巡查、保洁管护、执法监管等工作经费纳入同级财政年度预算。各级政府要建立稳定持续的资金投入机制，积极探索引导社会资金，多渠道筹集江河湖库管理保护资金，包括中央资金、地方财政、生态补偿资金、社会民间投资等多元化资金筹措渠道。各级财政通过整合现有渠道的各项江河湖库治理资金，重点支持水资源管理、水域岸线管理保护、水污染防治、水环境保护治理、水生态保护修复等。强化部门联合执法，利用水利、环境保护、国土资源、住房城乡建设、农业等部门资源，加大对涉水违法行为打击力度。建立健全公众参与机制，充分调动社会各界力量参与江河湖库管理保护与开发，引导群众自治自管，建立和完善村规民约。

（三）加强监督检查，强化考核问责。建立河长制信息发布平台，通过主要媒体公告河长名单和水生态环境信息，在江河湖库岸边显著位置设立公示牌，接受社会监督。聘请社会监督员、第三方机构对江河湖库管理保护效果进行监督和评价，重点对最严格水资源管理、水域岸线管理保护、水污染综合防治、水环境保护治理、水生态保护修复、执法监管等进行考核。加强对河长制实施情况和河长履职情况督察检查，将全面推行河长制逐步纳入乡镇党政领导班子和党政正职绩效考核，将领导干部自然资源资产离任审计结果和整改情况作为考核的重要参考，实行生态环境损害责任终身追究制度。建立健全河长制考核评价体系，制定考核办法，实行量化和差异化考核。加强跟踪督察和检查考核，建立问责和奖惩机制，对成绩突出的予以表扬，对重视不够、措施不力、进展缓慢的责任单位和责任人进行约谈，对因失职、渎职导致河湖资源环境遭受严重破坏的，严格按照有关规定追究责任。

（四）加强监测预警，创新管护模式。建立江河湖库水生态环境监控体系，逐步完善取水、排水、排污计量监控设施，整合部门资源，建立江河湖库水资源监控信息管理平台，加强重要控制断面、水功能区水质和水量监测能力建设，全面提升江河湖库监控、预警预防能力。运用先进科技手段强化江河湖库水环境动态监控。深化管护体制改革，落实江河湖库保护主体责任，健全保护制度，实行专业化、社会化管护，全面提升江河湖库管理的规范化、专业化水平。创新保护模式，大力推行政府购买服务、分片包干、受益人自用自管等多层次的管理模式。

（五）加强总结推广，结合实际大胆创新。要结合实际大胆探索创新，积极开展河长制工作跟踪调研，不断提炼和推广好做法、好经验、好举措、好政策，逐步完善河长制的体制机制。建立河长制信息共享平台，组织开展多形式多层次的管理培训和经验交流，促进各地相互学习借鉴，共同提升江河湖库管理保护水平。

（六）加强宣传引导，营造良好氛围。充分利用各类媒体和传播手段，加强政策解读，加大新闻宣传和舆论引导力度，深入宣传江河湖库管理保护法律法规、实施河长制成效，曝光各类涉水违法行为，提高公众的生态环保意识，不断增强公众对江河湖库保护工作的责任意识和参与意识，营造全社会共同关心和保护江河湖库的良好氛围。

2017 年 1 月临桂区部分居民基本生活消费品市场价格

商品名称	规格 / 单位	2016 年最高价格（元）	2016 同期价格（元）	上期（2016 年 12 月）	本期（2017 年 1 月）		
				平均价格(元)	平均价格（元）	与去年同期比(%)	与上期比(%)
早籼米	9113/500 克	2.20	2.20	2.17	2.17	−1.36	0
晚籼米	9113/500 克	2.53	2.50	2.53	2.53	1.20	0
面粉	富强粉 /500 克	2.50	2.50	2.50	2.50	0	0
金龙鱼大豆油	5 升 / 瓶	45.80	45.80	45.80	45.80	0	0
鲁花花生油	5 升 / 瓶	139.90	139.9	139.90	139.90	0	0
猪肉	精瘦肉 /500 克	17.00	14.33	15.00	15.33	6.98	2.20
	前腿、后腿肉 /500 克	15.33	13.00	13.33	13.33	2.54	0
	五花肉 /500 克	15.67	14.33	14.33	16.00	11.65	11.65
牛肉	无骨 /500 克	36.00	35.00	34.33	33.67	−3.80	−1.92
活鸡	果园鸡 /500 克	13.00	12.00	13.00	13.00	8.33	0
鸡蛋	散装 /500 克	5.67	5.67	5.50	5.50	−3.00	0
活草鱼	鲜活 /500 克	6.67	6.00	6.33	6.33	5.50	0
大白菜	新鲜 /500 克	3.00	1.17	1.67	1.00	−14.53	−40.12
白萝卜	新鲜 /500 克	1.50	1.00	1.27	0.80	−20.00	−37.01
西红柿	新鲜 /500 克	3.50	2.50	2.50	2.83	13.20	13.20
土豆	新鲜 /500 克	2.83	1.80	2.00	2.00	11.11	0
青椒	新鲜 /500 克	5.33	2.00	2.33	2.17	8.50	−6.87
蒜薹	新鲜 /500 克	7.67	4.17	6.67	6.50	55.88	−2.55
豆腐	500 克 /2 块	1.50	1.50	1.50	1.50	0	0
苹果	红富士 /500 克	5.33	5.00	5.00	5.00	0	0
香蕉	500 克	3.00	2.50	2.50	2.50	0	0
白糖	500 克	4.17	3.50	4.17	4.50	0	0
液化气	罐 /14.5 公斤	99.33	92.67	75.00	85.00	−8.28	13.33

2017 年 12 月临桂区部分居民基本生活消费品市场价格

商品名称	规格/单位	2016 年最高价格（元）	2016 同期价格（元）	上期（2017 年 11 月）	本期（2017 年 12 月）		
				平均价格（元）	平均价格（元）	与去年同期比(%)	与上期比(%)
早籼米	9113/500 克	2.20	2.17	2.20	2.20	1.38	0
晚籼米	9113/500 克	2.53	2.53	2.50	2.50	−1.19	0
面粉	富强粉 /500 克	2.50	2.50	2.50	2.50	0	0
金龙鱼大豆油	5 升 / 瓶	45.80	45.80	45.80	45.80	0	0
鲁花花生油	5 升 / 瓶	139.90	139.90	139.90	139.90	0	0
猪肉	精瘦肉 /500 克	17.00	15.00	15.00	15.00	0	0
	前腿、后腿肉 /500 克	15.33	13.33	11.33	12.33	−7.50	8.83
	五花肉 /500 克	15.67	14.33	12.00	12.67	−11.58	5.58
牛肉	无骨 /500 克	36.00	34.33	33.00	33.00	−3.87	0
活鸡	果园鸡 /500 克	13.00	13.00	14.00	14.00	7.69	0
鸡蛋	散装 /500 克	5.67	5.50	5.33	5.50	0	3.20
活草鱼	鲜活 /500 克	6.67	6.33	6.50	6.67	5.37	2.62
大白菜	新鲜 /500 克	3.00	1.67	1.50	1.03	−38.32	−31.33
白萝卜	新鲜 /500 克	1.50	1.27	1.30	1.00	−21.26	−23.08
西红柿	新鲜 /500 克	3.50	2.50	2.50	2.17	−13.20	−13.20
土豆	新鲜 /500 克	2.83	2.00	2.17	2.50	25.00	15.21
青椒	新鲜 /500 克	5.33	2.33	2.60	3.17	36.05	21.92
蒜薹	新鲜 /500 克	7.67	6.67	3.50	3.83	−42.58	9.43
豆腐	500 克 /2 块	1.50	1.50	1.50	1.50	0	0
苹果	红富士 /500 克	5.33	5.00	5.67	6.00	20.00	5.82
香蕉	500 克	3.00	2.50	2.17	2.50	0	15.21
白糖	500 克	4.17	4.17	4.50	4.50	7.91	0
液化气	罐 /12.5 公斤	99.33	75.00	90.00	90.00	20.00	0

索　　引

五通镇义江公园一角　　　　周荣华　摄

索引说明

一、本索引采用主题分析索引方法。正文(包括条码、文献、资料、图片和表格)中凡具有独立检索意义的完整资料,均可通过本索引进行检索。少数条目名因语言环境需要,在名称前或者名称后酌加修饰词;有的条目名称动词置后;有的条目名称重复的动词作省略;有的条目名称作简化。为突出图片主题,有的图片文字说明作简略处理。

二、索引按汉语拼音字母(同声字按声调)升序排列。类目、分目、次分目作索引款目用黑体字排印,其余均用宋体字排印。表格、图片在其款目后分别注明“表”“图”。

三、索引款目后的阿拉伯数字和拉丁字母(a,b)分别表示内容所在的页码和栏别(即左、右栏)。

四、索引空两字位起排的款目为上一主题的“附见”。同一主题的“参见”只标页码。为便于读者检索,内容有交叉的款目,在本索引中重复出现。

五、“编辑说明”“大事记”等栏目不作索引,阿拉伯数字和拉丁字母开头的款目排在索引的前面。

D

F

G

H

J

K

L

M

N

P

Q

R

S

T

W

X

Y

Z